FREIZEITFÜHRER
Vor die Haustür, fertig – los!

SCHWÄBISCHE ALB MIT KINDERN

Über 500 spannende Ausflüge und Aktivitäten rund ums Jahr

VON URSULA & WOLFGANG TASCHNER

pmv

3. Auflage Frankfurt am Main 2006
PETER MEYER VERLAG

INHALT

6 **Vorwort**

DIE OSTALB   11   **TUSCH FÜR DEN NORDOSTEN**
- 11   **Tipps für Wasserratten**
- 11   Frei- und Hallenbäder
- 15   Badeseen
- 16   **Raus in die Natur**
- 16   Radtouren zum Mit- und Selbstradeln
- 23   Wandern und Spazieren
- 27   Höhlen und Natur erforschen
- 30   Reiten und Spielen
- 31   **Handwerk und Geschichte**
- 31   Bahnen & Bergbahnen
- 33   Burgen und Schlösser
- 35   Museen und Stadtführungen

Festkalender 46   45   Feste & Fastnacht

- 47   **Wintersport**
- 47   Skifahren & Rodeln

STAUFERLAND   51   **IM LAND VON KAISER ROTBART**
- 51   **Tipps für Wasserratten**
- 51   Frei- und Hallenbäder
- 54   **Raus in die Natur**
- 54   Radeln und Skaten
- 56   Wandern und Spazieren
- 60   Quellen und Höhlen
- 63   Himmel und Erde erkunden
- 65   Tier- und Erlebnisparks

Die Sage von den steinernen Jungfrauen 59   67   **Handwerk und Geschichte**
- 67   Burgen, Klöster und Schlösser
- 69   Museen und Stadtführungen

Festkalender 74   75   Theater und Feste

- 75   **Wintersport**
- 75   Skifahren und Rodeln

TOPFGUCKER & HÖHLENMENSCHEN	79	**ALB-DONAU-**
Tipps für Wasserratten	79	**KREIS**
Frei- und Hallenbäder	79	
Schiffstouren auf der Donau	81	
Raus in die Natur	82	
Radeln und Skaten	82	
Wanderungen	83	
Höhlen und Quellen	88	*Schäfchen zählen* 87
Natur und Umwelt erforschen	92	
Von Pferden und Fischen	93	*Die schöne Lau* 90
Ausflug ins Legoland	94	
Handwerk und Geschichte	96	*Stockbrot am*
Bahnen und Flieger	96	*Lagerfeuer* 98
Museen und Stadtführungen	98	*Der Ulmer Spatz* 99
Theater- und Lesespaß	106	*Festkalender* 108
Wintersport	107	
KALTE VULKANE UND HEISSE QUELLEN	111	**TECK &**
Tipps für Wasserratten	111	**NEUFFEN**
Frei- und Hallenbäder	111	
Raus in die Natur	115	
Radeln und Skaten	115	
Wandern und Spazieren	120	
Höhlen und Versteinerungen	127	
Natur und Umwelt erforschen	130	
Spiel- und Erlebnisparks	132	
Handwerk und Geschichte	133	
Historische Eisenbahn	133	
Burgen und Schlösser	134	
Museen und Stadtführungen	138	
Kino- und Lesespaß	141	*Festkalender* 142
Wintersport	144	

MITTLERE ALB	149	**ALLES GROTTENTOLL**
	149	**Tipps für Wasserratten**
	149	Frei- und Hallenbäder
	152	Kanutouren auf Lauter und Donau
	153	**Raus in die Natur**
Wie tief ist die Gerber-	153	Radeln und Skaten
höhle wirklich? 157	156	Wandern und Spazieren
	160	Von Höhlen und Höhlenbären
	164	Natur und Umwelt erforschen
	166	Pferdestärken
	167	Tier- und Erlebnisparks
	170	**Handwerk und Geschichte**
	170	Betriebsbesichtigung
	171	Burgen und Museen
Festkalender 180	179	Bühne, Leinwand & Aktionen
	181	**Wintersport**
	181	Auf Brettern und Kufen
ZOLLERN-ALB	187	**IM LAND DER KAISERMACHER**
	187	**Tipps für Wasserratten**
	187	Frei- und Hallenbäder
	191	**Raus in die Natur**
	191	Wandern und Spazieren
	198	Natur und Umwelt erforschen
	199	Von Pferden und Fischen
	200	Gärten, Tier- und Erlebnisparks
	202	**Handwerk und Geschichte**
	202	Die Burg der Burgen
	203	Museen und Stadtführungen
	210	Bühne, Leinwand & Aktionen
	212	**Wintersport**
	212	Ski – gewusst wie
DONAU &	215	**HIER GEHT'S HOCH HINAUS**
HEUBERG	215	**Tipps für Wasserratten**
	215	Frei- und Hallenbäder
	216	Badeseen

Raus in die Natur	217		
Radeln und Skaten	217		
Wandern und Spazieren	225		
Natur und Umwelt erforschen	233		
Handwerk und Geschichte	237		
Burgen und Schlösser	237		
Museen und Stadtführungen	240		
Feste Feste feiern	245	*Festkalender*	244
Wintersport	246		
Skikursus	246		

INFO-STELLEN & ANFAHRTSWEGE	249	**SERVICE ZU**
Allgemeine Informationsstellen	249	**DEN ORTEN**
Die Ostalb	249	
Stauferland	255	
Alb-Donau-Kreis	260	
Teck & Neuffen	266	
Mittlere Alb	269	
Zollern-Alb	274	
Donau & Heuberg	277	

SCHÖNER SCHLAFEN	283	**FERIEN-**
Ferienhäuser und -wohnungen	283	**ADRESSEN**
Ferien auf dem Bauernhof	290	
Reiterferien	292	
Jugendherbergen	295	
Naturfreundehäuser und Wanderheime	297	
Jugend- und Gruppenunterkünfte	300	
Campingplätze	301	

Karte: Stauferland & Ostalb	304	**KARTEN &**
Karte: Alb-Donau-Kreis	306	**REGISTER**
Karte: Stuttgart – Teck & Neuffen	308	
Karte: Zollern-Alb & Mittlere Alb	310	
Karte: Donau & Heuberg, Zollern-Alb	312	
Register: Orte, Sehenswürdigkeiten, Stichworte	314	

VORWORT

»Natürlich wussten wir, wie schön es auf »unserer« Alb ist. Doch wie vielfältig, spannend und zuweilen lebhaft es selbst in vermeintlich verschlafenen Dörfern zugeht, das hätten auch wir nicht gedacht!« So staunten Ursula und Wolfgang Taschner während ihrer abwechslungsreichen Recherche, die sie in alle Ecken und Flecken der Alb führte. Bei ihren Streifzügen zwischen Heuberg und dem Nördlinger Ries entdeckten sie vergessen geglaubte Geschichten und verliebten sich regelrecht neu in ihre Heimat.

Für diese dritte Auflage des sehr beliebten Freizeitführers mussten alle Fakten abermals auf den neuesten Stand gebracht werden. Und auch diesmal bleibt pmv seinem Anspruch treu, nur kindgerechte Aktivitäten vorzustellen. Wichtig sind uns auch ökologische Aspekte wie Naturnähe und Nachhaltigkeit. So kommen dreijährige Wasserratten genauso auf ihre Kosten wie zwölfjährige Höhlenforscher. Ihr könnt Fossilien ausgraben, mit dem Schlitten die Abhänge hinabsausen und in Werkstätten interessante Produktionen miterleben. Über kurze Rad- und Wandertouren freuen sich kurze Beine, die Bergtüchtigen unter euch haben Spaß an Bergtouren und interessanten Lehrpfaden. Die wohlverdiente Pause könnt ihr in zahlreichen Ausflugs- und Gartenlokalen genießen, die sich auf junge Besucher freuen. Vielleicht bekommt ihr Lust auf mehr: Unsere große Auswahl an Ferienwohnungen, Bauern- und Reiterhöfen, Campingplätzen sowie Gruppenunterkünften bietet sich für eure Ferien an.

Damit ihr bei euren Ausflügen nicht vor verschlossenen Türen steht und die Einkehr stets bezahlbar bleibt, sind alle Aktivitäten mit Preisangaben und Öffnungszeiten versehen. Um diese auf dem neuesten Stand zu halten, sind Autoren und Verlag auf die Zusammenarbeit mit den in unserem Buch erwähnten Institutionen und Anbietern angewiesen. Deshalb bedanken wir uns bei allen, die uns stets mit wichtigen Informationen versorgen und so zu dem hohen Nutz-

Die Autoren

Ursula Taschner ist auf der Schwäbischen Alb geboren, Wolfgang Taschner immerhin mit »Sichtkontakt«. Immer wieder durchkämmen sie die heimatlichen Gefilde mit großer Lust – wenn sie nicht gerade unterrichtet oder er nicht gerade radelnd unterwegs ist, um andere Reiseführer zu recherchieren.

Daniela Grosche ist Geografin und hat für diese Neuauflage jedes einzelne Angebot überprüft. Dabei hatte sie die schöne Gelegenheit, durch viele nette Gespräche mit den Schwaben die Alb von Frankfurt aus kennen zu lernen.

wert dieses Freizeitführers beitragen. Bei allen Ausflügen und Aktivitäten handelt es sich um eine subjektive Auswahl der Autoren und nicht um bezahlte Werbeanzeigen. Dies sei erwähnt, um alle zu ermuntern, Autoren und Verlag auch bei der nächsten Überarbeitung wieder tatkräftig zu unterstützen. Natürlich freuen wir uns auch über Post von euch mit euren Tipps und Korrekturen!

Viel Vergnügen bei allen Entdeckungen auf der Schwäbischen Alb wünschen euch Ursula und Wolfgang Taschner sowie Daniela Grosche und der Peter Meyer Verlag!

Der Aufbau dieses Buches

Euer Buch »Schwäbische Alb mit Kindern« ist in **sieben geografische Griffmarken** gegliedert: *Die Ostalb, Stauferland, Alb-Donau-Kreis, Teck & Neuffen, Mittlere Alb, Zollern-Alb* und *Donau & Heuberg*. Sie sind immer nach dem gleichen Schema aufgebaut:

- **Tipps für Wasserratten** sind Infos zu Seen und Flüssen, zu Frei- und Hallenbädern sowie zu Kanu-, Tretboot- und Schifffahrten.
- **Raus in die Natur** nennt Radtouren, Wanderungen, Lehrpfade und Umweltinformationszentren, Tierparks, Planwagen- und Kutschfahrten sowie Abenteuerspielplätze, immer möglichst naturnah.
- **Handwerk und Geschichte** führt euch zu Orten der Technik und Arbeit: historische Bahnen, Schaubergwerke, Burgen und Museen. Ihr werdet überrascht sein, wie viel es auch bei schlechtem Wetter zu entdecken gibt! Auch die Bibliotheken bieten sich bei Regenwetter an, oder ihr geht mal ins Kinderkino oder -theater.

Der **Festkalender** listet wichtige Großveranstaltungen der Region auf.

- Im Kapitel **Wintersport** gibt es schließlich spezielle Tipps für die kalte Jahreszeit.

Gestatten?

Ich bin Sam, die Wasserratte. Meine Clique und ich begleiten euch mit noch ein paar Freunden auf euren Entdeckertouren durch dieses Buch und die Schwäbische Alb. Darf ich vorstellen:

Karlinchen, unsere Frischluftfanatikerin,

Herr Mau, Experte für Handwerk und Geschichte,

und Mockes, der liebt Musik und Action.

Schreibt an:
Peter Meyer Verlag
– Schwäbische Alb
mit Kindern –
Schopenhauerstraße 11
60316 Frankfurt a.M.
info@PeterMeyer
Verlag.de
www.PeterMeyer
Verlag.de

Die Griffmarke **Service zu den Orten** versorgt euch mit Ortsporträts, Infostellen und -quellen sowie Verkehrshinweisen, damit ihr auf der Alb nichts verpasst und auch ohne Auto hin- und wegkommt.

Unter **Ferien-Adressen** schließlich nennen wir kinderfreundliche Feriendörfer, Ferienwohnungen, Bauern- und Reiterhöfe, auf denen Anfassen erlaubt und Kinder oft sogar allein willkommen sind, sowie Jugendherbergen, Naturfreundehäuser und andere Gruppenunterkünfte. Für Frischluftfans nennen wir naturnahe Campingplätze. So könnt ihr Klassenfahrten und Familienferien bequem planen und organisieren.

Die **Farbkarten** am Ende geben einen Überblick über das im Buch behandelte Gebiet und die regionale Einteilung. Sie bieten euch bei Ausflügen die nötige Orientierung. Es ist also an alles gedacht – nur losziehen müsst ihr selbst!

pmv-Leser sind neugierig und mobil – nicht nur in der Fremde, sondern auch in der eigenen Umgebung. Den Wissensdurst ihres Nachwuchses wollen sie fördern, seinem Tatendrang im Einklang mit der Natur freie Bahn lassen. Daher finden Sie in diesem Ausflugsführer Tipps und Adressen zu allem, was kleine und große Kinder begeistert, je nach Wetterlage und Jahreszeit. Alle Adressen und Aktivitäten wurden von den Autoren persönlich begutachtet und strikt nach Kinder- und Familienfreundlichkeit ausgewählt.

DIE OSTALB

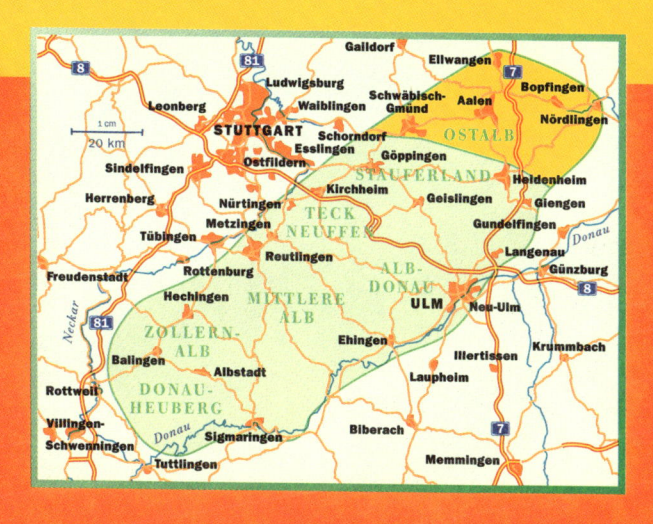

- **DIE OSTALB**
- **STAUFERLAND**
- **ALB-DONAU-KREIS**
- **TECK & NEUFFEN**
- **MITTLERE ALB**
- **ZOLLERN-ALB**
- **DONAU & HEUBERG**
- **SERVICE ZU DEN ORTEN**
- **FERIEN-ADRESSEN**
- **KARTEN & REGISTER**

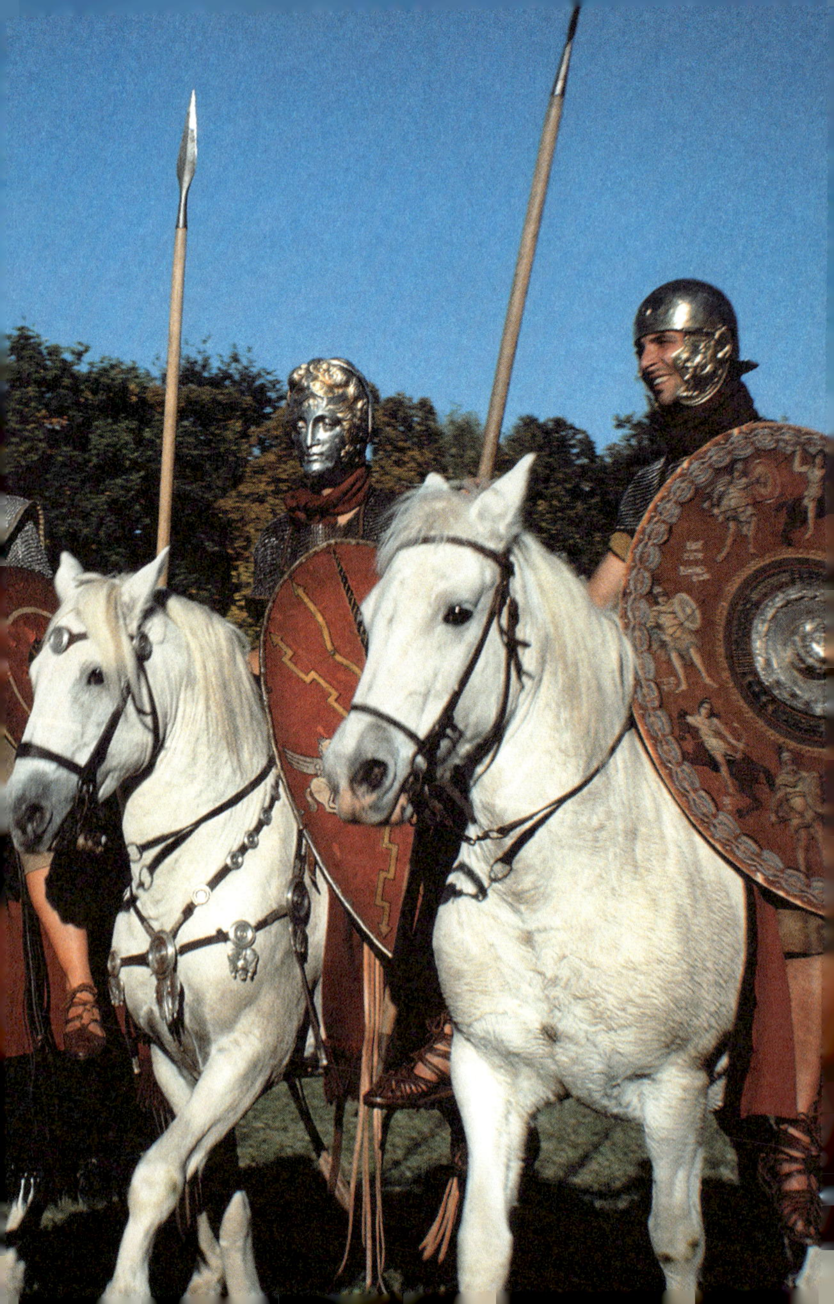

TUSCH FÜR DEN NORDOSTEN

Die Schwäbische Alb beginnt im Nordosten gleich mit einem Paukenschlag. Gemeint ist der Meteoriteneinschlag, der vor 15 Millionen Jahren rund um das heutige Nördlingen einen Krater von 25 km Durchmesser riss. Damit ist die Schwäbische Alb eindeutig gegen die Fränkische Alb abgegrenzt. Steil geht es vom Nördlinger Ries auf die Hochfläche der Alb hinauf. Oben findet man typische Wacholderheiden in der durch intensive Beweidung mit Schafen entstandenen felsigen Karstlandschaft.

Mit seinen weiten Wiesen, Feldern und Auen stellt das **Ries** eine ideale Erholungslandschaft dar. Es ist ein durchschnittlich 430 m über dem Meer gelegenes Hochplateau mit Mittelgebirgsklima. Umgeben ist die Hochebene von ausgedehnten Mischwäldern, die sich auf den Höhenzügen der Fränkischen und Schwäbischen Alb befinden.

Rund 13.000 Jahre alt sind nach neuesten Untersuchungen die *Gräber der Ofnethöhlen,* die sich zwischen Nördlingen-Holheim und Utzmemmingen befinden – womit ein Beweis für die frühe vorgeschichtliche Besiedlung des Rieses erbracht ist. Die Ofnethöhlen sind Höhlenruinen, die bereits in der mittleren Altsteinzeit bewohnt waren.

Ausgrabungen von zahlreichen ehemaligen römischen Gutshöfen und Befestigungsanlagen im Ries zeugen davon, dass auch die Römer hier siedelten. Im 6. und 7. Jahrhundert wurde das Gebiet von Alemannen bewohnt.

@ Ausführliche Informationen und Links zur Region findet ihr auf der Internetseite des Landratsamtes Ostalb unter: www.ostalb-kreis.de.

Frei- und Hallenbäder

Freibad Bopfingen
Hermann-Hahn-Bad, Hermann-Hahn-Straße, 73441 Bopfingen-Trochtelfingen. ℗ 07362/4822, Fax 80150. www.bopfingen.de. **Anfahrt:** Am Bhf Trochtelfingen hält die RB von Bopfingen nach Nördlingen. Über die B29 5 km östlich von ↗ Bopfingen. **Rad:** Auf dem Mühlen-

TIPPS FÜR WASSERRATTEN

Ave! Das Limesmuseum von Aalen lässt seine Soldaten aufmarschieren

Hunger & Durst
Ein Kiosk bietet Getränke, Eis und Snacks wie z.B. Minipizza für zwischendurch an.

weg 5 km von Bopfingen. **Zeiten:** Mitte Mai – Juni 10 – 19 Uhr, Juli – Aug 10 – 20 Uhr, Sep – Ende der Saison 10 – 19 Uhr. **Preise:** 2 €, 10er-Karte 15 €; Kinder 4 – 16 Jahre 1 €, 10er-Karte 6,50 €; Familienermäßigung beim Kiosk erfragen.

▶ Das Freibad am Stadtrand wird mit einer Solaranlage auf 25 Grad geheizt. Neben den Becken stehen euch Volleyballplatz, Tischtennisplatten, Schaukeln und Basketballkörbe zur Verfügung.

Freizeitbad Aquafit

Hölderlinweg 3, 73447 Oberkochen. ✆ 07364/921021, Fax 2727. **Anfahrt:** Vom Bhf ↗ Oberkochen mit Bus 105 Richtung Heide bis Gymnasium. Über die Aalener Straße nach Westen in die Goethestraße. **Zeiten:** Di, Mi, Fr 10 – 21 Uhr, Do 10 – 19, Sa und So 9 – 18 Uhr, in den Sommerferien auch Do bis 21 Uhr. **Preise:** 3,10 €; Kinder 4 – 18 Jahre 1,80 €.

▶ Das Familienbad bietet ein 20 x 8 m großes Schwimmbecken mit Wasserrutsche, außerdem verschiedene Saunen und eine Sonnenbank. Im Außenbereich liegt ein Warmwasserbecken mit Massagedüsen. Für die Kleinen ist das Kleinkinderbecken ideal. In der Cafeteria ist für das leibliche Wohl gesorgt.

Freibad Kösingen

Freibad 1, 73450 Neresheim-Kösingen. ✆ 07326/6164, Fax 8146. **Anfahrt:** Vom Rathaus ↗ Neresheim mit Bus 51 Richtung Schweindorf. 5 km östlich von Neresheim. **Zeiten:** Mo – So 9 – 19 Uhr, Juli – Mitte Aug 9 – 20 Uhr. **Preise:** 2,20 €; Kinder 6 – 16 Jahre 1,10 €.

▶ Beheiztes Becken; bei schönem Wetter werden auch mal Wasserspielgeräte wie Rutsche und Seesterne für Kinder in Betrieb genommen. Ein Kiosk ist vorhanden.

La Ola – die Welle kommt

Wellenbad, Rotenbacher Straße 37, 73479 Ellwangen. ✆ 07961/52280, Fax 568789. **Anfahrt:** Vom ZOB mit Bus 350. ↗ Ellwangen, von der Westtangente über Rotenbacher Straße zum Parkplatz Auf dem Schießwasen, von dort 2 Min Fußweg. **Zeiten:** Ferien Mo 13 – 20 Uhr, Di – Sa 9 – 20, So 9 – 18 Uhr. Sonst Di, Do, Fr 13 – 21 Uhr, Mi 13 – 19, Sa 9 – 20, So 9 – 18 Uhr. **Preise:** 4 €; Kinder 6 – 18 Jahre 2 €, Familienjahreskarte 302 €, mit Familienpass 151 €; Abendtarif Di, Do ab 18 Uhr 3 €.

▶ Das wird ein Superspaß! In den Wellen fühlt ihr euch wie im Meer. Ihr könnt auch in das 30 Grad warme Außenbecken schwimmen oder mit Schwung ins Plantschbecken rutschen, wo es zusätzlich einen Wasserfall gibt. Wer möchte, kann sich danach in der Cafeteria oder auf der Freiterrasse stärken.

Hallenbad Schwäbisch Gmünd

Goethestraße 45, 73525 Schwäbisch Gmünd. ✆ 07171/603-4250, Fax 603-4299. **Anfahrt:** ↗ Schwäbisch Gmünd, vom ZOB mit Bus 05. Vom ZOB nach Süden über Rektor-Klaus-Straße. **Zeiten:** Di 7.30 – 21.30 Uhr (Warmbadetag), Mi 6.30 – 19, Do 7.30 – 20.30, Fr 9.30 – 21.30, Sa 9 – 17, So 9 – 16 Uhr. **Preise:** 2,60 €; Kinder 6 – 10 Jahre 0,60 €, 11 – 16 Jahre 1,50 €, an So und Fei 0,70 € Zuschlag; Kinder unter 6 Jahre frei.

▶ In diesem Bad gibt's Spaß für die ganze Familie. Das Plantschbecken ist 32 Grad warm. Im Lehrschwimmbecken finden Schwimmkurse statt. Jeden Samstagnachmittag ist im großen Becken für Kinder Tobeprogramm mit Spielgeräten angesagt. Im 25-m-Sportbecken sind Sportfans bei Aqua-Jogging oder Wassergymnastik gut aufgehoben. Wenn die Sonne mal nicht scheint, könnt ihr euch auf der Solarwiese sanft bräunen lassen. Wer dann immer noch nicht genug schwitzt, geht nach nebenan in die Sauna mit Dampfbad. In der Schwimmhalle sorgen Pizzeria und Cafeteria für Essen und Getränke.

DIE OSTALB

Freibad Heubach

Mögglinger Straße, 73540 Heubach. ✆ 07173/5220, Fax 18149. www.heubach.de. **Anfahrt:** Von ↗ Aalen ZOB mit Bus 7922 bis Postplatz. Vom Ortszentrum ↗ Heubach die Hauptstraße nach Norden und über den Postplatz in die Mögglinger Straße. **Zeiten:** Mai, Juni und Sep 9 – 19 Uhr, Juli, Aug 8 – 20 Uhr. **Preise:** 2 €; Kinder 6 – 14 Jahre 1 €.

▶ Bei sonnigem Wetter könnt ihr einen lustigen Tag im Heubacher Freibad verbringen. Dort dürfen die kleinen Gäste in 3 Plantschbecken und dem Kinderbecken toben. Für geübte Wassersportler gibt es außerdem ein 50 x 18 m großes Schwimmerbecken. Aber auch an Land kommt keine Langeweile auf, dafür sorgen ein Spielplatz, eine Spielwiese zum Toben, Tischtennisplatten und ein Beachvolleyballfeld.

Hallenbad Heubach

Hauptstraße 5, 73540 Heubach. ✆ 07173/3888, Fax 18149. www.heubach.de. **Anfahrt:** Von ↗ Aalen ZOB mit Bus 7922 bis Postplatz, wo die Hauptstraße beginnt. ↗ Heubach. **Zeiten:** Familienbad Di 17.30 – 20 und Mi 17 – 20 Uhr, Do 17 – 19, Fr 17 – 21 Uhr, Sa 8 – 12 Uhr. **Preise:** 2 €; Kinder 6 – 14 Jahre 1 €. **Infos:** Spielnachmittag für Kinder Mi 15 – 17 Uhr.

▶ Das Hallenbad besitzt ein Becken, das in Schwimmer- und Nichtschwimmerbereich unterteilt ist. Die Wassertemperatur beträgt 27 – 28 Grad.

Badelandschaft für kalte Tage

Ramensteinbad, Dieselstraße 22, 89564 Nattheim. ✆ 07321/71478, Fax 978432. **Anfahrt:** Von ↗ Heidenheim ZOB mit Bus 7694 Richtung Dschingen Post. Von der Ortsmitte ↗ Nattheim westlich über Heidenheimer und Daimlerstraße. **Zeiten:** Mo, Di, Mi und Fr 10 – 21 Uhr, Sa, So und Fei 10 – 17 Uhr. Mo und Di vormittags warmbaden. Karfreitag – Ostersonntag und Pfingstmontag geschlossen. **Preise:** 3 €; Kinder 6 – 17 Jahre 2 €; Feierabendtarif ab 17 Uhr 2 €, Jugendliche 1 €.

Im Ramensteinbad werden Eltern-Kind-Schwimmen, Schwimmkurse und Schwimmtraining angeboten.

▶ »Badespaß genießen« ist das Motto der Badelandschaft mit Außen- und Innenbecken, Kinderplantschbecken, Erholungsbereich und neuer Cafeteria. Auf der teils schattigen Liegewiese gibt es ein Beachvolleyballfeld.

Badeseen

Laubachstausee Abtsgmünd
Anfahrt: ↗ Abtsgmünd, wenige Gehminuten zum östlichen Stadtrand. **Preise:** Eintritt frei.
▶ Der idyllisch gelegene kleine Stausee bietet eine Liegewiese mit Dusche und WC, Grillmöglichkeit, einen Kiosk sowie einen Spielplatz beim Albvereinsheim. Das Ufer fällt steil ab.

Hammerschmiedesee
Campingplatz, Familie Hug, 73453 Abtsgmünd-Pommertsweiler. ✆ 07963/1205, Fax 1408. **Anfahrt Rad:** Von ↗ Abtsgmünd 5 km über Ortsteil Pommertsweiler Richtung Bühlerzell. **Preise:** 3,10 €; Kinder 6 – 16 Jahre 1,80 €; Ruderboote kosten die halbe Std 1,60 €.
▶ Eingebettet zwischen zwei Wäldchen lädt der Hammerschmiedesee, früher Eisenweiher genannt, zum Bootfahren und Baden ein. Direkt beim Campingplatz gibt es eine schöne Liegewiese mit Kinderspielplatz, Dusche, WC und Einkaufsmöglichkeit, ↗ Ferienadressen. Für Kinder ist ein Badebereich im flachen Wasser abgetrennt. Auch Windsurfen ist möglich, wenn man das eigene Board mitbringt.

Baden und Boot fahren auf dem Bucher Stausee
Rainau-Buch. **Anfahrt:** Südlich von ↗ Ellwangen zwischen B290 und A7, Ausfahrt 114 Aalen/Westhausen. **Rad:** Über den Limes-Radweg oder den Kocher-Jagst-Radweg. **Preise:** Eintritt frei, Preise für Tret- oder Ruderboote auf Anfrage.

Aktuelle Informationen zur **Wasserqualität** findet ihr im Internet unter: www.rainau.de.

Hunger & Durst

Kleine Snacks, Eis und Getränke kann man beim **Kiosk Seeigel** kaufen, ✆ 07961/51790.

RAUS IN DIE NATUR

Info: Lokale Agenda 21, Landratsamt Ostalbkreis, Stuttgarter Straße 41, 73430 Aalen. ✆ 07361/503-333, Fax 503-477. www.ostalbkreis.de. guenter.hoeschle@ostalbkreis.de.

Hunger & Durst

Schwabenstüble, Eigenzell, ✆ 07961/2522, Fax 563020, Do Ruhetag.

▶ Hier könnt ihr leicht einen ganzen Tag verbringen ohne euch zu langweilen. Zum Baden gibt es eine Liegewiese mit Sandstrand, Umkleidekabinen, Duschen und WC. Am Bootsanlegesteg kann man Ruder- oder Tretboote ausleihen. Das Beste ist natürlich der Erlebnispfad: Rund um den See findet ihr Summstein, Klangsäule, Rollstuhlwippe, Barfußparcours, Tastmodelle und Geräuschtor.

Auf der nordwestlichen Seite des Sees sind Mauerreste eines **Römerbads** und eines **Römerkastells** erhalten geblieben. Das Gelände ist frei zugänglich und bei den Gebäuderesten stehen Schilder, die euch über alles informieren.

Radtouren zum Mit- und Selbstradeln

Grüner Pfad im Ellwanger Seenland

Länge: 18 km Rundtour, reine Fahrzeit 2 Std. **Anfahrt:** Zum Parkplatz der EnBW nördlich vom Bhf in ↗ Ellwangen bei der Siemensbrücke. **Rad:** In Ellwangen kann man bequem vom Kocher-Jagst-Radweg auf den Grünen Pfad wechseln.

▶ Der gut ausgeschilderte Weg führt durch grüne Wälder, vorbei an kleinen Badeseen und gemütlichen Gaststätten. Eine schön gestaltete Übersichtskarte mit einer ausführlichen Tourenbeschreibung und vielen Einkehrtipps bekommt ihr bei der Tourist-Information **Ellwangen,** von wo ihr in Richtung Norden über die Schmied- und Bahnhofstraße zum EnBW-Parkplatz fahrt.

Vom **Parkplatz** verläuft die Tour an der Wallfahrtskirche Schönenberg vorbei über *Holbach* nach *Stocken* und von dort weiter in Richtung *Muckental*. Der Weg führt fast die ganze Zeit durch den Wald. Mit etwas Glück könnt ihr ein Reh oder einen Hasen zwischen den Bäumen davonhuschen sehen. Sobald ihr unter der Autobahn hindurchgefahren seid, seht ihr

auf der rechten Seite den **Muckenweiher.** Hier kann, wer will, ein erfrischendes Bad nehmen.
Im weiteren Verlauf ist euer Weg mit der Ziffer 1 beschildert; er führt euch nach **Eigenzell.** Dort lädt das *Schwabenstüble* zu einer Pause ein (℡ 07961/2522, Do Ruhetag). Am Ortsende erreicht ihr erneut den Wald. Nun geht es wieder nach Holbach, wo ihr den Rückweg nach Ellwangen schon von der Hinfahrt her kennt.

Der Limes-Radweg

Länge: Strecke Lorch – Schwäbisch Gmünd 9,5 km, 50 Höhenmeter, Lorch – Böbingen 20 km, 150 Höhenmeter. Mögglingen – Schwäbisch Gmünd 15 km, abfallendes Gelände. **Anfahrt:** ↗ Lorch oder Mögglingen an der B29 zwischen Schwäbisch Gmünd und Aalen.

▶ Der fast 500 km lange Radweg von Mainz bis Regensburg führt entlang der Strecke an bedeutenden römischen Denkmälern vorbei.

Von **Lorch** aus in östlicher Richtung könnt ihr der Rems folgend leicht bis **Schwäbisch Gmünd** radeln. Auf dieser Tour kommt ihr am Beginn der *rätischen Mauer* in Kleindeinbach vorbei und könnt in Schwäbisch Gmünd im *Museum im Prediger* die Funde aus Kastell und Bad bestaunen. Wenn ihr noch nicht müde seid und noch mehr Spuren der Römer entdecken wollt, könnt ihr weiter nach **Böbingen** radeln, wo ihr die Fundamente eines ehemaligen *Kastells* sehen könnt. Sowohl von Schwäbisch Gmünd als auch von Böbingen könnt ihr mit dem Zug Richtung Stuttgart nach Lorch zurückfahren.

Eine andere Variante ist es, von **Mögglingen** Richtung Westen nach Schwäbisch Gmünd hinunter zu radeln und ebenfalls mit dem Zug Richtung Aalen zum Ausgangspunkt zurückzukehren. Auf dieser leichten Strecke liegt nördlich von Mögglingen im Wald Grubenholz eine der eindrucksvollsten Abschnitte des rätischen Limes, nämlich ein *Gräberfeld* mit mehr als 40 Grabhügeln.

Fahrräder in Ellwangen ausleihen:
Zweirad Winkler, Haller Straße 8, ℡ 07961/561114.
Radhaus Groß, Mühlgraben 76, ℡ 07961/564926.
Tankstelle Rupp, Sebastiansgraben 29, ℡ 07961/7254.
Radsport Ilg, Amtsgasse 12, ℡ 07961/2390.

Info: Verein Deutsche Limes-Straße, Marktplatz 2, 73430 Aalen. ℡ 07361/522358, Fax 521907. www.limes-strasse.de.

Die Broschüre *»Der deutsche Limes-Radweg«*, Hrsg. Verein Deutsche Limesstraße, mit zwei Kartenblättern und Beschreibungen der Sehenswürdigkeiten erhaltet ihr bei der Tourist-Information Aalen am Marktplatz für 3 €.

Mit dem Sommerwind: Skaten rund um Neresheim

Info: Touristikgemeinschaft Gastliches Härtsfeld e.V., in der Tourist-Information, Hauptstraße 21, 73450 Neresheim. ✆ 07326/8149, Fax 8146. www.neresheim.de. tourist@neresheim.de.

Hunger & Durst
Landhotel Zur Kanne, Brühlstraße 2, Neresheim-Ohmenheim, ✆ 07326/8080. Schwäbische und internationale Gerichte, warme Küche 11 – 14 und 18 – 21 Uhr, Kinderbetreuung, kein Ruhetag.

Ganz neu ist der markierte Radweg »Grüner Pfad Härtsfeld«, der ausdauernde Radelfans rund um Neresheim über das Härtsfeld führt. Die Radmappe der Touristikgemeinschaft »Gastliches Härtsfeld e.V.« bekommt ihr z.B. in der Tourist-Information Neresheim.

Radtour auf dem Härtsfeld-Radweg
Länge: 30 km Rundtour, reine Fahrzeit 2 Std. **Anfahrt:** ↗ Neresheim.

▶ Die Rundtour führt durch die karge und ursprüngliche Landschaft des Härtsfelds. Von **Neresheim** geht es zunächst über Dossingen nach **Dorfmerkingen.** Auf dieser Strecke fallen euch sicherlich die seltsam geformten Felsen in der Landschaft auf. In Dorfmerkingen müsst ihr bei der Kirche links abbiegen und weiter nach **Elchingen** radeln. Nächstes Ziel ist **Beuren,** von dort geht es über Hohenlohe nach **Unterriffingen.** Wenn ihr wollt, könnt ihr dort bei der Kirche links abbiegen und der etwa 8 km entfernten Ries-Stadt Nördlingen einen Besuch abstatten. Wenn nicht, fahrt ihr geradeaus weiter nach **Dehlingen.** Bevor ihr den Rückweg nach Neresheim antretet, könnt ihr euch in **Ohmenheim** im *Landhotel Zur Kanne* stärken.

Radtour ins Haselbachtal auf den Spuren der Dampflok

Länge: 40 km Rundtour, reine Fahrzeit 4 Std, nur für ausdauernde Kinder. **Anfahrt:** ↗ Schwäbisch Gmünd, Stadtgarten östlich der Bahnhofstraße.

▶ Vom **Stadtgarten** in Schwäbisch Gmünd dem Wegweiser in Richtung Straßdorf folgen. Hinter der Brücke links auf die ehemalige Trasse der Bahnlinie Schwäbisch Gmünd – Göppingen (ortsüblich »Klepperlestraße« genannt) abbiegen. Bei leichter Steigung wird der ehemalige Südbahnhof erreicht. Danach geht es in einem weiten Bogen bis **Straßdorf.** Der Radwanderweg schlängelt sich nun durch die Landschaft. Hinter Reitprechts wird die Kreis- und Stadtgrenze zu Göppingen überquert.

In **Wäschenbeuren** folgt ihr dem Wegweiser zum Wäscherschloss. Dort könnt ihr einkehren, das Heimatmuseum besuchen oder grillen. Anschließend geht es bergab durch den Wald ins Beutental; an Werktagen ist wegen des Autoverkehrs Vorsicht geboten. Nach längerer Strecke talabwärts überquert ihr den Beutentalbach und radelt auf der Straße weiter nach **Lorch.** Dort geht es nach einer kleinen Stadtbesichtigung direkt über die Bahnlinie zum Kloster Lorch hinauf. Etwa 300 m oberhalb des nachgebildeten Limesturms zweigt rechts ein Forstweg (Hermann-Löns-Weg) ab, der zunächst eben und bald mit Gefälle ins **Haselbachtal** führt. Im Talgrund links halten und talaufwärts zum Weiler Haselbach radeln. Nach einem kleinen Anstieg im Ort weiter talaufwärts – und an einer Weggabelung auf Höhe eines Klärwerks rechts ab. Dann mit einem steileren Anstieg nach **Mutlangen** fahren.

Vom Wildeck geht es über Hahnenberg- und Spagenstraße links über die Wetzgauer Straße zur Bühlstraße und über die B 298 zur Albstraße. Nach 150 m rechts in die Sackgasse Humboldtstraße abbiegen, zwischen zwei Häusern hindurch auf den Radweg, der durch den Wald **Baurenhölzle** zur Becherlehen-

Hunger & Durst

Pizzeria Taormina, Hauptstraße 40, Lorch, ✆ 07172/2721. Di – So 11 – 14, 17 – 23 Uhr.

straße führt. An deren Ende rechts ab und gleich wieder links parallel zur Bahnlinie zum Ausgangspunkt zurück fahren.

Radtour durch den sagenhaften Albuch

Länge: 58 km Rundfahrt, Start in Heubach, Höhenunterschied 500 m im Anstieg und in der Abfahrt. Wer etwa 1 km hinter Essingen durch den Wald nach Bartholomä radelt, verkürzt die Strecke um mehr als die Hälfte. **Anfahrt:** Von ↗ Aalen stündlich Züge mit Fahrradtransport nach Oberkochen. B29 Schwäbisch Gmünd – Aalen, in Böbingen südlich nach Heubach.

▶ Oberhalb des Gasthofs *Goldener Ochsen* in **Heubach** führt die Radroute Richtung Lautern am Schloss Hohenroden vorbei nach **Essingen**. In dessen Ortsmitte fahrt ihr an der alten Kirche abwärts und biegt beim Gasthof »Hirsch« nach links ab, um auf das Essinger Feld zu gelangen (1,5 km Steigung). Von dort geht es abwärts durch das Wolfertstal nach **Oberkochen**. Vom dortigen Bahnhof führt der Landesradweg am Kocherursprung und der Ziegelhütte vorbei nach **Königsbronn**. Dort passiert ihr den wunderschönen *Brenztopf*, den Ursprung der Brenz, und das daneben liegende Rathaus mit seiner Rokokofassade. Ihr folgt der Brenz bis zum **Itzelberger See**, wo ihr hinter dem Gasthaus »Seeblick« rechts abbiegt. Ihr überquert die Bahngleise und haltet – vorbei an der Waldarbeiterschule stets der Straße entlang – auf den **Albuch** zu (1,5 km Steigung). Oben angekommen, knickt die Straße leicht links ab. Vorbei am Waldspielplatz geht es aber weiter geradeaus, über die Kreisstraße hinweg und auf dem Burgweg bis zu einer größeren Kreuzung. An der Schutzhütte biegt der beschilderte Radweg scharf rechts ab zum Ausflugslokal »Heiderose«. Am Ende des Waldes könnt ihr die Talfahrt durch die Heide ins *Steinheimer Becken* genießen. In **Steinheim** folgt ihr der Hauptstraße bis der Weg links in Richtung der kleinen Ortschaften Neuselhalden und Gnannenweiler abzweigt.

Info: iPunkt Schwäbisch Gmünd, Marktplatz 37/1, Schwäbisch Gmünd. ✆ 07171/603-4250, Fax 603-4299. www.schwaebisch-gmuend.de.

Hunger & Durst

Ausflugsgaststätte Heiderose, Schäfhalde, Steinheim, 07329/921-340. Mo und Fr 12 – 22, Sa und So 10 – 22, Di und Mi 14 – 20 Uhr.

Nach circa 1 km biegt ihr rechts ab ins gleichmäßig ansteigende *Wental*. An der »Wentalgaststätte« überquert ihr die Landesstraße, kommt ins Felsenmeer und weiter nach **Bartholomä**. An Sonntagen empfiehlt es sich, wegen der vielen Wanderer die Strecke über Gnannenweiler (Abzweigung 100 m später), Bibersohl, vorbei am Amalienhof nach Bartholomä zu nehmen. Hinter Bartholomä verlasst ihr am Möhnhof die Landstraße und radelt immer geradeaus an den Kinzinger Höfen vorbei. Am Ende des geteerten Wegs der Straße rechts auf das *Bargauer Horn* folgen. Nun kommt eine lange Abfahrt. An der Abzweigung »Beim Himmelreich« rechts kommt ihr über Beuren wieder zurück nach **Heubach**.

Hunger & Durst

Goldener Ochse, Hauptstraße 86, Heubach, ✆ 07173/8703. Di – Sa 11 – 14 und 17.30 – 22 Uhr, So 11 – 14 und 17.30 – 21 Uhr.

Radeln auf dem Mühlenweg an der Eger im Ries

Länge: einfach 15 km, Startpunkt ist das westliche Ortsende Aufhausens, gut 1,5 Std plus Besichtigungen.
Anfahrt: Mit der RB im Stundentakt auf der Strecke Aalen – Nördlingen – Donauwörth. Von ↗ Bopfingen B29 Richtung Aufhausen bis zum Parkplatz der Firma Ladenburger. **Infos:** An vielen Mühlen sind Tafeln mit historischen, technischen und familiären Daten angebracht, manchmal gibt es auch Informationsblätter. Auskunft gibt auch das Rieser Bauernmuseum Maihingen, ✆ 09087/778, www.ostalbkreis.de.

Oberwasser: Dieses alte Mühlrad dreht sich noch

▶ Vom westlichen Ortsende **Aufhausens** müsst ihr immer den Schildern *Mühlenweg* folgen. Nach der ehemaligen *Walkmühle* folgt gleich die *Sägemühle*. Der Weg führt geradeaus an der etwas abseits liegenden *Obermühle* und an der *Florismühle* vorbei. Nach Überqueren der B29 erreicht ihr an der Wehranlage der einstigen *Ellwängischen Mühle* vorbei die Wohnsiedlung Brühlstraße. Über einen weichen Rasenweg gelangt ihr wieder auf eine befestigte Straße. Jetzt folgen in kurzen Abständen 6 Mühlen. Zuerst macht ihr an der *Oberen Schlägweidmühle* Halt; ihr riesiges Wasserrad hat einen Durchmesser von

Eine Wasserkraftschnecke sieht ein wenig aus wie ein riesiger Korkenzieher. Sie wird zwischen zwei unterschiedlich hohen Stellen in einem Fluss montiert. Das Wasser läuft von dem hohen Niveau durch die Wasserkraftschnecke auf das niedrige Niveau und treibt diese dadurch an. So wird Energie in Form von Elektrizität gewonnen. Zum Glück können auch Fische unbeschadet durch eine Wasserkraftschnecke gelangen.

Hunger & Durst
Zur Unteren Röhrbachmühle, Röhrbachmühle 1, Trochtelfingen, ✆ 07362/7308. Im Sommer Di – So, im Winter Do – So ab 10 Uhr, Kindergerichte.

3 m! Im Garten sind ein eisernes Mühlrad und als Besonderheit eine Elektrizität erzeugende **Wasserkraftschnecke** zu sehen.

Von der *Baiermühle* könnt ihr bereits die hohen Getreidesilos der *Unteren Schlägweidmühle* sehen. Ein kurzer Wiesenweg führt zur *Steinmühle;* jenseits des Mühlkanals kommt ihr an der *Nagelmühle* mit ihrem großen Mühlenwappen vorbei. Der Mühlkanal führt euch auf dem Wiesenpfad an Wehranlagen mit rauschendem Wasser vorbei zur *Oberen Hahnenmühle* oder *Götzenmühle*, in der ihr noch die ursprüngliche altdeutsche Einrichtung sehen könnt.

Nach der ehemaligen *Platzmühle* kommt ihr zur *Unteren Furtmühle*, die bis 1975 als Ölmühle in Betrieb war. Der Weg führt jetzt entlang der kanalisierten Eger zur *Unteren Hahnenmühle* mit ihrem imposanten Mühlengebäude, in dem bis 1988 gemahlen wurde. Der Mühlenweg führt bald wieder hinaus über Wiesenpfade zur *Holzmühle* der Familie Stolch. Von dort trifft man nach einer längeren Radstrecke am Ortseingang von **Trochtelfingen** auf die aktive *Neumühle* mit einer Tagesleistung von bis zu 20 t Getreide.

Nach Überqueren der B29 kommt ihr zur ebenfalls aktiven *Altmühle* Dort könnt ihr im Mühlenladen die Müllerei-Produkte kaufen. Ihr müsst unbedingt das erhaltene Zuppinger Wasserrad anschauen, das 5 m groß ist und neben der Fußgängerbrücke angebracht wurde.

Von Trochtelfingen kommt ihr in südlicher Richtung auf die Anhöhe über dem romantischen **Röhrbachtal**. Am Röhrbach arbeiteten früher sechs Mühlen, von denen die *Äußere Mühle* in Utzmemmingen noch in Betrieb ist. In der Gastwirtschaft *Untere Röhrbachmühle* könnt ihr jetzt eine kleine Pause einlegen. Auf dem weiteren Weg über **Utzmemmingen** an der Eger nach **Nördlingen** gibt es nochmals sechs Mühlen. Wenn ihr in Nördlingen angekommen seid und euch noch fit genug fühlt, könnt ihr jetzt den ganzen Weg wieder heimradeln. Ansonsten bringt euch die Bahn zurück, die jede Stunde von Nördlingen nach Aufhausen fährt.

Wandern und Spazieren

Wanderung zum Tafelberg: Der Ipf

Länge: Hinweg 3 km, reine Gehzeit 30 Min bis zum Berg, dann 45 Min Anstieg. **Anfahrt:** ↗ Bopfingen.

▶ Egal aus welcher Richtung man sich **Bopfingen** nähert, der auffällige, 668 m hohe Ipf ist nicht zu übersehen. Der unter Naturschutz stehende Tafelberg gilt als unverwechselbares Beispiel für den Bau von Befestigungsanlagen in der Jungstein- und Bronzezeit. Vom *Museum im Seelhaus* folgt man dem archäologischen Weg in Richtung Oberdorf. Er ist gekennzeichnet mit dem Symbol einer keltischen Münze, die um 1900 auf dem Ipf gefunden worden sein soll. Am Ortseingang von **Oberdorf** biegt ihr rechts ab und steigt in einem weiten Bogen den Berg hinauf. Unterwegs kommt ihr an drei Tafeln vorbei, auf denen alles steht, was ihr zu den Befestigungsanlagen wissen wollt. Wenn ihr oben angekommen seid, könnt euch leicht vorstellen, warum unsere Vorfahren gerade diesen Berg als Wohnplatz ausgewählt hatten: Von dort oben kann man nämlich rundherum alles ganz genau überblicken und sofort erkennen, wer sich nähert. Ihr folgt demselben Weg zurück nach Bopfingen.

Limes-Rundwanderweg bei Rainau-Buch

Länge: 8 km, reine Gehzeit circa 2 Std. **Anfahrt:** Südlich von ↗ Ellwangen auf der A7, Ausfahrt 114 Aalen/Westhausen. Vom Parkplatz beim Naherholungsgebiet Rainau-Buch die Straße über die Eisenbahn nördlich an Buch vorbei zur Landstraße Buch – Schwabsberg nehmen und weiter zum Parkplatz im Wald Mahdholz. **Rad:** Über den Limes-Radweg oder den Kocher-Jagst-Radweg.

Hunger & Durst

In der **Konditorei Dietz** in Bopfingen gibt es einen 800 Jahre alten Gewölbekeller, wo es an heißen Tagen angenehm kühl ist. Hauptstraße 63, 73441 Bopfingen, ✆ 07362/8070. Keller täglich ab 17 Uhr geöffnet.

DIE OSTALB

Nicht lustig: Im kurzen Soldatenröckchen bei schwäbischem Wind und Wetter am Limes Wache zu schieben

▶ Der ausgeschilderte Rundwanderweg verläuft von der Limesmauer und dem Limesturm zwischen Buch und Schwabsberg im Wald Mahdholz den Limes entlang zum Südrand von Schwabsberg. Hier wurden 1969 und 1976 Teile der hölzernen Palisade entdeckt. Die gespaltenen Eichenstämme sind noch knapp 1 m lang und haben zwischen 40 und 60 cm Durchmesser. Einer wissenschaftlichen Untersuchung zufolge wurde dieser Teil um 140 n.Chr. gebaut.

Der Weg führt weiter bis zum *Limestor* bei Dalkingen. Von dort geht es nach Süden zum *Stausee Rainau-Buch*. Am nördlichen Ufer steht das **Römerbad** mit einem weiteren Gebäude. Zum **Kastell Buch** sind es dann nur wenige Gehminuten. Der Rückweg führt zum Limes am Waldrand und von dort zum **Wachturm im Mahdholz** zurück.

Wanderung zum Naturfreundehaus Himmelreich

Länge: 9 km Rundweg, 2- bis 3-stündige leichte Wanderung. **Anfahrt:** Vom Bhf ↗ Schwäbisch Gmünd mit Bus 01 Richtung Heubach. B29 Schwäbisch Gmünd – Aalen, in Böbingen rechts.

▶ Am südlichen Ortsausgang von **Heubach** geht es auf der Scheuelbergstraße hinauf zum **Ostfels,** von dem aus ihr eine wunderschöne Aussicht über die Ostalb habt. Ihr lauft weiter am Hohen Fels vorbei, bis ihr durch das Himmelreich zum *Naturfreundehaus* gelangt. Dort könnt ihr in der Gartenwirtschaft gemütlich einkehren und euch ausruhen; jetzt ist schon mehr als die Hälfte geschafft. Der Heimweg geht auf einem gekennzeichneten Wanderweg über Beuren zurück.

Hunger & Durst
Naturfreundehaus Himmelreich, Heubach-Beuren. ✆ 07173/5911, Mi 7.30 – 18 Uhr, Sa und So 7.30 – 23 Uhr. Getränke und einfache Gerichte. Der 266 km lange Schwäbisch-Fränkische Jakobusweg von Würzburg nach Ulm führt direkt am Naturfreundehaus vorbei.

Wanderung durch die Täler nördlich von Lorch

Länge: Rundweg 9 km, 3 Std Wanderzeit. **Anfahrt:**
↗ Lorch. Parkplatz 250 m oberhalb des Klosters neben der Straße nach Alfdorf-Welzheim.

▶ Vom Parkplatz führt links neben der Straße der **Limeswanderweg HW6** in Richtung Kloster. Wer beim Limesstein die Straße überquert, erreicht bald die Zufahrtstraße zum Schäfersfeld. Links aufwärts passiert man die Gaststätte »Echo«. Geradeaus Richtung Hollenhof seht ihr links im kleinen Wäldchen die Reste eines ehemaligen römischen Wachtpostens. Vermutlich stand hier nicht bloß ein gewöhnlicher Römerturm, sondern eine große Feldwache aus Stein. Hier folgt ihr rechts dem *Hollenhofweg* mit seinem eindrucksvollen Blick links zum dunkel ansteigenden Schurwald sowie hinab ins Remstal und zum Hohberg in westlicher Richtung. Wenn im Wald der Limeswanderweg links Richtung Pfahlbronn-Welzheim abzweigt, wandert ihr weiter auf dem **HW3** geradeaus Richtung Schelmenklinge durch den prächtigen Wald hinab auf die von Lorch kommende *Götzentalstraße,* der ihr nach rechts folgt. Dort, wo die Talwiesen vom Wald verdrängt werden, öffnet sich rechts der Eingang zum *Landschaftsschutzgebiet Schelmenklinge (Roter Strich),* eine urwüchsige, schmale Waldschlucht, in der überall Wasser rinnt und plätschert. Die zur Sommerzeit vom Schwäbischen Albverein Lorch aufgebauten und betreuten Wasserspiele verleihen der Klinge zusätzliche Anziehungskraft.

Am Ende der Schlucht verlasst ihr den Wald, überquert die Straße weiter dem Roten Strich folgend und wandert links auf dem Asphaltweg in den Lorcher Stadtteil **Bruck.** Sehr reizvoll ist der Blick nach rechts ins waldbedeckte Mühlbachtal und hinüber nach Alfdorf. Hinter Bruck habt ihr beim Wanderparkplatz der prächtige Blick ins Götzental und auf dunkle Wälder, zum Klotzenhof und zum sich empor wölbenden Hohberg. Südlich und südöstlich – noch breiter gelagert

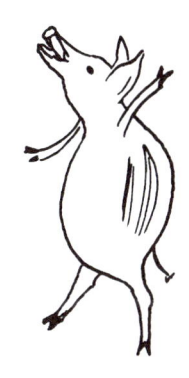

Der Limes ist eine Grenzmauer, mit der sich die Römer vor ihren Feinden geschützt haben. Auf der Wanderung könnt ihr den Verlauf des Limes deutlich als Schuttwall erkennen.

als zuvor – der Nordalbtrauf bis zum Braunenberg mit dem dortigen Fernsehturm. Der Rote Strich weist auf den Weg rechts Richtung Schillergrotte-Alfdorf, über den ihr am sanften Knollenmergelhang entlang abwärts zum Wald lauft und in Kürze in einem zerklüfteten Bergwinkel die vom Wasser aus dem Sandstein herausgemeißelte **Schillergrotte** erreicht.

Bei der Weggabel, an der ein mit Blauem Punkt markierter Weg nach Alfdorf beginnt, wandert ihr rechts dem Roten Strich Richtung Hohler Stein nach ins stille, abgeschiedene **Mühlbachtal** hinab. Auf einem breiten Fahrweg geht ihr kurz nach links und gleich im Rechtsbogen talabwärts. Wo nach dem Moltenwaldbrunnen der Wanderweg Baden-Württemberg im Linksbogen Richtung Hohler Stein abschwenkt, folgt ihr dem Mühlbach-Talweg geradeaus (Rundweg 6) und erreicht bald die Häuser der Brucker Sägmühle. In dem idyllischen Tal geht es zunächst auf dem Sträßchen rechts mit der Markierung Blauer Punkt weiter. Wenn gleich nach der Bachbrücke der Blaue Punkt rechts aufwärts nach Bruck weist, bleibt ihr geradeaus auf dem unmarkierten Sträßchen. Das Tal des Schweizerbachs mit seinen erlengesäumten Schleifen präsentiert sich in wunderschönen Bildern. Bald verlasst ihr das Tal rechts auf dem *Hermann-Löns-Weg,* der in vielen Windungen durch die prächtigen Wälder zum Ausgangspunkt zurückführt.

Hunger & Durst
Klosterschänke Im Echo, Lorch, ✆ 07172/928495. Di – So 10 – 22 Uhr.

Höhlen und Natur erforschen

Die Höhlen auf dem Rosenstein

Arge Rosenstein, Anmeldung: Gerhard Novak, 73540 Heubach. ✆ 07173/8203, www.karst.net. **Anfahrt:** Westlich von ↗ Heubach über eine schmale Teerstraße. **Rad:** 15 Min. **Zeiten:** Fachkundige Führungen durch die Höhlen sind für alle ab 8 Jahre in Gruppen möglich. **Preis:** 5-stündige Führung pro Person 3,80 €. Kleine 2-stündige Führung 2 € inklusive Info-Broschüre.

▶ Die **Große Scheuer** ist 40 m lang, 6 m breit und 10 m hoch. Ihre mächtigen Eingänge sind von einem Urfluss ausgewaschen worden. Sie sind so groß, dass ihr selbst in den entlegensten Winkeln noch ohne Taschenlampe sehen könnt. Die Große Scheuer ist über einen beschilderten Wanderweg vom Parkplatz am Rosenstein zu erreichen, der Abstieg durch eine Felsschlucht ist durch ein Geländer gesichert.

Das **Haus** liegt nur 65 m weiter. Ihr tretet durch ein 10 m hohes Portal in einen riesigen Raum. In der hinteren Ecke liegt ein tonnenschwerer Felsklotz, den ihr nur mit einer Taschenlampe umrunden könnt. Dort hinten ist es nämlich stockfinster. Bei der Entdeckung dieser Höhle fanden die Forscher in mehreren Schichtlagen sehr viele und außergewöhnliche Dinge: Gebrauchsgegenstände unserer Vorfahren, z.B. Keramikscherben von Tassen und Tellern oder Nadeln aus der Frühbronzezeit. Speerspitzen, Messer, eiserne Gerätschaften wie Breitbeil und Bügelschere oder Bernsteinperlen und Gürtelschloss erzählen von der römischen Zeit. Aus dem Mittelalter stammen Wirtschaftsgefäße, Nägel und Hufeisen.

Kleine Scheuer: Am östlichen Ortsende von Heubach beginnt der Franz-Keller-Weg, ein schmaler Wanderpfad, der in engen Serpentinen den Rosenstein hinaufführt. Unterhalb des Burgfelsens ist der Eingang zur Kleinen Scheuer. Im vorderen Teil ist ausreichend Tageslicht vorhanden, wenn euch auch das hintere Gewölbe interessiert, braucht ihr unbedingt eine Taschenlampe und müsst außerdem über einen 3 m hohen Steinblock klettern.

Die **Drei-Eingang-Höhle** beginnt unterhalb des Sophienfelsens. Der rechte Eingang endet schon nach wenigen Metern. Durch den mittleren gelangt man in mehrere Felsenhallen (Taschenlampe mitnehmen!). Der linke Eingang führt in eine Halle, in die sich nur erfahrene Höhlengänger wagen sollten.

Der Eingang zum **Finsterloch** liegt etwas versteckt südlich des Rosensteins. Er ist jedoch vergittert, da-

Welcher Vogel trägt einen Rucksack?

Der Wandervogel.

Ihr müsst feste Schuhe anziehen und eine Taschenlampe mitnehmen. Beim Betreten der Höhlen niemals Fackeln oder Kerzen verwenden, denn die Rußschicht macht die Höhlendecke scheußlich schwarz und schadet den Kleinlebewesen. Sowieso klar ist, dass keiner etwas aus der Höhle mitnimmt oder seinen Abfall liegen lässt.

mit darin lebende Vögel nicht dauernd gestört werden und die Pflanzen geschützt bleiben.

Nach den Sternen schauen

Sternwarte, Schillerhöhe 2, 73430 Aalen. ✆ 07361/ 3600066 (Herr Görze), 529027 (Sternwarte), Fax 521911. www.sternwarte-aalen.de. ulrich.goerze@cyberfun.de. Nahe der Stadthalle beim Mahnmal auf der Schillerhöhe. **Anfahrt:** ↗ Aalen. **Zeiten:** Sep – April Fr 20 Uhr, Mai und Aug 21 Uhr. Ganzjährig So 15 – 17 Uhr Gruppenführung (ab 6 Pers) auf Anfrage. Termine

Alles auf: Ohren, Augen, Münder und sogar Nasen

nur bei klarem Himmel. **Preise:** Eintritt frei. **Infos:** Ulrich Görze, Mohlstraße 23, 73431 Aalen.

▶ Wollt ihr mal den Saturnring durchs Teleskop sehen, die Jupitermonde mit eigenen Augen betrachten oder die Sonnenflecken beobachten? Dann seid ihr in der Sternwarte goldrichtig. Und wer sich mit den geografischen **Koordinaten** auskennt: Die Sternwarte liegt auf 10° 4' 47'' östlicher **Länge,** 48° 50' 5'' nördlicher **Breite** und 467 m über dem Meer.

Geologischer Lehrpfad mit Aussicht

Urweltmuseum, Reichsstädter Straße 1, 73430 Aalen-Triumphstadt. ✆ 07361/6556, Fax 961339. www.urweltmuseum-aalen.de. **Länge:** 3,5 km Rundweg. **Anfahrt:** ↗ Aalen. Ab Innenstadt entlang der Friedrichstraße und Julius-Bausch-Straße 2 km nach Süden zum Parkplatz Langertsteige.

▶ Auf dieser Rundwanderung könnt ihr sehen, wie sich im Laufe der Erdgeschichte verschiedene Gesteinsschichten gebildet haben, wie zum Beispiel Sandstein, Mergel oder Kalkstein. Erklärungen zu den Gesteinen, ihrer Entstehung und ihrem Fossilinhalt findet ihr auf Schautafeln am Rande des Weges. Wenn ihr den *Aalbäumlesturm* erreicht habt, müsst ihr nur noch 84 Stufen erklimmen, um eine tolle Aussicht auf die Aalener Bucht zu haben.

Natur- und Landschaftsschutzgebiete erkunden

NABU Ellwangen, Hariolf Löffelad, Holbach 19, 73479 Ellwangen. ✆ 07961/55122. **Anfahrt:** ↗ Ellwangen.

▶ Der Naturschutzbund Ellwangen hat eine übersichtliche Karte herausgegeben und darin die Naturschutzgebiete rund um Ellwangen beschrieben. Sie ist für 1 € bei der Tourist-Information oder beim Naturschutzbund erhältlich. Mit dieser Karte könnt ihr viele seltene Tiere wie Uferschwalbe oder Eisvogel und Pflanzen wie Deutschen Enzian oder Trollblume entdecken.

In der Geografie wird mit der **Breite** *der Abstand eines Ortes zum Äquator bezeichnet. Die* **Länge** *ist der in Winkelgraden gemessene Bogen zwischen einem angenommenen Nullmeridian (Greenwich) und dem Meridian des Ortes. Orte gleicher Länge haben die gleiche Uhrzeit. Lasst euch das von euren Eltern mal auf einem Globus zeigen.*

Reiten und Spielen

In der Halle reiten oder über Stock und Stein

Reitanlage Härtsfeldhof, Hohenberg 3, 73441 Bopfingen-Hohenberg. ✆ 07362/5773, Fax 5763. www.haertsfeldhof.de. info@haertsfeldhof.de. **Anfahrt:** In ↗ Bopfingen 2 km Richtung Neresheim, im Weiler Hohenberg beim 2. Hof rechts. **Zeiten:** ganzjährig. **Preise:** Gruppenstd 13 €, Einzelstd 20 €, Tagesausritt mit Picknick 65 €; Kinder 9 – 16 Jahre Gruppenstd 10 €, Einzelstd 20 €, Tagesausritt mit Picknick 50 €.

▶ Die moderne Reitanlage mit zwei Reithallen und einem Außenplatz bietet Möglichkeiten vom Ausritt über Reitunterricht bis hin zum Ablegen der einzelnen Reitabzeichen. 40 gut erzogene und brave Pferde verschiedener Größe warten auf euch.

Zurück zur Natur

Landwerkstatt im Klotzenhof, Familie Kronmiller, Klotzenhof 6, 73547 Lorch. ✆ 07172/9152020, Fax 9152021. www.klotzenhof.de. info@klotzenhof.de. **Anfahrt:** 2 km nördlich von ↗ Lorch.

▶ In unverbauter Landschaft, umgeben von Wald und Wiesen, werden hier Tiere gehalten, die alten, vom Aussterben bedrohten Nutztierrassen angehören. Hier leben Schafe, Ziegen, Hühner und Pferde. Von März bis Dezember finden Kurse für Kinder und Erwachsene statt, bei denen ihr den künstlerisch-handwerklichen Umgang mit Naturmaterialien lernt. Zu essen gibt es selbst gemachte schwäbische Gerichte. Eigene Streuobstwiesen liefern leckeren Apfelsaft.

Minigolf

Park des Samariterstifts, Nicolette Hörster, Karl-Bonhoeffer-Straße 2, 73450 Neresheim. Voranmeldung ✆ 07326/5578 oder 0172/5634764, Fax 8146. www.neresheim.de. **Anfahrt:** ↗ Neresheim, Zufahrt

---

Hunger & Durst
Im **Reiterstübchen Härtsfeldhof** könnt ihr euch stärken und dabei anderen Kindern beim Reiten zuschauen.

Happy Birthday!
Ihr könnt auf dem Klotzenhof auch euren Geburtstag feiern. Dazu könnt ihr zwischen vier verschiedene Arten wählen, z.B. einem **Kutschfahrt-** oder **Walderlebnisgeburtstag**. Bei einer Kutschfahrt durch den Welzheimer Wald und das Stauferland kann man die Gegend mal auf andere Weise erkunden.

zum Park oberhalb der Karl-Bonhoeffer-Straße. **Zeiten:** März – Okt täglich 11 – 20 Uhr. **Preise:** 1 €.

▶ Im Park des Samariterstifts gibt es ein Minigolfgelände, einen Kiosk mit Getränken und Eis, einen Barfußweg und sogar einen Stall mit Tieren. Falls niemand am Minigolfplatz anzutreffen ist, bitte im Stall (Tierbereich) melden.

Landgasthof Albblick, 73453 Abtsgmünd-Pommertsweiler. ✆ 07963/218, Fax 1419. www.landgasthof-albblick.de. info@landgasthof-albblick.de. **Anfahrt:** ↗ Abtsgmünd. **Preise:** 2,50 €; Kinder bis 16 Jahre 1,50 €.

▶ Der kleine Platz des Landgasthofs ist außer bei Regen immer geöffnet. Das Restaurant bietet neben Terrasse, Biergarten und Kinderspielplatz ein umfangreiches Angebot an schwäbischen Gerichten und eine eigene Kinderkarte; geöffnet Mi – So 9 – 14 und 17 – 23 Uhr.

Bahnen & Bergbahnen

Mit Volldampf übers Härtsfeld

Härtsfeld-Museumsbahn, Dischinger Straße 11, 73450 Neresheim. ✆ 07326/8149, Fax 8146. Handy 0172/9117193. www.neresheim.de. tourist@neresheim.de. **Anfahrt:** ↗ Neresheim. **Zeiten:** Mai – Okt an jedem 1. So und an einigen Fei um 10.05 Uhr. **Preise:** 5 €; Kinder 6 – 14 Jahre 2,50 €.

▶ Eine Eisenbahnfahrt übers Härtsfeld, wie sie eure Großeltern vor 50 Jahren erlebt haben könnten: Gemächlich setzt sich der Dampfzug »Härtsfeld-Schättere« mit lautem Getöse in Bewegung. In gemütlicher Fahrt bewegt er sich durch Wald und Wiesen, vorbei an Wacholderheiden und Getreidefeldern. Endstation ist der Bahnhof Sägmühle, wo der Zug mit laut quietschenden Bremsen zum Stehen kommt. Von hier aus kann man in 2 Stunden eine Wanderung zum

HANDWERK UND GESCHICHTE

DIE OSTALB

@ Den aktuellen Fahrplan der Museumsbahn findet ihr im Internet unter: www.hmb-ev.de.

ChooChoo macht die Härtsfeldbahn: Herr Mau würde so gern mitfahren!

Härtsfeldsee und zurück unternehmen und um 16.35 Uhr wieder mit dem Dampfzug zurück nach Neresheim fahren. Wer dann noch Lust und Zeit hat, kann sich im Bahnhofsgebäude eine Ausstellung über die Geschichte der Härtsfeldbahn anschauen.

Mit der Museumscard kann man den Daniel – so heißt der Kirchturm der St.-Georgskirche – Stadtmauer-, Stadt- und Rieskratermuseum einmalig besuchen. Sie kostet für Erwachsene 5,50 € und für die ganze Familie 15,50 €. Die Karte ist zeitlich unbefristet, man muss also nicht alles an einem Tag besichtigen.

Die Königlich Bayerische Staatsbahn

Bayerisches Eisenbahnmuseum, Am Hohen Weg 6a, 86720 Nördlingen. ✆ 09083/340, Fax 388. www.bayerisches-eisenbahnmuseum.de. ries-express@bayerisches-eisenbahnmuseum.de. **Anfahrt:** ↗ Neresheim, vom Bhf über Unterführung oder Fußgängerbrücke zur Straße Am hohen Weg. **Zeiten:** März – Okt Sa 12 – 16, So 10 – 17 Uhr, Juli – Aug Di – Sa 12 – 16, So 10 – 17 Uhr. **Preise:** 4 €; Kinder 2 €.

▶ Das Museum befindet sich in den Hallen des einstigen Lokdepots der Königlich Bayerischen Staatsbahn. Über 100 Originalfahrzeuge, davon allein 25 Dampflokomotiven, sind dort zu bewundern. Dabei geht es den Betreibern darum, einen realistischen Eisenbahnbetrieb zum »Anfassen, Miterleben und

Fühlen« zu bieten. Die Anlagen und Werkstätten funktionieren noch und vermitteln das besondere Flair der 50er Jahre.

Modelleisenbahn-Anlage
Alte Schule, Neresheimer Straße 9, 89564 Nattheim. ✆ 07321/73248, Fax 978432. www.nattheim.de. **Anfahrt:** ↗ Nattheim. **Zeiten:** nach Vereinbarung. **Preise:** Eintritt frei.
▶ Auf einer Fläche von 60 qm fahren 100 Mini-Züge durch eine Landschaft im Stil der Schwäbischen Alb.

Burgen und Schlösser

Schloss Baldern im Ries
Bopfingen-Baldern. ✆ 07362/96880, Fax 968860. www.fuerst-wallerstein.de. schloesser@fuerst-wallerstein.de. **Anfahrt:** 1 km nördlich von ↗ Bopfingen nach Baldern. Das Schloss ist nach 6 km erreicht. **Zeiten:** Führungen April – Okt Di – So 10 – 17 Uhr stündlich, sonst Gruppenführungen nach Voranmeldung. **Preise:** 4,50 €; Kinder 6 – 16 Jahre 3 €. **Infos:** Kinderführungen auf Anfrage
▶ Der Fürstensitz wurde auf den Resten einer mittelalterlichen Burg erbaut. Die Gemächer sind prachtvoll und immer noch mit den alten Originalmöbeln eingerichtet. Im Schloss könnt ihr viele Ritterrüstungen betrachten. Die große Waffensammlung zeigt euch Ausstellungsstücke aus Europa aus 5 Jahrhunderten. Zu sehen sind unter anderem Stangenwaffen, Gewehre, Pistolen und Fahnen. Das Brunnenhaus hat seinen eigenen Reiz: In einem 80 m tiefen Brunnenschacht liefert eine Quelle Wasser. Der Führer zeigt euch wie tief der Brunnen ist, indem er etwas Wasser in den Schacht schüttet. Es dauert ganze 9 Sekunden, bis ihr es unten plätschern hört. Jedes Kind kann an einem Schlossquiz teilnehmen; dazu bekommt ihr an der Kasse ein Blatt mit Fragen

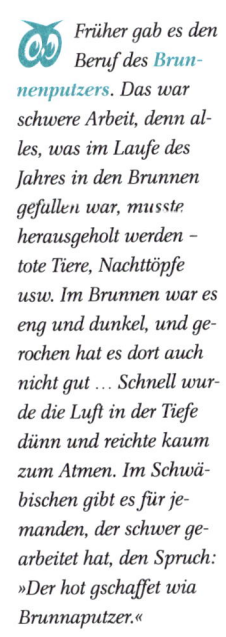

Früher gab es den Beruf des Brunnenputzers. Das war schwere Arbeit, denn alles, was im Laufe des Jahres in den Brunnen gefallen war, musste herausgeholt werden – tote Tiere, Nachttöpfe usw. Im Brunnen war es eng und dunkel, und gerochen hat es dort auch nicht gut … Schnell wurde die Luft in der Tiefe dünn und reichte kaum zum Atmen. Im Schwäbischen gibt es für jemanden, der schwer gearbeitet hat, den Spruch: »Der hot gschaffet wia Brunnaputzer.«

Hunger & Durst

Schloss-Schenke Zum Marstall in den historischen Stallungen auf dem Gelände. Geöffnet April – Okt, Mo Ruhetag. Warme Gerichte 11 – 18 Uhr, ✆ 07362/921398,

Die reliefartigen Verzierungen an Gewölben, Decken, Wänden und Fassaden nennt man **Stuck,** *wenn sie aus Gips, Kalk, Sand und Leimwasser modelliert sind.*

ausgehändigt. Wenn ihr beim Rundgang durch das Schloss gut aufpasst, könnt ihr diese leicht beantworten. Außerdem könnt ihr bei einer Naturführung im Schlosspark mitmachen, wo ihr viel Wissenswertes über Natur und Tiere erfahrt.

Bei den Rittern auf der Kapfenburg

Lauchheim. ✆ 07363/96180, Fax 961820. www.schloss-kapfenburg.de. info@schloss-kapfenburg.de. Oberhalb von ↗ Lauchheim. **Anfahrt:** Von der Ortsmitte Lauchheim auf der Bahnhofstraße die Bahnlinie unterqueren und dann rechts der Beschilderung folgen. **Zeiten:** Führungen April – Sep So 14.30 Uhr, Besichtigung sonst nach telefonischer Vereinbarung. **Preise:** 2,30 €; Kinder bis 16 Jahre 1,10 €.

▶ Auf einer Felskuppe am Nordrand des Härtsfelds liegt weithin sichtbar das Schloss Kapfenburg. Schon vor fast 1000 Jahren wurde der Bau dieser Burg mit einem Haus, das Grombergbau heißt und heute noch zu sehen ist, begonnen. Die viel größeren Gebäude drum herum sind erst 500 Jahre später im Mittelalter dazu gekommen. Am schönsten ist der Rittersaal, dessen Decke mit **Stuck** prachtvoll verziert ist. An den Wänden könnt ihr Gemälde von Rittern in voller Montur bewundern.

In der Burg ist die internationale Musikschulakademie untergebracht. Wenn ihr Glück habt, könnt ihr einen Chor oder ein Orchester bei den Proben hören.

Die Burg der Kelten: Ruine Rosenstein

Heubach. ✆ 07173/Fax 18149. www.heubach.de. **Anfahrt:** Schmale Teerstraße westlich von ↗ Heubach. **Rad:** 15 Min von Heubach.

▶ Vor ganz langer Zeit, etwa 1200 bis 500 v.Chr., lebten die Kelten in dieser Gegend. Das war ein hoch entwickeltes Volk, das in Mitteleuropa siedelte. Um sich vor ihren Feinden zu schützen, errichteten die Kelten mehrere Ringwälle auf dem Rosenstein. Relikte dieser gewaltigen keltischen Fliehburg sind heute noch zu erkennen. Lange Zeit später – im Mittelalter – wurde an dieser Stelle die Burg Rosenstein gebaut. Ihre Ruine könnt ihr jederzeit besichtigen.

Museen und Stadtführungen

Die Grenze der Römer: Limesmuseum

Sankt-Johann-Straße 5, 73430 Aalen. ✆ 07361/961819, Fax 961839. www.limesmuseum.de. limesmuseum.aalen@t-online.de. **Anfahrt:** ↗ Aalen. **Zeiten:** Di – So 10 – 12 und 13 – 17 Uhr. Am 1.Jan, 24., 25., und 31.Dez geschlossen. **Preise:** 3 €; Kinder ab 6 Jahre 2 €; Familienkarte 7,50 €.

▶ Der obergermanisch-rätische Limes bildete im 2. und 3. Jahrhundert n.Chr. auf einer Länge von 550 km zwischen Rhein und Donau die Grenze des Römischen Reiches zu Germanien. Viele tausend Soldaten waren entlang dieser Linie in Kastellen stationiert. Das größte Reiterkastell nördlich der Alpen und einer der wichtigsten Standorte am rätischen Limes befand sich im heutigen Aalen. Auf der Hauptstraße des ehemaligen Kastells steht heute das Limesmuseum. Zahlreiche Funde und Miniaturmodelle zeigen euch, wie die Menschen in der Römerzeit gelebt haben. Für Kinder besonders spannend sind die vielen Kurzhörspiele, Filme und interaktiven Computeranimationen. Gleich neben dem Eingang könnt ihr euch wie Römer verkleiden und in einem großen Spiegel betrachten. Probiert doch mal das Kettenhemd an, dann wisst ihr, wie schwer es damals gewesen sein muss, diesen Schutzpanzer die ganze Zeit zu tragen. Ihr findet dort auch Bastelsachen und Malzeug.

Fossilien zuhauf: Urweltmuseum

Reichsstädter Straße 1, 73430 Aalen-Triumphstadt. ✆ 07361/6556, Fax 961839. www.urweltmuseum-aalen.de. info@urweltmuseum-aalen.de. **Anfahrt:** ↗ Aa-

Hunger & Durst

In der **Waldschenke** auf dem Rosenstein gibt es Hausmacherspezialitäten sowie Kaffee und selbst gebackenen Kuchen. Ostern – Nov ab 10 Uhr, Do Ruhetag, Nov – Ostern Mi, Sa und So ab 10 Uhr, ✆ 07173/2372.

Die Räter bewohnten das Gebiet zwischen Graubünden, Tirol und dem Alpenvorland bis zur Schwäbischen Alb. Sie waren vorkeltische Indogermanen und wurden unter Kaiser Augustus 15 v.Chr. von den Römern besiegt.

Das Museum veranstaltet **Geologiewochenende** mit Steinbruchführungen, Info unter ✆ 07361/522358.

len. **Zeiten:** Di – So 10 – 12 und 14 – 17 Uhr. **Preise:** 2 €; Kinder 4 – 14 Jahre 1,50 €; Familienkarte 5 €.

▶ Vor vielen Millionen Jahren herrschte auf der Schwäbischen Alb ein tropisch warmes Klima. An der Stelle, an der ihr heute steht, war ein großes Meer. Als sich der Boden hob, und das Wasser abfloss, starben zahlreiche Muscheln und Schnecken und andere Tiere, und ihre Körper und Panzer versteinerten. Hier im größten Fossilienmuseum Süddeutschlands könnt ihr euch ein Bild von der damaligen Tierwelt machen. Es gibt versteinerte Saurier, Tintenfische und Riesenammoniten zu bestaunen. Ammoniten sind ausgestorbene Kopffüßler mit einem Kalkpanzer, sie sehen wie versteinerte Schnecken aus. Wenn ihr anschließend selbst nach Fossilien suchen wollt, könnt ihr in den ehemaligen Kalksteinbrüchen am Braunenberg oberhalb von Wasseralfingen mit etwas Glück schöne Stücke finden. Wie ihr dabei vorgeht, wird in einem Videofilm im Museum gezeigt.

Besucherbergwerk: Tiefer Stollen

Erzhäusle 1, 73433 Aalen-Wasseralfingen. ✆ 07361/970249, Fax 970259. www.bergwerk-aalen.de. tieferstollen@aalen.de. **Anfahrt:** ↗ Aalen. **Zeiten:** Mitte März – Anfang Nov Di – So 9 – 12 und 13 – 16 Uhr, an Fei auch Mo geöffnet. **Preise:** 5,50 €; Kinder 4 – 16 Jahre 4 €; Familienkarte ab 17 €.

Tipp: Die Führung dauert etwa 1,5 Stunden – bei circa 11 Grad. Warme Kleidung und festes Schuhwerk sind deshalb empfohlen.

▶ Von 1608 bis 1939 wurde im Braunenberg Eisenerz abgebaut. Im Reich des Berggeists stehen heute die interessantesten Stollen, Schächte und Gänge als Schaubergwerk und für Atemkuren offen. Ein Erlebnis ist schon die Einfahrt auf der Grubenbahn in die riesigen Sandsteinhallen, in denen Bergleute Formsand und Bausteine gewannen. Dort seht ihr eine Multivisionsschau über Abbauverfahren, Eisengewinnung, Gießereitechnik und die Geschichte des Bergbaus im Raum Aalen. Beim 800 m langen Rundgang durch die Stollen bekommt ihr eine Ahnung davon, was für eine harte Arbeit die Bergleute verrichten mussten. Versucht euch mal in die Lage der Bergmänner zu versetzten, die hier jeden Tag in den tiefen, dunklen und engen Stollen das Erz abbauten.

Apotheke der früheren Reichsstadt
Historische Kräuterkammer, Hauptstraße 8, 73441 Bopfingen. ✆ 07362/96340, Fax 963419. www.ostalb kreis.de. **Anfahrt:** ↗ Bopfingen. **Zeiten:** Mo – Fr 9 – 12 und 14 – 18 Uhr und nach telefonischer Vereinbarung. **Preise:** Eintritt frei.

▶ In der Reichsstadt-Apotheke von 1720 findet ihr eine historische Kräuterkammer. Dort wurden Heilkräuter aufbewahrt, gewogen, gehackt oder zerstoßen und zu Pulver, Tee oder Salben verarbeitet. In der Kräuterkammer seht ihr die alte Einrichtung von damals und verschiedene Geräte zum Verarbeiten der Heilkräuter, wie Mörser oder Hackmesser. Auch die alten Kräuterbehälter sind noch da, allerdings ohne Kräuter.

Heilkräuter sind Pflanzen, die bei bestimmten Krankheiten helfen können, z.B. hilft ein Kamillentee bei Magenschmerzen oder ein Pfefferminztee bei Erkältung.

Das Seelhaus
Städtisches Museum, Spitalplatz 1, 73441 Bopfingen. ✆ 07362/80129, 3855, Fax 80150. archiv.bopfingen@t-online.de. **Anfahrt:** ↗ Bopfingen **Zeiten:** März – Okt Di – Fr 14 – 16 Uhr, Sa, So und Fei 14 – 17 Uhr, Nov – Feb Sa und So 14 – 17 Uhr. **Preise:** 1,50 €; Kinder 0,50 €; Familienkarte 3 €.

▶ Das Seelhaus ist ein Fachwerkbau aus dem Jahre 1505. In diesem Gebäude wurden früher von so genannten Seelschwestern alte und bedürftige Menschen gepflegt. Lange danach entstanden Wohnungen im Seelhaus. Dann wurde es restauriert, und heute ist das Städtische Museum darin untergebracht. Die zweistöckige Dauerausstellung zeigt mit vielen Ausstellungsstücken und Schautafeln die Geschichte der Region von der Steinzeit bis ins 19. Jahrhundert. Im Mittelpunkt der Funde aus der Keltenzeit steht der Berg Ipf. Dokumente über die Geschichte Bopfingens als Reichsstadt informieren

Die Kelten siedelten vor den Römern in großen Teilen Europas und wurden später von diesen vertrieben oder versklavt.

über das spätere Mittelalter. Den Übergang zum Industriezeitalter – als die ersten Maschinen, Eisenbahnen und Fabriken aufkamen – illustrieren die Schaustücke zur Leder- und Leinenherstellung.

Geschichte der Juden im Ostalbkreis

Historisches Museum, Lange Straße 13, 73441 Bopfingen-Oberdorf. ✆ 07362/801-29, Fax 801-50. www.bopfingen.de. archiv.bopfingen@t-online.de. **Anfahrt:** ↗ Bopfingen. **Zeiten:** März – Okt Sa, So und Fei 14 – 16 Uhr und nach telefonischer Vereinbarung, Führungen ab 10 Pers. **Preise:** Eintritt frei.

▶ In der alten Synagoge Oberdorf ist das Museum zur Geschichte der Juden im Ostalbkreis untergebracht. Es beschäftigt sich auch mit der einst größten jüdischen Gemeinde Ostwürttembergs. 28 Bild- und Texttafeln und Objekte in vier Vitrinen informieren über die Ereignisse der jüdischen Geschichte. Durch die Darstellung erfahrt ihr, wo die deutschen Juden herkamen und wie sie bis zur Zeit der Shoa lebten. Das Haus ist auch Gedenk- und Begegnungsstätte.

Synagoge heißt das Versammlungshaus der jüdischen Gemeinde für den Gottesdienst. Das hebräische Wort Shoa bedeutet »Völkermord« und bezieht sich auf die Zeit des Nationalsozialismus (1933 – 45). Die Nazis ermordeten rund 6 Millionen Juden.

Bäuerliche Technik und Kultur

Heimatstube Trochtelfingen, Ostalbstraße 54, 73441 Bopfingen-Trochtelfingen. ✆ 07362/801-29, Fax 801-50. www.bopfingen.de. archiv.bopfingen@t-online.de. **Anfahrt:** ↗ Bopfingen. **Zeiten:** März – Okt So 14 – 16 Uhr und nach Vereinbarung, Führungen ab 10 Pers. **Preise:** 1,50 €; Kinder 0,50 €; Familienkarte 3 €.

▶ Im Erdgeschoss des alten Rathauses seht ihr die Geschichte des Ortes auf Tafeln dargestellt. Ihr könnt in mehrere komplett eingerichtete Stuben schauen und euch vorstellen, wie man dort im 19. und 20. Jahrhundert gelebt hat. Werkzeuge und Geräte des bäuerlichen Handwerks findet ihr im Obergeschoss. Ganz oben unter dem Dach seht ihr dann die Hauswirtschaftsgeräte, die von den Bauern rund ums Jahr gebraucht wurden.

Das Rathaus ist das Verwaltungs- und Repräsentationsgebäude einer Stadtgemeinde. Bürgermeister oder Bürgermeisterin haben dort ihr Büro.

Fernrohre für Astronauten

Optisches Museum, Carl-Zeiss-Straße 4 – 45, 73447 Oberkochen. ✆ 07364/20-0, Fax 20-3370. www.oberkochen.de. museum@zeiss.de. **Anfahrt:** ↗ Oberkochen. **Zeiten:** Mo – Fr 10 – 13, 14 – 16 Uhr, So 9 – 12 Uhr. **Preise:** Eintritt frei.

▶ Das Museum ist im Ausstellungszentrum des Zeiss-Hochhauses untergebracht. Es zeigt über 700 Jahre Geschichte der optischen Geräte. Die Sammlung unterschiedlicher Sehhilfen ist groß. Darunter befindet sich die Brille, die Eduard Mörike beim Verfassen seiner Gedichte trug. Interessant zu sehen sind die Instrumente zum Vermessen der Erde. Die Entwicklung des Fernrohrs und des Fernglases seit dem 17. Jahrhundert ist übersichtlich dargestellt, und ihr erfahrt etwas über die Entwicklungsgeschichte fotografischer Objektive und wie sich die Technik des Mikroskops gewandelt hat. Außerdem seht ihr optische Geräte, die die Astronauten im Weltraum und auf dem Mond benutzt haben.

Aus der Geschichte des Härtsfelds

Härtsfeldmuseum, Hauptstraße 22, 73450 Neresheim. ✆ 07326/8115, 8149, Fax 8140. www.neresheim.de. tourist@neresheim.de. **Anfahrt:** ↗ Neresheim. **Zeiten:** April – Okt So 13 – 17 Uhr und nach Vereinbarung. **Preise:** 1,50 €; Kinder 4 – 16 Jahre 0,50 €.

▶ In dem ehemaligen Vogtshaus erhaltet ihr Einblick in die Geschichte der Stadt Neresheim. Doch richtig interessant für euch wird's erst im 2. Stock, wo ihr altes Spielzeug wie Schaukelpferd, Puppenwagen oder Schlitten findet. Und: Im Eingangsbereich ist extra für euch eine Spielecke eingerichtet.

Heimatmuseum im Vogteigebäude

Fuggerstraße 3, 73460 Hüttlingen-Niederalfingen. ✆ 07361/9778020, Fax 71220. www.huettlingen.de. **Anfahrt:** ↗ Hüttlingen. **Zeiten:** März – Okt am 1. und 3. So im Monat 10 – 12 und 14 – 17 Uhr und nach tele-

📖 Manfred Waßner: *Kleine Geschichte Baden-Württembergs.* Von der Steinzeit über die Römer und Alemannen, Staufer, Welfen und Zähringer bis hin zum Entstehen Baden-Württembergs sind alle wichtigen Ereignisse anschaulich beschrieben. Theiss Verlag, 192 Seiten, 19,90 €.

fonischer Vereinbarung. **Preise:** 1 €; Kinder bis 10 Jahre 0,30 € und 11 – 18 Jahre 0,50 €.

▶ Das Museum befindet sich in einem spätmittelalterlichen Fachwerkgebäude. Früher war darin das Obervogteiamt der herrschaftlichen Burgvögte untergebracht. Ein Burgvogt war sowohl Verwalter einer Burg als auch Richter. Heute sind hier verschiedene Dinge zu sehen wie Fossilien und Mineralien, Geräte aus der Steinzeit und römische Münzen. Ihr könnt einen Blick in die Knechtkammer werfen oder schauen, wie es früher in einer Bauernküche aussah. Sehenswert sind auch die alten Öfen.

Auf den Spuren alamannischer Ahnen
Alamannenmuseum Ellwangen, Haller Straße 9, 73479 Ellwangen. ✆ 07961/969747, Fax 969749. www.alamannenmuseum-ellwangen.de. alamannenmuseum-@ellwangen.de. **Anfahrt:** ↗ Ellwangen, westlich des Bhfs An der Jagst den Fluss überqueren. An der B290. **Rad:** Am Kocher-Jagst-Radweg. **Zeiten:** Di – Fr 10 – 12.30 und 14 – 17 Uhr, Sa und So 10 – 17 Uhr. **Preise:** 2,50 €; Kinder 6 – 18 Jahre 1,50 €.

▶ Das Museum befindet sich im Gebäude der Nikolauspflege. Dort wurden früher arme und kranke Menschen gepflegt. Auf drei Stockwerken werdet ihr erfahren, wie in mittelalterlicher Zeit der Alltag der Alamannen, ihre Handwerkskunst und die Rituale um Leben und Sterben der einfachen Leute aussahen. Sie waren gute Reiter, Schreiner, Drechsler, Weber, Goldschmiede oder Bauern. Neben den Originalfunden gibt es interaktive Medien und bewegte Bilder zum Mitmachen. Danach könnt ihr noch in den Museumsgarten mit Nikolauskapelle gehen oder in den Museumsshop und die Cafeteria.

Puppenstuben im Schloss Ellwangen
Schlossmuseum, Schloss 12, 73479 Ellwangen. ✆ 07961/54380, Fax 969365. www.schlossmuseum-ellwangen.de. info@schlossmuseum-ellwangen.de.

Die Alamannen oder Alemannen waren westgermanische Völker, die zur Zeit der großen Völkerwanderung vor 500 n.Chr. in Europa, besonders in der Schweiz und im Elsass lebten. Von ihrer Sprache stammt die schwäbische Mundart ab. Orte, die von den Alamannen gegründet wurden, enden entweder auf -ingen oder auf -heim.

Anfahrt: ↗ Ellwangen, über die Schlosssteige nordöstlich des Zentrums. **Zeiten:** Di – Fr 14 – 17 Uhr, Sa 10 – 12 und 14 – 17 Uhr, So und Fei 10.30 – 16.30 Uhr. **Preise:** 2 €; Kinder 6 – 16 Jahre 0,80 €.

▶ Tellerchen, Messerchen, Gäbelchen, Stühlchen, Tischchen und Töpfchen: Alles in den nostalgischen Puppenstuben ist lebensecht nachgebildet. Ob Weihnachten oder Schulalltag: alles ist liebevoll ausstaffiert. Außerdem könnt ihr Puppenküchen, Kaufläden und Wohnstuben sehen, mit denen eure Ururgroßeltern im 19. Jahrhundert gespielt haben. Wirklich sehenswert sind auch die schönsten Weihnachtskrippen aus dem schwäbischen Raum.

Es trifft alle: Schulbankdrücken in der Puppenstube

Happy Birthday!
Aktionen speziell für Kindergeburtstage bzw Gruppen sind die **Schlossführungen** und **Workshops** eigens für Kinder im Schloss Ellwangen! Bitte vorher anmelden.

Ellwangen für junge Nachtschwärmer

Tourist-Information, Spitalstraße 4, 73479 Ellwangen. ✆ 07961/84303, Fax 55267. www.ellwangen.de. ursula.huelle@ellwangen.de. **Anfahrt:** ↗ Ellwangen, im Zentrum. **Preise:** Stadtführung 3 €, Candle-Light-Führung 5 €; Stadtführung für Kinder unter 16 Jahre in Begleitung der Eltern frei, Candle-Light-Führung 5 €.

»Dui hend a Zuig«: Das *Schwäbische* hat seinen Ursprung im Alemannischen und ist auf dem Land noch ziemlich weit verbreitet. Dabei ändert sich die Betonung einzelner Wörter in Nuancen von Ort zu Ort. In den größeren Städten wird meist eine Mischung aus Hochdeutsch und Schwäbisch gesprochen. Wer ein geübtes Ohr hat, kann die Herkunft eines schwäbisch Redenden auf den Ort genau heraushören. Und auch ohne größere Übung ist es möglich, einen Älbler, Stuttgarter oder Ulmer anhand der Aussprache zu identifizieren.

▶ Jeden 1. und 3. Samstag von Anfang Juni bis Ende September veranstaltet die Tourist-Information eine Stadtführung. Sehr hübsch sind die Candle-Light-Führungen, bei denen man spät abends im Schein von Lampions die Innenstadt erkundet. Dafür muss man sich bei der Tourist-Information anmelden. In den Sommerferien werden weitere Stadtführungen extra für Kinder angeboten. Darüber hinaus findet jeden 2. Samstag im Monat eine Schlossführung statt.

Schwäbisch Gmünd für Kinder
i-Punkt am Marktplatz, Marktplatz 37/1, 73525 Schwäbisch Gmünd. ✆ 07171/603-4250, Fax 603-4299. www.schwaebisch-gmuend.de. **Länge:** 1,5 Std, Startpunkt nach Absprache. **Anfahrt:** ↗ Schwäbisch Gmünd. **Preise:** für Gruppen bis 25 Pers 50 €. **Infos:** Anmeldung und Organisation im i-Punkt am Marktplatz.

▶ Der Stadtrundgang speziell für Kinder soll zu einer spannenden Reise durch die Geschichte der Stadt werden. Ein besonderer Höhepunkt ist die Besteigung des Königturms, der als Hochwacht, aber auch als Verlies für Halunken und vermeintliche Hexen diente.

Museum in der Silberwarenfabrik
Silberwaren- und Bijouteriemuseum Ott Pausersche Fabrik, Milchgässle 10, 73525 Schwäbisch Gmünd. ✆ 07171/603-4140, 603-4130, Fax 603-4149. www.schwaebisch-gmuend.de/museum. museum@schwaebisch-gmuend.de. **Anfahrt:** ↗ Schwäbisch Gmünd. **Zeiten:** Mitte April – Mitte Okt Di, Mi, Fr 14 – 17 Uhr, Do 14 – 19, Sa, So und Fei 11 – 17 Uhr, Kinderwerkstatt nur So. **Preise:** 3 €; Schüler, Studenten, Azubis 1 €.

▶ Das Museum ist eine Silberwarenfabrik, die – 1845 gegründet – noch bis Ende der 1970er Jahre in Betrieb war. Die gut erhaltene Fabrikanlage wurde im Originalzustand belassen. Ihr könnt die alten Walzen, Stanzgeräte, Pressen und Werkbretter sehen, an denen Frauen und Männer arbeiteten. Sie stellten in mühevoller Kleinarbeit Waren aus Silber her. Verkauft wurden Schuhschnallen oder Haarnadeln und manches andere, wie Utensilien für Wallfahrer.

Dokumentation des Meteoriteneinschlags

Rieskratermuseum, Eugene-Shoemaker-Platz 1, 86720 Nördlingen. ✆ 09081/2738220, Fax 27382220. www.rieskrater-museum.de. rieskrater-museum@noerdlingen.de. **Anfahrt:** Von ↗ Aalen mit der RB Richtung Donauwörth. Über die B29 östlich von Bopfingen. **Zeiten:** Di – So 10 – 12 und 13.30 – 16.30 Uhr. **Preise:** 3 €; Kinder 4 – 14 Jahre 1,50 €; Familienkarte 6,50 €.

▶ Durch ein gewaltiges Naturereignis entstand vor 15 Millionen Jahren das Ries. Ein Meteorit von 1200 m Durchmesser schlug mit 100.000 km/h auf der Erde ein. Es entstand ein fast runder Krater von ungefähr 25 km Durchmesser. Dieser Einschlag setzte so große Hitze frei, dass der Meteorit vollständig verdampfte.

Das Ries ist nicht nur der größte Meteoritenkrater Europas, sondern auch der am besten erhaltene und heute am besten erforschte Krater der Erde. Das Ries befindet sich nördlich der Donau zwischen der Schwäbischen Alb im Westen und der Fränkischen Alb im Osten. Noch heute kann man an den verschiedenen Gesteinsarten das Naturereignis nachvollziehen. Deshalb ist die Gegend für Geologen und Mineralogen besonders interessant. Sogar die Besatzungen von Apollo 14 und 17 kamen wegen des »mondähnlichen« Gesteins **Suevit** zum Feldtraining ins Ries.

Das geologische Spezialmuseum ist in einem restaurierten mittelalterlichen Scheunengebäude untergebracht und informiert über die Entstehung von Einschlagkratern. Illustriert wird dies mit Fundstücken u.a. aus dem Nördlinger Ries und mit Videovorführungen. Sogar ein echter Meteorit ist zu sehen.

In der **Kinderwerkstatt** der Silberwarenfabrik könnt ihr euren eigenen Schmuck herstellen. Unter qualifizierter Anleitung lernt ihr an speziell gesicherten Pressen und Walzen den Umgang mit Materialien und Techniken der Schmuckherstellung. Anmeldung: Annemarie Wieser, ✆ 07171/38910. Preise: 15 € pro Kind.

Suevia ist der lateinische Name für Schwaben. Der Suevit ist also so etwas wie der »Schwabenstein«.

Im Jahr 1440 wollte Hans von Wallerstein Nördlingen erobern. Um unbemerkt in die Stadt zu gelangen, bestach er einen Turmwächter mit Geld, damit dieser nachts das Tor offen ließ. Als eine Webersfrau in der Nacht nach draußen ging, bemerkte sie das offene Tor, da sich ein entflohenes Schwein daran rieb. Daraufhin rief sie »So G'Sell so«, was als Drohung gegen den verräterischen Torwächter zu verstehen ist.

Stadtbummel durch Nördlingen

Tourist-Information, Marktplatz 2, 86720 Nördlingen. ✆ 09081/84116, 84216, Fax 84113. www.noerdlingen.de. tourist-information@noerdlingen.de. **Anfahrt:** Von ↗ Aalen mit der RB Richtung Donauwörth. Über B28, von Norden über B466. **Rad:** Härtsfeldradweg von Lauchheim oder Neresheim. **Zeiten:** einstündige Stadtführung täglich um 14 Uhr ab Tourist-Information. **Preise:** 3 €; Kinder bis 12 Jahre kostenlos.

▶ In den alten und engen Gassen rund um die Georgskirche lebten und arbeiteten früher Handwerker in Berufen, die es heute längst nicht mehr gibt. Es war die Zeit der Lodenweber, Gerber und Färber. In den stattlichen Bürgerhäusern lebten reiche Kaufleute und Händler. Ein mittelalterlicher Beruf ist jedoch bis heute bestehen geblieben. Der Turm der St-Georgskirche ist nämlich immer noch von einem Türmer besetzt. Im Mittelalter musste er immer gut aufpassen, um beim Ausbruch eines Feuers sofort Alarm schlagen zu können. Außerdem hattte er die Aufgabe, alle fremden Personen zu melden, die in die Stadt wollten. Heute ruft der Türmer von Nördlingen abends von 20 bis 22 Uhr jede halbe Stunde den Spruch »So G'Sell, so« vom Turm, der seinen Ursprung in einer Legende hat.

Auf dem Wehrgang der Stadtmauer könnt ihr die historische Innenstadt umrunden und dabei 15 Türme zählen. Das dauert ungefähr 1,5 Stunden.

Wie die Korallen auf die Alb kamen

Korallen- und Heimatmuseum, Alte Schule, Neresheimer Straße 9, 89564 Nattheim. ✆ 07321/73248, Fax 978432. www.nattheim.de. **Anfahrt:** ↗ Nattheim. **Zeiten:** So 14 – 17 Uhr und nach telefonischer Anmeldung. **Preise:** Eintritt frei.

▶ In der Alten Schule zu Nattheim sind Funde ausgestellt, mit denen ihr im ersten Moment wohl nicht gerechnet hättet. Vor 140 Millionen Jahren war hier ein Korallenriff des Jurameeres. Darin lebten neben

Schwämmen und Korallen Fische, Muscheln, Seeigel, Seelilien und Schnecken. Die starke Verdunstung unter tropenheißem Klima und das salzreiche Bodenwasser haben dann die Tiere absterben lassen und teilweise konserviert. Im Bereich Nattheims sind sie besonders gut erhalten. Der Verwitterungsprozess und Temperaturunterschiede über lange, lange Zeit haben die Skelette der Korallen an der Erdoberfläche freigesetzt. Ein zweites Thema im Museum ist die Lokalgeschichte um Nattheim.

Stadtbibliothek

Spitalhof 1, 73525 Schwäbisch Gmünd. ✆ 07171/603-4466, Fax 603-4499. www.schwaebisch-gmuend.de. stb@schwaebisch-gmuend.de. **Anfahrt:** ↗ Schwäbisch Gmünd. **Zeiten:** Di, Do, Fr 10 – 18 Uhr, Mi 10 – 13 Uhr, Sa 9.30 – 12.30 Uhr.

▶ Rund 96.000 Medien stehen zur Ausleihe bereit. Darunter sind Romane, Sach- und Fachbücher, Kinder- und Jugendliteratur, Zeitschriften und Tageszeitungen. CDs, CD-ROMs, Videos, Kassetten, DVDs, Stadtpläne, Rad- und Wanderkarten, Landkarten und Spiele. Die Bibliothek hat außerdem Internet-Plätze. In der Kinderleseecke unterm Dach können kleine Leseratten nicht nur in Büchern schmökern, sondern auch Gesellschaftsspiele spielen, Musik hören oder ihre Fähigkeiten am Multimedia-PC testen.

Feste & Fastnacht

Rosenmontagsumzug

Bopfingen-Schlossberg. ✆ 07362/6283, Fax 80150. www.bopfingen.de. **Anfahrt:** ↗ Bopfingen. **Termin:** am Rosenmontag ab 14 Uhr.

Schwäbisch-Alemannische Fasnacht

Neresheim. ✆ 07326/8149, Fax 8146. www.neresheim.de. **Anfahrt:** ↗ Neresheim.

Hunger & Durst

Adlerstube, Familie Mack, Neresheimer Straße 8 – 16, Nattheim, ✆ 07321/97900. Obst und Gemüse aus einheimischen Anbaugebieten, schwäbische Küche, Verkaufstheke für Wurst, Käse, Pralinen und Brot. Mo – Fr 10.30 – 14 und 17 – 21 Uhr, Sa Nachmittag und So geschlossen.

FESTKALENDER

Januar: Mo – Mi nach Dreikönig, Ellwangen: **Kalter Markt,** einer der ältesten Pferdemärkte Süddeutschlands, Info ✆ 07961/84246.

Mai: Muttertag, Kirchheim am Ries: **Öko-Markt**; Info ✆ 07362/9569015.

Berghülen: **Berghüler Mairock** mit deutschen und internationalen Bands. Für Rockfans.

Mai/Juni: Pfingstmontag, Nattheim: **Kinderfest;** Info ✆ 07321/978413.

Juni: 2. Wochenende, Schwäbisch Gmünd: **Gmünder Stadtfest,** Stadtfest mit traditionellem Vierzigerfest (Altersgenossenfest); Info ✆ 07171/6034250.

Letzter Sa, Bopfingen: **Rutenfest,** großes Kinderfest; Info ✆ 07362/80122.

Letztes Wochenende, Neresheim: **Stadtfest,** historisches Fest im gesamten Bereich der Altstadt mit viel Kultur, Spiel und Spaß sowie kulinarischen Köstlichkeiten aus der Region; Info ✆ 07326/8149.

Juni/Juli: Letztes Wochenende vor den Sommerferien, Ellwangen: **Heimattage;** Info ✆ 07961/84246.

Juli: 1. Sa, Bopfingen: **Ipfmesse,** Messe auf dem markanten Berg nahe der Stadt; Info ✆ 07362/80122.

2. Wochenende, Dischingen: **Ulrichsmarkt;** Info ✆ 07327/810.

August: Alle 2 Jahre, Bartholomä: **Rosstag;** Info ✆ 07173/978200.

September: 2. Wochenende, Aalen: **Reichsstädter Tage,** großes Stadtfest; Info ✆ 07361/522358.

3. Wochenende, Ellwangen: **Pferdetage;** Info ✆ 07961/84246.

November: 1. Wochenende, Nattheim: **Martinimarkt;** Info ✆ 07321/978413.

Dezember: Silvesterabend, Westhausen: **Silvesterritt,** eine Reiterprozession zum Jahreswechsel; Info ✆ 07363/840.

▶ Schwäbisch-Alemannische Fasnacht mit vielen Veranstaltungen, z.B. Hexengericht am Gumpendonnerstag, Hofball und traditionellem Faschingsdienstagsumzug.

Guggenmusiktreffen

Info: i-Punkt am Marktplatz, Marktplatz 37/1, 73525 Schwäbisch Gmünd. ✆ 07171/603-4250, Fax 603-4299. www.schwaebisch-gmuend.de. **Anfahrt:** ↗ Schwäbisch Gmünd. **Termin:** zur Faschingszeit.

▶ Das internationale Guggenmusiktreffen in Schwäbisch Gmünd ist das größte der Welt und gilt als Gaudi in der Faschingszeit. Die Guggenmusik ist eine eigene Art »falsch gespielter« Blasmusik, bei der die Musiker fantasievoll verkleidet und maskiert sind.

Der Begriff Gugge ist das alemannische Wort für Tüte und bezeichnet in der Schweiz alle Arten von Blechblasinstrumenten.

Faschingsumzug

Faschingsverein Dischingen, 89561 Dischingen. ✆ 07327/810, Fax 8140. www.dischingen.de. **Anfahrt:** Östlich von ↗ Nattheim. **Termin:** Faschingssonntag um 13.33 Uhr.

▶ Traditioneller Faschingsumzug mit Mottowagen, Festwagen, Fußgruppen, Guggenmusik, Maskengruppen, Garden und Musikkapellen, der sich durch die Straßen Dischingens schlängelt.

Am Dienstag gibt es außerdem einen Kinderumzug durch die Gemeinde mit anschließendem Kinderfasching in der Egauhalle.

Skifahren & Rodeln

WINTERSPORT

Skizentrum Hirtenteich, 73430 Aalen. ✆ 07361/72950, Fax 740627. www.hirtenteich.de. **Anfahrt:** Auf B29 westlich von ↗ Aalen 7 km Richtung Essingen und Lauterburg. **Zeiten:** an Wochenenden und in den Ferien ab 10, sonst ab 14 Uhr. Ab 17 Uhr Flutlicht. **Preise:** Tageskarte 12, 3 Std 8,50 €; bis 14 Jahre Tageskarte 8,50 €, 3 Std 6,50 €; Schüler Tageskarte 10, 3 Std 7,50 €. **Infos:** Schneetelefon ✆ 07365/5830. Im

@ Ob ihr Schlitten und Skier auspacken könnt, erfahrt ihr im Internet unter: www.winterland-bw.de

Skizentrum Hirtenteich warten 2 Schlepplifte und ein Kinderlift auf euch.

Skilift Sandberg, 73441 Bopfingen. ✆ 07362/3797, 80113, Fax 80150. www.schwaebischealb.de. tourismus@bopfingen.de. **Anfahrt:** ↗ Bopfingen. **Zeiten:** bei Schnee, auf Anfrage. **Preise:** 10er-Karte 5 €, 30er-Karte 13, 50er-Karte 19 €; Kinder bis 18 Jahre 10er-Karte 4 €, 30er-Karte 9, 50er-Karte 12,50 €. **Infos:** Schneetelefon ✆ 07362/80113. 340 m lange Abfahrt, Flutlicht und Skikurse.

Skilift Neresheim, am Klosterberg, 73450 Neresheim. ✆ 07326/8149, Fax 8146. www.schwaebischealb.de. tourist@neresheim.de. **Anfahrt:** ↗ Neresheim. **Zeiten:** bei Schnee täglich ab 14 Uhr. **Preise:** Tageskarte 4 €; Kinder bis 16 Jahre 2 €. 200 m lange Abfahrt, Skikurse für Anfänger.

Skilift Kapfenburg, 73466 Lauchheim. ✆ 07363/6112, Fax 8516. www.skiclub-kapfenburg.de. **Anfahrt:** ↗ Lauchheim. **Preise:** 10er-Karte 3 €; Kinder 10er-Karte 2 €. **Infos:** Schneetelefon ✆ 07961/54983. 300 m lange Abfahrt, Flutlicht und Skikurse. Neben der Skipiste befindet sich ein separater Rodelhang. Gute Wintersportbedingungen aufgrund der nördlichen Ausrichtung des Hanges.

Skilift Winterhalde, 73525 Schwäbisch Gmünd-Degenfeld. ✆ 07332/6530, Fax 309259. www.schwaebischealb.de. **Anfahrt:** Südlich von ↗ Schwäbisch Gmünd an der B466. **Infos:** Schneetelefon: ✆ 07322/6530. 300 m Abfahrt, Flutlicht, Skikurse und Schanzenanlage. Der Skilift ist im Sommer als Sessellift in Betrieb.

Ramenstein-Skihang, 89564 Nattheim. ✆ 07321/71736, Fax 730401. www.tsg-nattheim.de. **Anfahrt:** ↗ Nattheim. **Zeiten:** Mo – Fr 14 – 17, 18.30 – 21.30, Sa 13 – 17, 18.30 – 21.30 Uhr, So und Fei 9 – 12, 13 – 17 Uhr. **Preise:** auf Anfrage. **Infos:** TSG Nattheim, 1. Vorsitzender Johann Palinka, ✆ 07321/7782. Lift mit zwei schönen Abfahrten für Kinder. Flutlicht und Skikurse. In der Enzian-Alm an der Bergstation können sich wartende Eltern aufwärmen.

STAUFERLAND

- **DIE OSTALB**
- **STAUFERLAND**
- **ALB-DONAU-KREIS**
- **TECK & NEUFFEN**
- **MITTLERE ALB**
- **ZOLLERN-ALB**
- **DONAU & HEUBERG**
- **SERVICE ZU DEN ORTEN**
- **FERIEN-ADRESSEN**
- **KARTEN & REGISTER**

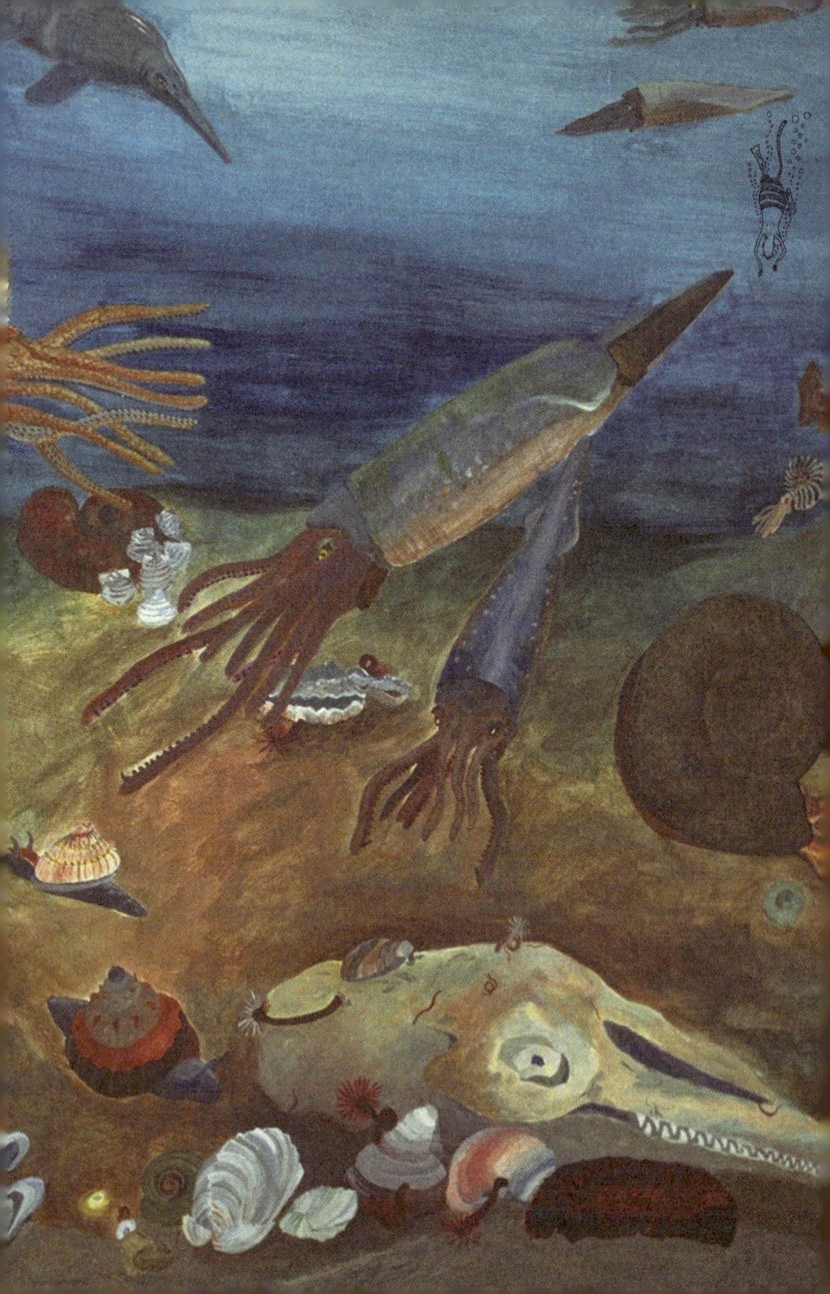

IM LAND VON KAISER ROTBART

Das Stauferland bezeichnet die Gegend rund um Göppingen, Geislingen und Heidenheim. Die Zeit der Staufer im 12. und 13. Jahrhundert prägt bis heute das Bild der gesamten Region am nördlichen Rand der Schwäbischen Alb. Unter Kaiser Friedrich I., besser bekannt als »Barbarossa«, wurden zahlreiche Städte, Burgen und Klöster gegründet, die man heute noch besichtigen kann.

Daneben zeugen Urweltfunde in mehreren Museen von der Zeit, als es vor 150 Millionen Jahren im Bereich der Schwäbischen Alb ein tropisches Meer gab, in dem Korallen und Schwämme wuchsen und Dinosaurier und Flugechsen den angrenzenden Wald bevölkerten.

Frei- und Hallenbäder

Hallenbad Eislingen

Scheerstr. 15, 73054 Eislingen/Fils. ✆ 07161/804-250, Fax 804-299. www.eislingen.de. **Anfahrt:** Direkt von ↗ Göppingen mit Bus 7688 Richtung Heidenheim oder Bus 6 Richtung Ottenbach. Vom Bhf nach Süden. **Zeiten:** Mo 14 – 18.30 Uhr, Di 9 – 13.30 und 15.30 – 21, Mi 9 – 20, Do 9 – 18, Fr 9 – 21, Sa 9 – 17, So 8.30 – 13 Uhr, Nov – März zusätzlich 13 – 17 Uhr. **Preise:** 3,50 €; Kinder und Jugendliche bis 18 Jahre 2 €.

▶ Neben der Schwimmhalle mit 1-m- und 3-m-Brett gibt es Sauna und Solarium sowie ein Badcafé.

Freibad Donzdorf

Reichenbacher Straße 7, 73072 Donzdorf. ✆ 07162/922-703. www.donzdorf.de. **Anfahrt:** Von ↗ Göppingen mit Bus 7688 bis Abzw. Reichenbach. Über die Hauptstraße nach Westen. **Rad:** Von Norden und Süden über Radweg erreichbar. **Zeiten:** Mitte Mai – Juni 9 – 19, Juli – Aug 9 – 20, Sep 9 – 19 Uhr. **Preise:** 2,80 €, Saisonkarte 45, Abendkarte ab 17 Uhr 1,70 €; Kinder 6 – 16 Jahre 1,80 €, Saisonkarte 18 €, abends ab 17 Uhr 1 €.

TIPPS FÜR WASSERRATTEN

STAUFERLAND

Unterwasser Unterwelt: Als die Alb noch Tropenmeer war, tummelten sich hier Polypen und Urhaie

▶ Großzügig angelegtes Badegelände mit Schwimmer-, Nichtschwimmer- bzw. Erlebnisbecken, Kinderbecken, Matsch- und Kinderspielplatz, Spielfeld für Ballspiele, Tischtennisplatten und Beachvolleyballfeld. Kiosk mit Snacks.

Wellenhallenbad
Klosterpark Adelberg, 73099 Adelberg. ✆ 07166/91210-0, Fax 91210-29. www.adelberg.de. klosterpark@adelberg.de. **Anfahrt:** ↗ Adelberg, wenige Min zu Fuß unterhalb einer Anhöhe westlich des Ortes, Parkplatz vorhanden. Von ↗ Göppingen ZOB mit Bus 260. **Zeiten:** Mo – Fr 11 – 21 Uhr, Sa 9 – 21, So und Fei 9 – 19 Uhr, Sommerferien ab 10 Uhr. **Preise:** 1,5 Std 3 €, 3 Std 4,50 €, Tageskarte 6,50 €; Kinder bis 15 Jahre 1,5 Std 2,50 €, 3 Std 4 €, Tageskarte 5,20; Familientageskarte 22 €.

▶ Im Wellenhallenbad im Klosterpark fühlt ihr euch wie im Urlaub am Meer, denn jede halbe Stunde könnt ihr für 8 Minuten in wilden Wellen toben. In das Außenbecken gelangt man nach einer 76 m langen, aufregenden Rutschfahrt durch eine schwarze Röhre mit Nebel- und Lichteffekten. Auch die jüngsten Besucher sind hier sehr willkommen. Der Kinderbereich lädt zum Plantschen und Schwimmenlernen ein. Zum Erholungszentrum gehört auch eine Saunalandschaft mit Außenbecken, 2 Blockhäusern, Dampfbad und Dachterrasse. Von dort hat man einen herrlichen Ausblick auf die Schwäbische Alb.

Freibad Waldstetten
Freibadweg, 73550 Waldstetten. ✆ 07171/44670, Fax 44418. www.waldstetten.de. **Anfahrt:** ↗ Waldstetten, vom Rathaus Bus 21 Richtung Weilerstoffel. Über Straßdorfer und Hauptstraße. **Zeiten:** Mai – Aug 9 – 20 Uhr, Sep 9 – 19 Uhr. **Preise:** 2,50 €; Kinder 4 – 16 Jahre 1,50 €.

▶ In das solarbeheizte Bad mit einer Wassertemperatur von bis zu 27 Grad führt eine Kinderrutsche. Es

---

Happy Birthday!
Das Geburtstagskind hat freien Eintritt. Im Bistro kann man spezielle Geburtstagsangebote buchen.

Hunger & Durst
Im **Kiosk** gibt's leckere, echt schwäbische Hamburger. Das sind »g'scheite Hackfleischküchle mit gute Weckla und nit mit so ma lädschada Brot«.

gibt ein Sportbecken und für die Kleinsten ein Babybecken. Außerhalb der Wasserzone stehen kleine Holzhäuser für Kinder, der Spielplatz ist nicht weit, ebenso ein Kiosk.

Hallenbad Waldstetten

Brunnengasse, 73550 Waldstetten. ✆ 07171/42743, Fax 44418. www.waldstetten.de. **Anfahrt:** ↗ Waldstetten, mit Bus 03 Richtung Straßdorf oder 21 Richtung Waldstetten bis Stuifenhalle. Über Straßdorfer oder Gmündener Straße. **Zeiten:** Di 17 – 21, Mi und Fr 17 – 20, Sa 8 – 12 Uhr. **Preise:** 1,80 €; Kinder 4 – 16 Jahre 1 €.

▶ Das Wasser wird auf 28 Grad geheizt.

Erfrischendes Freizeitbad Lonido

Neuffenstraße 33, 89168 Niederstotzingen. ✆ 07325/102-75, Fax 102-36. www.niederstotzingen.de. info@niederstotzingen.de. **Anfahrt:** ↗ Niederstotzingen, vom Bhf mit Bus 59 Richtung Ulm. Über Bahnhofstraße, Große Bahnhofstraße und Sontheimer Straße. **Zeiten:** Mo 9 – 22 Uhr, Di und Mi geschlossen, Do 15 – 21, Fr 14 – 21, Sa, So 9 – 19 Uhr, in den Ferien Di – Fr 9 – 21 Uhr. **Preise:** 4 €; Kinder 2 – 6 Jahre 1,50 €, Jugendliche 7 – 16 Jahre 2 €; Kurztarif 1 Std 1,50 €, Kinder und Jugendliche 0,50 € (Rückerstattung).

▶ Selbst die alten Seefahrer kommen noch ins Spiel: Die Kinder können um ein Wikingerschiff mit Wasser speiendem Drachen spielen, plantschen und toben. Bei der Babykuhle mit Wasserigel ist die Rutsche für die Kleinen. Es gibt aber auch eine 50 m lange Wasserrutsche und ein Mehrzweckbecken mit Massagedüsen und Nackenbrause. Umkleideräume, Duschen und Toiletten sind behindertengerecht gebaut. Die Cafeteria bietet unter anderem frische Säfte an.

Zum Bad gehört eine größere **Saunalandschaft** mit Blockhaus-Sauna und Finnischer Sauna und Wassertretanlage.

Hallenfreizeitbad Aquarena

Friedrich-Pfennig-Straße 24, 89518 Heidenheim an der Brenz. ✆ 07321/328-130, Fax 328-159. www.stadtwerke-heidenheim.de. **Anfahrt:** ↗ Heidenheim, von Berufsakademie mit Bus 5 Richtung Schnaitheim. Über Schnaitheimer und Wilhelmstraße in Heckentalstraße nach Norden. **Zeiten:** Mo 12 – 21 Uhr, Di – Do 8 – 21, Fr 8 – 22, Sa und So 9 – 18 Uhr, Behindertenschwimmen Sa 7.30 – 9 Uhr. **Preise:** Tageskarte 5,50 €; Kinder 3 – 6 Jahre 2,70 €, 7 – 17 Jahre 4,30 €; Rückvergütung bei einer Badezeit bis 1,5 Std, 2,5 bzw. 4 Std bei Verlassen des Bades.

▶ Der Badespaß im Aquarena verteilt sich über vier Becken. Die Jüngsten sind im Kleinkinderbecken mit Hubboden bestens aufgehoben. Für Schwimmer bietet die 21 m breite 50-m-Bahn den idealen Platz. Ein separates Sportbecken gibt Springern die Möglichkeit, vom 5-m-Brett ihre Saltos zu schlagen – manchmal landet einer auch bloß auf dem Hintern ... Das Highlight für wagemutige Wasserratten ist allerdings die 95 m lange Riesenrutsche, bei der ihr durch eine schwarze Röhre mit tollen Lichteffekten saust. Eine zweite Rutsche ist 55 m lang. Das Außenbecken hat eine Wassertemperatur von 33 Grad und ist das ganze Jahr über in Betrieb. Massagedüsen, Schwallbrausen und -pilz sorgen für Belebung. Das Warmsprudelbecken mit Massagedüsen und Unterwasserscheinwerfern hat 37 Grad.

Hunger & Durst

Das **Aquarena-Restaurant** im Eingangsbereich und das **SB-Restaurant** über der Schwimmhalle bieten Speisen und Getränke. Außerdem sind zwei Grillplätze vorhanden.

RAUS IN DIE NATUR

Radeln und Skaten

Skateranlage Adelberg

Sportcenter Adelberg, Klosterpark 3 – 5, 73099 Adelberg. ✆ 07166/404, Fax 910113. www.sunrise-adelberg.de. **Anfahrt:** ↗ Adelberg. Unterhalb einer Anhöhe westlich des Ortes, Parkplatz vorhanden. **Zeiten:** Mo – Fr 14 – 21 Uhr, Sa, So, Fei 10 – 21 Uhr. **Preise:** auf Anfrage.

▶ Ein Superangebot für Skater: Im Sommerhalbjahr ist in der Eissporthalle für alle Skateboarder, Inliner, Roller-Skater und BMXler der Sunrise-Indoor-Skaterpark aufgebaut mit Mega-Half-Pipe, Mini-Ramp, Fun-Box, Flybox, Pyramide, 4-Quarter-Pipes, Spine und Jump-Ramp. Rollerblades können an der Kasse ausgeliehen werden.

Tipp: Die Holz-Halfpipe in Adelberg ist 8 m breit und zählt mit ihrem Flat von 5 m zu den »geilsten Anlagen« in Deutschland. Sie ist auch im Winter zugänglich.

Das »radorado« an der Brenz

Länge: 55 km. **Anfahrt:** ↗ Heidenheim. **Infos:** Prospekt mit kompletten Streckenbeschreibungen bei der Tourist-Information Heidenheim, ✆ 07321/327340, Fax 327687. touristinfo@heidenheim.de.

▶ »Radorado« heißt ein Radwegekonzept, das seit 2001 den 55 km langen Radweg von der Quelle bis zur Mündung des Flüsschens Brenz bezeichnet. Mit vier Seitenschleifen bildet es ein abwechslungsreiches Tourensystem für jeden Geschmack. Kern des radorados ist die beschilderte Strecke vom Brenztopf bei Königsbronn über Heidenheim, vorbei an den Steinernen Jungfrauen, Herbrechtingen, Giengen, Gundelfingen und Lauingen bis zur Mündung des Flusses in die Donau. Die Tour hat nur 80 m Höhenunterschied und ist deshalb auch für Familien mit kleineren Kindern geeignet, wenngleich auch nur bei einer Einteilung in kürzere Teilstrecken. Da die Hauptstrecke entlang dem Brenztal fast vollständig von Bahnstrecken begleitet wird, bietet sich auch eine Kombination aus Radtour und Bahnrückfahrt zum Ausgangspunkt an.

Etwas anspruchsvoller sind die vier ebenfalls beschilderten Seitenschleifen. Es handelt sich um die »MeteorTour« rund um das Steinheimer Becken, die »HärtsfeldTour« bei Neresheim, die »KliffTour« mit Heldenfinger Kliff und die »HöhlenTour« durch das Urbrenztal zur Charlotten- und zur Vogelherdhöhle.

Wanderkarte des LVA Baden-Württemberg (Blatt 16) oder die ADFC-Regionalkarte Ostalb/Stauferland.

Hunger & Durst

Brauereigasthof Schlüssel, Marktstraße 68, Giengen, ✆ 07322/5334, Fax 931847. Warme Küche Mo – Sa 11.30 – 21 Uhr, So bis 15 Uhr. Kindergerichte.

Wandern und Spazieren

Wanderung zum Stausee und zum Waldspielplatz

Länge: 10 km, knapp 3 Std. **Anfahrt:** ↗ Adelberg.

▶ Ihr geht durch das nördliche Tor in die Klosteranlage Adelberg, rechts an der Ulrichkapelle vorbei und folgt dem Hinweisschild »Stausee 20 Min.«. Am **Herrenbachstausee** angekommen, haltet ihr euch rechts und folgt dem Rundwanderweg. Ab einer Weggabelung mit dem an einer Eiche angebrachten Hinweisschild »Spielplatz« folgt ihr den Serpentinen des gut ausgebauten Fahrwegs bergan. Die Stille im Wald wird lediglich durch das Plätschern des Einsiedelbachs unterbrochen. Ein kurzes Stück hinter der Einsiedelhütte gabelt sich der Weg, links an einer Eiche findet ihr wieder einen Wegweiser. Das »Höllsträßchen«, dem ihr nun folgt, bringt euch zum Teufelsbrunnen und zum **Waldspielplatz.** Platz zum Picknicken findet ihr unter den stattlichen Rotbuchen bei der Grillstelle.

Nachdem ihr den Waldspielplatz wieder verlassen habt, trefft ihr bei einer Weggabelung auf den »Oberberkener Kirchenweg«. Ihr wandert hier mit dem Zeichen Roter Strich geradeaus, um dann nach links Richtung Adelberg einzubiegen. Beim Erreichen der Landstraße orientiert ihr euch an den Hinweisschildern der im Gewerbegebiet »Ziegelhau« ansässigen Firmen, welche kurz darauf links auftauchen. Hier gibt der Wald die ersten Blicke auf die Schwäbische Alb und die Kaiserberge frei. An einem abgesägten Baumstamm findet ihr den Hinweis »Adelberg 3 km«. Ihr folgt dem Roten Strich und gelangt zu einem **Biotop** mit Sitzbank, auf der ihr euch zwischendurch mal ausruhen könnt.

Weiter geradeaus seht ihr bei einem Bienenstand bereits den Ortsrand von **Adelberg** vor euch. In der Ortschaft folgt ihr der Ziegelstraße. Ihr behaltet den **Wasserturm** im Auge und biegt, sobald ihr dort ange-

Hunger & Durst

Im Klosterhof gibt es eine **Pizzeria,** in der ihr euch nach der Wanderung stärken könnt. Di – Fr ab 17 Uhr, Sa, So und Fei 11 – 14 und 17 – 23 Uhr, ✆ 07166/606.

Ein Bienenstand ist ein Holzverschlag, in dem der Imker seine Bienenstöcke, auch Beuten genannt, aufbewahrt. So sind sie vor Regen und Kälte geschützt.

kommen seid, in die Turmstraße ein. Beim Postamt geht es dann rechts und 40 m weiter links die Frühlingsstraße hinunter bis zum Kindergarten. Dort geht ihr rechts durch die Fußgängerunterführung zurück zum Parkplatz an der Klosteranlage.

Wanderung zur Burgruine Helfenstein und zum Ödenturm

Länge: 4 km, reine Gehzeit 1 – 1,5 Std. **Anfahrt:** ↗ Geislingen.

▶ Jenseits des Fußgängerstegs beim Bahnhof folgt ihr der Markierung Rote Gabel nach rechts auf der alten **Weiler Steige.** Nach dem letzten Haus führt ein Zickzackweg links vom Helfensteiner Waldlehrpfad durch den Wald zum unteren Burgtor. Über den historischen Treppenaufgang gelangt ihr von der äußeren Ummauerung in das Innere der **Burgruine.**

Eine Tafel informiert über die Geschichte der Burg: Sie wurde um 1100 von den Grafen von Helfenstein erbaut, einem Adelsgeschlecht, das im 14. Jahrhundert große Ländereien um Geislingen, Heidenheim, Blaubeuren und Wiesensteig besaß. Nach dem Kauf durch die Reichsstadt Ulm 1396 wurde die Burg ausgebaut. Nach 1552 beschloss der Ulmer Rat, die Burg abzubrechen. 1760 hat man die letzten Reste beseitigt. 1932 – 1937 wurden die Grundmauern freigelegt und teilweise wieder aufgebaut. Die Aussicht vom Burgfried, dem höchsten Turm, reicht an klaren Tagen bis zum Schwäbischen Wald.

Auf dem **Rückweg** überquert ihr bei der unteren Holzbrücke den Burggraben und erreicht kurz darauf den Stadtbezirk **Weiler.** Bei den ersten Häusern führt der Weg rechts (Gelbe Gabel) durch eine flache Senke, die »Teufelsklinge«, hinüber zum **Ödenturm.** Der Turm, inzwischen Wahrzeichen der Fünftälerstadt, ist seit 1823 in deren Besitz. Er ist von Mai bis Oktober an Sonn- und Feiertagen geöffnet.

Die Bauweise des Turmes ist typisch für das Spätmittelalter. Ebenerdig wurde mit einem viereckigen

Hunger & Durst
Burgschenke bei der Burgruine Helfenstein, ✆ 07331/63312, Sa, So und Fei geöffnet, schwäbisches Vesper, kleine warme Gerichte, Kaffee und Kuchen.

Grundriss begonnen, etwas höher gingen die Bauherren zum Achteck über und noch weiter oben wurde rund gebaut. Bis ihr oben in der Turmstube angelangt seid, könnt ihr 118 Stufen zählen – oder waren es doch 122?

Wieder unten beim Ausgang des Turmes, zeigt ein Gelbes Dreieck den Abstieg zur Stadt. Der Weg endet in der Fußgängerzone, durch die ihr über die Bahnhofstraße zurück zum Ausgangspunkt gelangt

Wanderung zum Wentalweible

Länge: 10 km, Gehzeit circa 3 Std. **Anfahrt:** Von der B466 Heidenheim – Böhmenkirch nach 4 km rechts ab nach ↗ Steinheim. In der Ortsmitte der Kappelstraße bis ans Ende folgen.

▶ Ihr verlasst Steinheim auf der Kappelstraße dem Wegweiser »Wental« folgend. Ungefähr nach einer Viertelstunde kommt ihr zum **Hirschfelsen.** Hier seht ihr zwar schon den größten Felsen des Wentals, es gibt aber noch viel mehr Sehenswertes auf dem weiteren Weg. Zunächst erreicht ihr einen schönen **Spielplatz,** auf dem ihr euch austoben könnt. Dann geht es weiter durch dichten Wald. Bald darauf seht ihr die nächsten Felsformationen zwischen den Bäumen stehen. Die markanteste davon ist das **Wentalweible,** die aussieht wie eine sitzende weibliche Figur. Ihr könnt sie genau erkennen an dem kleinen Kreuz auf ihrer höchsten Stelle.

Die Sage vom Wentalweible erzählt, dass in den Hungerjahren zu Beginn des 19. Jahrhunderts eine Marktfrau aus Steinheim ganz besonders schlau gewesen sein wollte. In guten Zeiten habe sie große Vorräte angelegt, die sie während der Hungerjahre zu Wucherpreisen wieder verkauft habe. Dabei soll sie auch Maße und Gewichte gefälscht haben. Als schließlich ihre Untaten ans Licht kamen, wurde sie hart bestraft. Aus Gram darüber habe sie sich von einem Felsen gestürzt und sei dabei zu Tode gekommen. Seit dieser Zeit heißt der Felsen »Wentalweib-

Hunger & Durst

Landhotel Wental, am Ende des Wentalwanderwegs, ✆ 07173/978190. Di – Sa 11.30 – 21.30, So 11.30 – 19.30 Uhr. Gute Küche, Favorit bei den Kindern sind panierte Schnitzel mit Pommes Frites für 5,70 €.

▶ Vor vielen Jahrhunderten stand einst auf dem schroff aufragenden Felsen über dem Ort **Eselsburg** eine stattliche Burg. Die Herren der Burg waren die Ritter »Esel von Eselsburg«. Das Burgfräulein war sehr schön, aber hart und stolz. Kein Freier war ihr gut genug. Und so kam es, wie es kommen musste: Das Burgfräulein wurde älter und älter, und die Freier blieben aus. Diese Schande ertrug es nicht. Es fing an, alle Männer zu hassen. Dieser Hass war so abgrundtief, dass es sogar den zwei jungen Mägden, die auf der Burg dienten, verbot, jemals mit einem Mann zu sprechen. Die beiden jungen Mädchen mussten jeden Abend ins Tal hinabsteigen, um Wasser für den nächsten Tag zu schöpfen. Lange Zeit hielten sich die beiden Mägde an das Verbot, denn sie fürchteten sich vor der Strafe ihrer strengen Burgherrin.

DIE SAGE VON DEN STEINERNEN JUNGFRAUEN

Ein langer Winter auf der Burg war endlich zu Ende gegangen. Die Mädchen freuten sich über den ersten warmen Frühlingstag. Sie sehnten den Abend herbei, denn das Wasserholen war ihre liebste Beschäftigung.

Schon auf halbem Wege hörten sie Musik. Gerne lauschten sie. Hastig schöpften sie das Wasser und eilten den steilen Weg zur Burg zurück. Die Burgherrin erwartete sie ungeduldig. So ging es jeden Abend. Von Mal zu Mal lauschten sie länger und bald hatten sie das strenge Gebot ihrer Herrin vergessen.

Sie plauderten mit dem jungen Fischer, sangen Lieder und schaukelten im Boot, bis die Sonne untergegangen war. Die Burgherrin schöpfte Verdacht und machte sich selbst auf den Weg, um nach den Mädchen zu schauen. Finster sah sie aus und ihre Gedanken waren böse. Der Hass wurde beim Anblick der verliebten jungen Mädchen so übermächtig, dass sie wütend hervorstieß: »Werdet zu Stein! Das ist die Strafe für euren Ungehorsam.« Die Mädchen erstarrten auf ihrer Flucht und stehen seitdem als Felsen am Fischweiher. Die Burgherrin wurde in der folgenden Nacht vom Blitz erschlagen, als sie noch stolzer als zuvor, voller Genugtuung vom Turm der Burg hinab ins Tal schaute. Das Feuer vernichtete die ganze Eselsburg. ◀

Quelle: Tourist-Information Herbrechtingen

le«. Es soll vorkommen, dass man eine wimmernde Stimme hört, wenn man zur Dämmerstunde hier vorbeigeht:

> *Drei Vierleng send koi Pfond;*
> *drei Schoppa send koi Mauß!*
> *Ei, ei, ei und au, au, au,*
> *hätt i no des Deng net tau,*
> *müßt i net em Wental gau!*

Außer dem Wentalweible stehen dort in der Gegend noch weitere Gestalten, deren Namen auf Schildern angegeben sind. Ihr könnt ihnen natürlich auch eigene Fantasienamen geben! Die abwechslungsreiche Wanderung endet beim **Landhotel Wental,** wo ihr euch stärken könnt. Dort gibt es auch einen sehr schönen Spielplatz.

Wenn ihr dann auf dem Rückweg wieder an den Felsformationen vorbeikommt, entdeckt ihr vielleicht neue Gestalten in den Felsen.

Quellen und Höhlen

Mineralquellen

Eislingen/Fils. ℂ 07161/804-266, Fax 804-298. www.eislingen.de. **Anfahrt:** ↗ Eislingen.

▶ Zwei Mineralquellen, der »Barbarossa-Brunnen« in der Poststraße im südlichen und der »Ludwig-Uhland-Brunnen« in der Talstraße im nördlichen Stadtgebiet, wurden im Angulatensandstein erbohrt. Beide Brunnen sind frei zugänglich und sprudeln als Heilquellen (Natrium-Hydrogen-Carbonat-Säuerling). Ihr Wasser lässt sich als Trinkkur bei Diabetes, Gicht. Magenschleimhautentzündung und Erkrankungen der Harnwege anwenden.

Fundort der ältesten Schnitzereien: Die Vogelherdhöhlen

Niederstotzingen. ℂ 07325/102-0, Fax 102-36. **Anfahrt:** A7 Würzburg – Ulm, ab Ausfahrt 118 Niederstotzingen der Straße dorthin folgen, nach 2 km links an der Abzweigung nach Lontal parken, von dort Trampelpfad in den Wald 5 Min bergauf.

▶ Die kleine und die große Vogelherdhöhle sind Kleinhöhlen. Sie sind nur wenige Meter lang und waren Rastplatz und Unterstand für die Jäger der Eiszeit. Hier fanden Forscher 1931 besonders schöne Elfenbeinschnitzereien. Es sind Darstellungen von Mammut, Ren, Panter, Bär und Höhlenlöwe. Die allerschönste Figur ist die eines Wildpferds, sie soll vor fast 40.000 Jahre geschnitzt worden sein. Ihr könnt sie im Ulmer Museum bewundern. Die große Höhle hat drei Eingänge, durch zwei kann man aufrecht hindurchgehen. Der dritte Eingang ist sehr niedrig und wird von den meisten gar nicht entdeckt. Auch bei der kleinen Höhle ist der Eingang recht versteckt. Er geht nicht geradeaus ins Innere, sondern knickt gleich am Anfang um die Ecke ab. Deshalb ist die Höhle von außen fast nicht sichtbar. Ein sicheres Versteck, auch wenn die Sicht nach draußen versperrt ist. Ihr könnt die Höhlen trotzdem leicht finden, da euch der Wanderweg direkt vor den Eingang führt.

HöhlenErlebnisWelt in Hürben: Die Charlottenhöhle

Lonetalstraße, 89537 Giengen an der Brenz-Hürben.
℡ 07322/952-292, Fax 952-264. www.giengen.de.
Anfahrt: Von der Ortsmitte in ↗ Giengen über Bahnhofstraße und Hermaringer Straße 4 km südlich in den Stadtteil Hürben und geradeaus zum südlichen Ortsende. **Zeiten:** April – Ende Okt täglich 9 – 11.30, 13.30 – 16.30 Uhr. So und Fei durchgehend. **Preise:** 3 €; Kinder 6 – 14 Jahre 1,50 €.

▶ Bevor ihr die Charlottenhöhle betretet, werdet ihr auf einem Zeitreisepfad von der Gegenwart zurück in die Zeit des Höhlenbären geführt. Danach geht es auf Erkundungstour in die Höhle. Sie ist benannt nach *Königin Charlotte* (1864 – 1946), der zweiten Frau des württembergischen Königs Wilhelm II. Ent-

Hunger & Durst
Landgasthof Adler,
Kirchstraße 15, Niederstotzingen-Stetten,
℡ 07325/919-090.
Di – Sa 17.30 – 24 Uhr,
So und Fei 11 – 14 und
17.30 – 21 Uhr. Warme
Küche 17.30 – 21 Uhr.
Der ehrwürdig eingerichtete Landgasthof bietet gutbürgerliche, schwäbische und internationale Küche.

Tipp: Im Infozentrum **Höhlenhaus,** am Fuß der Höhle, könnt ihr noch mehr zum Thema Höhle, Siedlungsgeschichte und das Lonetal erfahren. Zeiten: April – Sep täglich 9 – 19, Okt 9 – 18 Uhr, Nov – März Sa, So 11 – 18, Mi 14 – 18 Uhr und bei Voranmeldung.

Steter Tropfen formt den Stein: Stalagtit, an dem sich gerade wieder ein winziger Millimeter Tropfstein bildet

Hunger & Durst
Restaurant Charlottenhöhle, Lonetalstr. 60, ✆ 07324/2490. Mi – Sa warme Küche 11.30 – 13.30 und ab 18 Uhr, So 11.30 – 14 Uhr, ab 18 Uhr. Di nur vormittags geöffnet. Schwäbische und internationale Küche.

deckt wurde die Höhle erst 1893 von drei Zimmerleuten und einem Oberförster. Dabei ist die 587 m lange Grotte schon ganz schön alt.

Vor etwa 2,5 – 3 Mio Jahren hatte sich Wasser durch das Kalkgestein gefressen und Höhleneingänge und Hallen geschaffen. Über lange, lange Zeit haben sich dann Tropfsteingebilde entwickelt. Stalaktiten nennt man die Formen, die von der Höhlendecke herabhängen. Stalakmiten sind Tropfsteine, die wie Skulpturen vom Boden hochwachsen. Manche haben schon Namen wie »Berggeist«, »Göttersaal« oder »Seehund«, andere warten noch auf ihre Taufe. Hier ist eurer Fantasie keine Grenze gesetzt. Es gibt die lustigsten und schaurigsten Formen, die ihr euch vorstellen könnt.

Die Höhle bietet Raum für verschiedene Lebewesen: Farne, Pilze, Moose und Flechten fühlen sich wegen der hohen Luftfeuchtigkeit wohl, und Fledermäuse haben in dem geschützten Platz ihr Winterquartier. Nach der Höhlenführung wartet draußen der »Abenteuer- und Wasserspielplatz« auf euch.

Himmel und Erde erkunden

Astronomischer Lehrpfad
Sternwarte Donzdorf, Hans-Joachim Brink, Gmünder Straße 12, 73072 Donzdorf. ✆ 07162/27215, www.sternwarte-donzdorf.de. info@sternwarte-donzdorf.de. **Anfahrt:** ↗ Donzdorf.

▶ Im Schlosspark beginnt der Astronomische Lehrpfad, in dessen Verlauf euch die Welt der Sterne näher gebracht wird. Für jeden Planeten unseres Sonnensystems ist eine spezielle Informationstafel aufgestellt. Die Entfernung zwischen den Tafeln ist maßstabsgerecht im Verhältnis 1:1 Milliarde. Der Planet Saturn ist z.B. auf dem Lehrpfad 1,5 km von der Sonne entfernt, in Wirklichkeit sind es 1,5 Milliarden km. Um den Planeten Pluto zu erreichen, der am Weitesten von der Sonne entfernt ist, müsst ihr schon 7 km weit wandern. Damit der Weg dorthin interessant bleibt, findet ihr unterwegs Großtafeln, auf denen Kometen, Meteoriten, Sternbilder und vieles mehr beschrieben wird.

Wollt ihr die Sterne auch durchs Fernrohr betrachten? Jeden 1. Freitagabend von Sep – April findet in der Sternwarte auf dem Messelberg bei klarem Himmel eine **Sternführung** statt. Bei schlechtem Wetter gibt es einen interessanten Diavortrag. Eintritt: 3 €, Kinder 2 €. Info unter ✆ 07162/27215.

Vogellehrpfad Adelberg
Länge: 4 km, gut 1 Std. **Anfahrt:** ↗ Adelberg.

▶ Vom Parkplatz beim **Kloster Adelberg** folgt ihr dem Zeichen Roter Balken entlang der Klostermauer. Dann geht es auf einem geteerten Sträßchen mit alten Birnbäumen bis zum Waldrand. Ihr müsst jetzt auf eine Buche mit dem Hinweisschild »Vogellehrpfad« achten und diesem folgen. Danach findet ihr in regelmäßigen Abständen Informationstafeln, auf denen einheimische Vogelarten beschrieben sind. Der Weg führt in einem leichten Bogen bergab zu einer freien Wiese. Hier wandert ihr am Waldrand entlang, bis ihr zwischen den Hecken auf einen kleinen Pfad trefft. Das Hinweisschild »Vogellehrpfad« weist euch nun den Weg in den Wald, zwischen dessen stattlichen Buchen und Eichen ihr nach fast 40 Minuten auf den geteerten Mittelmühlsteig trefft. Dort steigt

Hunger & Durst
Klosterstüble, Kloster 26, Adelberg, Di – Sa 11.30 – 14.30 und 17 – 21 Uhr, So bis 21 Uhr warme Küche, ✆ 07166/236.

ihr nach rechts etwa 500 m aufwärts, bis ihr links die Fortsetzung des Lehrpfads seht. Bei der Informationstafel über den Distelfink, die rechter Hand bei einer großen Eiche steht, kommt ihr wieder auf den Weg zurück ins Kloster. Ihr braucht nur der Markierung Blauer Strich zu folgen.

Zeit- und Sonnenpfad Heidenheim
Anfahrt: Südlich von Schnaitheim am Brenzufer, zwischen Ballspielhalle und Bonifatius-Kirche. Zu Fuß von ↗ Heidenheim durch den Brenzpark. **Zeiten:** jederzeit zugänglich. **Infos:** www.seniorenakademie.ba-heidenheim.de. Kontaktadresse für Führungen ist die Tourist-Information Heidenheim, ✆ 07321/4910.

▸ Im Mittelpunkt der Anlage steht eine riesige **Sonnenuhr,** auf der ihr an wolkenlosen Tagen die exakte Tageszeit ablesen könnt. Die Sonne scheint von hinten auf den 5 m hohen Stab. Dessen Schatten fällt dann auf eine Zeitskala, auf der die vollen Stunden von 7 bis 18 Uhr markiert sind.

Neben der Sonnenuhr gibt es auch einen **Sonnenpfad,** der die jeweilige Jahreszeit und die Tierkreiszeichen zeigt; und auf dem Zeitpfad kann man 5000 Jahre europäische Geschichte nachvollziehen, die Zeit wird so »erfahrbar«. Die gesamte Anlage ist 31 m lang und 13 m breit, rollstuhlgerecht gebaut und mit Blindenschrift versehen.

Chris Pelland: *Erstes Buch der Fossilien, Steine und Mineralien.* Kindgerechte Aufbereitung mit vielen bunten Abbildungen und großer Schrift, Tessloff Verlag, 32 Seiten, 7,90 €, für Kinder ab 6 Jahre.

Auf den Spuren von Fossilien durchs Steinheimer Becken
Länge: große Wanderung 9 km, kleine Wanderung 6 km, Start Meteorkrater-Museum. **Anfahrt:** ↗ Steinheim am Albuch. **Infos:** ✆ 07329/960-656, Fax 960-670. www.steinheimer-becken.de.

▸ Nachdem ihr im ↗ Meteorkrater-Museum alles über die Geologie und Erforschungsgeschichte des Steinheimer Beckens und über Meteoriten erfahren habt, könnt ihr euch den Meteorkrater in natura anschauen. Der geologische Wanderweg beginnt direkt am Museum und ist mit Rotem Strich oder Punkt gekennzeichnet.

Unterwegs sind an interessanten Stellen Hinweistafeln aufgestellt, auf denen alles erklärt wird. Neben Orten wie »Burgstall«, »Knill«, »Galgenberg« oder »Ried« werdet ihr den »Klosterberg« mit Heimatstube und Klostergarten, den »Steinhirt« mit dem »Wäldlesfelsen« sowie die »Pharion'sche Sandgrube« sehen. Das ist eine weltbekannte Fossilienfundstelle, in der Wissenschaftler nach solchen Urweltfunden graben, wie ihr sie auch im Museum gesehen habt.

Tier- und Erlebnisparks

Reiten nicht nur für Kinder
Reitstall Edelhof, Familie Kottmann, Edelhof, 73550 Waldstetten. ✆ 07171/42745, Fax 49469. www.edelhof.de. edelhof.waldstetten@t-online.de. **Anfahrt:** ↗ Waldstetten. **Zeiten:** in allen Ferien, ansonsten auf Anfrage. **Preise:** 1 Woche 270 €, 10er-Karten für Reitstd 113 €; Kinder 10er-Karte 90 €.

▶ Der ehemalige Bauernhof in reizvoller Lage wurde vor 25 Jahren in einen Reitstall umgewandelt. Es gibt zwei Reithallen und großräumige, helle Stallungen sowie weitläufige Koppeln für 70 Pferde und Ponys. Das Angebot des Hofes reicht von Reitstunden für Kinder ab 2 Jahre, Voltigieren ab 6 und Ponygruppen ab 7 Jahre über Reiterspiele, Dressur- und Springkurse bis zur Turniervorbereitung für geübter Reiter.

Streicheln und nachäffen
Tierpark Göppingen, Schickhardtstraße 25, 73033 Göppingen. ✆ 07161/25760, www.tierpark-goeppingen.de. **Anfahrt:** ↗ Göppingen. Von der B297 Richtung Lorch ausgeschildert. **Zeiten:** ganzjährig 10 – 19 Uhr. **Preise:** 2,50 €; Kinder 1 €.

▶ Der Park bietet die Möglichkeit, Tieren wie Ziegen, Eseln und Schafen näher zu kommen und diese auch

STAUFERLAND

Hunger & Durst
Neben dem Eingang ist ein Spielplatz und eine Gaststätte bietet am Wochenende Eis, Getränke und Kuchen an.

Manche baden in Ziegenmilch, andere in Bällen ...

zu streicheln. Farbenfrohe Kanarienvögel, Papageien und verschiedene Sitticharten sind zu sehen. Vor allem sorgen unterschiedliche Affengruppen für viel Aufregung.

Geisterhaus und Riesenrutsche

Ady's Family Spieleland, Freizeitzentrum Adelberg, Klosterpark 3 – 5, 73099 Adelberg. ✆ 07181/73735, Fax 72473. www.adys-family-spieleland.de. **Zeiten:** Di – Fr 14 – 19 Uhr, Sa, So und Fei 10 – 19 Uhr, in den Ferien täglich, auch Mo, 10 – 19 Uhr. **Preise:** 3,50; Krabbelkinder bis 2 Jahre 2 €, 2 – 13 6,50 €; Familienkarte für 2 Erw und 3 eigene Kinder 20 €.

▶ Das Spieleland bringt Spaß und Abwechslung für große und kleine Leute. Egal, ob ihr das kunterbunte Funhaus erkundet, auf Trampolins hüpft oder versucht, den großen Softberg zu erklimmen – langweilig wird es euch hier nicht! Für die ganz jungen Gäste gibt es einen separaten Bereich mit Ballbad und Softteilen. Auf Bobby- und Tretcars könnt ihr schon mal Fahren üben oder mit dem Indoor-Safarizug eine Runde drehen. Außerdem wartet noch das gruselige Geisterhaus auf euren Besuch.

Burgen, Klöster und Schlösser

Besuch bei Nonnen und Mönchen

Museum Kloster Adelberg, Kloster 5, 73099 Adelberg. ✆ 07166/9121011, Fax 9121029. www.adelberg.de. klosterpark@adelberg.de. **Anfahrt:** Von Göppingen ZOB mit Bus 260. ↗ Adelberg. **Zeiten:** April – Ende Sep So und Fei 14 – 17 Uhr, ansonsten nach Vereinbarung. **Preise:** Eintritt frei. **Infos:** Sachkundige Führung bei Voranmeldung unter ✆ 07166/413.

▶ Auf dem Klostergelände steht von einer Mauer umgeben die spätgotische *Ulrichskapelle* mit ihren barocken Türmchen. Durch das Tor betretet ihr den stillen Klosterfriedhof. Neben der Kapelle steht die *Klostervilla.* In ihrem Obergeschoss gibt es eine naturkundliche Ausstellung, die sich hauptsächlich dem Ökosystem Wald widmet. Ihr erfahrt etwas über die verschiedenen Holzarten des Schurwalds. An den Wänden hängen Texttafeln mit ökologischen, botanischen und zoologischen Informationen sowie ein Hinweis auf den Naturlehrpfad Adelberg, den ihr anschließend bei einer kleinen Wanderung erkunden könnt.

Oben zeigt jedes Zimmer der ehemaligen *Schultheißenwohnung* die fünf Phasen, die das Kloster geprägt haben: Zunächst 1178 die Gründung des Klosters, dann die staufische Zeit und die Förderung durch Kaiser Barbarossa, daran anschließend die Blütezeit der Gemeinschaft im 14./15. Jahrhundert und schließlich deren Untergang im Deutschen Bauernkrieg 1525 und der Reformationszeit. Danach wurde das Kloster zu einer evangelischen Bildungsanstalt, die auf eine theologische Laufbahn vorbereitete. In der niederen Klosterschule wurde zeitweise der junge **Johannes Kepler** unterrichtet. Bis 1806 war das Kloster dann kirchlicher Verwaltungssitz.

HANDWERK UND GESCHICHTE

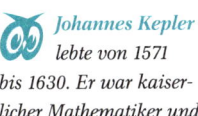

STAUFERLAND

Johannes Kepler lebte von 1571 bis 1630. Er war kaiserlicher Mathematiker und Astronom. Er fand die Gesetze, nach denen sich die Planeten um die Sonne drehen.

Schloss Wäscherburg

Staufergedächtnisstätte und Museum, 73116 Wäschenbeuren-Wäscherhof. ✆ 07172/6232, Fax 22016. www.waescherschloss.de. info@waescherschloss.de. 2 km nordöstlich von ↗ Wäschenbeuren über dem Beutental. **Zeiten:** Ostern – Ende Okt Di – Fr 10.30 – 12 und 13.30 – 16 Uhr, Sa, So 10.30 – 17 Uhr, Mo nach Vereinbarung und im Winter nach Anmeldung. **Preise:** 2 €; Kinder 1 €; Familien ab 2 Kinder 5 €.

▶ Der Sage nach hatte Kaiser Barbarossa eine Wäscherin als Geliebte. Er soll ihr diese Burg geschenkt haben, auf der sie dann gewohnt hat und die deshalb fortan die Wäscherburg genannt wurde. Das spätgotische Fachwerkhaus aus Eichenholz ist immer noch von einem tiefen Wallgraben umgeben. Die Burgbewohner lebten in dem großen Aufenthaltsraum im Erdgeschoss. Dort könnt ihr heute die bäuerlichen Gerätschaften anschauen, mit denen früher gearbeitet wurde. Wenn ihr die Treppe raufkommt, tretet ihr in den prächtigen Rittersaal. Dort wurden Feste gefeiert. Noch eine Treppe höher und ihr könnt verschiedene Musikinstrumente aus dem Mittelalter, wie z.B. einen Dudelsack, bewundern.

☼ In den Sommermonaten gelten die **Konzerte** mit mittelalterlicher Musik im Burghof als Besonderheit. Termine und Infos unter ✆ 07172/6232 und im Internet.

Markt mit Ritterturnier

Rittergut Stetten, Allee 6, 89168 Niederstotzingen-Stetten ob Lonetal. ✆ 07325/4799, Fax 8662. www.wuerttemberger-ritter.de. 1ritter@wuerttemberger.ritter.de. **Anfahrt:** ↗ Niederstotzingen. Von der Ortsmitte nach Oberstotzingen, dort rechts 2 km nach Stetten. **Zeiten:** Fr, Sa und So am 3. Juniwochenende. **Preise:** Turnier und Markt an der Tageskasse 8,50 € zzgl. 2,50 € für Sitzplätze; Kinder 6 – 14 Jahre 6,50 €. **Infos:** H. Hummel, ✆ 07325/4799, Fax 8662.

▶ Einmal im Jahr findet im Rittergut Stetten ein mittelalterlicher Kunsthandwerkermarkt statt. Dort könnt ihr dann zuschauen wie der Schmied Waffen herstellt oder auch kunstvolle Kerzenständer. Es tummeln sich Ritter, edle Damen, Knechte, Mägde

**Kein Knappengewand:
Nur der Ritter durfte Helm tragen**

und selbst Narren und Gaukler auf dem Gelände. Auf der Wiese davor werden Ritterturniere abgehalten. An den Kassen gibt es kostenlose Lose für Kinder von 6 bis 14 Jahre. Wer bei der anschließenden Verlosung Glück hat, darf im **Knappengewand** den Turnierknappen helfen, auf der Ehrentribüne nach dem Rechten zu sehen und die Pferde zu versorgen.

Knappe hieß im Mittelalter der Edelknabe, der bei einem Ritter in Dienst stand.

Museen und Stadtführungen

Rund um den Forellenbrunnen
Stadtrundgang Geislingen, 73312 Geislingen an der Steige. ℘ 07331/24-279, Fax 24-276. www.geislingen.de. touristikinfo@geislingen.de. **Anfahrt:** ↗ Geislingen an der Steige.

▶ In der Innenstadt von Geislingen stehen zahlreiche, noch sehr gut erhaltene **Fachwerkhäuser**. Besonders schön ist auch die Stadtkirche mit dem holzgeschnitzten Hochaltar (1520). Die Figuren des Forellenbrunnens fordern die Fantasie heraus: Die Tiere stellen mit ihren menschlichen Zügen typische Vertreter der Geislinger Gemeinde dar. Eine Beschreibung der einzelnen Gebäude findet ihr in einer Broschüre, die es bei der Stadtinformation gibt.

Fachwerk ist eine Bauart, ein so genanntes Rahmenwerk. Dafür errichtet der Zimmermann zuerst ein Gerüst aus senkrechten, waagrechten und schrägen Holzbalken. Die Zwischenräume werden dann mit Reisig und Lehm ausgefüllt oder mit Ziegeln ausgemauert.

Im Dunkeln: Schloss Hellenstein

Der **Wildpark Eichert** mit seinem Streichelzoo für Kinder liegt als Teil des Freizeitparks gleich hinter dem Schloss. Hier kann man auf kleinen Spaziergängen heimische Wildtiere wie Rotwild, Damwild, Mufflon, Gamswild, Enten- und Gänsearten beobachten. Auf dem Gelände sind außerdem ein Waldspielplatz, eine Minigolfanlage, ein Waldsportpfad und ein Musikpavillon zu finden.

Schloss Hellenstein und Museum für Kutschen, Chaisen und Karren

Freizeitpark Schloss Hellenstein, 89522 Heidenheim an der Brenz. ✆ 07321/327-0, Fax 327-4710. **Anfahrt:** ↗ Heidenheim an der Brenz. Von der Innenstadt wenige Gehminuten via Hermann-Mohn-Weg. **Zeiten:** Mitte März – Mitte Nov Di – Sa 10 – 12 und 14 – 17 Uhr sowie So und Fei 10 – 17 Uhr. **Preise:** 1,50 €; Kinder und Jugendliche 6 – 17 Jahre 0,50 €; Mit dem Museumspass kostet der Eintritt in allen 4 Museen in Heidenheim 2,50 € für Erw und 0,80 € für Kinder.

▶ Durch das südliche Tor gelangt ihr in den großen Innenhof. Direkt vor euch seht ihr die Schlosskirche, die Obervogtei, die Burgvogtei und den Altanenbau. Das abseits stehende markante Gebäude auf der rechten Seite ist der Fruchtkasten. Hier mussten früher die Bauern einen Teil ihrer Ernte abliefern. Heute ist darin das *Museum für Kutschen, Chaisen und Karren* untergebracht. Auf vier Stockwerken findet ihr lauter alte Fahrzeuge, darunter das älteste Motortaxi Deutschlands, das es 1898 auf immerhin 25 Stundenkilometer brachte.

Im *Museum Schloss Hellenstein,* das sich in den anderen Schlossgebäuden befindet, könnt ihr Fundstücke aus der Vor- und Frühgeschichte der Region und der Geschichte der Stadt betrachten. Besonders werden die Fertigkeiten von Zinngießern, Hafnern, Kupferschmieden und Webern ausgestellt. Diese Berufe werden heute kaum noch ausgeübt.

Der berühmteste Bär der Welt: Erlebnismuseum »Die Welt von Steiff«

Richard-Steiff-Straße 4, 89537 Giengen an der Brenz. ✆ 07322/131-1, Fax 131-266. www.steiff.de. die-welt-von-steiff@steiff.de. **Anfahrt:** ↗ Giengen an der Brenz, gegenüber vom Bhf. **Zeiten:** täglich außer Fei, April – Okt 10 – 20, Nov – März 10 – 18 Uhr. **Preise:** 8 €, Steiff Club-Mitglieder 6 €; Kinder bis 125 cm frei, bis 16 Jahre 5 €; Familienkarte (bis zu 3 Kindern) 20 €.

▶ Seit Juli 2005 habt ihr die Möglichkeit, eine Reise in »Die Welt von Steiff« zu machen. In dem Erlebnismuseum könnt ihr die kuscheligen Tiere in tollen Kulissen bewundern und euch von der animierten Traumwelt verzaubern lassen. Auf insgesamt drei Ebenen sind Teddy & Co nämlich nicht nur zu sehen, sondern auch zu hören und zu fühlen. In der Schaufertigung dürft ihr zusehen, wie Tag für Tag die Steiff-Tiere entstehen – immer noch nach der alten Tradition. Wer dann noch nicht genug hat, kann außerdem das restaurierte Geburtshaus von Margarete Steiff, der Begründerin der Steiff-Manufaktur, besichtigen oder sich im Steiff Café stärken.

Steiff Club, Margarete Steiff GmbH, 89530 Giengen an der Brenz, ✆ 07322/ 131-555, www.steiff-club.de. Sammler-Kontakte, Tauschbörse, Clubzeitung, Veranstaltungen sowie ein jährliches Geschenk.

Heimatmuseum Herbrechtingen

Alte Mühle, Eselsburger Straße, 89542 Herbrechtingen. ✆ 07324/41522, Fax 955140. www.herbrechtingen.de. **Anfahrt:** ↗ Herbrechtingen, vom Bhf 20 Min Fußweg. Links auf die Mergelstetter Straße und dann gleich wieder rechts Brunnenstraße – Baumschulenweg. **Zeiten:** Sommerhalbjahr So 14 – 16 Uhr. **Preise:** Eintritt frei.

▶ Das Museum ist in der 1799 errichteten, ehemaligen Sägemühle in Herbrechtingen untergebracht. Es vermittelt ein Bild vom Leben in dieser Gegend vor

Leinenweber *verarbeiteten gesponnenen Flachs und Hanf zu Leinwand. Aus Gräberfunden weiß man, dass die Weberei in Ägypten schon vor 4000 Jahren zu großer Vollkommenheit entwickelt war. In Europa wurde im Mittelalter die Leinenweberei auf dem Land von armen Bauern und Tagelöhnern verrichtet. Leinwand war ein im Mittelalter hoch geschätztes Gewebe, aus dem nicht nur Hemden und Bettzeug, sondern auch Kleider, Satteldecken oder Hutbezüge gearbeitet wurden.*

Der prominenteste Nachfahre der rückgewanderten Donauschwaben ist der ehemalige Außenminister Joschka Fischer.

etwa 150 Jahren. Wenn ihr ins Erdgeschoss tretet, seht ihr Stube, Küche und Schlafkammer. Originalmöbel, wie der Küchenschrank, genannt »Kuchekaschda«, sind zu finden, und ihr könnt an bestimmten Einzelheiten wie einem ganz abgenutzten Löffel sehen, wie sparsam die Menschen damals sein mussten, denn die Dörfler der Ostalb waren meist arm. Im Kellergeschoss lernt ihr, wie die Flachsverarbeitung vonstatten ging: Die Weberei war für die armen Bauern eine notwendige Nebenerwerbsquelle. Sie arbeiteten mit einfachem Gerät unter sehr ungesunden Bedingungen, da der Flachs nur in feuchten Räumen optimal verarbeitet werden kann.

Die Donauschwaben und ihre Ulmer Schachteln

Museum der Donauschwaben, Elsterweg 5, 89542 Herbrechtingen. ✆ 07324/3090, Fax 955140. www.herbrechtingen.de. **Anfahrt:** Am Bhf ↗ Herbrechtingen auf der Fußgängerbrücke die Bahnlinie überqueren und dem Härtweg 10 Min bis ans Ende folgen. **Zeiten:** So 14 – 18 Uhr. **Preise:** Eintritt frei.

▶ Kultur und Lebensart der Deutschen im ehemaligen donauschwäbischen Raum wird hier mit Originalstücken, wie Möbeln, Bekleidung und Werkzeug dokumentiert. Die Donauschwaben fuhren bereits im 17. Jahrhundert auf Flößen, den so genannten Ulmer Schachteln, auf der Donau bis nach Kroatien, Serbien, Ungarn und Rumänien. Sie siedelten dort bis zu ihrer Vertreibung während dem Zweiten Weltkrieg.

Backen und Schmieden

Heimatstube Steinheim, Auf dem Klosterhof 1, 89555 Steinheim am Albuch. ✆ 07329/960-656, Fax 960-670. www.steinheim-am-albuch.de. **Anfahrt:** ↗ Steinheim am Albuch. **Zeiten:** 1. So im Mai – 3. Okt So 14 – 16.30 Uhr. **Preise:** Eintritt frei.

▶ Inmitten des Meteorkraters Steinheimer Becken erhebt sich der Klosterberg. Dort befindet sich im ältesten erhaltenen Anwesen des Ortes die Heimatstube. In dem mächtigen Ofen im Back- und Brunnenhaus wird heute wieder Feuer entfacht und nach alter Tradition Brot gebacken. Eine Stunde dauert es, bis die nötige Temperatur von über 300 Grad errreicht ist. Und nach einer weiteren Stunde ist das knusprige Brot fertig.

Zum Andenken an die Handwerkstradition wurde in der Heimatstube eine alte Schmiede wieder aufgebaut. Außerdem ist hier die Ostasiensammlung des früheren Mitbürgers Sofonias Theuß untergebracht. Im 1. Stock geht es um die Geschichte schwäbischer Siedler in der Batschka am Unterlauf der Donau, wie sie lebten und arbeiteten, vertrieben wurden und zurückkehrten.

Sofanias Theuß (1875 – 1945) kämpfte 1900 als Soldat im chinesischen Boxerkrieg und brachte allerlei Kunstgegenstände aus China mit in seine Heimat. Seine Sammlung bildete den Grundstock der Heimatstube.

Meteoriten und Rüsseltiere

Meteorkrater-Museum, Hochfeldweg 4, 89555 Steinheim am Albuch-Sontheim im Stubental. ℂ 07329/960-656, 7370, Fax 960-670. www.steinheim.com/meteor/. **Anfahrt:** ↗ Steinheim. **Zeiten:** Di – So 9 – 12, 14 – 17 Uhr. **Preise:** 2,50 €; Kinder 1,50 €; Familienkarte 6 €.

▶ Der eine Ausstellungsraum ist der Frage gewidmet, wie vor 15 Millionen Jahren durch Einschlag eines Meteoriten das Steinheimer Becken entstand, der besterhaltene Meteorkrater mit Zentralkegel. Auf den Einschlag folgte bald wieder Leben: Im Krater sammelte sich Wasser, Lebewesen siedelten sich an. Die damaligen Tiere und Pflanzen wurden in Ablagerungen versteinert und in der heutigen Zeit bei Ausgrabungen wieder entdeckt. Diese Fossilienfunde, angefangen von Pflanzenresten über winzig kleine Muschelkrebse bis zu elefantengroßen Rüsseltieren, sind im zweiten Raum des Museums ausgestellt.

Im Vorraum des Museums findet ihr eine Spielkiste sowie Malsachen.

FESTKALENDER

Mai: In ungeraden Jahren am letzten Wochenende, Bad Überkingen-Unterböhringen: **Blätzlesfest;** Info ✆ 07331/961919.

Mai/Juni: Nürtingen: **Maientag,** traditionelles Fest der Nürtinger Schulen mit farbenfrohem Umzug; Info ✆ 07022/75351.

Di nach Pfingsten, Giengen an der Brenz: **Kinderfest,** Tradition seit 1677; Info ✆ 07322/9520.

Ende Mai, Anfang Juni, Göppingen: **Maientage,** historischer Festumzug zur Stadt- und Staufergeschichte; Info ✆ 07161/650292.

In geraden Jahren Ende Mai oder Anfang Juni, Heidenheim: **Schäferlauf,** Traditionsfest der Schäfer; Info ✆ 07321/1327340.

Juni: Letztes Wochenende, Unterböhringen: **Bronnafeschd;** Info ✆ 07331/961919.

Letztes Wochenende, Niederstotzingen: **Rosenmarkt** auf dem Marktplatz; Info ✆ 07325/1020.

Juni/Juli: Letztes Wochenende vor den Sommerferien, Giengen an der Brenz: **Stadtfest,** internationales Straßenfest; ✆ 07322/9520.

Juli: Göppingen: **Fest im Park,** kulturelles und kulinarisches Fest in den malerischen Mörikeanlagen; Info ✆ 07161/650292.

August: Anfang des Monats, Esslingen am Neckar: **Zwiebelfest,** Kulinarisches rund um die Zwiebel auf dem Marktplatz; Info ✆ 0711/3512-2670.

September: 1. Wochenende, Adelberg: **Klosterfest;** Info ✆ 07166/912100.

2. Wochenende, Göppingen: **Stadtfest,** Straßenfest der Göppinger Vereine in der Innenstadt; Info ✆ 07161/650292.

Theater und Feste

Naturtheater Heidenheim
Schlosshausstraße 72, 89522 Heidenheim an der Brenz. ℡ 07321/92550, Fax 3234200. www.naturtheater.de. **Anfahrt:** ↗ Heidenheim an der Brenz. **Zeiten:** meist Mi und So 15 Uhr sowie Fr und Sa 20 Uhr. **Preise:** 6 – 17 €; Kinder 4 – 16 Jahre 4 – 15 €.

▶ Auf einer Freilichtbühne wird jedes Jahr ein anderes Kinder- und Jugendstück gezeigt. Die Zuschauertribüne mit über tausend Sitzplätzen ist überdacht, sodass die Aufführungen bei jedem Wetter stattfinden können.

Lust auf Verkleiden? Mo, Mi und Fr könnt ihr euch 14 – 18 Uhr im Naturtheater ein Kostüm ausleihen.

WINTERSPORT

Skifahren und Rodeln
Waldskilift, 89558 Böhmenkirch-Schnittlingen. ℡ 07332/5826, www.waldskilift.de. **Anfahrt:** Von der B466 westlich von ↗ Böhmenkirch Richtung Treffelhausen. **Zeiten:** Mo – Fr 13.30 – 21 Uhr, an Wochenenden und Ferien 9.30 – 21 Uhr. **Preise:** auf Anfrage. **Infos:** Schneetelefon 0173/5909178. 300 m lange Abfahrt, Flutlicht, Skikurse und Gastronomie.

Skilift Kriegsburren, 89558 Böhmenkirch-Treffelhausen. ℡ 07332/6108, www.skilifte-treffelhausen.de **Anfahrt:** Von der B466 westlich von ↗ Böhmenkirch nach Treffelhausen. **Zeiten:** in den Ferien Mo – Fr 10 – 21, sonst Mo – Fr 13 – 21 Uhr, Sa und So immer 9 – 21 Uhr. **Preise:** Tageskarte 15, ab 13 Uhr 10 €, ab 17 Uhr 10 €; Kinder Tageskarte 11 €, ab 13 Uhr 8 €, ab 17 Uhr 8 €. **Info:** Am Nordhang des Kriegsburren gibt es einen Doppel- und einen Einzelschlepplift über 420 m. Kinderfreundlicher Service ohne gefährliche Selbstbedienung und Drehkreuze. Es gibt außerdem Flutlicht, Skikurse und Gastronomie direkt im Skigebiet.

Schlittschuh laufen
Eishalle Adelberg, Sportcenter Adelberg, Klosterpark 3 – 5, 73099 Adelberg. ℡ 07166/404, Fax 910113.

STAUFERLAND

Hunger & Durst
Die Gaststätte **Zum Dimi** auf dem Gelände der Eishalle bietet griechische und deutsche Spezialitäten an, ✆ 07166/236.

www.sunrise-adelberg.de. **Anfahrt:** ↗ Adelberg. Das Sportcenter liegt im Klosterpark unterhalb einer Anhöhe westlich des Ortes, Parkplatz vorhanden. **Zeiten:** Mo – Fr 14 – 21 Uhr, Do ab 18 Uhr Eishockey für jedermann, Sa 10 – 23, So, Fei 10 – 19 Uhr, in den Ferien täglich ab 10 Uhr, Gruppen auf Anfrage. **Preise:** Tageskarte 5,70 €; Kinder 2 – 6 Jahre 4,20 €, 7 – 13 Jahre 5,20 €.

▶ Im Winterhalbjahr treffen sich alle Eislauffreunde in der Eishalle Sunrise. Besonders beliebt ist jeden Samstag die Eis-Disco mit Lightshow und Getränkebar auf dem Eis. Schlittschuhe könnt ihr an der Kasse ausleihen.

ALB-DONAU-KREIS

- **DIE OSTALB**
- **STAUFERLAND**
- **ALB-DONAU-KREIS**
- **TECK & NEUFFEN**
- **MITTLERE ALB**
- **ZOLLERN-ALB**
- **DONAU & HEUBERG**
- **SERVICE ZU DEN ORTEN**
- **FERIEN-ADRESSEN**
- **KARTEN & REGISTER**

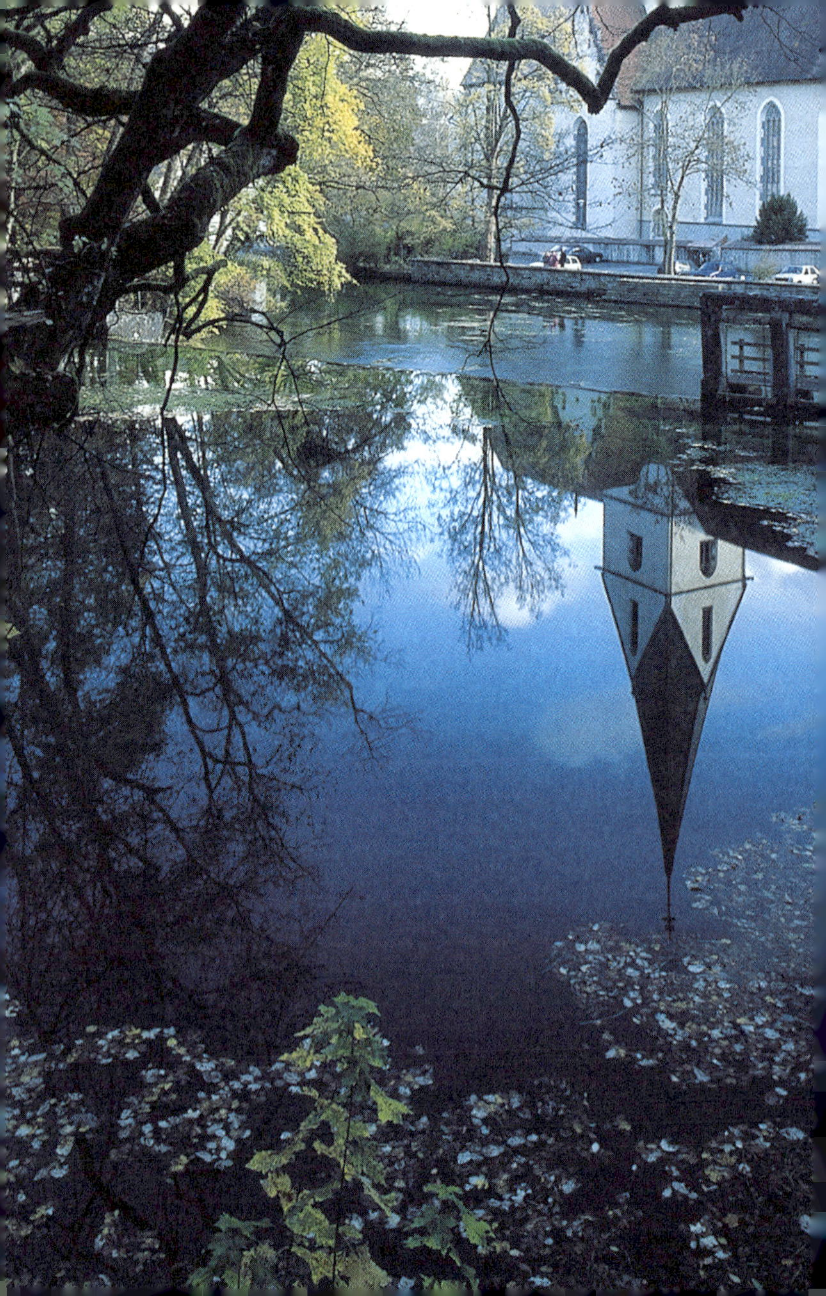

TOPF-GUCKER & HÖHLENMENSCHEN

Im Herzen der Region liegt einer der schönsten Plätze auf der Schwäbischen Alb, der Blautopf in Blaubeuren. Die große Karstquelle ist geheimnisvoll. Angeblich soll das zum Teil noch unerforschte Höhlensystem, aus dem das Wasser ans Tageslicht kommt, bis zum Bodensee reichen. In den Seitentälern der Donau haben schon die Steinzeitmenschen in Höhlen gesiedelt. Dort hat man jetzt einige der ältesten Kunstwerke der Menschheit gefunden. Eines davon, eine Schnitzerei aus dem Elfenbein eines Mammuts, ist über 30.000 Jahre alt.

Frei- und Hallenbäder

Bad im Quellwasser
Bad Blau, Badepark Blaustein, Boschstraße 12, 89134 Blaustein. ✆ 07304/802-162, Fax 802-169. www.blaustein.de. info@blaubad.de. **Anfahrt:** ↗ Blaustein, kurzer Fußweg vom Bhf, Ehrensteiner Straße nach Nordwesten. Über B28 Ulmer Straße, Hummelstraße in Ehrensteiner Straße oder über Martinstraße. **Zeiten:** Mo 13 – 22, Di – Fr 9 – 22, Sa, So und Fei 9 – 21 Uhr. **Preise:** Tageskarte 6 €; Kinder 6 – 18 Jahre Tageskarte 5 €; Familientageskarte 17 €, ab 3. Kind und für Alleinerziehende (nur gegen Ausweis) 12 €, auch verschiedene Stundenkarten erhältlich.

▶ Das Wasser des Freibads speist sich aus eigenen Brunnen und Quellen. Das Kinderplantschbecken hat eine Elefantenrutsche. Ideal für Nichtschwimmer ist die 60 m lange Rutsche ins Abenteuerbecken mit Jetstream-Anlage. Vom Innenbereich führt ein Schwimmkanal in das mit heilkräftigem Solewasser gefüllte Außenbecken.

Mit Matsch beschmieren
Freibad Blaubeuren, Mühlweg 16, 89143 Blaubeuren. ✆ 07344/3956, Fax 952434. www.blaubeuren.de. **Anfahrt:** Vom Bhf Blaubeuren nach Norden die Karl-

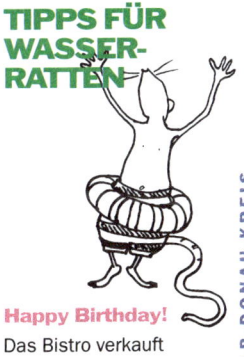

TIPPS FÜR WASSERRATTEN

Happy Birthday!
Das Bistro verkauft Tagesessen und selbst gebackenen Kuchen. Kindergeburtstage könnt ihr hier auch feiern; auf alle wartet eine Überraschung.

ALB-DONAU-KREIS

Macht seinem Namen alle Ehre: Der Blautopf von Blaubeuren

Vom Freibad ist es nicht mehr weit zum **Blautopf,** der größten Karstquelle der Schwäbischen Alb. Ihr müsst nur dem Blaufer etwa 500 m flussaufwärts folgen. Aus dem etwa 20 m breiten Quelltopf dringt das Wasser an die Oberfläche. Das sieht sehr schön aus.

straße bis ans Ende gehen, am Marktplatz geradeaus in die Klosterstraße und von dort über die Blautopfstraße. Am nördlichen Ende der Stadt. Entlang dem Dodelweg gibt es mehrere Parkplätze. Die Anfahrt ist ausgeschildert. **Zeiten:** Mai – Sep täglich 9 – 20 Uhr, bei schlechtem Wetter 10 – 12 und 17 – 19 Uhr. **Preise:** 2,60 €; Kinder und Jugendliche 5 – 17 Jahre 1,50 €.

▶ Das Christian-Schmidbleicher-Freibad verfügt über eine 65 m lange Wasserrutsche, ein Schwimm- und Nichtschwimmerbecken mit 3-m-Sprungturm, Wasserpilz, Bodensprudler und Nackendusche sowie über ein attraktives Kinderbecken mit Matschbereich und großzügigen Liegewiesen.

Erlebnisbad Atlantis

Wiblinger Straße 55, 89231 Neu-Ulm. ✆ 0731/98599-0, Fax 98599-4. www.atlantis-freizeitpark.de. info@atlantis-freizeitpark.de. **Anfahrt:** ↗ Neu-Ulm, vom Bhf mit Bus 89. Über die Adenauerbrücke von Ulm nach Neu-Ulm fahren und gleich hinter der Donau links auf die Wiblinger Straße abbiegen. **Zeiten:** Mitte Mai – Mitte Sep Mo – Fr 9 – 22 Uhr, Sa 9 – 24, So und Fei 9 – 22 Uhr. **Preise:** 2 Std 5 €, 4 Std 8 €, 1 Tag 11 €; Kinder 4 – 16 Jahre 2 Std 3,50 €, 4 Std 5,50 €, 1 Tag 7,50 €; Familienkarte (2 Erw mit bis zu 3 Kindern) 2 Std 13,50 €, 4 Std 20,50 €, 1 Tag 27,50 €.

Happy Birthday!
Kinder unter 17 Jahre haben an ihrem Geburtstag freien Eintritt (gegen Vorlage eines Ausweises).

Hunger & Durst
Im gastronomischen Bereich bietet das **Bistro Pinguin** kleine Speisen an, und im italienischen Eiscafé bekommt ihr selbst gemachtes Eis.

▶ Hier könnt ihr was erleben: Gleich drei verschiedene Rutschen, Jump, Black-Hole mit 106 m Länge und Crazy-River führen euch ins Wasser. Der Name hält, was er verspricht. Außerdem gibt es im Kinderbecken zwei Kleinkinderrutschen. Die Thermalbecken, eins drinnen und eins draußen, haben eine Wassertemperatur von 34 Grad. Bleibt nicht länger als 20 – 30 Minuten im Thermalwasser, für Herz und Kreislauf ist das sonst zu anstrengend.

Schaut euch mal das Außenbecken mit Strömungskanal, Grotte und Wasserfall an und das Wellenbecken mit Tristrahl und Wasserpilz. Für Saunafreunde gibt es ein abgetrenntes Terrain mit finnischer

Blocksauna und Erdsauna, osmanischem Dampfbad und vielem mehr.

Freizeiterlebnisbad Ehingen

Uhlandstraße 35, 89584 Ehingen (Donau). ✆ 07391/503-152, Fax 503-4152. www.ehingen.de. **Anfahrt:** ↗ Ehingen, vom Busbhf mit Bus 317 Richtung Rottenacker bis Lindenplatz, dann mit Bus 21. Vom Bhf über Pfister- und Spitalstraße in die Biberacher Straße nach Süden. Dann nach Osten in die Panoramastraße. **Zeiten:** Mai und Sep täglich 9 – 19 Uhr, Juni – Aug 9 – 20 Uhr, Mi ab 7 Uhr. **Preise:** 2,70 €, 12er Karte 27 €; Kinder 6 – 16 Jahre 1,50 €, 12er Karte 13,50 €.

▶ Das mit 24 Grad beheizte Freibad am Stadtrand ist neu gestaltet und hat eine 55 m lange Wasserrutsche. Im kleineren Becken findet ihr einen Strömungskanal mit Ruheflächen, Wasserkaskaden und Wandmassagedüsen. Die Bodenblubber machen richtig Spaß. Der Kinder-Fun-Bereich ist großzügig angelegt. Platz für sportliche Betätigung außerhalb des Wassers bietet sich z.B. beim Beachvolleyball und vielen anderen Aktivitäten. Es gibt außerdem einen Abenteuerspielplatz. Das Bad wurde vor einigen Jahren zum schönsten Freibad des Alb-Donau-Kreises gewählt.

Hunger & Durst

Für Essen und Trinken wird in Bistro und Kiosk gesorgt.

Schiffstouren auf der Donau

Der »Ulmer Spatz« und die »MS Donau«

Schiffsrundfahrt in Ulm, Reinhold Kräß, Metzgerturm, 89073 Ulm. ✆ 0731/62751, Fax 66444. **Anfahrt:** ↗ Ulm. **Zeiten:** Anfang Mai – Mitte Okt Mo – Sa 14, 15 und 16 Uhr, So und Fei 14, 15, 16 und 17 Uhr, Dauer etwa 50 Min. **Preise:** 7 €; Kinder 4 – 14 Jahre 4 €.

▶ Der Metzgerturm liegt nur wenige Gehminuten vom Ulmer Rathaus entfernt. Ihr müsst nur von der Rückseite durch die engen Gassen in Richtung Donau gehen. Die Schiffe sind schon von weitem zu sehen. Die Motorschiffe »Ulmer Spatz« und »MS Donau« fahren die Donau bis zur Friedrichsau hinab und wieder zurück.

Die »MS Donau« wurde den historischen Ulmer Schachteln, den so genannten Ordinari-Schiffen, nachgebaut. Mit solchen Holzbooten sind die Menschen im 17. Jahrhundert die Donau abwärts getrieben, um damals nahezu unbewohnte Gebiete entlang dem Fluss in Ungarn, Rumänien und Serbien urbar zu machen. Aufgrund ihrer Herkunft haben diese Leute den Namen Donauschwaben erhalten.

RAUS IN DIE NATUR

Radeln und Skaten

Inlineskaten in Ulm

Reithalle, in der Donaubastion beim Roxy, Schillerstraße 1, 89073 Ulm. ✆ 0731/6026568, Fax 1406969. www.sjr-ulm.de. info@sjr-ulm.de. **Anfahrt:** ↗ Ulm. **Zeiten:** Mi, Fr 15 – 21, Sa, So 13 – 21 Uhr. **Preise:** 2,50 €, 10er-Karte 18 €, Jahreskarte 70 €.

▶ Wer in der Ulmer Reithalle Pferde sucht, tut dies vergeblich ... Hier wird nämlich geskatet und nicht geritten. Die Halle bietet auf 900 qm zahlreiche Herausforderungen für geschickte (Inline-)Skater und BMX-ler. Um die verschiedenen Ramps, Wallrides und Boxes zu bewältigen, sollten allerdings schon entsprechende Grundkenntnisse vorhanden sein!

Auf vier Rollen in Erbach

Inlineskaten, Donauwinkelstadion, 89155 Erbach. ✆ 07305/9676-0, Fax 9676-76. www.erbach-donau.de. **Anfahrt:** ↗ Erbach.

▶ Wer Lust hat, kann hier auf verschiedenen Halfpipes seine Fähigkeiten testen und trainieren.

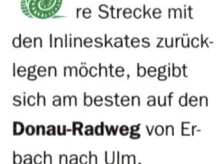

Wer eine längere Strecke mit den Inlineskates zurücklegen möchte, begibt sich am besten auf den **Donau-Radweg** von Erbach nach Ulm.

Wanderungen

Im Naturschutzgebiet Kleines Lautertal

Anfahrt: Ab Bhf Herrlingen ist das Naturschutzgebiet gut über markierte Wanderwege des Schwäbischen Albvereins zu erreichen. Öffentliche Busse fahren bis Lautern. Von ↗ Blaustein nach Norden Richtung Weidach und von dort etwa 5 km auf der Landstraße nach Lautern. Der Parkplatz ist direkt vor der evangelischen Kirche.

▶ Das Kleine Lautertal gehört zum überwiegenden Teil zur Gemeinde Blaustein. Mit einer Fläche von rund 280 Hektar wurde es 1995 durch das Regierungspräsidium Tübingen als Naturschutzgebiet ausgewiesen. Steile, felsdurchsetzte Hänge begleiten den Besucher auf ganzer Länge des Tals, teils mit naturnahen Waldbeständen, teils mit artenreichen Halbtrockenrasen und Steinschuttfluren. Oberhalb der Ortschaft Lautern entspringt in einem Karstquelltopf die Kleine Lauter, schlängelt sich mit klarem Wasser durch Wiesen und Äcker im Talgrund, um später bei Herrlingen in die Blau zu münden. Die herrliche Landschaft, aber auch das Vorkommen zahlreicher gefährdeter Tier- und Pflanzenarten machen das Gebiet zu einem Kleinod der Schwäbischen Alb.

Route 1, »Falke«, Länge: 8 km, gut 2 Std: Lauterursprung – Hohenstein – Bermaringer Feldflur – Hoher Felsen – Bermaringer Kleingartenanlage über die Kreisstraße hinunter ins Kleine Lautertal – durch das Trockental mit Schonwald – Lauterursprung (Ausgangspunkt).

Route 2, »Schaf«, Länge: 6 km, gut 1,5 Std: Lauterursprung – Kirche Lautern – Parkplatz Untere Mühlen – Parkplatz Ochsenwies – Überquerung der Lauter und der Kreisstraße – Naturfreundehaus Spatzennest – Querung der Waldacher Waldsteige – Parkplatz Weidach Hohenstein – durch den Wald (Holzhalde) – Lauterursprung (Ausgangspunkt).

Route 3, »Eichhörnchen«, **Länge:** 3 km, 1 Std: Parkplatz Sträßchen nach Wippingen – über den Wanderweg des Schwäbischen Albvereins nach Lautern – Lauterursprung – entlang der Kleinen Lauter (oder vom Lauterursprung am Waldrand entlang) – Parkplatz Sträßchen (Ausgangspunkt).

Wanderung am Klötzle Blei vorbei: Blaubeuren – Bismarckfelsen – Rusenschloss

Länge: 7 km, reine Gehzeit etwa 2 Std. **Anfahrt:**
↗ Blaubeuren. Am nördlichen Ende der Stadt. Entlang dem Dodelweg gibt es mehrere Parkplätze. Die Anfahrt ist ausgeschildert.

▶ Man geht die Ulmer Straße entlang und wendet sich einige hundert Meter nach dem klotzigen 60 m hohen **Metzgerfelsen** (»Glei bei Blaubeura leit a Klötzle Blei«) nach links aufwärts durch das Wäldchen oder am Friedhof den Zickzackweg aufwärts zum Rucken und von da auf dem Grat weiter. Auf dem *Bismarckfelsen* (Namen 1895 zum 80. Geburtstag des Fürsten eingemeißelt) steht die **Burg Ruck,** sie wurde von den Pfalzgrafen von Tübingen erbaut und war Stammsitz des Minnesängers *Heinrich von Rugge* (1200 gestorben). Die Burg fiel im 13. Jahrhundert an die Grafen von Helfenstein, diese mussten sie später wegen Geldnot an Württemberg verkaufen und schließlich wurde sie 1751 an den Herzoglichen Kirchenrat verkauft. Heute ist die Burg Ruck bis auf ein Kellergewölbe zerfallen.

Den Besuch des Rusenschlosses (634 m) kann man direkt anschließen. Der Weg führt links vom Bahndamm ins Blautal hinab, über die Blau hinweg an den Fuß des Frauenbergs. Zwei deutlich sichtbare Ringwälle aus vorgeschichtlicher Zeit, der Hallstatt Epoche, sind die Reste einer keltischen Fliehburg hinter dem Rusenschloss. Ab hier ziemlich steiler Anstieg zum Schloss.

Will man direkt von der Stadt zum Rusenschloss, so führt der Weg entweder über den Blautopf oder den Klosterhof zum Schwimmbad und weiter über den »Tugendpfad« zur Ruine oder über die neue Sonderbucher Steige mit Blick auf Stadt und Talkessel zum Wilhelmsfelsen (W-Form) und dort rechts ab in halber Höhe des Tales zum **Rusenschloss.**

Vom Palas bietet sich ein Blick auf die gesamte Landschaft und die Stadt. Vom einst stattlichen Schloss aus dem 12. Jahrhundert sieht man heute nur noch den einzigartigen Tragbogen des Wohnhauses aus Buckel-Quadern über schwindelndem Abgrund, Reste der Umfassungsmauer, Burgtor, Kellergewölbe und einzelne Turmreste.

Auf dem Rückweg geht man entweder nach Norden auf dem Grat zur neuen Sonderbucher Steige, am Knoblauchfelsen vorbei, dessen Besteigung mit wenigen Schritten man nicht versäumen sollte, oder einige Schritte auf den Südgrat, dann beim Wegweiser rechts abwärts entlang gewaltiger Felsen zur Großen Felsengrotte und weiter zum Tugendpfad. Von hier über den Blausteg nach Süden oder nordwärts am Schwimmbad vorbei zur Stadt.

*Südwestlich von Blaubeuren, auf der rechten Seite des Achtals in einer halbrunden Felsengruppe liegt die relativ kleine **Höhle Geißenklösterle.** Hier gab es bedeutende Funde wie etwa 30.000 bis 35.000 Jahre alte Schnitzereien aus Mammutelfenbein. Die drei Tierfiguren und eine Menschendarstellung sind im Urgeschichtlichen Museum in Blaubeuren ausgestellt. Außerdem fand man unter anderem zwei Flöten aus Vogelknochen. Diese figürliche Eiszeitkunst gehört zu den ältesten Kunstwerken der Menschheit. Die Höhle wurde zum Schutz vergittert.*

Kleine Wanderung zur Hüle von Bühlenhausen

Länge: 4 km, Gehzeit gut 1 Std. **Anfahrt:** ↗ Berghülen.

▶ Von der Dorfmitte in **Berghülen** geht ihr zunächst auf der Schulstraße in östlicher Richtung. Am Ortsende biegt ihr bei der Schule links in die Treffensbucher Straße und kurz darauf rechts in den Tannenweg ab. Sobald auf der rechten Seite die ersten Häuser auftauchen, nehmt ihr den Feldweg, der exakt im

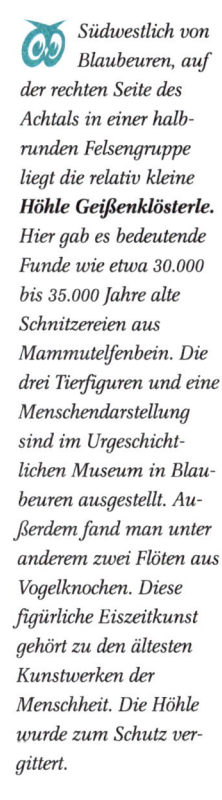

Hunger & Durst
Gasthof zum Ochsen, Familie Braungart, Blaubeurer Straße 14, Berghülen, ✆ 07344/96090. Di – So 11.30 – 14 und 17 – 21 Uhr. Der Familienbetrieb in ruhiger Umgebung serviert schwäbische Spezialitäten. Nach einer längeren Wanderung gibt es hier eine deftige Vesper.

rechten Winkel vom Tannenweg wegführt. Diesem folgt ihr nun im weiten Bogen um den Ortsteil Bühlenhausen bis ihr auf die Lange Straße trefft. Dort geht es rechts nach **Bühlenhausen,** einem idyllischen Fleckchen Erde, das in seiner Mitte eine der letzten Hülen auf der Schwäbischen Alb hat. *Hülen* sind Wasserbecken, circa 8 auf 8 m, die früher angelegt wurden, um immer Wasser zum Feuerlöschen zu haben. In Bühlenhausen steht die evangelische Kirche zum hl. Veit, die im Stil der Spätgotik erbaut ist. Im Inneren könnt ihr Wandmalereien aus dem Jahre 1477 bewundern, die törichte und kluge Jungfrauen darstellen.

Zurück folgt ihr zunächst der Lindenstraße in Richtung Süden, überquert die Ulmer Straße und nehmt kurz darauf den schmalen Weg, der parallel zur Ulmer Straße in Richtung Berghülen führt. An seinem Ende geht es zunächst links und gleich darauf rechts in den Holunderweg. Über den Wacholderweg und die Blaubeurer Straße kommt ihr wieder an den Ausgangspunkt zurück.

Rundwanderung zu den Wasservögeln am Öpfinger Stausee
Länge: Rundweg 9 km, Gehzeit etwa 2,5 Std. **Anfahrt:** Von ↗ Ehingen Bhf mit Bus 21. A7 Würzburg – Ulm, Ausfahrt 122 Ulm/Senden zur B30. Dort Richtung Friedrichshafen und an der Ausfahrt Donaustetten links durch das Dorf, dann rechts nach Erbach; an der ersten Ampel links über die B311 nach Öpfingen.

▶ Vom Ortszentrum **Öpfingen** geht ihr zunächst auf der Hauptstraße in Richtung Süden bis zur großen **Donaubrücke.** An dieser Stelle, im so genannten Loch, beginnt der Wasserzulauf zum Stausee. Ihr überquert den Zulaufkanal über die erste Brücke und geht dann links hinunter auf den schmalen Inselweg. Nach einigen hundert Metern geht es links auf dem Damm weiter, bis ihr nach 15 Minuten am **Stausee** angelangt seid. Wenn ihr am südlichen Ufer weiter-

▶ Die **Wacholderheiden** sind im nördlichen Alb-Donau-Kreis so wichtig, dass sie unter Naturschutz stehen. Sie zählen nämlich zu den artenreichsten Lebensräumen Mitteleuropas! Hier kann man fast die Hälfte aller Pflanzenarten Baden-Württembergs finden. Zu den Licht liebenden Pflanzen wie z.B. Orchideen gesellen sich zahlreiche Tierarten wie Heuschrecken, Schmetterlinge oder Vögel. Allerdings leben in der Wachholderheide nur solche Vögel, die auf dem Boden brüten. Logisch, es sind ja keine Bäume da.

SCHÄFCHEN ZÄHLEN

Die Wacholderheiden werden durch die Hüteschäferei erhalten, d.h. bei der Herde ist immer ein Schäfer, der aufpasst, dass die Schafe nicht davonlaufen. Meist hilft ihm der Hütehund dabei.

Die Schafe haben ein bestimmtes Fressverhalten, sie wählen die Pflanzen, die sie fressen genau aus und verschmähen z.B. stachelige Silberdisteln oder bitter schmeckende Enziane. So werden zwar Gras, aufkeimende Büsche und Bäume abgefressen, die anderen Pflanzen bleiben aber stehen. Ohne die Schafe würden die Wacholderheiden innerhalb weniger Jahre mit Büschen und Bäumen zuwachsen.

Abgegrast: Typische Albwiese mit Wacholderbäumchen

Die seltenen Pflanzen und dort lebenden Tierarten bekämen dann keine Sonne mehr und würden aussterben. Deshalb ist die Hüteschäferei nötig für den Erhalt der Heiden. Sie sorgt aber nicht nur für eine kostengünstige Offenhaltung der Flächen, sondern leistet auch einen wichtigen Beitrag für die Verbreitung von Tier- und Pflanzenarten: Im Fell der Schafe werden nämlich Samen und Kleintiere transportiert und verbreitet. ◀

Hunger & Durst
Landgasthof Ochsen, Familie Geiselhart, Darrengasse 42, Öpfingen, ✆ 07391/6129 oder 53150. Di – So 10 – 14 und 16.30 – 21 Uhr. Hier wird schwäbische Küche serviert. Das Fleisch stammt aus artgerechter Tierhaltung direkt aus dem Ort. Es gibt eine Kinderkarte und von den meisten Gerichten könnt ihr halbe Portionen haben.

geht, werdet ihr bald die vielen Wasservögel beobachten können, die hier das ganze Jahr über heimisch sind. In den Wintermonaten gesellen sich viele Zugvögel aus dem hohen Norden hinzu.

Am Ende des Stausees seht ihr das große **Wehr,** das Wasser staut und durch Turbinen leitet. Auf dieser Seite könnt ihr eine Fischtreppe entdecken, über die die Fische vom Stausee zurück in die Donau gelangen können. Ihr folgt dem Donaukanal, bis ihr nach wenigen Minuten einen Steg erreicht, über den ihr an das andere Ufer gelangt.

Wenn ihr eure Sonntagsschuhe anhabt, geht ihr geradeaus weiter in Richtung Oberdischingen, bis ihr auf einer Teerstraße links abbiegen könnt. Mit Wanderschuhen geht es vom Steg aus gleich links zunächst ein Stück am Kanal entlang zurück und dann rechts neben einem Graben bis zur gleichen Teerstraße. In beiden Fällen müsst ihr bei der Teerstraße die **Brücke** überqueren. Danach geht es zunächst rechts und dann links auf dem Dischinger Weg zurück zur Hauptstraße in Öpfingen.

Höhlen und Quellen

Die älteste Schauhöhle Deutschlands und ihre Wintergäste

Höhlenverein Sontheim e.V., Am Berg 1, 72535 Heroldstatt. ✆ 07389/90900, Fax 909090. www.heroldstatt.de. info@heroldstatt. **Anfahrt:** Vom Ortszentrum in ↗ Heroldstatt über die Lange Straße nach Merklingen und kurz vor dem Ortsende rechts abbiegen, insgesamt 1,5 km. **Zeiten:** Mai – Okt Sa 14 – 18 Uhr, So und Fei 9 – 18 Uhr, Führungen zur vollen Std. Wochentags Gruppen nach Voranmeldung unter ✆ 07389/353 oder 696. **Preise:** 1,80 €; Kinder 4 – 16 Jahre 1,30 €.

▶ Die **Sontheimer Höhle** ist die älteste Schauhöhle Deutschlands. Ihr Alter wird auf 12 bis 15 Millionen Jahre geschätzt. Sie entstand, weil sich ein unterirdischer Fluss seinen Weg durch das Kalkgestein gebahnt hat. Forscher haben hier menschliche Knochen aus dem 6. und 7. Jahrhundert gefunden. Die Kalkhöhle ist 530 m lang und auf einer Länge von circa 200 mit elektrischem Licht beleuchtet.

Die Sontheimer Höhle ist das bedeutendste **Fledermausquartier** der Schwäbischen Alb. Jedes Jahr überwintern hier 13 verschiedene Fledermausarten, etwa 300 Tiere. Um ihren Winterschlaf nicht zu stören, ist die Höhle vom 1. November bis 30. April geschlossen.

Fledermäuse gehören zusammen mit den Flughunden zu den Flattertieren, von denen es weltweit 957 Arten gibt. Fledermäuse sind nachtaktiv. In der Dunkelheit orientieren sie sich am Echo der Laute, die sie auf ihren Beuteflügen fortwährend ausstoßen. Diese Laute sind so hoch, dass das menschliche Gehör sie nicht wahrnehmen kann. Wenn sie schlafen gehen, hängen sie sich kopfunter auf und krallen sich dabei mit den Zehen in den Fels. So verbringen sie sogar den ganzen Winter. Während ihres Winterschlafs müssen sie ihren Energieverbrauch stark reduzieren, weshalb ihr Herz nur 10 mal pro Minute schlägt – im Sommer rast ihr Puls 40 mal schneller. Unsere heimischen Fledermäuse sind übrigens Insektenfresser, echte Vampire gibt es nur in Mittelamerika.

Der Blautopf, die größte Karstquelle Deutschlands

Anfahrt: Vom Bhf ↗ Blaubeuren nach Norden bis ans Ende der Karlstraße. Am Marktplatz geradeaus in die Klosterstraße und von dort über die Blautopfstraße, insgesamt 20 Gehmin. Entlang dem Dodelweg am nördlichen Ende der Stadt gibt es Parkplätze. **Preise:** Eintritt frei. **Info:** ✆ 07344/921025, Fax 952434. www.blautopf.org.

▶ Den Blautopf müsst ihr einfach gesehen haben. Am Rande der Altstadt von Blaubeuren entspringt die

Hunger & Durst

Rasthaus Sontheimer Höhle neben dem Höhlen-Eingang, ✆ 07389/353. Sa 14 – 22 und So 9 – 19 Uhr. Kleine Gerichte, Kaffee und Kuchen.

Fledermäuse finden immer seltener geeignete Winter- und Brutquartiere, weil ihre bevorzugten Plätze von Menschen oft wegsaniert oder (aus Versehen) verschlossen und zugemauert werden, wie z.B. Dachböden, Keller, oder Schuppen. Deswegen sind sie durch das Bundesnaturschutzgesetz geschützt.

▶ In seiner »Historie von der Schönen Lau« erzählt der Dichter *Eduard Mörike* (1804 – 1875) die Geschichte von einer Wassernixe aus dem Schwarzen Meer.

DIE SCHÖNE LAU

Er beginnt sein Werk: »Im Schwabenlande, auf der Alb, bei dem Städtlein Blaubeuren, dicht hinter dem alten Mönchskloster, sieht man nächst einer jähen Felswand den großen runden Kessel einer wundersamen Quelle, der Blautopf genannt. Gen Morgen sendet er ein Flüsschen aus, die Blau, welche der Donau zufällt. Dieser Teich ist einwärts wie ein tiefer Trichter, sein Wasser von Farbe ganz blau, sehr herrlich, mit Worten nicht wohl zu beschreiben, wenn man es aber schöpft, sieht es ganz hell in dem Gefäß.

Zuunterst auf dem Grund saß ehemals eine Wasserfrau mit langen fließenden Haaren. Ihr Leib war allenthalben wie eines schönen, natürlichen Weibs, dies eine ausgenommen, dass sie zwischen den Fingern und Zehen eine Schwimmhaut hatte, blühweiß und zärter als ein Blatt vom Mohn. Beim Volk hieß sie die arge Lau im Topf, auch wohl die schöne Lau.«

Die Unglückliche war von ihrem Gemahl, einem alten Donaunix, verstoßen worden und trieb nun im Blautopf ihr Unwesen. Der Sage nach lockte sie Männer in die unergründlichen Tiefen und verschlang sie. Erst wenn sie fünfmal von Herzen gelacht haben sollte, könnte sie erlöst werden. Das Lachen konnte sie nur bei den Menschen lernen. Die Weissagung ging nach einer langen Geschichte schließlich in Erfüllung. ◀

Tipp: Der bekannte Höhlenforscher *Jochen Hasenmayer* hat bereits mehrere spektakuläre Tauchgänge auch mit einem Mini-U-Boot unternommen. 1985 tauchte er 1250 Meter weit durch die wassergefüllten Felsspalten und entdeckte eine unterirdische Großraumhöhle mit meterhohen Tropfsteinen über und unter Wasser. Sein einstündiger Film »Im Reich der Schönen Lau« zeigt seine Entdeckungen und wird Palmsonntag – 31. Oktober täglich 9.30 – 17.30 Uhr im Blautopfhaus gezeigt. Info ✆ 07344/921027.

Blau aus der größten Karstquelle Deutschlands. Hat es ein paar Tage nicht geregnet, ist das Wasser wirklich von einem tiefen, reinen Blau, sonst eher türkisgrün bis bräunlich. Schaut man ins Wasser, kommt es einem unendlich tief vor. In einem weit verzweigten, unterirdischen Höhlensystem werden große Wassermassen gesammelt. Diese drängen dann über einen 21 m tiefen trichterförmigen Quelltopf nach oben. Über den Verlauf der unterirdischen Wasserhöhle, auch *Blauhöhle* genannt, ist noch wenig bekannt. Sie soll aber mehrere Kilometer lang sein.

Die tiefste Höhle der Schwäbischen Alb
Tiefenhöhle, Laichingen. ✆ 07333/4414, Fax 21202. www.tiefenhoehle.de. **Anfahrt:** ↗ Laichingen, von der Stadtmitte 20 Min zu Fuß. Auf der Suppinger Straße Richtung Süden und bei den letzten Häusern halblinks abbiegen, circa 1 km. **Zeiten:** Karfreitag – Ende Okt täglich 9 – 18 Uhr. Führungen dauern 45 Min. **Preise:** 2,60 €, inklusive Eintritt zum Museum für Höhlenkunde; Kinder 6 – 14 Jahre 2 €.

▶ Südlich von Laichingen liegt die *Laichinger Tiefenhöhle*. Sie ist die tiefste begehbare Schauhöhle Deutschlands. In ihr könnt ihr den Aufbau der Schwäbischen Alb an den einzelnen Gesteinsschichten genau verfolgen. Deshalb nennt man die Höhle auch »Röntgenbild der Alb«. 1892 entdeckte sie der Sandgräber *Johann Georg Mack*. Schon 1906 war die Höhle bis auf den tiefsten Punkt erforscht. Sie ist 80 m tief und hat eine Länge von 1250 m. Ihr werdet gewaltige Schächte und große Hallen sehen. Wenn ihr euch während einer Führung auf den 320 m langen Rundgang begebt, kommt ihr auf Treppen und Leitern in 40 m Tiefe in die Große Halle. Dies ist der größte Raum der Höhle. Die Kleine Halle ist mit 55 m die tiefste Stelle, die Besucher im Erdinneren begehen können. Wenn hier Wasser versickert, tritt es über eine unterirdische Verbindung im Blautopf bei Blaubeuren wieder zu Tage. Über den Blumenkohlgang

Hunger & Durst
Vom Höhlenverein wird über der Höhle die **Raststätte Tiefenhöhle** betrieben, in der ihr euch stärken könnt. Um das Rasthaus wachsen Wacholderpflanzen und Schatten spendende Buchen. Für Kinder gibt es den Höhlenspielplatz mit Rutschbahn, Karussell und Spielstadt. An überdachten Feuerstellen kann man grillen.

und den Nassen Schacht kommt ihr zum Wasserfall und über die Ostschächte wieder zum Höhlenausgang.

Zu den Höhlenbären im Hohlen Fels

Schelklingen. ℡ 07394/595, Fax 916591. www.schelklingen.de. e.haggenmüller@t-online.de. **Anfahrt:** ↗ Schelklingen. **Rad:** Direkt am Donau-Radwanderweg etwa 1 km östlich von Schelklingen im Achtal. **Zeiten:** Mai – Okt bei gutem Wetter So 14 – 17 Uhr, Führungen auf Anfrage. **Preise:** 2 €; Kinder 6 – 16 Jahre 1 €.

David E. Portner: *Was ist was: Höhlen*. Spannende und kindgerechte Aufbereitung, viele Bilder und gute Erklärungen. Thessloff Verlag, 48 Seiten, 8,90 €, für Kinder ab 8 Jahre.

Der Höhlenbär war aufgerichtet bis zu 4 m hoch. Er ernährte sich ausschließlich vegetarisch.

▸ Die Höhle ist 120 m lang und 23,4 m hoch. Wegen ihrer großen Halle, die eine Grundfläche von 5000 qm hat, nennt man sie eine Hallenhöhle. Sie zählt damit zu den größten und beeindruckendsten Höhlen der Schwäbischen Alb. Seit 1870 finden Ausgrabungen zur menschlichen Urgeschichte statt. Die Forscher haben hier zu diesem Thema viele wichtige Funde gemacht: Reste von Höhlenbär, Mammut, Ren und Wildpferd ebenso wie steinzeitliches Werkzeug. Eines der zuletzt entdeckten Stücke ist ein bemaltes Felsbruchstück. Stellt euch vor, es soll etwa 13.000 Jahre alt sein! Ein anderes ist ein Pferdeköpfchen aus Elfenbein geschnitzt, mit 30.000 Jahren noch älter. Auch Knochen von Bären hat man in der Höhle gefunden.

Natur und Umwelt erforschen

Die Kraft der Sonne

Solar-Testfeld und Kachelmann-Wetterstation, Widderstall 14, 89188 Merklingen. ℡ 07337/6109, Fax 7109. www.zsw-bw.de. **Anfahrt:** Von ↗ Merklingen auf der Landstraße in Richtung Wiesensteig, 3 km außerhalb des Orts. **Zeiten:** Besucherpavillon durchgehend geöffnet, Führungen nach Vereinbarung. **Preise:** Eintritt frei.

▸ Nordwestlich von Merklingen liegt das Solartestfeld des Zentrums für Sonnenenergie- und Wasserstoff-Forschung Baden-Württemberg. Bei den Besuchern der Schwäbischen Alb ist es sehr gefragt. Es geht um erneuerbare Energien. Hier könnt ihr die umweltschonende Energietechnik der Zukunft aus der Nähe anschauen und lernen wie es gelingt, die Kraft der Sonne in Energie umzuwandeln und für uns Menschen zu nutzen.

Im Besucherpavillon könnt ihr die aktuellen **Wetterdaten** ablesen.

Die Welt, in der wir leben
Naturkundliches Bildungszentrum, Kornhausgasse 3, 89073 Ulm. ✆ 0731/1614742, Fax 1611681. www.naturkunde-museum.ulm.de. **Anfahrt:** ↗ Ulm, vom Münsterplatz in wenigen Gehminuten über die Hafengasse. **Zeiten:** Di – So 11 – 17 Uhr, Gruppen ab 10 Pers Di – Fr nach Anmeldung ab 10 Uhr. **Preise:** 2 €; Kinder ab 4 Jahre 1,50 €; Familienkarte für 2 Erw und 2 Kinder 4,50 €.

▶ Unter den 60.000 Ausstellungsstücken des Museums gibt es lebende Tiere und Modelle, die ihr zum Teil anfassen dürft. Die großen Themen sind Mineraloge, Geologie, Paläontologie, Botanik, Zoologie und Ökologie. Kinder sind im Naturkundlichen Bildungszentrum gern gesehene Gäste. Für euch wird jährlich ein spezielles Programm zusammengestellt. Außerdem gibt es Sonderveranstaltungen, Vorträge und Exkursionen.

Mit dem **Museums-Pass** Ulm/Neu-Ulm könnt ihr für 6 € innerhalb von 6 Monaten folgende 8 Museen jeweils einmal besuchen: Naturkundliches Bildungszentrum, Kloster Wiblingen, Ulmer Museum, Deutsches Brotmuseum, Donauschwäbisches Zentralmuseum, Edwin-Scharff-Museum und Archäologisches Museum.

Von Pferden und Fischen

Reiterferien und Kurse
Reitanlage Renz, Hochsträß 2, 89584 Ehingen (Donau)-Heufelden. ✆ 07391/53775, info@reitanlagerenz.de. **Anfahrt:** Von Ortsmitte ↗ Ehingen über die Heufelder Straße in den Ortsteil Heufelden circa 2 km. **Zeiten:** ganzjährig. **Preise:** auf Anfrage.

▶ Der Reiterhof ist ein Familienunternehmen und bietet Kindern und Jugendlichen Reitersommerferien und ganzjährig Ponyreiten an. Außerdem können

Hunger & Durst
Auf dem Gelände gibt es das **Reiterstüble,** das euch mit Vesper und Getränken versorgt.

Jung und Alt Ausritte und Reitstunden inmitten der Landschaft der Schwäbischen Alb genießen.

Bei Fischen und Schlangen

Ulmer Aquarium und Tropenhaus, Friedrichsau 40, 89073 Ulm. ✆ 0731/1616742, Fax 1611642. www.tiergarten.ulm.de. r.birkenmaier@ulm.de. **Anfahrt:** ↗ Ulm. Von der Stadtmitte über die Neue Straße nach Osten auf die Basteistraße und der Beschilderung Donauhalle folgen, dort großer Parkplatz. **Zeiten:** April – Sep 10 – 18 Uhr, Okt – März 10 – 17 Uhr, täglich geöffnet. **Preise:** 3 €; Kinder ab 6 Jahre 2 €; Familienkarte 6,50 €.

▶ Das Ulmer Aquarium und Tropenhaus mit Außengehege liegt in der Friedrichsau an der Donau. Im Gebäude des Aquariums könnt ihr einheimische und tropische Tiere sehen. Sie leben in Becken, Terrarien und in Volieren. Letzteres sind große Vogelkäfige, in denen die Tiere fast ungehindert fliegen können. Weiter geht's zum Tropenhaus. Hier leben Vögel mit ganz buntem Gefieder und eine lustige Schar von Affen. Für Kinder ist sicher der Streichelzoo interessant. Im **Tiergarten** könnt ihr außerdem Kängurus, Alpakas und Damhirsche beobachten.

Ausflug ins Legoland

Legoland Deutschland GmbH, Legoland-Allee, 89312 Günzburg. ✆ 08221/700700, Fax 700399. www.lego.com. info@legoland.de. Günzburg und Legoland liegen 22 km Luftlinie östlich von Ulm. **Anfahrt:** Vom Bhf Günzburg auf der Strecke Ulm – Augsburg mit dem Shuttle-Bus zum Legoland. A8 München – Stuttgart, Ausfahrt 67 Günzburg, gut 1 km auf der B16 nach Süden Richtung Krumbach. **Zeiten:** Ostern – Anfang Nov 10 Uhr bis Einbruch der Dunkelheit; April – Mitte Mai sowie 2 Wochen im Sep Mo, Di und Mi geschlossen. **Preise:** 28 €; Kinder 3 – 11 Jahre 24 €.

▶ In Deutschland wohnen mehr als 80 Millionen Menschen. Wenn jeder zweite Deutsche einschließ-

Wie wär's mit einem neuen Berufswunsch? Tierpfleger im Dschungel von Legoland ...

lich aller Kinder nach Günzburg zum Legoland käme und einen Legostein mitbringen würde, dann könnte man aus 40 Millionen Legosteinen eine Miniaturwelt aus Landschaften, Städten, Tieren und Figuren bauen. Genau das ist im Legoland auch geschehen; mit dem feinen Unterschied, dass das Baumaterial in der Legofabrik hergestellt wird, die ihr nebenbei besichtigen könnt.

Im Zentrum des Parks, dem **Miniland**, steckt die Liebe zwischen all den bekannten Gebäuden im Detail: Eine winzige Möwe fliegt durch den Hamburger Hafen und der flippige Raver düst durch die Berliner Love Parade. Im Bereich Imagination könnt ihr selbst aktiv werden und nach Herzenslust forschen, konstruieren und spielen – lasst eurer Fantasie mit den Legosteinen freien Lauf. Oder taucht in das Land der Abenteuer ein, das versteckt im Dschungel aus Bäumen und Gestrüpp, wilden Tieren und fantastischen Kreaturen verborgen ist. Wenn ihr die Legowelt von oben betrachten wollt, besteigt einfach den 65 Meter hohen Aussichtsturm. Besonders gigantisch zeigt sich die Legowelt im Lego X-treme, bei der Fahrt mit dem Wellenreiter etwa spritzt das Wasser nur so umher. Im Knights' Kingdom wartet die mittelalterliche Burg auf eure Erkundung, ein Höhepunkt ist das rasante Achterbahnerlebnis mit dem Feuerdrachen. Und wenn euch das immer noch nicht reicht, könnt ihr an Veranstaltungen wie Bauaktionen, Konzerten, Ritterspielen, Erlebnisbauernhof, Kinderliederfestival und Halloween-Kostümpartys teilnehmen.

HANDWERK UND GESCHICHTE

Bahnen und Flieger

Mit der Donnerbüchse auf die Alb hinauf
Württembergische Eisenbahngesellschaft, UEF Lokalbahn Amstetten-Gerstetten e.V., Familie Berke, Waldstraße 11, 73340 Amstetten. ✆ 07302/6306, Fax 6306. www.uef-dampf.de. webschlosser@uef-dampf.de. **Anfahrt:** ↗ Amstetten, Parkplatz beim Bhf. **Zeiten:** Mai – Okt So und Fei, Fahrplan, Highlights und Sonderveranstaltungen erfragen oder im Internet. **Preise:** 10 € hin und zurück; Kinder 4 – 14 Jahre 5 € hin und zurück; Familien (2 Erw und 2 Kinder) 22 €.

▶ Um 1903 wurde die Lokalbahn von der Württembergischen Eisenbahngesellschaft erbaut. Nach der Betriebsaufgabe 1996 haben die Gemeinden mit dem Verein UEF Lokalbahn Amstetten-Gerstetten e.V. die 20 km lange Normalspurbahn gekauft, um sie zu retten. Strecke und Anlagen werden im ursprünglichen Zustand erhalten.

Die badische Tenderlok auf der Lokalbahn, gebaut von der Maschinenfabrik Karlsruhe, ist die einzige noch betriebsfähige Lok ihrer Gattung. Die Plattformwagen, auch Donnerbüchsen genannt, sind aus den 1920er Jahren und kommen aus ganz Deutschland und Österreich. Bei einer Zugfahrt kommen nostalgische Gefühle auf. Besonders spannend ist der 5 km lange, steile Anstieg mit engen Kurven von Am-

Im Packwagen werden Fahrräder mitgenommen. Damit kann man die Rückfahrt bequem mit dem Rad machen, da es die meiste Zeit bergab geht. Vielleicht begegnet ihr unterwegs sogar dem Dampfzug.

stetten bis Stubersheim auf die Albhochfläche. Weiter geht es in einem weiten Bogen nach Gerstetten, mit herrlichem Ausblick auf die hügelige Landschaft. Im Speisewagen sorgt der Kellner für das leibliche Wohl.

Die Schwäbische Alb aus der Luft erkunden

Flughafen Sonderbuch, Fliegergruppe Blaubeuren e.V., Webergasse 17/1, 89143 Blaubeuren. ℗ 07344/ 919519, Flugleitung 919294, Fax 919521. www.flgblaubeuren.de. **Anfahrt:** ↗ Blaubeuren, vom Bhf mit Bus 336 Richtung Gerhausen bis Sonderbuch Rathaus. Im Ort an der Blaubeurer Steige zweimal links nach Sonderbuch.

▶ In Sonderbuch ist ein Flugplatz für Segelflugzeuge. Feste Betriebszeiten gibt es nicht, am Wochenende ist jedoch fast immer offen und dann gibt es immer viel zu sehen. Die Mitglieder der Fliegergruppe nehmen gegen Gebühr gern Passagiere in einem ihrer doppelsitzigen Segelflugzeuge mit. Mitfliegen ist zwischen April und Oktober an sonnigen Wochenenden oder Feiertagen möglich, bei **Quellbewölkung** ist meistens gutes Segelflugwetter.

Typische Quellwolken haben ungefähr die Form eines riesengroßen Blumenkohls. Sie entstehen, wenn warme Luft nach oben steigt. Dies ist deshalb gut für die Segelflieger, weil sie mit dieser warmen Luft, so genannte Thermik, ebenfalls nach oben getragen werden.

Modellbahnshow Merklingen

Siemensstraße 2, 89188 Merklingen. ℗ 07337/ 923194, Fax 923195. www.modellbahnshow.de. info@modellbahnshow.de. Industriegebiet an der A8. **Anfahrt:** ↗ Merklingen. **Zeiten:** Di – So 10 – 18 Uhr, Fei geöffnet, auch Mo, letzter Einlass 17 Uhr. **Preise:** 7,50 €; Kinder 6 – 16 Jahre 4,50 €; Familienkarte 18 €.

▶ Die Märklin-Modelleisenbahnanlage mit über 400 qm ist ein Riesenspaß für die ganze Familie. Auf der Kinderspielbahn können die jungen Besucher selbst spielen. Außerdem ist die Anlage so konzipiert, dass man ganz nahe am Geschehen ist. Am Rand der Anlage gibt es Schalter, die von Erwachsenen und Kindern betätigt werden können. So könnt

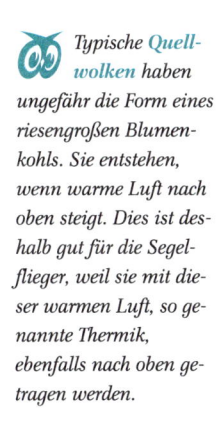

Hunger & Durst

Das **Restaurant Gaumenschmaus** im Haus der Modellbahnschau offeriert schwäbische und internationale Küche, Pasta oder Vegetarisches. Kinder unter 10 Jahre bekommen in dem familienfreundlichen Lokal Spätzle mit Soße oder Pommes Frites umsonst. Klar gibt es auch andere Kindergerichte. Andreas Hintz, Küchenmeister, ✆ 07337/394, Mo – Fr 11.30 – 14 und 18 – 22 Uhr, Sa und So durchgehend geöffnet.

ihr selbst verschiedene Aktionen auf der großen H0-Modellbahnanlage in Gang setzen. Neben der Spur-1-Ausstellung, einer Videoübertragung aus einer fahrenden Lok, wechselnden Ausstellungsstücken und Sonderausstellungen könnt ihr auf der Gästestrecke eure eigene, mitgebrachte Bahn (Märklin dreileitertauglich) fahren lassen.

Museen und Stadtführungen

Museum der Brotkultur

Salzstadelgasse 10, 89073 Ulm. ✆ 0731/69955, Fax 6021161. www.museum-brotkultur.de. info@museum-brotkultur.de. **Anfahrt:** ↗ Ulm, vom Münsterplatz wenige Gehminuten über die Pfauengasse. **Zeiten:** 10 – 17 Uhr, Mi 10 – 20.30 Uhr. **Preise:** 3 €; Kinder 6 – 18 Jahre 2 €; Familienkarte für 2 Erw und 3 Kinder 8 €.

▶ Das Museum der Brotkultur ist das älteste Spezialmuseum seiner Art. Seit 1991 ist es in den historischen Räumen des Salzstadels von 1592 untergebracht, einem Lagerhaus der ehemaligen freien Reichsstadt Ulm. Auf drei Ebenen erfahrt ihr, welche Rolle das Nahrungsmittel Brot im Laufe der Menschheitsgeschichte spielte, wie es zubereitet und genossen wurde.

▶ 500 g Mehl mit 1 Würfel Hefe und etwas Wasser kneten und eine halbe Stunde aufgehen lassen. Den Teig dann in 8 bis 10 Portionen aufteilen und jedes Stück zu einer etwa fingerdicken Wurst ausrollen. Jetzt nehmt ihr einen sauberen Holzstecken und wickelt den Teig wie eine Spirale um die Stockspitze. Dann dreht ihr den Teig so lange über der Glut, bis er eine hellbraune Farbe bekommt- natürlich nicht zu dicht, sonst brennt er an. Das fertige Stockbrot etwas abkühlen lassen, vorsichtig abziehen und essen. Am besten schmeckt es mit Marmelade. ◀

STOCKBROT AM LAGERFEUER

Der höchste Kirchturm der Welt: Das Ulmer Münster

Münsterplatz, 89073 Ulm. ✆ 0731/379945-0, Fax 379945-15. www.muenster-ulm.de. **Anfahrt:** Vom Hbf in wenigen Min durch die Fußgängerzone zum Münster, das bereits von Weitem zu sehen ist. Ein Parkleitsystem hilft bei der Anfahrt auf die Parkplätze rund um den Münsterplatz. **Zeiten:** Nov – Feb 9 – 16.45 Uhr, März und Okt 9 – 17.45, April – Juni, Sep 9 – 18.45, Juli und Aug 9 – 19.45 Uhr. Letzte Turmbesteigung immer 1 Std vor Ende. **Preise:** Münster frei, Turmbesteigung 4 €; Schüler 7 – 18 Jahre 2,50 €; Familienkarte 10 €.

▶ Schon 1377 hatten die Ulmer mit dem Bau begonnen, doch erst 1890 wurde das Münster fertig. Am spannendsten ist es, die 768 Stufen auf den höchsten Kirchturm der Welt hinaufzusteigen. Er ist genau 161,53 m hoch. Gleich nach dem Beginn der Wendeltreppe kommt ihr am *Martinsfenster* vorbei. Mittwochs und samstags habt ihr hier einen schönen Überblick über das bunte Markttreiben auf dem Münsterplatz. Etliche Wendeln weiter passiert ihr den verschlossenen Eingang zum *Läuteboden*. Ihr könnt die Glocken sehen, wenn ihr den schmalen Gang betretet, der am Ende vergittert ist. Es ist

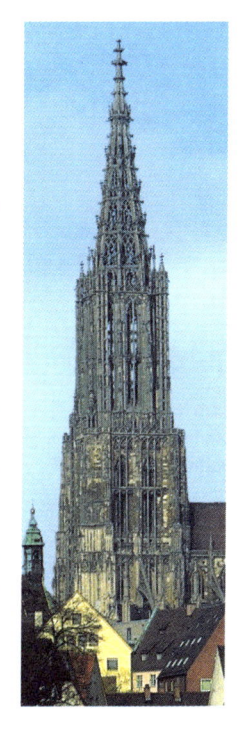

▶ Beim Bau des Münsters wollten die Ulmer Holzbalken aus dem Wald in die Stadt bringen. Weil sie jedoch die Balken quer auf das Fuhrwerk gelegt hatten, kamen sie nicht durch das schmale Stadttor.

DER ULMER SPATZ Sie wollten schon das Tor abreißen, da sahen sie einen Spatzen herbeiflattern, der einen langen Strohhalm quer im Schnabel trug. Als dieser durch eine schmale Öffnung zu seinem Nest wollte, schob er den Halm der Länge nach hinein. So kam auch den Ulmern die Erleuchtung, sie legten ihre Balken der Länge nach auf den Wagen und fuhren erleichtert in die Stadt. Zum Dank dafür setzten sie dem Spatzen ein kupfernes Denkmal aufs Münsterdach. ◀

schon ein Erlebnis, den Glockenschlag zu jeder Viertelstunde aus nächster Nähe zu hören.
In etwa 70 m Höhe könnt ihr das *Viereck* umrunden. Die Stadt ist jetzt schon ganz gut zu überblicken. Ab dem 30 m höher liegenden *Achteck* müsst ihr mit Gegenverkehr rechnen: Langsam wird es so eng im Turm, dass kein Platz mehr für zwei Treppen bleibt. Oben angekommen habt ihr einen herrlichen Panoramablick, der bei guter Fernsicht von der Zugspitze im Osten bis zu den Schweizer Alpen im Westen reicht.

Das Steinzeitdorf bei Ehrenstein

Ausstellung im Rathaus Blaustein, Marktplatz 2, 89134 Blaustein. ✆ 07304/802-0, Fax 802111. www.blaustein.de. **Anfahrt:** ↗ Blaustein. **Zeiten:** Mo, Mi, Fr 9 – 12, Do 14 – 18 Uhr. **Preise:** Eintritt frei.

▶ Im Foyer des Rathauses steht das Modell eines Moordorfes aus der Jungsteinzeit, das bei Ehrenstein gefunden wurde. Bei Baggerarbeiten waren ein Tongefäß und Hirschgeweihstücke zu Tage gekommen. Grabungen legten schließlich gut erhaltene Ruinen von Holzhäusern frei. Siedlungsabfälle, Werkzeuge, Geräte und Pflanzenreste geben Auskunft über das Leben der Dorfbewohner im 4. Jahrtausend v.Chr.

Die Welt des Schmieds

Hammerschmiede, Blautopfstraße 7, 89143 Blaubeuren. ✆ 07344/921025, Fax 952434. www.blaubeuren.de. **Anfahrt:** ↗ Blaubeuren, vom Bhf nach Norden bis ans Ende der Karlstraße. Am Marktplatz geradeaus in die Kloster- und über die Blautopfstraße zur Hammerschmiede. Am nördlichen Ende der Stadt. Entlang dem Dodelweg gibt es Parkplätze. Die Anfahrt ist ausgeschildert. **Zeiten:** März – Okt täglich 9 – 18 Uhr. **Preise:** 1,50 €; Kinder 7 – 16 Jahre 1 €; Familienkarte 4 €.

▶ Die historische Hammerschmiede, in der früher vor allem Werkzeuge des täglichen Bedarfs ge-

---

Hunger & Durst
Kalte Herberge, Familie Hafenrichter, Ulmer Straße 30, ✆ 07304/96190. Warme Küche Mo – Sa 12 – 14, 18 – 22 Uhr, So nur 12 – 14 Uhr. Hier gibt es feine, bürgerliche Küche, viele Salate, Gemüse und preiswerte Gerichte mit oder ohne Fleisch. Vitamincocktails werden auch auf der großen Terrasse serviert. Familien und Radfahrer sind willkommen.

Die **Verbundkarte** für Urgeschichtliches Museum, Hammerschmiede- und Heimatmuseum kostet 4 €, für Kinder 7 – 17 Jahre 2,50 €, Familienkarte 11 €.

schmiedet wurden, ist seit 1966 als Museum der Öffentlichkeit zugänglich. Ein Schmied gibt den Besuchern Einblick in eine Arbeitswelt, die mit Hitze, Schweiß und ohrenbetäubendem Lärm verbunden war. In den Sommermonaten gibt es an jedem 1. Sonntag im Monat Schauschmieden.

Das Badhaus der Mönche

Heimatmuseum, Im Klosterhof, 89143 Blaubeuren. ✆ 07344/921025, Fax 952434. www.blaubeuren.de. **Anfahrt:** ↗ Blaubeuren, vom Bhf nach Norden bis ans Ende der Karlstraße, am Marktplatz geradeaus in die Klosterstraße, von dort durch das Klostergängle. Am nördlichen Ende der Stadt ausgeschildert, Parkplätze am Dodelweg. **Zeiten:** Ostern – Ende Okt, Di – Fr 10 – 16, Sa, So und Fei 10 – 17 Uhr. **Preise:** 1,50 €; Kinder 7 – 16 Jahre 1,10 €; Familienkarte 4,10 €.

▶ Das Museum ist im alten Badhaus der Mönche im äußeren Klosterbereich untergebracht. Es ist das einzige erhaltene Mönchsbad Deutschlands und damit eine Seltenheit. Im Museum seht ihr schöne Wandmalereien.

Kontakt mit der Steinzeit

Urgeschichtliches Museum, Karlstraße 21, 89143 Blaubeuren. ✆ 07344/9286-0, Fax 9286-15. www.urmu.de. info@urmu.de. **Anfahrt:** ↗ Blaubeuren. **Zeiten:** Nov – Mitte März Di und Sa 14 – 17, So 11 – 17 Uhr, ansonsten Di – So 11 – 17 Uhr. **Preise:** 2,50 €; Kinder 7 – 16 Jahre 1,50 €; Familienkarte 7 €.

▶ Am Anfang des Rundgangs steht die Entstehung der Schwäbischen Alb. Dann werdet ihr über archäologische Methoden und die verschiedenen Epochen der Steinzeit informiert. Die Altsteinzeit zum Beispiel war die Zeit der Sammler und Jäger. Durch das Ende der Eiszeit änderten sich in der Mittelsteinzeit die Lebensbedingungen. Das Ende der Steinzeit brachte den Beginn von Ackerbau und Viehzucht.

Im Klosterhof startet das **Blautopfbähnle** zu einer Panoramafahrt durch das Landschaftsschutzgebiet Ried über den Rucken zu einem Aussichtspunkt über der Altstadt und durch das Gerberviertel zum Blautopf. Erw 5,50 €, Kinder 3 – 12 Jahre 3,50 €, Familien mit 3 – 5 Kindern 19 €. Fr 14.30 und 16 Uhr, Sa, So 11, 14, 15.30 und 17 Uhr.

Ein umfangreiches pädagogisches Programm (nach tel. Anmeldung) zeigt euch, wie die Menschen damals Feuer machten, ihre Nahrung zubereiteten und Werkzeuge herstellten. Ihr könnt auch selbst Nähwerkzeug aus Knochen schnitzen und damit einen Lederbeutel nähen oder Schmuckketten aus Muscheln und Federn arbeiten.

Museum für Höhlenkunde

Laichingen. ✆ 07333/5586, Fax 21202. www.tiefenhoehle.de. info@tiefenhoehle.de. Im Eingangsgebäude der Tiefenhöhle. **Anfahrt:** ↗ Tiefenhöhle. **Zeiten:** April – Ende Okt Fei und 1. und 3. So im Monat 13 – 17 Uhr. **Preise:** im Eintritt der ↗ Tiefenhöhle enthalten.

▶ Das modern eingerichtete Museum, das sich im Rasthaus über der Tiefenhöhle befindet, informiert euch über die erdgeschichtliche Entstehung sowie Mineralien und Lebewesen in den Höhlen, den geologischen Aufbau der Alb und die Entstehung einer Karstlandschaft. Ein Modell, das aus Originalsteinen der Schwäbischen Alb aufgebaut ist, zeigt die Reihenfolge der einzelnen Gesteinsschichten. Bilder aus den Schauhöhlen der Schwäbischen Alb ergänzen die Geo-Schau.

Schloss Erbach mit Museum

Schlossberg 1, 89155 Erbach. ✆ 07305/4646, Fax 24598. www.erbach-donau.de. **Anfahrt:** ↗ Erbach. **Zeiten:** Mai – Sep, auf Anfrage. **Preise:** 3,50 €; Kinder 4 – 14 Jahre 1,50 €. **Infos:** Gruppen ab 10 Pers und Führungen nach Vereinbarung.

▶ Das Schloss liegt auf einer Anhöhe hoch über der Donau. Es ist von einer mächtigen Wehrmauer umgeben, deren Schutzeffekt durch einen Graben verstärkt wird. Über eine Zugbrücke führt der Weg durch den Torbau in den Schlosshof mit seinen riesigen Kastanienbäumen. Ein Teil des Schlosses (im Privatbesitz der Reichsfreiherrn zu Ulm und Erbach) ist als Schlossmuseum für Besucher geöffnet. Im Erdgeschoss findet ihr die große Halle, deren Decke wie eine Tonne gewölbt ist. In den Obergeschossen geht es links und rechts seitlich eines langen Flurs in viele Zimmer.

Zu den Räumen des Schlossmuseums zählen das Fürstenzimmer, der Maria-Theresia-Salon mit einer geschnitzten Wandtäfelung und das Renaissance-Zimmer mit dem Südtiroler Fayence-Ofen (Tonware

Hunger & Durst
Nach dem Ausflug in die Vergangenheit bietet das stilvolle **Schlossrestaurant Erbach** vorzügliche Speisen an. ✆ 07305/6954. Di – Fr Küche 18 – 21 Uhr, Sa mittags und abends, So durchgehend geöffnet.

mit weißer Glasur, oft bemalt). In der Schlosskapelle auf der Ostseite gibt es schöne, frühbarocke Stuckaturen zu bewundern. Außerhalb des befestigten Bereichs liegen Stallungen, die Zehntscheuer, die Bäckerei, das Rentamt und die ehemalige Taverne.

Unsere Vorfahren und ihre Umwelt
Archäologisches Museum, Petrusplatz 4, 89231 Neu-Ulm. ✆ 0731/9726180, Fax 9709527. www.stmwfk.-bayern.de/kunst/zweigmuseen/neuulm.html. **Anfahrt:** ↗ Ulm. Vom Rathaus aus nach Süden zur Donau, dort über die Herdbrücke zum Petrusplatz. **Zeiten:** Di, Mi, Fr, Sa 13 – 17 Uhr, Do 13 – 19, So, Fei 10 – 18 Uhr. **Preise:** 2,50 €; Kinder frei, Jugendliche ab 14 Jahre 1,75 €; Schulklassen haben freien Eintritt.

▶ Die Dauerausstellung des Museums behandelt die Entwicklungsgeschichte des Menschen von der Altsteinzeit vor 80.000 Jahren bis ins frühe Mittelalter vor 1200 Jahren. Außergewöhnliche Funde und bildliche Darstellungen zeigen, wie die Menschen gewohnt und zusammen gelebt, besonders aber wie sie gearbeitet haben – samt ihrer Werkzeuge und Materialien. Zum Beispiel wird euch die Metall- und Holzbearbeitung auf römischen Gutshöfen erklärt und ihr bekommt Einblick in die Glasproduktion der Römer. Mit lebensgroßen Puppen sind die Arbeitssituationen nachgestellt. Oder Sie zeigen wie die römischen Soldaten ausgerüstet waren. Einer der Hauptanziehungspunkte des Museums ist der Nachbau der **hallstattzeitlichen** Grabkammer von Vöhringen-Illerberg mit prächtigem Pferdegeschirr und reichen Grabbeigaben.

Das Meer von Gerstetten
Riff-Museum, Bahnhof Gerstetten, 89547 Gerstetten. ✆ 07323/8445, 840, Fax 8482. www.gerstetten.de. rathaus@gerstetten.de. **Anfahrt:** Von ↗ Heidenheim an der Brenz mit Bus 75 Richtung Gerstetten. A7 Würzburg – Ulm, ab Ausfahrt 117 Herbrechtingen 10 km Land-

🐌 In unmittelbarer Nachbarschaft steht die **Pfarrkirche St. Martin,** eine weite Hallenkirche, deren Deckengemälde *Franz Martin Kuen,* ein Meister schwäbischer Rokokomalerei geschaffen hat.

🐛 Andrew Solway: *Die alten Römer.* Lebendige Schilderungen und detaillierte Illustrationen über das Alltagsleben in der Antike. Tessloff Verlag, 64 Seiten, 14,95 €, für Kinder ab 8 Jahren.

🦉 *Hallstattzeitlich wird die älteste Stufe der mitteleuropäischen Eisenzeit (etwa 750 – 450 v. Chr.) genannt. Namensgeber war der österreichische Ort, wo man erstmals Graburnen dieser Epoche gefunden hat.*

Hunger & Durst
Restaurant Dionysos, Böhmenstraße 22, Gerstetten, ✆ 07323/5778. Di – So 11.30 – 14.30 und 17.30 – 24 Uhr. Griechische Spezialitäten.

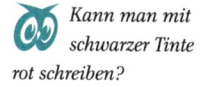

straße. **Zeiten:** So, Fei 10 – 17 Uhr. **Preise:** 2,50 €; Schüler 1,50 €, Führungen 25 €.

▶ Vor 155 Millionen Jahren war an der Stelle, an der sich Gerstetten heute befindet, ein großes tropisches Meer, in dem Korallen wuchsen und sich Meerestiere tummelten. Versteinerungen dieser Muscheln, Seeschnecken, Fische, Seeigel, Seesterne und verschiedener, heute ausgestorbener Tiere sind im Riff-Museum ausgestellt. In einem Film bekommt ihr erklärt, wo das Meer geblieben ist und wie die Versteinerungen entstanden sind.

Blick in die Dächinger Schulstube
Museum der Stadt Ehingen, Kasernengasse 6, 89584 Ehingen (Donau). ✆ 07391/75064, www.museum-ehingen.de. museum@ehingen.de. **Anfahrt:** ↗ Ehingen (Donau). **Zeiten:** Mi 10 – 12 und 14 – 18 Uhr, So 10 – 17 Uhr. **Preise:** 1 €; Kinder ab 6 Jahre 0,50 €.

Kann man mit schwarzer Tinte rot schreiben?

Ja, man kann »rot« schreiben.

▶ Das reich ausgestattete Museum ist im ehemaligen Heilig-Geist-Spital untergebracht, das 1340 durch Schenkungen und Stiftungen der Bürger der Stadt gegründet worden war.
Für Kinder spannend wird es ab dem zweiten Stock: Hier könnt ihr sehen, wie eine Apotheke 1836 ausgestattet war. Und es gibt eine Uhrenstube. Im ersten Dachgeschoss sind bäuerliche Geräte und alte Trachten ausgestellt. In den Werkstatteinrichtungen von Küfern, Wagnern, Wachsziehern und anderen Handwerkern könnt ihr euch über vergangene Berufe informieren. Sicher interessiert euch auch die »Dächinger Schulstube« von 1850.

Turm mit Spielplatz: Wolfertturm
Ehingen (Donau). ✆ 07391/53461, 503161, Fax 772675. www.schwaebischer-albverein.de/ehingen. albverein-ehingen@gmx.de. **Anfahrt:** ↗ Ehingen (Donau). **Zeiten:** Ostermontag – Okt am 1. So im Monat 10 – 12 und 14 – 16 Uhr, 1. So im Sep bis 22 Uhr (Turm ist innen beleuchtet). **Preise:** Eintritt frei.

▶ Der Turm wurde 1891 als »Kaiser Wilhelm Thurm und Aussichtsthurm« vom Verschönerungsverein Ehingen errichtet. Er ist eines der frühesten Betonbauwerke Süddeutschlands. Hundert Jahre später musste es saniert werden. Der Wolfertturm steht am Stadtrand in einer kleinen Parkanlage mit Spielplatz und bietet einen guten Blick auf die Stadt. Bei gutem Wetter kann man sogar bis zu den Alpen sehen. Eine Panorama-Tafel hilft, die Gipfel zu identifizieren.

Kalkofenmuseum

Bannbühl 1, 89617 Untermarchtal. ✆ 07393/917383, Fax 917384. gemeindeverw.-untermarchtal@t-online.de. **Anfahrt:** Von ↗ Ehingen (Donau) mit Bus 320 Richtung Obermarchtal. Nördlich von Untermarchtal an der B311 auf halber Strecke zwischen Ehingen und Riedlingen. **Zeiten:** April – Okt So und Fei 10 – 17 Uhr und nach Vereinbarung. **Preise:** 1 €, Gruppe ab 10 Pers 0,75 €; Kinder frei, Jugendliche 13 – 18 Jahre 0,50 €. **Infos:** Info-Zentrum Untermarchtal.

▶ Das Kalkofenmuseum steht mitten in freier Landschaft. Schon von weitem sieht man den dicken, roten Schornstein. Der Kalkofen mit Werkhalle wurde 1922 unterhalb eines Kalksteinbruches errichtet. Er war nur von März bis Oktober in Betrieb, da Landwirtschaft und Bauhandwerk im Winter keinen Brandkalk brauchten. Nach 1939 diente das Gebäude als Remise, da sich die kleine Kalkbrennerei nicht mehr rentierte.

Die Ausstellung informiert über das Jahrtausende alte Handwerk der Kalkbrennerei im Alb-Donau-Raum. In der gut erhaltenen und seit 1990 als Museum dienenden Anlage bekommt ihr auf Hinweistafeln den Betriebsablauf im Kalkofen erläutert. Zuerst wurde der Kalk aus dem Steinbruch gebrochen und zerkleinert. Dann wurde damit der Ofen beschickt, der Kalk gebrannt, anschließend trocken gelöscht, gesiebt und abgefüllt.

Tipp: Der liebevoll restaurierte historische Bahnhof von Untermarchtal aus dem 19. Jahrhundert ist heute ein **Informationszentrum** für Besucher und Feriengäste. Es berichtet über Sehenswertes in der Gegend, Übernachtungsmöglichkeiten und Gastronomie, ✆ 07393/917383.

🦉 *Kalk wird im Bauhandwerk schon seit Jahrtausenden zur Herstellung von Mörtel und zum Tünchen verwendet. Aber auch in der Landwirtschaft hat er noch heute eine wichtige Funktion: als Dünger! Kalk bewirkt nämlich, dass der Boden aufgelockert wird, fruchtbarer Humus entsteht und schädliche Säuren gebunden werden.*

Theater- und Lesespaß

Geschichten rund um den Kasperl
Erstes Ulmer Kasperle Theater, Büchsengasse 3, 89073 Ulm. ✆ 0731/6022264, Fax 1611695. www.kasperletheaterulm.de. info@kasperletheaterulm.de. **Anfahrt:** ↗ Ulm. **Zeiten:** Mi – So 15 Uhr, Karten unbedingt vorbestellen. **Preise:** Kinder ab 4 Jahre 4,50 €. Geburtstagskinder haben freien Eintritt.

▸ Viele spannende, abenteuerliche und lustige Geschichten mit Kasperle, seinem Freund Seppl und dem Hund Schnuffi.

Poetisch-fantastisches Theater
Ulmer Spielschachtel, Altes Theater am Ehinger Tor, Wagnerstraße 1, 89077 Ulm. ✆ 0731/31506, Fax 3600555. www.ulmerspielschachtel.de. ulmerspielschachtel@t-online.de. **Anfahrt:** ↗ Ulm. **Zeiten:** Okt – März So 15 Uhr. **Preise:** Kinder ab 3 Jahre 4,50 €. **Infos:** Sommerprogramm unter: www.luftikuss-ulm.de.

Meine Kaffeemühle! Oma wehrt sich gegen den Räuber Hotzenplotz

▸ Auf dem Programm stehen Kinderstücke und Marionettenspiele sowie das poetische und fantastische Theater für alle Altersgruppen. Die Ulmer Spielschachtel veranstaltet zudem unter dem Namen »Luftikuss« jedes Jahr von Ende April bis Ende Juni unweit des Donaustadions in der Friedrichsau einen kostenlosen Kinder-Vergnügungspark mit Theaterzelt und Spielegarten.

Topolino Figurentheater
Musikschule Neu-Ulm, Gartenstraße 13, 89231 Neu-Ulm. ✆ 0731/713800, Fax 7170858. www.topolino-figurentheater.de. topolino-theater@gmx.de. **Anfahrt:**

↗ Neu-Ulm. **Zeiten:** So 15 Uhr, über weitere Termine informiert der aktuelle Spielplan im Internet. **Preise:** Kinder ab 4 Jahre 4,50 €.

▶ Brigitte und Andreas Blersch zeigen mit ihren 300 Figuren verschiedene Puppenspiel-Stücke. Die Schauspieler sind lustige Marionetten, bunte Masken sowie Klappmaul- und Tischfiguren.

Im Jahr 2006 feiern die bunten Figuren ihr **20. Bühnenjubiläum!** Aus diesem Anlass erhaltet ihr im Jubiläumsjahr beim Kauf von 4 Eintrittskarten eine Freikarte.

Stadtbücherei Erbach

Erlenbachstraße 17, 89155 Erbach. ✆ 07305/921476, Fax 967676. www.erbach-donau.de. **Anfahrt:** ↗ Erbach. **Zeiten:** Di – Fr 10 – 18, Sa 10 – 13 Uhr.

▶ Kinderbücher, Bilderbücher und Spiele.

Fasnet im Alb-Donau-Kreis

Stadtverwaltung, Marktplatz 1, 89584 Ehingen (Donau). ✆ 07391/71346, Fax 7792466. www.narrenzunft-spritzenmuck.de. lothar.huber@narrenzunftspritzenmuck.de. **Anfahrt:** ↗ Ehingen.

▶ Ganz Ehingen steht in der Fasnetszeit Kopf. Die Höhepunkte sind der Ehinger Fasnet am Fasnetsdienstag mit einem großen Maskenumzug und einem Kinderumzug am Glombigen Donnerstag. Die Narren grüßen ihre Gäste mit einem fröhlichen »Kügele-hoi«, dem traditionellen Ehinger Narrenruf.

Tipp: Mehr zu den Festen in Ehingen (Donau) unter ✆ 07391/70870.

WINTER-SPORT

Atlantis-Eissporthalle Neu-Ulm

Wiblinger Straße 55, 89231 Neu-Ulm. ✆ 0731/9859930, Fax 985994. www.atlantis-freizeitpark.de. **Anfahrt:** Über die Adenauerbrücke von Ulm nach Neu-Ulm fahren und gleich hinter der Donau links auf die Wiblinger Straße abbiegen. **Zeiten:** Okt – März Mo 9 – 16 Uhr, Di – Fr 9 – 22 Uhr, Sa 9.30 – 22 Uhr, So und Fei 9.30 – 21 Uhr. **Preise:** 3,50 €; Kinder 4 – 16 Jahre 2 €.

▶ Große Eislaufarena. Oldie-Disco am Mi-Abend, Schlägerlauf am Fr-Nachmittag und Eisdisco am Sa-Abend. Schlittschuhverleih vor Ort in der Sportboutique Kozlovsky, ✆ 0731/86780.

Tipp: Die Wintersportaktivitäten rund um Westerheim sind bei ↗ Teck & Neuffen eingeordnet.

FESTKALENDER

Mai:	1. Mai, Blaubeuren: **Blaubeurer Erlebniswandertag;** Info ✆ 07344/96690.
Mai/Juni:	Vorabend zu Fronleichnam, Ehingen (Donau): **Großer Zapfenstreich,** ausgeführt von der historischen Bürgerwache Ehingen.
Juni/Juli:	In ungeraden Jahren am letzten Mo vor den Schulferien, Blaubeuren: **Traditionelles Kinderfest;** Info ✆ 07344/96690.
Juli:	2. und 3. So, alle 4 Jahre, nächster Termin 2009, Ulm: **Bindertanz** der Ulmer Küferinnung.
	2. und 3. So, alle 4 Jahre, nächster Termin 2009, Ulm: **Fischerstechen,** Traditionsfest der Ulmer Fischer seit 1662.
	Mitte Juli, Ulm: **Lichterserenade,** romantisches Lichterfest mit Feuerwerk und auf der Donau schwimmenden Windlichtern im Rahmen der Schwörwoche.
	3. Mo, Ulm: **Schwörmontag,** traditioneller Bürgermeisterschwur auf die Stadtverfassung seit 1397.
	3. Mo, Ulm: **Nabada,** bunter Wasserfestzug auf der Donau im Rahmen der Schwörwoche.
	1. Wochenende der Sommerferien, Ehingen (Donau): **Sommer- und Kinderfest.** Theater, Clowneskes, Musikalisches.
Juli/August:	Blaustein: **Poetenwallfahrt,** Treffen im Innenhof von Schloss Klingenstein zur Erhaltung von Brauchtum und Mundart; Info ✆ 07304/802171.
August:	**Ehinger City Filmfestival** mit betreutem Kinderkino, ✆ 07391/503216.
September:	3. Wochenende, Ehingen (Donau): **Ehinger Kirbe,** geschäftiges Treiben auf dem Marktplatz und in der Innenstadt mit verschiedenen Ständen und kulinarischen Köstlichkeiten.
Dezember:	Vier Wochen bis 22. Dez, Ulm: **Weihnachtsmarkt.**
	2. Woche, Ehingen (Donau): **Weihnachtsmarkt** auf dem Marktplatz und in der Innenstadt, ✆ 07391/503216.

☀ Beim traditionellen **Höhlenfest** am Pfingstsonntag in der *Sontheimer Höhle* ist es möglich, die Hintere Kohlhaldenhöhle zu besichtigen. Dieser Hohlraum ist voller schlanker Tropfsteinsäulen von 10 – 15 cm Durchmesser und 1 – 2 m Höhe.

TECK & NEUFFEN

DIE OSTALB

STAUFERLAND

ALB-DONAU-KREIS

TECK & NEUFFEN

MITTLERE ALB

ZOLLERN-ALB

DONAU & HEUBERG

SERVICE ZU DEN ORTEN

FERIEN-ADRESSEN

KARTEN & REGISTER

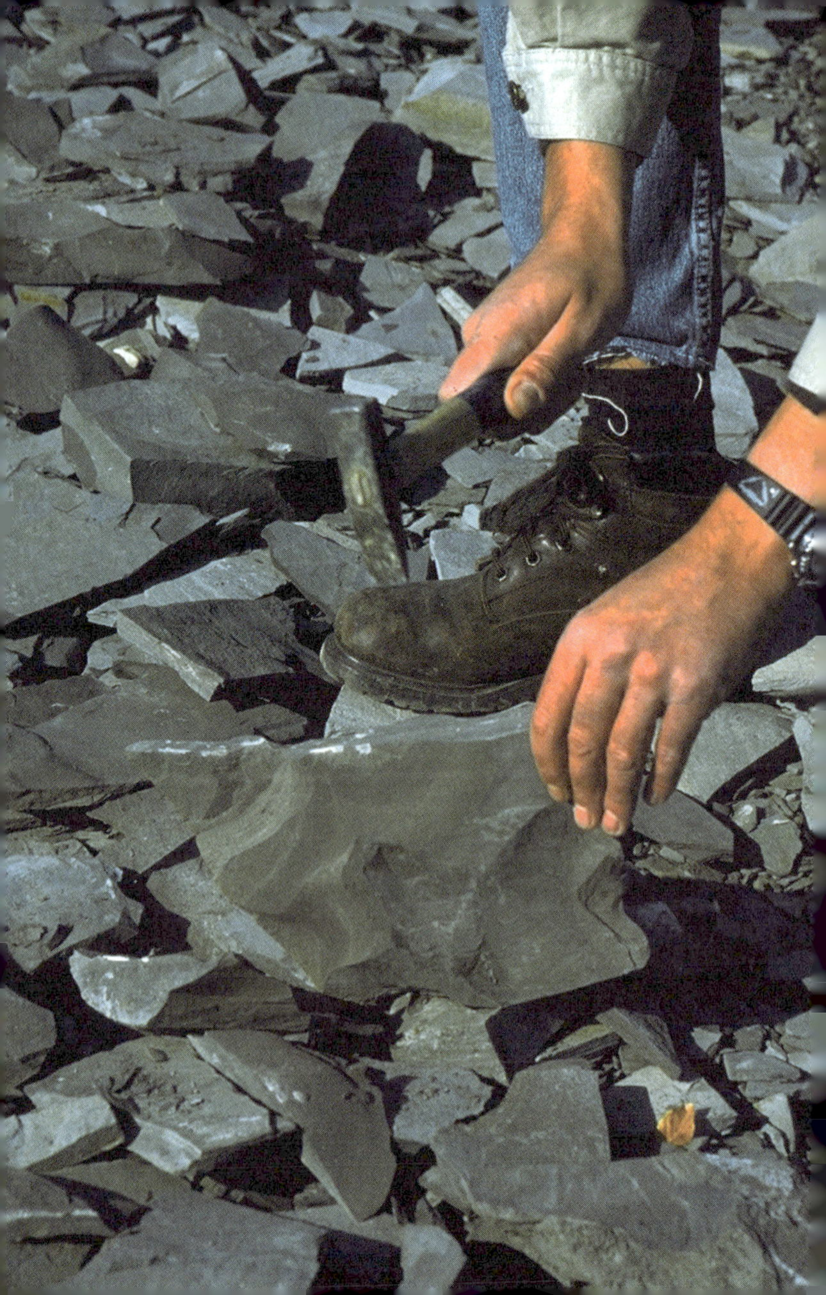

KALTE VULKANE UND HEISSE QUELLEN

Die Ränder der Schwäbischen Alb wurden im Laufe der Jahrhunderte durch Witterung und Erosion abgetragen. Zurückgeblieben sind so genannte Zeugen- oder Tafelberge, die einzeln im Vorland stehen. Die Landschaft ist auch geprägt von mehreren hundert erkalteten Vulkanschloten, die zuletzt vor 18 Millionen Jahren aktiv waren. Bei der damaligen vulkanischen Tätigkeit entstanden im Erdinneren heiße Quellen, aus denen heute noch angenehm warmes, kohlensäurehaltiges Mineralwasser in die Thermalbäder sprudelt.

Frei- und Hallenbäder

Höhenfreibad Bad Urach

Tiergartenberg, 72574 Bad Urach. ℗ 07125/8184, Fax 156102. www.bad-urach.de. **Anfahrt:** ↗ Bad Urach, vom Bhf 10 Min auf dem Naturlehrpfad in Richtung Tiergartenberg. Ab Stadtmitte über die Ulmer Straße rechts in die Burgstraße, nach 200 m links die Bahnlinie unterqueren und dann 600 m Anstieg. **Zeiten:** Mitte Mai – Mitte Aug 7.30 – 20 Uhr, Sep 9 – 19 Uhr. **Preise:** 3 €, 10er-Karte 24 €; Kinder bis 17 Jahre 1,70 €, 10er-Karte 14 €; Familiensaisonkarte 100 €, VVK 90 €.

▶ Das familienfreundliche Höhenfreibad ist eines der schönsten Freibäder auf der Schwäbischen Alb. Es liegt auf halber Höhe des Albtraufs am Tiergartenberg, ganz in der Nähe der mächtigen Burgruine Hohenurach. Von hier oben könnt ihr direkt aufs Städtle blicken. Großzügige Grünanlagen umgeben drei beheizte Wasserbecken. Die jüngeren unter euch können auf der orangefarbenen Breitrutsche ins Nichtschwimmerbecken sausen. Wer schon schwimmen kann, freut sich über die leuchtend blaue, 66 m lange Riesenrutsche, die im Schwimmerbecken endet. Hier könnt ihr zu wahren Wasserratten werden, wenn ihr es nicht schon seid.

TIPPS FÜR WASSERRATTEN

Hunger & Durst
Beim Kiosk auf dem Gelände gibt es Getränke, Eis, Pommes und andere Kleinigkeiten.

TECK & NEUFFEN

Unter jedem Steinchen ein Fossilchen: Spannende Entdeckungsreise in die geologische Vergangenheit der Alb

Baden in einer frischen Quelle

Albthermen Bad Urach, Immanuel-Kant-Straße 29, 72574 Bad Urach. ✆ 07125/94360, Fax 943630. www.albthermen.de. **Anfahrt:** Mit RB aus Metzingen bis Kurzentrum, mit dem Stadtbus bis Thermen. Auf der B28 aus Richtung Metzingen am Ortseingang links ins Kurgebiet. Aus Richtung Ulm oder Münsingen Bad Urach auf der B28 Richtung Reutlingen umfahren, am Ortsende rechts ins Kurgebiet. **Zeiten:** täglich 9 – 22 Uhr. **Preise:** 8,80 €; mit Schülerausweis 5,90; Familientarif pro Person 5 €, Eintritt von 15 – 18 Uhr. **Infos:** Kein Eintritt für Kinder unter 6 Jahre.

▸ Die Uracher Thermen liegen im Kurgebiet. Zwei Heilquellen liefern Wasser aus 770 m tiefen Schichten des Muschelkalkes. Stellt euch vor, das Wasser direkt aus der Quelle ist 61 Grad heiß. In die Bewegungsbecken kommt es mit 32 bis 38 Grad. Die Thermen haben 1 Innen- und 2 Außenbecken (Einstieg in der Schwimmhalle), Inhalationskabinen, Gesundheitsanlage nach Kneipp, Ruhebereich, Liege- und Sonnenwiese, Trinkpavillon und Saunabereich mit Steinbad.

Freibad Neuffen

Breitensteinstraße 1, 72639 Neuffen. ✆ 07025/106265. **Anfahrt:** ↗ Neuffen, vom Bhf mit Bus 199 Richtung Beuren bis Oberer Graben, dann 600 m Fußweg. Von Südosten über Albstraße, Schlossgasse und Ulrichstraße. **Zeiten:** Mai – Sep Mo – Fr 12 – 19.30 Uhr, Sa, So und Fei 10 – 19.30 Uhr, ab Juli täglich 10 – 19.30 Uhr. **Preise:** 2 €; Kinder 4 – 16 Jahre 1 €.

▸ Neben dem unbeheizten Schwimmerbecken von 42 x 16 m steht für die Kleinen ein beheiztes Kinderbecken zur Verfügung.

Kleinschwimmhalle

Am Thermalbad, 72660 Beuren. ✆ 07025/910-5080, Fax 910-3010. **Anfahrt:** Vom Bhf ↗ Neuffen Bus 172 Richtung Erkenbrechtsweiler oder 199 Richtung Beuren. ↗ Beuren, von Osten über Hauptstraße, Linsenhofer und Balzholzer Straße. **Zeiten:** Di und Fr 15 – 21, Mi 14 – 21, Do 16 – 19, Sa, So und Fei 8 – 18 Uhr. **Preise:** Badezeit 2 Std 2 €; Kinder 1 €.

▶ Die Kleinschwimmhalle mit normalem Wasser von 26 Grad befindet sich neben der Panorama Therme. Für Schwimmer und Wasserratten steht ein Schwimmbecken zur Verfügung, in dem die Wassertiefe durch einen Hubboden immer wieder verändert wird. Es gibt einen extra Saunabereich. Draußen gibt es, an einem kleinen See, nette Plätzchen zum Faulenzen. Natürlich könnt ihr auch Tischtennis spielen oder Boccia, die Kugeln könnt ihr an der Kasse der Panorama Therme gegen Hinterlegung eines Pfandes ausleihen. Wer lässt sich mit Grips auf das Schachspiel mit großen Figuren im Freien ein?

Bade-Luxus in Beuren:
Panorama Therme

Am Thermalbad 5, 72660 Beuren. ✆ 07025/910-500, Fax 910-3010. **www.beuren.de**. **Anfahrt:** Vom Bhf ↗ Neuffen Bus 172 Richtung Erkenbrechtsweiler oder 199 Richtung Beuren. Von Owen über die Balzhauser Straße, nach einer Rechtskurve an der Ampel links. **Zeiten:** täglich 8 – 22 Uhr. **Preise:** 2,5 Std 8 €, 4 Std 9,50 €, Tageskarte 11,50 €, Kurzbadezeit 1,5 Std 5,50 €; Kinder ab 5 Jahre wie Erwachsene. Einzeltarife an Wochenenden und Fei ab 10 Uhr 1 € mehr; 2,5 Std-10er-Karte 65 €, 4 Std-10er-Karte 80 €, Tages-10er-Karte 100 €. **Infos:** Kinder unter 5 Jahre dürfen nur mit ärztlicher Verordnung in die Therme. Kinder bis 16 Jahre haben nur in Begleitung Erwachsener Zutritt.

▶ Die Panorama Therme hat ihren Namen aus der Römerzeit. Eine Therme war damals eine Badeanstalt mit warmem Wasser, die alle Bürger nutzen durften. Die Römer ließen es sich dort gut gehen und wickelten nebenher ihre Geschäfte ab. In Beuren gibt es drei Innen- und vier Außenbecken mit Wassertemperaturen von 24 bis 40 Grad. Draußen könnt ihr euch im Strömungsbecken, Strömungskanal, Sprudeltopf und Quelltopf, einem Sitzbecken mit fast 40 Grad, entspannen. Die Thermengrotte ist natürlich besonders spannend: Eine Nebelhöhle ist einer Tropfsteinhöhle nachempfunden. Für Saunafans sind Finnische Sauna und Mineralwasser-Sauna eine willkommene Abwechslung. Draußen gibt es eine große Gartenfläche.

Freibad Oberlenningen

Heerweg 18, 73250 Lenningen-Oberlenningen. ✆ 07026/609-26, Fax 609-44. www.lenningen.de. **Anfahrt:** Von ↗ Kirchheim mit Bus 156 Richtung Obere Sand oder 177 Richtung Schopfloch bis Bhf, von dort Fußweg nach Süden. ↗ Lenningen, von Nordwesten über Adolf-Scheufelen-Straße. **Zeiten:** täglich 10 – 19.30 Uhr, Mi 7 – 19.30 Uhr. **Preise:** 2,80 €; Kinder ab 6 Jahre 1,30 €.

▶ Euch erwarten eine Breitrutsche sowie ein 1-m-Sprungbrett, zwei Wasserspeier und ein Wasserfall. Der Eltern-Kind-Bereich erhielt ein großes Kinderplantschbecken, einen Sandspielbereich mit Wasserpumpe und ein Sonnensegel.

Freibad im Wald: Tälesbad Wiesensteig

Seestraße 100, 73349 Wiesensteig. ✆ 07335/7802, Fax 962024. **Anfahrt:** Von ↗ Göppingen mit Bus 32 Richtung Gruibingen. Auf der Hauptstraße aus Richtung Mühlhausen geradeaus zum Gasthaus Zum See, dann links in die Seestraße. **Zeiten:** täglich 9 – 20 Uhr, ab Sep 9 – 19 Uhr. **Preise:** 3 €, 10er-Karte 25 €; Kinder und Jugendliche 1,70 €, 10er-Karte 12 €.

▶ Neben einem 2,30 – 3,50 m tiefen Sportbecken und einem Nichtschwimmerbecken (0,80 m – 1,35 m) gibt es ein separates Babybecken. Für sportliche Betätigung im Trockenen sind Tischtennisplatte und Beachvolleyballfeld vorhanden, auch Kleinkinder finden Spielgeräte vor.

Hunger & Durst

Gasthaus Zum See, Kirchheimer Straße 1, ✆ 07335/6187. Schwäbische Küche, Biergarten, Mo, Mi – Sa 16 – 22 Uhr, So 11 – 14 und 16.30 – 22 Uhr.

Radeln und Skaten

RAUS IN DIE NATUR

Sehenswürdigkeiten der Römerzeit – Radtour vom Albvorland ins Neckartal

Länge: 33 km, reine Fahrzeit gut 3 Std. **Anfahrt:** Stündlich RE Stuttgart – Ulm mit Umsteigen in Wendlingen, von dort RB nach Kirchheim. Vom Bhf über die Kolb- und Jahnstraße. A8 Stuttgart – Ulm, Ausfahrt 57 Kirchheim (Teck) Ost oder 56 West. In der Innenstadt an der Alleenstraße Parkplätze. **Infos:** Kirchheim-Info, ✆ 07021/3027.

▶ Ausgangs- und Endpunkt dieser Radtour ist der am südlichen Rand der historischen Altstadt gelegene *Rossmarkt* in **Kirchheim u.T**. Nachdem ihr die Alleenstraße an der Ampel überquert habt, kommt ihr durch die Dettinger und die Ziegelstraße in die Hahnweidstraße. Dort könnt ihr dem Grünen R Richtung Hahnweide/Bürgerseen/Nürtingen folgen. Nach der Autobahnunterquerung nehmt ihr den mittleren Weg, der zuerst leicht ansteigt und später bis zum Segelfluggelände **Hahnweide** leicht abfällt. Dort biegt ihr rechts ab und folgt dem R in Richtung Lindorf/Oberboihingen/Hahnweide, wobei ihr das Flugplatzgebäude an der Ost- und Nordseite umfahrt.

Der asphaltierte Feldweg verläuft bis zur Bundesstraße 297, die ihr vorsichtig überquert. Nun radelt ihr dem R in Richtung Oberboihingen/Sportanlage Rübholz folgend am Verkehrsübungsplatz Birkhau vorbei zum **Hofgut Tachenhausen,** wo ihr den Staudengarten besichtigen könnt.

Von dort führt die Straße nach einer S-Kurve nach **Oberboihingen.** Nach Überquerung des Bahnüberganges folgt ihr zunächst dem R in Richtung Ortsmitte/Neckartal und dann auf der Straße links der Bahnlinie in Richtung Wendlingen. Gleich nach der Turnhalle in **Unterboihingen** biegt ihr links ab und radelt weiter auf dem rechten Flussdamm (R Richtung »Naherholung Neckartal/Köngen«) bis zum Wegende bei der Lauter-Einmündung. Hier und auf der gegen-

TECK & NEUFFEN

überliegenden Neckarseite sind die Naherholungsgebiete **Schäferhauser See** und **Hüttensee-Neckarwasen** mit Minigolf, Grillplatz und Kinderspielplatz, wo ihr eine Pause einlegen könnt.

Die Tour führt vom R geleitet weiter durch Wendlingen. Ihr überquert die Lauter, biegt nach der Brücke sofort rechts ab und fahrt unter der Bahnlinie hindurch geradeaus durch die Vorstadtstraße bis zur Pfauhauser Straße, in die ihr links einbiegt. Nach einem kurzen Anstieg erreicht ihr entlang dem Friedhof den Ortsrand von **Wendlingen.** Auf dem Betonweg geht es jetzt geradeaus weiter, bis der Weg kurz vor Wernau endet und ihr dem R in Richtung Kirchheim/Bodelshofen nach rechts folgt.

Am Ortsbeginn von **Bodelshofen** nehmt ihr die Abzweigung nach links Richtung Notzingen. Der Radweg führt leicht bergan durch das Golfplatzgelände. Nach der Linde auf der Anhöhe wählt ihr den rechten Weg und danach, vor dem Clubhaus, den linken. Am Golfplatzende nehmt ihr den Scholerweg (R Richtung Kirchheim/Notzingen), bis ihr nach 500 m schräg nach links die Straße überqueren müsst. Kurz darauf bietet sich euch ein herrlicher Panoramablick, der nach Westen bis zum Stuttgarter Fernsehturm und im Osten bis zu den drei Kaiserbergen reicht.

Nach Überqueren der Landstraße Wernau – Kirchheim folgt ihr dem R in Richtung Notzingen/Wellingen. Entlang dem Waldrand kommt ihr am **Waldheim** vorbei (Minigolf- und Kinderspielplatz) und überquert dann eine weitere Straße (R Richtung Wellingen am Waldfriedhof und am Waldeingang). Beim nächsten Grünen R in Richtung Wellingen, das nach 800 m im Wald kommt, folgt ihr nicht diesem Weg, sondern fahrt weitere 300 m geradeaus bis zur Wegkreuzung an der **Forsthütte.** Hier biegt ihr rechts ab und radelt hinunter bis zur Straße, die ihr schräg nach rechts überquert. Dieser Feldweg, ein ehemaliger Postweg, führt euch kurz darauf an einem kleinen See zurück nach **Kirchheim** (Alte Schlierbacher Straße, Schlier-

---

Hunger & Durst
Waldheim, Burgtobelweg 51, Kirchheim unter Teck, ✆ 07021/6261. Warme Küche März – Sep täglich 11.30 – 14.30, 17 – 22 Uhr, Mo Ruhetag. An Fei Mo geöffnet, Di geschlossen!

bacher Straße, Alleenstraße, Roßmarkt). Wenn ihr dann noch nicht müde seid, könnt ihr noch einen Rundgang durch die historische Innenstadt machen. Dabei kommt ihr mit Sicherheit auch an einer Eisdiele vorbei.

Radtour zu den Urwelttieren im Neidlinger Tal

Länge: 35 km, reine Fahrzeit etwa 3,5 Std. **Anfahrt:** Stündlich RE Stuttgart – Ulm mit Umsteigen in Wendlingen, weiter mit RB nach Kirchheim. A8 Stuttgart – Ulm, Ausfahrt 57 Kirchheim (Teck) Ost. Dort der Umgehungsstraße folgen und nach 1 km auf die Jesinger Straße. **Rad:** Vom Bhf nach Osten über die Schöllkopfstraße, dann auf der Tannenbergstraße die Umgehungsstraße unterqueren und vor der Bahnlinie links über den Hermann-Löns-Weg zur Jesinger Straße.

▶ Beim Parkplatz des *Schlossgymnasiums* in der Jesinger Halde am Ortsrand von **Kirchheim u.T.** überquert ihr die Jesinger Straße an der Ampelanlage, durchfahrt den Oschweg und biegt im rechten Winkel nach links auf den **Radweg** (Grünes R Richtung Weilheim-Jesingen) ab, der zunächst links neben den stillgelegten Bahngleisen verläuft, ab der Einsteinstraße aber rechts davon. Dann radelt ihr weiter bis zur Mörikestraße in **Jesingen.** Dort müsst ihr zunächst rechts und dann sofort wieder links in die Brunnenstraße abbiegen; auf dieser fahrt ihr weiter bis zur Naberner Straße. Dort müsst ihr links abbiegen und die Hauptstraße queren. Bei der Radweggabelung außerhalb Jesingens nehmt ihr den nach rechts abzweigenden Weg und folgt dem Grünen R Richtung Holzmaden.

Ihr radelt abseits der Hauptverkehrsstraße auf der Kirchheimer Straße durch **Holzmaden,** danach folgt ihr der stetig leicht ansteigenden Blumenstraße, bis ihr auf die Ohmdener Straße stoßt. Auf dieser erreicht ihr nach 200 m das ↗ *Urweltmuseum Hauff,* das ihr unbedingt besuchen solltet.

Urvieh: Im Schiefer gepresst und für die Ewigkeit versteinert

Hunger & Durst
Gasthof Zur Post, Marktplatz 12, 73235 Weilheim, ✆ 07023/ 2816. Mo – Fr 6.30 – 14 Uhr, 16.30 – 23 Uhr, Sa und So 8 – 14 Uhr. Gutbürgerliche Küche.

Danach radelt ihr circa 50 m die Ohmdener Straße hinauf und biegt dann rechts ab in die Boller Straße, die euch auf den Radweg rechts neben der Landstraße bringt. Bald darauf passiert ihr den über der Straße liegenden ↗ Urweltsteinbruch Holzmaden e.V. Dort könnt ihr Fossilien sammeln. Kurz danach biegt euer Weg nach rechts ab (Grünes R). Ihr unterquert die Autobahn, radelt dann scharf links und überquert die Landstraße. Bis Weilheim könnt ihr jetzt den Wegweisern Grünes R in Richtung Weilheim/Teck folgen.

Am Ende des Radwegs in **Weilheim** fahrt ihr auf der Hauptstraße über die Brunnenstraße in Richtung Stadtmitte und über Marktplatz und Marktstraße zur Neidlinger Straße. Am Ortsende folgt ihr dem Radweg links auf der Landstraße nach Neidlingen. Im Hintergrund seht ihr die *Ruine Reußenstein*.

Jetzt könnt ihr durch *Neidlingen* und über die Kirchstraße bis zum Neidlinger Wasserfall bzw. bis zum Grillplatz am Talende weiterradeln. Der Abstecher verlängert die Tour um 6 km.

Ihr könnt aber auch in Neidlingen die Landstraße am Sportgelände überqueren und auf der Rückseite des Geländes sofort nach rechts abbiegen, wo es auf den Radweg in Richtung Nabern/Kirchheim geht. Danach überquert ihr die Landstraße Weilheim/Hepsisau und folgt dem Grünen R in Richtung Kirchheim vorbei an der Südseite der *Limburg,* dem Stammsitz der Herzöge von Zähringen.

An der fünffachen Feldwegkreuzung hinter einem kleinen Laubwäldchen nehmt ihr den landwirtschaftlichen Weg halbrechts in nordwestlicher Richtung und biegt nach etwa 1 km an einer Holzbank (100 m vor der Landstraße) nach rechts ab. Links im Hintergrund begleitet euch der Albtrauf mit den Aussichtsfelsen des Breitenstein.

Nach Überqueren der Landstraße fahrt ihr links am *Sportplatz* (Minigolf, Grill- und Kinderspielplatz) vorbei bis zur Ortsmitte von **Nabern** und radelt nach Überqueren der Kirchhofstraße die Alte Kirchheimer

Straße entlang, die euch über die Autobahn hinweg bis zur Pfaffenhalde am Ortsbeginn von **Kirchheim** bringt (Grünes R Richtung Stadtmitte/Freibad). Kurz darauf überquert ihr die Gleise der stillgelegten Bahnlinie, biegt dann nach rechts ab und fahrt links der Bahngleise bis zum Öschweg, auf dem ihr nach Überqueren der Hauptstraße euren Ausgangspunkt erreicht.

Durch die Streuobstwiesen zu den Bürgerseen im Neuffener Tal

Länge: 38 km, reine Fahrzeit etwa 4 Std. **Anfahrt:**
↗ Dettingen unter Teck.

▶ Vom **Bahnhof** in Dettingen fahrt ihr über Bahnhof- und Schulstraße rechts in die Hintere Straße, dann nach links in die Mühlstraße. Vor der Lauter-Steinbrücke biegt ihr links ab und radelt auf dem mit Grünem R ausgeschilderten Radweg die Lauter entlang bis **Owen.** Hinter dem Bahnhofsgelände von Owen folgt ihr dem Grünen R in Richtung Beuren/Nürtingen. Dazu biegt ihr nach Überqueren der Landstraße rechts ab und fahrt auf dem Rad-/Gehweg parallel zur Straße. Nach 200 m zweigt der Radweg links ab und führt leicht bergan. Auf der Höhe kreuzt ihr den Wanderweg. Nach weiteren 250 m beschreibt der Radweg einen Bogen bis zur Landstraße. Diese überquert ihr und folgt dem R in Richtung Beuren. Etwa 1 km vor dem Ortseingang kommt ihr am ↗ **Freilichtmuseum Beuren** vorbei, dessen Besuch sich in jedem Fall lohnt.

In Beuren radelt ihr an der etwas außerhalb gelegenen *Panorama Therme* vorbei nach **Balzholz.** In der Ortsmitte biegt ihr rechts ab in den Seeweg, der nun, leicht abfallend, an einem kleinen See vorbeiführt. Links davon seht ihr die *Burg Hohenneuffen,* die größte Burgruine der Schwäbischen Alb. Nach Überqueren der Bahngleise und der Landstraße habt ihr die Stadt **Neuffen** erreicht. Ein Rundgang durch die historische Innenstadt empfiehlt sich.

Jedes Kind sollte:
- einige Tage seines Lebens im Wald verbracht,
- Beeren vom Busch gepflückt,
- Jahresringe am Baum gezählt haben,
- einmal in einen Bach gefallen sein.

Aus »Weltwissen der Siebenjährigen« von Donata Elschenbroich, Verlag Antje Kunstmann, München, 260 Seiten, 16,90 €.

Hunger & Durst
Gasthof Zur Traube, Steinachstraße 12, Linsenhofen, 72636 Frickenhausen, ✆ 07025/3813. Täglich warme Küche 11.30 – 14 und 17.30 – 22 Uhr, Do Ruhetag.

Die Tour führt nun vom R begleitet in Richtung Nürtingen, zunächst zwischen der Landstraße und dem Flüsschen Steinach nach *Linsenhofen* und auf dem Linsenhofer Weg weiter nach **Frickenhausen.** Dort fahrt ihr nach rechts in die Obere Straße, dann nach links Im Dorf und wieder links in die Tischarter Straße und gleich darauf rechts in die Wielandstraße. Entlang der Steinach geht's jetzt bis **Nürtingen.**

Dort biegt ihr in die Schulze-Delitzsch-Straße ein (R Richtung Tiefenbachtal), haltet euch dann rechts, fahrt über die Ampelkreuzungen an der Carl-Benz-Straße und Neuffener Straße und folgt nun dem R in Richtung Reudern/Tiefenbachtal. Der Radweg unterquert im *Tiefenbachtal* nach 2 km die Kreisstraße. Ihr biegt zunächst links und nach 200 m rechts ab (R Richtung Reudern/Bürgerseen). Der Weg steigt bis zu den Sportplätzen ganz leicht an. Nach dem Parkplatz biegt ihr am Waldanfang in den linken Weg ein (Grünes R Richtung Bürgerseen), haltet euch nach 400 m wieder links und folgt auf den Waldwegen den Holzschildern Bürgersee. Das letzte abfallende Wegstück endet direkt vor dem **Bürgersee-Kiosk** (Schutzhütte), so ihr euch eine Stärkung kaufen könnt.

Nach dieser Rast haltet ihr euch rechts, fahrt an den Bürgerseen (Grillplatz) und dem Segelfluggelände Hahnweide vorbei und folgt dem R in Richtung **Deftingen.** Am Ortsanfang geht es durch den Burghof und die Mühlstraße, dann nach rechts in die Hintere Straße und gleich wieder links über Schul- und Bahnhofstraße zum Ausgangspunkt zurück.

Wandern und Spazieren

Der Archäologische Weg am Runden Berg zum Uracher Wasserfall
Länge: 8 km, reine Gehzeit etwa 2,5 Std, Rundwanderung. **Anfahrt:** ↗ Bad Urach, Wasserfall ist ausgeschildert.

▶ Ab den **Wanderparkplätzen »Wasserfall«** führt der Weg am Fuß des Runden Bergs ins *Gütersteiner Tal* hinein. Knapp 250 m nach dem Vereinsheim des Historischen Fanfarenzugs zweigt nach links die Fohlensteige ab, die im ersten Teil als Rundwanderweg »24-Güterstein« bezeichnet ist. Dieser Weg zweigt zwar in der ersten scharfen Linkskurve nach rechts ab, ihr haltet euch jedoch links. Etwa 600 m weiter, in einer scharfen Rechtskurve, kurz bevor ihr die Hochfläche erreicht, verlasst ihr die Steige nach links. Auf einem felsigen Grat zwischen Gütersteiner Tal und Schließtal wandert ihr bergab zum »Sattel« und von dort leicht bergauf zum Plateau des **Runden Bergs.**

Das fast baumlose Plateau ist ungefähr 120 m lang und 50 m breit. Die in den Boden gerammten Rundhölzer markieren den Verlauf einer rund 220 m langen, aus Holzpfosten, Steinen und Erde im 4. Jahrhundert n.Chr. gebauten Befestigungsanlage. Ungefähr in der Plateaumitte könnt ihr vier Reihen Rundhölzer sehen. Sie deuten den Grundriss einer dreischiffigen Halle an, die 20 m lang und 7 m breit war. Dieser repräsentative Bau aus dem 7. – 8. Jahrhundert bildete das Zentrum der Residenz einer alemannischen Adelsfamilie. Zu jener Siedlung gehörten weitere kleine und große Holzgebäude.

Vom Bergplateau wandert ihr wieder zurück zur **Fohlensteige** und folgt dieser bergauf bis zur Hochfläche. Dort trefft ihr auf einen Weg zum **Rutschenhof-Feld.** Das ist eine alte Rodungsinsel, die seit dem Mittelalter besiedelt und bewirtschaftet war. Hier stand von 1681 bis 1827 der *Rutschenhof,* ein Gehöft, in dem die Zugochsen untergebracht waren, die für den Transport des Scheiterholzes zur Holzrutsche am Uracher Tiergartenberg benötigt wurden. Eine steinerne Schutzhütte mit Grillplatz sowie Tischen und Bänken inmitten des Feldes erinnert an den Hof. Das Wasser für euer Picknick könnt ihr gleich hier zapfen: Kurz vor der Schutzhütte kommt ihr zu einer Baumgruppe, die einen *Erdfall* (eine trich-

Waldameisen verbreiten die Samen von mehr als 100 einheimischen Waldpflanzen, dienen vielen Tieren als Nahrungsquelle, fressen ganz viele verschiedene Insekten, die auch Forstschädlinge sind, und verbessern den Boden um ihr Nest.

terförmige Vertiefung) umsäumt. Auf dem Grund dieses Erdfalls sprudelt der *Rutschenbrunnen.* Ein schmaler Weg mit Stufen führt zur Quelle hinab. Das Wasser könnt ihr trinken.

Vor der Schutzhütte biegt der Weg nach Nordosten ab. Entlang der Felskante geht es auf den Waldrand zu. Ihr müsst hier unbedingt auf dem Weg bleiben und solltet euch von der Felskante fernhalten! Ab dem Waldrand führt der nun mit einem Roten Dreieck gekennzeichnete Weg durch den Wald in Richtung Ameisenbühlgrat, wo der Abstieg in das *Brühltal* beginnt.

Spätestens ab dem *Känzele,* einem vorspringenden Felseck, könnt ihr das Rauschen des **Uracher Wasserfalls** hören, den ihr bald darauf erreicht. Unmittelbar nach der Quelle stürzt das Wasser über einen 37 m hohen Kalkfelsen herunter und plätschert anschließend 50 m über bemooste Kalktuffpolster ins Tal. Ihr folgt jetzt der Wandermarkierung »23« zu den Wasserfall-Wanderparkplätzen zurück.

Der Dolinenweg bei Bad Urach
Länge: 8 km, reine Gehzeit gut 2 Std, Rundwanderung.
Anfahrt: Vom Bhf Metzingen mit Bus 7640 bis Bad Urach, dann mit Bus 30 Richtung Laichingen bis Hengen-Rathaus. Von da 600 m bis zum Wanderparkplatz P35 – Auf Buch. Ab ↗ Bad Urach B28 Richtung Ulm, am Ende der Böhringer Steige rechts nach Bad Urach-Hengen. Dort nach dem Rathaus links über die Böhringer Straße bis zur Landstraße, diese queren und der Beschilderung Sportplatz folgen.

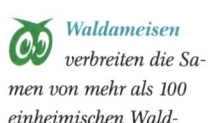

▶ Ausgangspunkt ist der Wanderparkplatz beim Hengener Sportplatz. Der Wanderparkplatz heißt **Auf Buch,** weil hier früher besonders mächtige und schöne Buchen standen. Auf einer großen Tafel ist der Verlauf des Weges dargestellt, und ein Text erläutert das Naturphänomen Doline. Der **Dolinenweg** führt zunächst am Sportplatz entlang zum Waldrand. Dort wendet ihr euch nach links und kommt bald darauf zur *Hengener Goslach* (Gos = Gans, Lach = Pfütze). Diese Wasserstelle diente früher als Gänsetränke. Heute ist die »Goslach« ein Biotop für Erdkröten und Grasfrösche, Berg- und Teichmolche sowie für viele Wasserkäfer und Libellen.

Vorbei an einer großen Erddeponie kommt ihr dann zum Wanderparkplatz **P33-Zimmerbuch.** Über eine geteerte Straße mit prächtigen Linden geht ihr auf die Landstraße zu, biegt aber kurz davor auf einen Grasweg nach rechts ab. Parallel zur Straße kommt ihr zum *Wechselfeuchten Biotop,* in dem sich Frösche, Kröten und Molche tummeln. Auch Zugvögel rasten hier.

Ihr geht auf einem Grasweg 80 m in Richtung Hengen zurück, überquert jetzt die Landstraße und biegt dann nach rechts in einen Feldweg ein, der euch zur *Heidekrautdoline* bringt. In dieser Doppel-Doline wächst, wie schon der Name sagt, Heidekraut, das den kalkhaltigen Boden hier liebt.

Hinter der Doline macht der Weg eine weite Rechtskurve in Richtung Bundesstraße. Vor der Straße trefft ihr auf einen parallel verlaufenden, geteerten Weg. Ihm folgt ihr zunächst nach links und später nach rechts über einen Grasweg zu den **Au-Löchern.** Hier trefft ihr auf ein anderes Landschaftsphänomen, den *Schwäbischen Vulkan.* Vor 16 Millionen Jahren kam es zu folgenden Ereignissen: In tief unter der Erde liegenden Hohlräumen kam Wasser mit heißem, glutflüßigen Gestein (Magma) in Kontakt. Ein Dampf-Magma-Gemisch entstand, das mit großer Gewalt die darüber liegenden Gesteinsschichten in so genannten Schusskanälen durchschlug und dabei Gesteinstrümmer aus tieferen Lagen mit sich nach oben riss. Fachleute haben inzwischen über 350 solcher Durchschüsse auf der Alb gezählt. Die Au-Löcher liegen am Rande eines solchen Vulkanschlots.

Das von zwei Entwässerungsgräben hineinfließende Wasser läuft schnell über den Vulkanschlot in die Tiefe. Es wird gewissermaßen im Untergrund ver-

> *Dolinen sind typische geologische Erscheinungen eines Karstgebirges wie der Schwäbischen Alb. Neben den großen Höhlen gibt es viele kleinere Hohlräume unter der Erde. Manchmal kommt es vor, dass ein solcher Hohlraum einbricht und die darüber liegende Erde nachrutscht. Dadurch entsteht an der Erdoberfläche eine Vertiefung, in der sich wie in einem Teich Regenwasser sammelt. Darin halten sich gern Frösche und Molche auf. Rund um eine Doline wachsen Pflanzen, die es feucht lieben.*

schluckt. Deshalb nennt man diese Art von Dolinen *Schlucklöcher*.

Besorgte Eltern haben früher ihre Kinder vor diesen Schlucklöchern gewarnt, in dem sie behaupteten, da stecke der Teufel drin. So kam es auch zu den Bezeichnungen Teufels- oder Höllenlöcher.

Von den Au-Löchern geht ihr zurück zur Straße und folgt ihr nach links. Knapp 200 m nach der Unterführung geht ihr rechts auf dem geteerten Weiler Weg in den nahe gelegenen Wald. Dort findet ihr die **Heidelbeerhau-Doline,** in deren Umgebung Heidelbeeren zu finden sind.

Etwa 200 m hinter dem Waldrand biegt ihr rechts in einen Feldweg ein, der euch leicht bergauf nach einer Linksbiegung wieder an den Waldrand zurückbringt. Hier setzt ihr euren Weg nach rechts auf dem vom Schwäbischen Albverein mit einem gelben Dreieck bezeichneten Wanderweg zum Wanderparkplatz **P33-Zimmerbuch** fort. Ab hier kennt ihr den restlichen Weg bereits vom Hinweg.

Die Vier-Felsen-Wanderung um die Burg Hohenneuffen

Länge: Rundwanderung 13 km, reine Gehzeit rund 4 Std. **Anfahrt:** Vom Ortszentrum in ↗ Beuren auf der Balzholzer Straße zum Postamt und geradeaus weiter über die Goethestraße zur Panorama Therme.

▶ Vom Parkplatz der **Panorama Therme** geht es an der Kirche vorbei in Richtung Owen. Am Ortsausgang biegt ihr nach rechts auf ein steiles Sträßchen ab. Dieser Weg führt zum **Beurener Fels** und ist mit einem blauen Dreieck markiert. Ein prächtiger Ausblick nach Westen belohnt die Mühen des Aufstiegs: Tief unten liegt Beuren, links erhebt sich der Hohenneuffen, rechts sieht man das *Dettinger Hörnle,* den *Jusi* und *Florian*. Auch die *Achalm* ist im Hintergrund zu erkennen.

Am Waldsaum folgt ihr dem Roten Dreieck der Bassgeige entlang bis zum **Brucker Fels.** Von dort bieten sich wiederum eindrucksvolle Ausblicke, diesmal ins Lenninger Tal und zur Burg Teck. Nun geht ihr, immer der Markierung Rotes Dreieck folgend, vorbei am *Heidengraben,* einer keltischen Befestigungsanlage, nach **Erkenbrechtsweiler.** Nachdem ihr den Ort durchquert habt, wandert ihr weiter zum *Klingenteich-* und *Wilhelmsfels.* Von hier hat man den schönsten Blick zum Hohenneuffen, an dessen Fuß fast 300 m tiefer Beuren liegt.

Auf ebenem Waldpfad, später auf dem Fahrweg geht ihr hinauf zur **Burgruine Hohenneuffen,** der größten der Schwäbischen Alb. Erbaut wurde die Anlage um 1100 als Hochadelssitz. Er wurde 1198 erstmals urkundlich erwähnt. Als damalige Besitzer werden die Edelfreien von Neuffen genannt. 1301 ging die Burg in württembergischen Besitz über. Während des Dreißigjährigen Kriegs wurde sie 15 Monate lang belagert und stark beschädigt. Ende des 17. Jahrhunderts begannen Ausbesserungs- und Ausbauarbeiten. Aus dieser Zeit stammt die noch gut erhaltene Friedrichs-Bastion. 1801 ließ Napoleon die Burg abbrechen. Die Bewohner der umliegenden Ortschaften holten sich Bausteine und Ziegel für den Bau ihrer Häuser.

Vom Hohenneuffen habt ihr einen umfassenden Blick: Direkt unten im Tal liegt die Stadt Neuffen, deren Altstadt sich deutlich abhebt. Dahinter erkennt ihr den Floriansberg, weiter links Achalm, Schönberg und Hohe Warte. In nordöstlicher Richtung reicht der Blick über Erkenbrechtsweiler und die Burg Teck bis zum Hohenstaufen.

Wanderlust: Die Pausen sind doch am schönsten

Hunger & Durst
Burggaststätte auf dem Hohenneuffen, ✆ 07025/2206. Nov – März Mi – So warme Küche 10 – 18 Uhr. April – Okt Mi – Sa 9 – 22 Uhr, So 9 – 19 Uhr, Kiosk Mo und Di geöffnet.

Der **Abstieg** vom Hohenneuffen erfolgt zunächst einige hundert Meter auf dem Fahrweg bis hinunter zum Sattel. Dort zweigt ihr links ab und kommt auf einem schmalem Waldweg, der mit einem Blauen Dreieck markiert ist, vorbei an der Skihütte zurück zum Ausgangspunkt.

Das Tal der Kirschblüten: Wandern, radeln und Inline skaten bei Weilheim

▶ Wenn im Frühling die Kirschen blühen, verwandelt sich die Gegend um Weilheim in ein weißes Blütenmeer. Die Pracht lässt sich zu Fuß, mit dem Fahrrad oder auf Inlineskates bewundern. Die markierten Rundtouren sind in beschaulich und sportlich unterteilt, jeder kann sich das Passende auswählen. Für Inlineskater und Genussradler gibt es Asphaltstrecken, Wanderer und Mountainbiker gehen stellenweise ins Gelände. Ausgangspunkt und Ziel aller Touren ist der Parkplatz Weinsteige an der Ecke Untere Rain- und Bissinger Straße am südlichen Stadtrand. Am Parkplatz weist eine große Tafel die Touren aus.

Sommerbelohnung: Aus weißen Blüten werden rote Früchte

Zum Picknick auf die Ritterburg

Länge: 6 km, reine Gehzeit knapp 2 Std. **Anfahrt:** Mit der RB von Wendlingen nach Unterlenningen. A8 Stuttgart – Ulm, ab Ausfahrt 57 Kirchheim Ost 10 km auf der B465 bis Unterlenningen.

▶ Vom **Bahnhof** in **Unterlenningen** geht ihr über die Engelhofstraße in östlicher Richtung aus dem Ort. Bei den letzten Häusern geht die Straße in einen kleinen Weg über, dem ihr etwa 2 km folgt bis ihr am Waldrand den Sattelbogen erreicht. Hier haltet ihr euch rechts. Nach etwa 10 Minuten entdeckt ihr auf einem großen Felsbrocken die **Burgruine Rauber.** Sie war früher Teil der Burganlage *Diepoldsburg,* zu der noch eine weitere Burg gehörte.

Die Herren von Diepoldsburg wurden Anfang des 13. Jahrhunderts erstmals urkundlich als Besitzer der gesamten Diepoldsburg erwähnt. Anfang des 16.

Jahrhunderts gehörte die Burg den Speth von Sulzburg und wurde kurz darauf verlassen und zerfiel. Heute könnt ihr mit der ganzen Familie rund um die Ruine herrlich Ritter oder Räuber spielen und anschließend gemeinsam an der Grillstelle zu Mahle schreiten. Zurück nach Unterlenningen kommt ihr auf dem gleichen Weg.

Der Panoramaweg über Gruibingen

Länge: Rundweg, Gehzeit 1,5 Std, kurzer Anstieg mit circa 100 Höhenmetern. **Anfahrt:** ↗ Gruibingen. Von der Ortsmitte über die Maierhofstraße den Parkplatz bei der Sickenbühlhalle am Ortsende ansteuern.

▶ Vom **Parkplatz** geht ihr zurück und biegt von der Maierhofstraße in die Schillerstraße ab. Ihr überquert die Straße An der Riese und geht beim Gebäude Nr. 38 von der Straße geradeaus über Betonstufen hoch zu einem Wanderweg. Oben kommt ihr zu der unter Naturschutz stehenden **Wacholderheide Riese.** Der kurze Anstieg wird durch eine wundervolle Aussicht über den Ort und hinunter bis zum Tierstein bei Gosbach belohnt.

Der Fußweg mündet im hinteren, unteren Teil der Heidefläche in einen Waldweg. Dieser führt euch an der Hangkante entlang zu einigen brachliegenden landwirtschaftlichen Baumwiesen. Hier geht es kurz steil bergab und nach circa 150 m biegt ihr nach links in einen weiteren Waldweg ein. Dieser führt am Gruibinger **Campingplatz** vorbei auf den Talenwiesenweg. Dort haltet ihr euch links und kommt am Eingang des Campingplatzes vorbei zurück auf den Parkplatz.

Hunger & Durst

Gasthof Deutsches Haus, Kaltenwanghof, ✆ 07023/740011. Di – So 11 – 21 Uhr. Selbst gebackene Kuchen, Brot und Hausmacher Wurst von guter Qualität. Für Kinder gibt's einen Spielplatz.

Höhlen und Versteinerungen

Die kalte Schertelshöhle

Westerheim. ✆ 07333/6406, 7842, Fax 9228090. www.schertelshoehle.de. **Anfahrt:** ↗ Westerheim. Von der Ortsmitte nach Norden der Wiesensteiger Straße folgen und beim Friedhof links in die Lindenstraße und 3 km der Beschilderung folgen. Vom Parkplatz sind es noch 200 m zu Fuß. **Zeiten:** 15. Mai – 1. Okt täglich 9 – 17 Uhr. **Preise:** 2 €; Kinder 6 – 14 Jahre 1,50 €.

Hunger & Durst
Das **Rasthaus** bei der Schertelshöhle bietet kleine Vesper, Getränke und Süßigkeiten. Ganz in der Nähe sind ein kleiner Spielplatz und ein Grillplatz.

▶ Nordwestlich von Westerheim liegt in einem Waldgebiet eine der formenreichsten Tropfsteinhöhlen der Schwäbischen Alb. Die **Schertelshöhle** hat einen L-förmigen Gang, ist 212 m lang, 19 m hoch und liegt circa 24 m unter der Erdoberfläche. Forscher schätzen das Alter der Höhle auf drei bis vier Millionen Jahre. Zum ersten Mal wurde sie im Jahre 1470 erwähnt, doch erst seit 1821 wird sie erforscht. Die Höhle mit ihren vielen verschiedenen Tropfsteingebilden ist ausgeleuchtet.

Am gegenüberliegenden Talhang, 300 m entfernt, liegt etwas niedriger eine zweite Höhle, genannt **Steinernes Haus.** Diese Höhle ist eine so genannte Kältefalle. Durch einen hoch gewölbten Eingang gelangt man in die 8 m hohe Halle. Hier hängen im Winter lauter Eiszapfen von der Decke und Fledermäuse, die ihren Winterschlaf halten. Deshalb ist diese Höhle im Winter geschlossen.

Die bei uns heimischen Fledermausarten, wie Zwergfledermaus und Wasserfledermaus, lieben dunkle, feuchte Höhlen und Felsspalten, an deren Decken sie sich im Winter kopfunter aufhängen können. Um die nahrungsarme, kalte Zeit zu überstehen, senken sie dabei ihren Herzschlag von 400 Schlägen pro Minute auf 10 ab. Deswegen darf man sie nicht aufschrecken, sonst kriegen sie glatt einen Herzschlag!

Die Höhle der Tiere: Gutenberger Höhle
Lenningen-Gutenberg. ✆ 07026/7822, Fax 609-44. **Anfahrt:** Bus vom Bhf Oberlenningen nach Gutenberg, dann 30 Min dem Höhlenweg über die Schillerstraße oberhalb von der Mehrzweckhalle durch den Wald folgen. Von ⤴ Lenningen über Gutenberg nach Schopfloch und dort in der Ortsmitte links abbiegen und 1,5 km zum Höhlenparkplatz fahren. Auf der gegenüberliegenden Seite führt ein Pfad in 10 Min talwärts zu den Höhlen. **Zeiten:** Mitte Mai – Mitte Okt Sa 13 – 17 Uhr und Fei 10 – 17 Uhr, Mo – Fr nach Voranmeldung bei der Ortsverwaltung ✆ 07026/7822. **Preise:** 2,50 € für beide Höhlen; Kinder bis 14 Jahre 1,50 €.

▶ Der 17 m lange Vorplatz der **Gutenberger Höhle** war als *Heppenloch* schon lange bekannt. Erst sehr viel später begann man die Höhle systematisch zu erforschen und an manchen Stellen nachzugraben. Dabei stieß man auf Knochen von Tieren, die früher in der Höhle Zuflucht gesucht haben, darunter Biber, Dachs, Fuchs, Wolf, Brauner Bär, Höhlenbär und Höhlenlöwe. Einmalig für die Schwäbische Alb ist der Fund von Affenknochen sowie eines 1 m langen Stoßzahns, von dem keiner weiß, wie er dahin gekommen sein mag. Bei den Ausgrabungen hat man viele neue Gänge entdeckt, die ihr jetzt alle begehen könnt. Dort werdet ihr zwar keine Höhlentiere, doch viele schöne Tropfsteine sehen.

Gleich um die Ecke gibt es eine weitere Höhle, die **Gußmannshöhle**. Sie hat ihren Namen vom dem Lenninger Pfarrer *Karl Gußmann,* der sie 1890 entdeckt hat. Sie ist 55 m lang und besteht aus 4 Hallen. Diese Höhle kann man wegen Steinschlags leider nicht immer besichtigen.

Leckeren Apfelsaft von den Streuobstwiesen des Lenninger Tals bekommt ihr Di und Do 16.30 – 18 und Sa 9 – 13 Uhr auf dem **Lindenhof** in Unterlenningen, ✆ 07026/81135.

Versteinerungen im Schieferbruch suchen und finden

Ralf Kromer, 73275 Ohmden. ✆ 07023/4703, Fax 4703. Handy 0173/9623907. **Anfahrt:** Ohmden liegt östlich von ↗ Kirchheim. Vom Urwelt-Museum Holzmaden in nördlicher Richtung nach Ohmden, dann rechts ab nach Zell, auf halber Strecke liegt links gegenüber dem Recyclinghof der Schieferbruch, circa 2,5 km vom Museum entfernt. **Zeiten:** Mo – Fr 8 – 17, April – Okt auch Sa 10 – 17 Uhr, So auf Anfrage. **Preise:** 2,50 €; Kinder 3 – 14 Jahre 1,50 €.

▶ In den Schieferbrüchen des Grabungsgebietes Holzmaden ist es möglich, Fossilien zu sammeln. Die Brüche befinden sich an der Straße von Ohmden nach Zell. Einer davon ist der **Bruch Kromer**. In diesem Schieferbruch könnt ihr selbst nach Herzenslust auf Versteinerungssuche gehen und eure Funde mit nach Hause nehmen. Ihr braucht dazu nur einen kleinen Hammer und einen Flachmeißel mitzubringen. Wenn ihr kein Werkzeug dabei habt, könnt ihr es für 1,50 € ausleihen.

Tipp: Wenn ihr eine Versteinerung findet, von der ihr nicht wisst, was sie darstellt, könnt ihr Herrn Kromer fragen. Er kennt alle Versteinerungsarten.

Die schönsten Fossilien der Jurazeit sind die Seelilien. Sie werden nicht zu den Pflanzen, sondern zu den Tieren gezählt und sind mit Seesternen und Seeigeln verwandt. Die weltweit größte Kolonie ist im Urweltmuseum Holzmaden zu sehen.

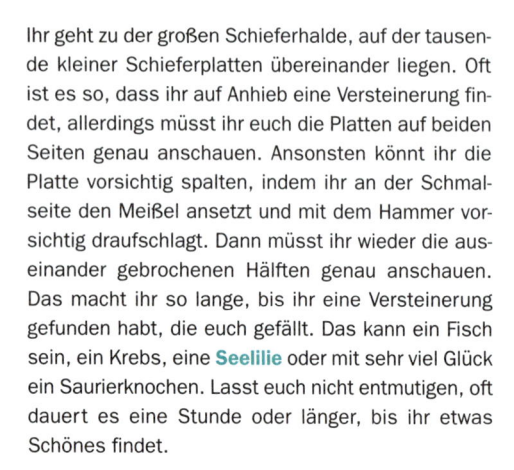

Ihr geht zu der großen Schieferhalde, auf der tausende kleiner Schieferplatten übereinander liegen. Oft ist es so, dass ihr auf Anhieb eine Versteinerung findet, allerdings müsst ihr euch die Platten auf beiden Seiten genau anschauen. Ansonsten könnt ihr die Platte vorsichtig spalten, indem ihr an der Schmalseite den Meißel ansetzt und mit dem Hammer vorsichtig draufschlagt. Dann müsst ihr wieder die auseinander gebrochenen Hälften genau anschauen. Das macht ihr so lange, bis ihr eine Versteinerung gefunden habt, die euch gefällt. Das kann ein Fisch sein, ein Krebs, eine Seelilie oder mit sehr viel Glück ein Saurierknochen. Lasst euch nicht entmutigen, oft dauert es eine Stunde oder länger, bis ihr etwas Schönes findet.

Natur und Umwelt erforschen

Naturlehrpfad rund um Bad Urach
Länge: 5 km Rundweg, Gehzeit 1,5 Std. **Anfahrt:** Zum Bhf ↗ Bad Urach, der Endhaltestelle der Ermstalbahn.

▶ Der Naturlehrpfad beginnt hinter dem beschrankten Schienenübergang kurz vorm Bahnhof Bad Urach an der Burgstraße. Er ist im ersten Wegstück identisch mit dem Fußweg zum ↗ Höhenfreibad am Tiergartenberg. Unterwegs findet ihr immer wieder bunte Tafeln, auf denen ihr Interessantes über den Wald, seine Pflanzen und Tiere erfahrt.

Am Rande des Bergplateaus **Gaißenweide,** auf dem das Höhenfreibad liegt, kommt ihr an einen breiten Forstweg, in den ihr links einbiegt. Es ist dann nicht mehr weit zum **Waldpark Tiergartenberg** (Bänke, Grillplatz). Am Rande des Waldparks erkennt ihr noch beachtliche Reste der steinernen Umfassungsmauer des einstigen herzoglichen Tiergartens.

Ihr verlasst den Waldpark über einen hinter dem großen Grillplatz beginnenden kurzen Zufahrtsweg hinauf zur Parkstraße beim Höhenfreibad, in die ihr dort nach links einbiegt und bergauf geht. In einer scharfen Rechtskurve weist eine Tafel auf die Holzrutsche hin, über die man von 1680 bis 1797 Holzstämme zu Tale beförderte.

Ihr setzt euren Weg auf der Straße fort. In einer Haarnadelkurve verlasst ihr sie nach links. Hier beginnt der rund 1500 m lange **Waldsportpfad Seltbach.** Auf ihm kommt ihr, immer leicht bergab, zum Waldrand über dem Seltbachtal und im weiteren Verlauf zum Bergsattel Kreuz (Schutzhütte, Feuerstelle).

Die Markierung RW21 führt euch über die »Untere Schloßsteige« wieder talwärts zum Wanderparkplatz »P19 – Schulmeistersbuche«. Hier quert ihr das Seltbachtal und nehmt die Zufahrtstraße zur **Jugendherberge.** Vor der Herberge haltet ihr euch zuerst rechts, geht etwa 50 m bergauf und biegt dann in einen schmalen, weiter bergwärts führenden Wiesenweg ein. Er mündet in einen breiteren Fußweg am Waldrand. Hier wandert ihr nach links und erreicht wieder die Zufahrtstraße zum **Höhenfreibad,** über die ihr zum Ausgangspunkt zurückkommt.

Schwimmsachen mitnehmen und am Ende ins Höhenschwimmbad springen!

Bodenlehrpfad Beuren

Länge: 4 km, Gehzeit knapp 1 Std. **Anfahrt:** ↗ Beuren, zum Parkplatz des Freilichtmuseums. **Zeiten:** Ganzjährig geöffnet, die Profilgruben sind nur von April – Okt zugänglich.

▶ Bodo, der Regenwurm, ist ein wahrer Bodenexperte und zeigt euch auf eurer Tour an 10 Informationstafeln, alles was ihr über trockene, sandige und tonige Böden wissen müsst. Die sieben offenen Profilgruben geben euch dann einen Einblick in die unbekannte Unterwelt der Böden.

Das sprechende Schaf

Naturschutzzentrum Schopflocher Alb, Vogelloch 1, 73252 Lenningen-Schopfloch. ✆ 07026/95012-0, Fax 95012-10. www.naturschutzzentren-bw.de. info@naturschutzzentrum-schopfloch.de. Südöstlich von ↗ Kirch-

Auf einer beschilderten **Rundwanderung** könnt ihr in 3 Std Randecker Maar und Schopflocher Moor erkunden. Sie beginnt am Parkplatz Ochsenwang, der etwa 1,5 km nördlich des Naturschutzzentrums liegt. Von dort geht es zunächst zum Aussichtspunkt Auchtert, dann ins **Naturschutzgebiet Randecker Maar**, weiter am Hofmeister-Haus vorbei ins **Naturschutzgebiet Schopflocher Moor** und wieder zurück nach Ochsenwang.

heim im Betriebsgebäude des ehemaligen Steinbruchs Lauster. **Anfahrt:** Bus 177 von Oberlenningen über Schopfloch, Haltestelle direkt am Naturschutzzentrum. Von ↗ Lenningen auf der Landstraße nach Schopfloch und von dort in Richtung Bissingen. Wenn die Parkplätze vor dem Zentrum besetzt sind, auf die umliegenden Wanderparkplätze ausweichen. **Zeiten:** Mitte April – Mitte Okt Di – Fr 14 – 17, So 11 – 17 Uhr, Mitte Okt – Mitte April Di – Fr 14 – 17 Uhr, 1. So im Monat 11 – 17 Uhr. **Preise:** Eintritt frei.

▶ Im Naturschutzzentrum könnt ihr euch über die Entstehung der Schwäbischen Alb und ihre heutigen Landschaftsformen informieren. Habt ihr zum Beispiel gewusst, dass gleich in der Umgebung das einzige größere Hochmoor der Schwäbischen Alb liegt? Es ist in vielen Millionen Jahren im Schlot eines ehemaligen Vulkans entstanden, in dem sich eine wasserundurchlässige Schicht gebildet hat. Die verhindert, dass das Regenwasser ablaufen kann. Und da es auf der Hochalb viel regnet, ist es an dieser Stelle auch immer feucht.

Im Naturschutzzentrum gibt es einen eigenen Raum, wo ihr bei schlechtem Wetter das Wildbienenspiel mit dem sprechenden Schaf spielen könnt.

Spiel- und Erlebnisparks

Im Sommer Bob fahren

Sommerbobbahn, Donnstetter Straße, 72589 Westerheim. ✆ 07333/4990, Fax 966620. www.familienpark-westerheim.de. info@familienpark-westerheim.de.
Anfahrt: ↗ Westerheim. Von der Ortsmitte die Donnstetter Straße in Richtung Domstetten, hinter den letzten Häusern auf der linken Seite großer Parkplatz. **Zeiten:** Mo – So 10 – 20 Uhr. **Preise:** 2 €; Kinder 8 – 14 Jahre 1,50 € pro Fahrt, 6 Fahrten 7 €, 10 Fahrten 11 €.

▶ Auf der Sommerbobbahn aus Edelstahl könnt ihr über eine Länge von 500 m in Einer- und Zweierbobs abwärts sausen. Die Geschwindigkeit bestimmt der Fahrer. Auf dem Gelände der Bobbahn gibt es einen Tierpark mit Streichelzoo. Ihr könnt Ponys reiten, Karussell fahren und im Biergarten essen und trinken.

Der verflixte weiße Ball

Minigolf, Elsachstraße, 72574 Bad Urach. ✆ 07125/ 8339, Fax 943222. www.mythos-schwaebische-alb.de. **Anfahrt:** ↗ Bad Urach. Vom Marktplatz über die Neue Straße links in die Ulmer Straße. **Zeiten:** April – Okt, Mo – Fr 16 – 22 Uhr, Sa, So und Fei 14 – 22 Uhr. **Preise:** 2 €, jede weitere Runde 1,50 €, 10er-Karte 15,50 €; Kinder bis 14 Jahre 1 €, jede weitere Runde 0,50 €, 10er-Karte 5 €; Jugendliche 15 – 21 Jahre 1,50 €, jede weitere Runde 1 €, 10er-Karte 10,50 €.

▶ Verflixt! Es ist gar nicht so einfach, den kleinen weißen Ball gezielt über Brücken und durch Tunnel und Tore ins Loch zu bugsieren. Zur Minigolfanlage gegenüber der Festhalle gehört ein Biergarten. Dort könnt ihr Snacks und Getränke kaufen.

Historische Eisenbahn

Das Sofazügle: Mit Volldampf durchs Neuffener Tal

GES Stuttgart e.V., Bahnhof Nürtingen, 72622 Nürtingen. ✆ 07025/2300 (abends), Fax 7873. www.ges-ev.de. info@ges-ev.de. **Anfahrt:** Stündlich RE von Stuttgart. A8 Stuttgart – Ulm, Ausfahrt 55 Wendlingen, 5 km über die Schnellstraße. **Zeiten:** An ausgewählten So im Sommer jeweils fünf Fahrten. **Preise:** Einfache Fahrt 4,50 €, Rückfahrkarte 7 €; Kinder 4 – 15 Jahre 2,50 €, hin und zurück 3,50 €; Familienbillett für Eltern mit ihren Kindern bis 15 Jahre 19 € für Hin- und Rückfahrt.

▶ Im Jahr 1911 trat die Dampflokomotive 11 ihre erste Fahrt zwischen Nürtingen und Neuffen an. Gemütlich keuchte sie unter Volldampf die 9 km lange Strecke durch das *Neuffener Tal*. Und das macht sie

HANDWERK UND GESCHICHTE

TECK & NEUFFEN

Fahrräder und Kinderwagen werden kostenlos im Packwagen befördert. Im Buffetwagen bekommt ihr Getränke und Vesper.

auch heute noch. Weil sie jedoch schon etwas alt ist, geht das nur noch an einigen Sommer-Sonntagen. Zunächst wird der Kessel ordentlich angeheizt, und wenn das Wasser richtig dampft, pfeift die Lok zur Abfahrt. Dann zieht sie die grünen Personenwagen, den roten Buffetwagen sowie den braunen Packwagen durch die Wiesen und überall unterwegs winken die Menschen den Reisenden zu.

Burgen und Schlösser

Zu Gast beim Graf: Residenzschloss Urach

Bismarckstraße 18, 72574 Bad Urach. ✆ 07125/158-490, Fax 158-499. www.schloesser-und-gaerten.de. info@schloss-urach.de. **Anfahrt:** ↗ Bad Urach, das Schloss ist zentral gelegen neben der Amanduskirche. **Zeiten:** ganzjährig Di – So 10 – 18 Uhr, Führungen täglich 11 und 14 Uhr, Themenführungen auf Anfrage. **Preise:** 3,50 €; Kinder 6 – 14 Jahre 1,70 €.

▶ Schloss Urach war Residenzschloss und Jagdsitz des Grafen *Ludwig von Württemberg-Urach*. Ab 1443 ließ der Graf nordwestlich einer kleinen Wasserburg am Ufer der Erms sein Schloss erbauen. Es entstanden Repräsentations- und Wohnräume. Nach dem frühen Tod des Vaters trat sein erst vierzehnjähriger Sohn *Graf Eberhard im Bart* die Regierung an. Für seine Hochzeit 1474 mit der Herzogstochter *Barbara Gonzaga von Mantua* ließ er das Schloss prachtvoll ausstatten. Seine Nachfolger nutzten das Uracher Schloss für Jagdaufenthalte und fügten einen Rundturm und den Fachwerkanbau hinzu.

Als erstes kommt ihr in die vierschiffige gotische Halle, dem Aufenthalts- und Speiseraum des Hofes. Der Festsaal im 1. Stock wurde mit wandhohen Palmen und den Wappen der Urgroßeltern Eberhards ausgemalt. Daneben seht ihr den Weißen Saal, der früher Speisezimmer war, sowie die Rondellzimmer mit prächtigen Stuckaturen. Im 2. Stock des Prachtbaus kommt ihr in einen der schönsten erhaltenen Renaissance-Säle im deutschen Südwesten, den verschwenderisch geschmückten Goldenen Saal. Außerdem wird im Schloss die Schlittensammlung des Württembergischen Landesmuseums Stuttgart gezeigt. Sie ist mit 22 Prunkschlitten aus drei Jahrhunderten die größte Sammlung ihrer Art weltweit.

Stuck ist eine kunstvolle, aus einem Gemisch aus Gips, Sand, Kalk und Wasser geformte, reliefartige Verzierung an Wänden und Decken.

Rittersleut auf Hohenneuffen

Burgruine Hohenneuffen, 72639 Neuffen. ✆ 07025/2206, Fax 908007. www.hohenneuffen.de. kontakt@hohenneuffen.de. **Anfahrt:** ↗ Neuffen, dann durch die Altstadt der Beschilderung folgen. Der Anstieg durch den Wald dauert 1 Std. **Rad:** Von Neuffen auf der Kirchheimer Straße in den Nachbarort Beuren fahren, dort rechts halten und der Beschilderung folgen. **Zeiten:** ganzjährig frei zugänglich, Führungen am 1. So im Monat um 10 Uhr und am 3. So um 11.45 Uhr. **Preise:** Eintritt frei. **Infos:** Burggaststätte auf dem Hohenneuffen, ✆ 07025/2206. Mi – Sa 9 – 22 Uhr, So 9 – 19 Uhr, Kiosk täglich geöffnet.

▶ Schon von weitem ist die Burgruine Hohenneuffen auf dem bewaldeten Berg nahe der Stadt Neuffen zu sehen. Entsprechend großartig ist die Rundumsicht, die sich euch bietet, wenn ihr schwitzend und außer Atem oben angekommen seid. Warum der Hohenneuffen als mächtigste Burganlage von Baden-Württemberg gilt, könnt ihr euch leicht vorstellen, wenn ihr die dicken Mauern und riesigen Burggräben betrachtet. Schon im Jahr 1140 haben hier oben adlige Familien gelebt. Die Herren von Neuffen spielten damals eine

Sie beobachten das Marktgeschehen: Auf dem Mittelalterfest der Burg

Minne bedeutete im Mittelalter »liebendes Gedenken« und später dann »Liebe«. In der niederen Minne ging es um Fleischeslust (das dürfen jetzt Mama und Papa erklären). In der hohen Minne dichtete und besang der Verliebte von Ferne die angebetete »Frouwe«, die Burgherrin.

bedeutende Rolle in der Region. Um ihre Stellung zu behaupten, ließen sie die breiten Verteidigungsgräben errichten. Es gab aber auch ein gemütliches und geselliges Leben auf der Burg. Wie die Spielleute und Minnesänger die Menschen damals unterhalten haben, könnt ihr bei einer Mittelalterlichen Tafeley erleben, die im Rahmen des Kultursommers regelmäßig auf der Burg stattfindet. Darüber hinaus findet im August ein **mittelalterlicher Markt** statt, wo euch Ritter, Mägde, Knappen, Hexen und Gaukler in bunten Kostümen allerlei Künste zeigen. Dort könnt ihr anhand von spektakulären Vorführungen sehen und miterleben, wie früher geschmiedet, Papier geschöpft oder Seife gesiedet wurde.

So lebten die herzoglichen Damen: Schloss Kirchheim

Schlossplatz, 73230 Kirchheim unter Teck. ✆ 07141/ 182004, Eingang Alleenstraße 22. **Anfahrt:** Ab Bhf ↗ Kirchheim mit Bus 163, 165, 168 bis Martinskirche. **Zeiten:** Mai – Okt Mi – Fr 14 – 17 Uhr, Sa, So und Fei 11 – 16 Uhr, 30-minütige Führungen So 14 und 15 Uhr. **Preise:** 2,50 €; Kinder 1,20 €.

▶ Das Renaissance-Schloss liegt in der Altstadt, direkt an die Stadtmauer geschmiegt. Erbaut wurde es 1538 von *Herzog Ulrich von Württemberg*. Er machte Kirchheim zu einer von sieben Landesfestungen. Herzog Friedrich I. verlegte Ende des 16. Jahrhunderts den Hof in das Städtchen, weil in Stuttgart die Pest wütete. Im 17. Jahrhundert war das Schloss Witwensitz des württembergischen Herrscherhauses. Herzogin *Henriette von Württemberg* (1817 – 1857), deren soziales und kulturelles Wirken bis heute in Kirchheim unvergessen ist, und *Franziska von Hohenheim* (1795 – 1811) lebten hier. Danach diente das Schloss als Lazarett und Schule, Heimatmuseum und Lehrerseminar.

In Teilen des gut ausgestatteten Schlossmuseums könnt ihr sehen, wie die Schlossdamen einst wohnten. Gesellschaftszimmer, Speise- und Wohnzimmer wurden wieder fast originalgetreu eingerichtet.

Fliegende Bären und trällernde Berglaubsänger auf der Burgruine Teck

Owen. ℗ 07021/55208, Fax 862012. www.schwaebischealbverein.de/wanderheime/burg_teck/burg_teck.html. **Anfahrt:** Stündlich mit der Teckbahn auf der Strecke Kirchheim (Teck) – Oberlenningen bis Owen. Die Wanderung zur Burgruine dauert circa 1 Std. A8 Stuttgart – Ulm, Ausfahrt 57 Kirchheim/Ost auf B465 nach Süden. In Owen ein Stück den Teckberg hinauf zum Parkplatz und 15 Min zu Fuß. Anfahrt und Aufstieg sind gut beschildert. **Zeiten:** Aussichtsturm ganzjährig zugänglich, Wanderheim Mo-Nachmittag und Di geschlossen. **Preise:** Übernachtung im Gruppenzimmer des Wanderheims ab 16,50 € pro Nacht; Jugendliche bis 21 Jahre ab 14 €.

▶ Die Burg Teck, die der ganzen Region ihren Namen gab, wurde 1135 – 1150 von den Zähringern auf dem *Teckberg* erbaut. Sie wurde bereits 1525 im Bauernkrieg niedergebrannt. Teile der mittelalterlichen Umfassungsmauer sind heute noch vorhanden. Der weithin sichtbare Turm gehört allerdings nicht zur mittelalterlichen Burg, sondern ist ein Aussichtsturm, der erst 1889 erbaut wurde. Von dort oben könnt ihr an klaren Tagen bis zu den Schweizer Alpen sehen.

Am schönsten ist jedoch die **Wanderung** durch den dichten Wald am Teckberg. Im Frühjahr könnt ihr hier den inzwischen selten gewordenen *Berglaubsänger* hören. Der graue Vogel mit den gelben Schwanzfedern ist an seinem trillernden Gesang zu erkennen. Auf den sonnigen Waldlichtungen findet ihr im Sommer sogar fliegende Bären! Genauer gesagt, handelt es sich um fliegende *Bärenspinner,* eine schöne Schmetterlingsart, deren Flügel in der Mitte orangerot sind.

Hunger & Durst

Wanderheim des Schwäbischen Albvereins auf dem Teckberg, Mi – So und Mo-Vormittag geöffnet, Vesper und warme Gerichte, Übernachtungsmöglichkeit.

Welche Frage kann man nie mit »Ja« beantworten?

¿Schläfst Du schon?

Museen und Stadtführungen

Happy Birthday!
Kindergeburtstag, 2 – 3 Std 60 €, Eintritt und Materialkosten extra.

Vom Leben auf dem Dorf: Freilichtmuseum Beuren

In den Herbstwiesen, 72660 Beuren. ✆ 07025/92040, Fax 9119010. www.freilichtmuseum-beuren.de. info@freilichtmuseum-beuren.de. **Anfahrt:** Bis Bhf Nürtingen oder Neuffen, dann mit Bus 172,180 oder von Metzingen mit Bus 199 bis Freilichtmuseum. Von ↗ Beuren auf der Owener Straße 1 km Richtung Owen. **Zeiten:** 1. April – Nov, Di – So und Fei 9 – 18 Uhr (Einlass bis 17.30 Uhr). Öffentliche Führung für Familien während der Saison jeden Sa 15 Uhr, Themenführungen nach Voranmeldung. **Preise:** 4 €; Kinder ab 6 Jahre und Jugendliche 2,50 €; Familienkarte 9 €.

Hunger & Durst
Museumsgaststätte Steinbüble, ✆ 07025/89950. Di – So 10 – 18 Uhr. Das Lokal mit Gartenwirtschaft in einem stattlichen Wohn- und Wirtschaftsgebäude aus dem 18. Jahrhundert hat eine spezielle Speisekarte mit Kindergerichten.

▶ Am Ortsrand von Beuren liegt das Freilichtmuseum. Hier seht ihr circa 20 schöne alte Fachwerkbauten und andere Gebäude, die anderswo abgebaut und hierher versetzt worden sind. Auf diese Weise konnten sie vor dem Abriss gerettet werden. Die Bauten sind typisch für die Regionen Mittlerer Neckarraum und Schwäbische Alb. Das Weberhaus stand vorher in Laichingen, das Back- und Waschhaus in Sielingen, die Scheune in Gärtringen und der Hühnerstall in Birkach. Alte Berufe wie Weber, Schreiner und Korbmacher werden euch in den Häusern gezeigt und erklärt. Ihr erfahrt, wie früher mit Flachs und Leinen gearbeitet wurde. Wie in einem echten Dorf können euch im Freilichtmuseum auch Schafe, Hasen und Hühner begegnen. Auf dem Gelände ist auch der kleine »Tante-Helene-Laden«, ein original Kolonialwarenladen, zu finden. Dort gab es früher Waren, die von weit her, nämlich aus den Kolonien in Afrika oder Indien stammten, wie beispielsweise exotische Gewürze, Kaffee und Tee. Heute könnt ihr Spezialitäten aus der Region und nützlichen Hausrat aus Holz, Keramik und Email, wie sie früher in Gebrauch waren, kaufen. Das Museumslädle ist So und Fei 11 – 17 Uhr geöffnet.

Tipp: Das Museum bietet ein interessantes museumspädagogisches Programm sowie einen abwechslungsreichen Veranstaltungskalender. Angeboten werden z.B. Mitmachaktionen wie Backen im Museumsbackhäusle, Filzen und Spinnen. Infos im Internet, an der Kasse und unter ✆ 07025/9119090.

Geschichte und Musikinstrumente

Städtisches Museum im Kornhaus, Max-Eyth-Straße 19, 73230 Kirchheim unter Teck. ✆ 07021/502-377, Fax 502-384. www.kirchheim-teck.de. museum@kirchheim-teck.de. **Anfahrt:** ↗ Kirchheim u.T, zentral in der Altstadt gelegen. **Zeiten:** Di, Mi, Fr 10 – 12 und 15 – 17 Uhr, Do 15 – 20 Uhr, Sa, So, Fei 11 – 17 Uhr. **Preise:** Eintritt frei.

Tipp: Die Tourist-Information bietet eine einstündige Führung durch die historische Innenstadt für 40 € pro Gruppe, ✆ 07021/3027.

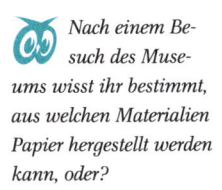

▶ Im um 1550 erbauten Kornhaus findet ihr auf drei Etagen Sehenswertes über die Landschaft und Geschichte der Gegend. Ein Schwerpunkt ist die geologische und archäologische Sammlung. Ihr seht außerdem, wie die Bürger von der Barockzeit bis zur Industrialisierung gewohnt haben, könnt euch über traditionelles Handwerk informieren und Kirchheimer Musikinstrumente anschauen. In den Dachgeschossen leitet ein geschichtlicher Rundgang vom einstigen Jurameer zur Geschichte der Steinzeit über die Kelten und Römer bis zu den Alemannen und zur Entwicklung der Burg Teck und der Stadt.

Was man aus Papier alles machen kann

Museum für Papier- und Buchkunst, Schlossrain 15, 73250 Lenningen-Oberlenningen. ✆ 07026/609-14, Fax 609-44. www.lenningen.de. **Anfahrt:** ↗ Lenningen. Vom Bhf Oberlenningen der Adolf-Scheufelen-Straße nach Süden folgen, dann rechts in die Amtgasse, am Marktplatz links in die Backhausstraße und am Schillerplatz rechts hinaufgehen. **Zeiten:** Sa 10 – 12 und So 14 – 17 Uhr. **Preise:** 2 €; Kinder 0,50 €.

▶ Der Papierfabrikant *Adolf Scheufelen* aus Oberlenningen hat im Jahre 1892 ein Herstellungsverfahren für hochwertiges Kunstdruckpapier erfunden. Damit war es erstmals möglich, detaillierte Abbildungen in guter Qualität zu drucken. Aus Anlass des 100-jährigen Jubiläums dieser Erfindung hat man 1992 am Wohnort des Unternehmers das Museum für Papier- und Buchkunst eingerichtet. Es zeigt, was man aus Papier alles machen kann, angefangen vom kleins-

Nach einem Besuch des Museums wisst ihr bestimmt, aus welchen Materialien Papier hergestellt werden kann, oder?

Hier ist Fantasie gefragt: Basteln mit Papier

ten Buch der Welt über Papierkunst bis hin zum historischen Papiertheater. In einer Spielecke stehen Papier, Schere, Farbstifte und Kleber bereit. Damit könnt ihr selbst basteln und gestalten. Anregung dazu liefert das Museum genug.

Leben und Sterben im Jurameer

Urwelt-Museum Hauff, Aichelberger Straße 90, 73271 Holzmaden. ✆ 07023/2873, 8066, Fax 4618. www.urweltmuseum.de. hauff@urweltmuseum.de. **Anfahrt:** Von ↗ Kirchheim unter Teck mit Bus 174 Richtung Neidlingen. A8 Stuttgart – Ulm, ab Ausfahrt 58 Aichelberg Beschilderung. **Zeiten:** ganzjährig Di – So 9 – 17 Uhr. **Preise:** 4,50 €; Kinder 3 – 6 Jahre 1,50 €, Schüler 2,50 €.

▶ Im Urwelt-Museum könnt ihr euch mehr als 400 Präparate anschauen, die man in der Umgebung des Ortes in den vor 180 Millionen Jahren entstandenen Ablagerungen am Grund des Jurameeres fand. In der Sammlung könnt ihr Versteinerungen von Ichthyo-, Plesio- und Flugsauriern, von Krokodilen, Fischen und vielen wirbellosen Tieren sehen. Das fast 4 m lange Ichthyosaurier-Muttertier mit einem Jungen ist eines der bekanntesten Ausstellungsstücke. Ihr werdet eine 100 qm große Kolonie von Seelilien entdecken – das weltweit größte Exemplar, das bisher gefunden und präpariert wurde.

Naturgetreue Modelle informieren über die Entstehung der einzelnen Schichten im Schiefer und die jeweils typischen Fossilien. Schaubilder von Sauriern verdeutlichen, wie das Leben im Jurameer wohl einmal war. In der Außenanlage des Museums könnt ihr an einem See lebensgroße, täuschend echt wirkende Dinosaurier unter Mammutbäumen bestaunen. Außerdem erfahrt ihr etwas über die spätere Präparation der Fundstücke in der Werkstatt, und im Museum könnt ihr Versteinerungen kaufen.

Hunger & Durst
In der Cafeteria des Museums gibt es täglich frische Backwaren.

Kino- und Lesespaß

Kino forum 22
Stadtjugendring Urach e.V., Ulmer Straße 22, 72574 Bad Urach. ✆ 07125/7707, Fax 70251. www.forum22.de. **Anfahrt:** ↗ Bad Urach. Vom Marktplatz über die Neue Straße in die Ulmer Straße. **Zeiten:** Die Reihe Kinderkino läuft von Okt – März. **Preise:** 5 €, Überlänge 6 €; Kinderkino 2 €, Nachmittagsvorstellung 3,50 €.

▶ Das Programmkino forum 22 gegenüber der Festhalle bietet täglich mindestens zwei Vorstellungen. Zusammen mit der VHS hat das Forum eine Reihe Kinderkino im Programm. Dort werden Kinderfilme gezeigt, die eine Alternative zum Mainstream-Programm darstellen.

Schmökern, Spielen, Lernen
Stadtbücherei Neuffen, Schillingstraße 14, 72639 Neuffen. ✆ 07025/106-260, Fax 106-292. www.neuffen.de. **Anfahrt:** ↗ Neuffen. **Zeiten:** Di und Mi 10 – 12 und 15 – 18 Uhr, Do 15 – 20 Uhr.

Hunger & Durst
forum 22 Café, Stadtjugendring Urach e.V., Ulmer Straße 22, ✆ 07125/7707. So – Do 18 – 24 Uhr, Fr und Sa 18 – 1 Uhr. 40 Plätze und Terrasse für Jugendliche und junge Erwachsene.

▶ In der Stadtbücherei stehen nahezu 11.000 Medien zur Ausleihe bereit. Außer Büchern für jede Altersgruppe sind auch CDs, Tonkassetten, Zeitschriften und Spiele im Angebot. In unregelmäßigen Abständen finden in der Stadtbücherei Vorlese- und Bastelnachmittage für Kinder statt.

☀ Mehr zu den Festen in Kirchheim unter Teck unter ✆ 07021/3027.

Stadtbücherei Schlossmühle, Graf-Eberhard-Platz 10, 72574 Bad Urach. ✆ 07125/9463-0, Fax 9463-17. www.badurach.de. staedtbuecherei_bad_urach@

FESTKALENDER

März:	1. Mo, Kirchheim unter Teck: **Märzenmarkt,** traditioneller Jahrmarkt mit Vergnügungspark.
Juni:	In ungeraden Jahren am 3. Wochenende, Neuffen: **Stadtfest;** Info ✆ 07025/106224.
	Letztes Wochenende, Kirchheim unter Teck: **Haft- und Hoka-Fescht,** Stadtfest in der historischen Innenstadt.
Juli:	1. So, Weilheim (Teck): **Städtlesfest;** Info ✆ 07023/1060.
	Wiesensteig: **Wiesensteiger Schluck,** Straßenfest; Info ✆ 07335/96200.
	In ungeraden Jahren, Bad Urach: **Schäferlauf,** bereits seit dem Mittelalter gefeiertes Traditionsfest der Schäfer; Info ✆ 07125/946070.
September:	2. Wochenende, Beuren: **Kelterfest,** Traditionsfest rund um die historische Kelter; Info ✆ 07025/91030.
	In geraden Jahren am 3. Wochenende, Neuffen: **Winzerfest;** Info ✆ 07025/106224.
September/Oktober:	Ende Sep oder Anfang Okt, Kirchheim unter Teck: **Goldene Oktobertage,** Straßenfeste und buntes Programm.
Oktober:	2. Wochenende, Beuren: **Moschtfescht,** Traditionsfest im Freilichtmuseum, Info ✆ 07025/92040.
November:	1. Wochenende, Kirchheim unter Teck: **Gallusmarkt,** traditioneller Jahrmarkt mit Vergnügungspark.

Kinderstunde in der Stadtbücherei Bad Urach

web.de. Anfahrt: ↗ Bad Urach. Zeiten: Di 15 – 19 Uhr, Mi 10 – 14, Do und Fr 14 – 18 Uhr.
▶ Die Bücherei hat einen Kinderbereich mit Kinder- und Bilderbüchern, Jugendliteratur, Sachbücher, Zeitschriften, Kassetten und CDs.

Stadtbücherei Kirchheim, Max-Eyth-Straße 16, 73230 Kirchheim unter Teck. ✆ 07021/502-400, Fax -285. buecherei@kirchheim-teck.de. Am Krautmarkt. **Anfahrt:** ↗ Kirchheim u.T. **Zeiten:** Di, Mi 10 – 18, Do 10 – 19, Fr 14 – 19, Sa 10 – 13 Uhr. **Preise:** ab 16 Jahre 13 €.
▶ Die Stadtbücherei hat ein Angebot von 70.000 Büchern, Zeitschriften, Spielen, Tonkassetten, CDs, CD-ROMs, DVDs, Sprachkursen zum Ausleihen und zum Benutzen in der Bücherei. Es gibt Internetzugang für alle Besucher oder ihr könnt im Lesehof in der gemütlichen Sitzecke schmökern. Für die Kleinen gibt es eine Kinderspielecke.

WINTERSPORT

Ski und Rodel gut

Skilift Donnstetten, 72587 Römerstein-Donnstetten. ✆ 07382/609. www.skilift-donnstetten.de. **Anfahrt:** Westlich von ↗ Westerheim. **Zeiten:** Mo – Fr 10 – 22, Sa, So, Fei und in den Ferien 9 – 22 Uhr. **Preise:** Tageskarte bis 18 Uhr 18 €, 3 Std 9,50 €; Kinder bis 14 Jahre Tageskarte bis 18 Uhr 14,50 €, 3 Std 8 €. **Infos:** Schneetelefon ✆ 07382/ 609. Vier Skilifte, 400 m lange Piste, Flutlicht und Skikurse.

Skilift Salzwinkel, 72587 Römerstein-Zainingen. ✆ 07304/3432. www.salzwinkel.de. **Anfahrt:** Östlich von ↗ Bad Urach über die B28. **Preise:** auf Anfrage, Tages-, Halbtages- und diverse Punktekarten. **Infos:** Schneetelefon ✆ 07333/5212 (Skilift) oder Herr Neidlinger ✆ 07304/3432. Drei Skilifte mit Flutlicht bis 22

Er ist ein Saisonarbeiter: Pistenmann aus Schnee

Uhr, 400 m lange Abfahrten, Skikurse. Gemütliche Gaststätte und 900 Parkplätze.

Skilift und Rodelbahn Halde, 72589 Westerheim. ✆ 07333/6455. www.skilift-halde.de. **Anfahrt:** ↗ Westerheim. **Zeiten:** bei Schnee täglich in Betrieb. **Preise:** 10er-Karte 4, 30er-Karte 11, 50er-Karte 16 €, Halbtageskarte 10, Tageskarte 12 €; Kinder 10er-Karte 3,50 €, 30er-Karte 9, 50er-Karte 12 €, Halbtageskarte 8, Tageskarte 10 €. **Infos:** Schneetelefon 07333/6039. 300 m lange Abfahrt, Flutlicht, Snowboard fahren erlaubt. Ebenso lange Rodelbahn neben der Skipiste. Gaststätte vorhanden.

Skilift und Rodelbahn Heuberg, 72589 Westerheim. ✆ 07333/6844. www.knupfer-heuberg.de. info@knupfer-heuberg.de. **Anfahrt:** ↗ Westerheim. **Zeiten:** bei Schnee Fr, Sa, So und in den Schulferien. **Preise:** 12er-Karte 3, 30er-Karte 6 €, Halbtageskarte 6, Tageskarte 8 €; Kinder 12er-Karte 2, 30er-Karte 5 €, Halbtageskarte 5, Tageskarte 7 €. **Infos:** Schneetelefon ✆ 07333/6039. 200 m lange Abfahrt, Snowboard fahren erlaubt. Ebenso lange Rodelbahn neben der Skipiste. Kiosk vorhanden.

Skilift Bleiche, 72660 Beuren. ✆ 07025/910-400, 2807. **Anfahrt:** ↗ Beuren. **Zeiten:** Mo – Fr 18 – 21.30 Uhr, nach Möglichkeit schon ab 14 Uhr, Sa 14 – 21.30, So 10 – 18 Uhr. **Preise:** 10er-Karte 4 €, Halbtageskarte 6,50 €; Kinder bis 16 Jahre 10er-Karte 3,50 €, Halbtageskarte 5,50 €. **Infos:** Schneetelefon ✆ 07025/2807, Herr Streicher, TSV Beuren. 300 m lange Abfahrt, Flutlicht und Skikurse.

Skilift Pfulb, 73252 Lenningen-Schopfloch. ✆ 07026/7533. www.skizentrum-pfulb.de. marianne_allgaier@web.de. **Anfahrt:** ↗ Lenningen. **Zeiten:** Mo – Fr 13 – 22 Uhr, Sa und So 9 – 22 Uhr. **Preise:** 10er-Karte 3,50 €, 30er-Karte 9,50 €; Kinder bis 14 Jahre 10er-Karte 2,50 €, 30er-Karte 7 €. Drei Lifte mit 300 m langen Abfahrten, Flutlicht. Separate Schlittenbahn.

Skilift Mönchberg, 73266 Bissingen an der Teck-Ochsenwang. ✆ 07023/90000-11. **Anfahrt:** ↗ Bissingen

Hunger & Durst

Direkt an der Piste gibt es eine am Wochenende sowie wochentags ab 18 Uhr bewirtete Skihütte.

a.d. Teck. **Zeiten:** Mo – Fr ab 13, Sa und So ab 9 Uhr. **Preise:** 10er-Karte 4, 30er-Karte 10, 50er-Karte 15 €; Kinder 10er-Karte 3,50 €, 30er-Karte 9, 50er-Karte 12 €. **Infos:** Schneetelefon ✆ 07023/72034. 300 m lange Abfahrt, kinderfreundlicher Lift. Im Kiosk bei der Liftstation könnt ihr euch zwischendurch stärken.

Skilifte Blasiberg, 73349 Wiesensteig-Schöntal. ✆ 07335/6310. www.wiesensteig.de. **Anfahrt:** ↗ Wiesensteig. **Zeiten:** In den Ferien täglich 9 – 16.30 Uhr, sonst 13 – 16.30 Uhr. **Preise:** Tageskarte 13 €, Vormittagskarte 9 €, Nachmittagskarte 10 €, 30-Punkte-Karte 10 €; Tages- 10 €, Vormittags- 7 €, Nachmittagskarte 8 €, 30-Punkte-Karte 8 €. **Infos:** Schneetelefon ✆ 07335/6310. Drei Schlepplifte bieten ein Skigebiet für jeden Schwierigkeitsgrad, Flutlicht.

Hunger & Durst
In der Skiclubhütte könnt ihr einkehren und euch stärken, ✆ 07335/6312.

MITTLERE ALB

DIE OSTALB

STAUFERLAND

ALB-DONAU-KREIS

TECK & NEUFFEN

MITTLERE ALB

ZOLLERN-ALB

DONAU & HEUBERG

SERVICE ZU DEN ORTEN

FERIEN-ADRESSEN

KARTEN & REGISTER

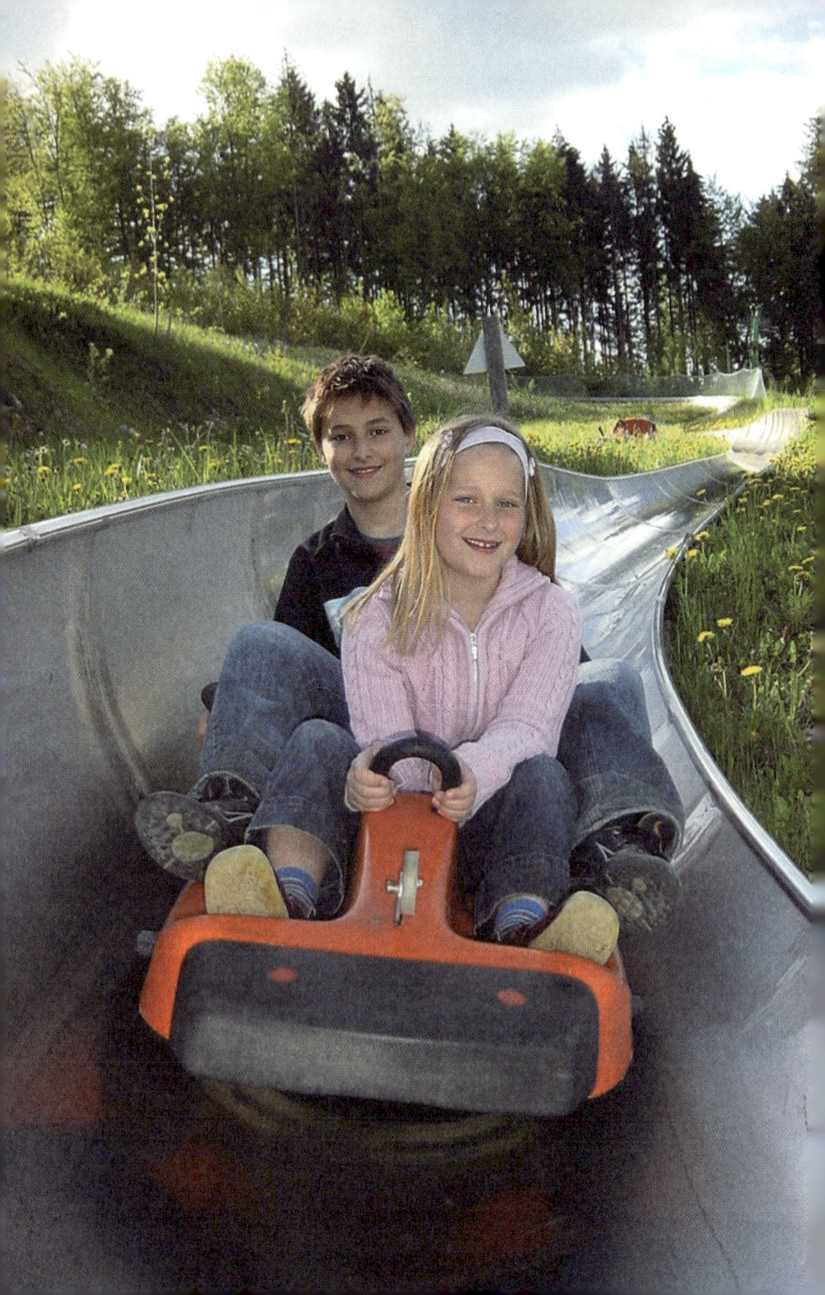

Regenwasser löst den Kalk aus dem Boden der Schwäbischen Alb und fließt unterirdisch ab. Dadurch entstehen zunächst Risse, dann Spalten und zum Schluss ganze Höhlensysteme. Viele der bekanntesten Höhlen liegen in der Mittleren Alb zwischen Reutlingen und Riedlingen. Eine davon ist in Deutschland einzigartig: die Wimsener Höhle. Sie ist mit Wasser gefüllt und kann nur vom Boot aus besichtigt werden.

ALLES GROTTEN- TOLL

Frei- und Hallenbäder

Terrassenfreibad Münsingen

Alter Seeburger Weg, 72525 Münsingen. ℗ 07381/ 69303, Fax 182101. www.muensingen.de. **Anfahrt:** ↗ Münsingen, vom Zentrum 15 Gehminuten über die Uracher Straße. Nördlich des Zentrums, über Lichtensteinstraße und Uracher Straße. **Zeiten:** Mo 10 – 20, Di – So 8 – 20 Uhr, Mai und ab 16. Aug 8 – 19 Uhr. **Preise:** 2,40 €, 10-er-Karte 19,50 €; Kinder 4 – 18 Jahre 1,40 €, 10-er-Karte 9,70 €.

▶ Am nördlichen Stadtrand liegt das Münsinger Terrassenfreibad. Eine Solaranlage heizt das reine Quellwasser auf 25 Grad. Im Kiosk auf dem Gelände könnt ihr Saitenwürstle und Snacks, Eis, Schleckereien und Getränke kaufen.

Sternberghallenbad Gomadingen

Ödenwalstetter Straße 40, 72532 Gomadingen. ℗ 07385/526, Fax 969622. **Anfahrt:** ↗ Gomadingen, vom Bhf über Hülbenstraße nach Süden der Brunnenstraße folgen. Vom Marktplatz in die Hauptstraße, dann Richtung Südosten in die Brunnenstraße und weiter durch Ödenwaldstettener Straße zum Ortsende. **Zeiten:** Di – Fr 7 – 8 und 15 – 21 Uhr, Sa, So und Fei 7 – 8.30 und 14 – 19 Uhr, Mi Spielenachmittag 15 – 17.30 Uhr. **Preise:** 3,30 €, Frühtarif Mo – Fr 7 – 8 und Sa, So, Fei bis 8.30 Uhr 1,60 €, Spättarif Mo – Fr ab 19.30 Uhr; Kinder 6 – 18 Jahre 1,60 €.

TIPPS FÜR WASSER- RATTEN

MITTLERE ALB

Sonnenbühl lockt mit Sonne und Sonnenbob

▶ Das Bad in Gomadingen ist das ideale Bad für die ganze Familie. Es hat ein 25-m-Becken mit Rutsche und Massagedüsen und ein Plantschbecken mit Wasserfall, ein Kneippbecken, Sauna, Sonnenterrasse, Kiosk und Massageabteilung. Unbegrenzte Badezeit.

Das größte Freizeitbad der Region: Wellenfreibad Markwasen

Hermann-Hesse-Straße 40, Reutlingen. ✆ 07121/582-3792. www.tourist-reutlingen.de. **Anfahrt:** ↗ Reutlingen. RSV-Bus 4 oder 5 bis Kreuzeiche/Stadion/Freibad, Linie 8 bis Markwasen, günstiger mit Bus-Bade-Karte. Von der Stadtmitte die Alteburgstraße stadtauswärts und bei der FH für Sozialpädagogik links in die Hermann-Hesse-Straße abbiegen. **Zeiten:** Anfang Mai – Anfang Sep täglich 6 – 21 Uhr, bis Mitte Sep 7 – 20 Uhr. **Preise:** 3,30 €; Kinder 6 – 15 Jahre 1,70 €; Feierabendtarif ab 17 Uhr 2,80 €, Familienkarte für 2 Erwachsene mit bis zu vier eigenen Kindern 7,70 €.

▶ Auf dem großzügigen Gelände findet ihr jede Menge Möglichkeiten für Spiel und Spaß. Hier ist echt für jeden etwas dabei. Die Kleinsten haben einen Schiffchen-Kanal mit einem Wasserquellstein und sogar einem wasserspeienden Seehund. Die Größeren vergnügen sich im Sport-, im Schwimm-, im Sprung oder im Wellenbecken. Eine 65 m lange Großwasserrutsche führt ins kühle Nass des Nichtschwimmerbeckens. Und wenn ihr vom Wasser genug habt, kann's auf den großen Kinderspielplatz gehen, auf die Rollenrutsche, das Klettternetz oder in die Matschstelle des Sandplatzes. Außerdem findet ihr im Wellenfreibad Kegelspielanlage, Trimm-Trab-Strecke, Tischtennisplatten und eine Spielwiese mit Fußball-, Federball- und Volleyball-Feldern.

Kneippen und Baden: Achalmbad

Albstraße 17 – 19, 72764 Reutlingen. ✆ 07121/582-3392, Fax 5823895. **Anfahrt:** Vom Hbf ↗ Reutlingen

---

Hunger & Durst
Für Speis' und Trank sorgen eine Freibadgaststätte mit Milchbar und ein Imbissstand. In der Nähe des Erholungsparks Markwasen gibt es Essen von klein bis fein, auch im Garten.

Nur im RSV-Bus gibt's die **Bus-Bade-Karte** für 4,80 €, Kinder 2,40 €.

mit Bus 1 Richtung Eningen und 2 Richtung Pfullingen bis Burgplatz/Hallenbad. Von der Konrad-Adenauer-Straße über die Lederstraße links in die Seestraße, dann die erste links. **Zeiten:** Mo – So 10 – 20 Uhr. **Preise:** 3,30 €; Kinder 6 – 15 Jahre 1,70 €.

▶ Das Achalmbad liegt in der Stadtmitte und hat eine Schwimmhalle, ein 36 Grad warmes Kinderbecken, Eltern-Kind-Bereich, Kneippstrecke, Liegeterrasse und Bistro. An Warmbadetagen ist das Wasser 29 Grad warm. Im Saunabereich gibt es ein Römisch-Osmanisches Dampfbad und eine Finnische Sauna.

Baden am Waldrand

Waldfreibad, Im Obtal, 72800 Eningen unter Achalm. ✆ 07121/880431, Fax 892222. freibad.eningen@t-online.de. **Anfahrt:** Vom Hbf ↗ Reutlingen mit Bus 7644. Von der Ortsmitte auf der Albstraße 2 km in Richtung St. Johann und Freizeitanlagen. **Zeiten:** Mai – Aug 9 – 20 Uhr, Sep 9 – 19 Uhr. **Preise:** 2,50 €; Kinder 6 – 18 Jahre 1,50 €.

▶ Östlich von Eningen findet ihr mitten im Wald an einem Hang ein schönes Freibad mit großem Schwimmbecken, Kinderbecken, Spielplatz, Eltern-Kind-Bereich, Kiosk und Volleyballplatz.

Baden in Lichtenstein

Freibad, Echazstraße 2, Lichtenstein-Honau. ✆ 07129/5982, Fax 6389. **Anfahrt:** Von ↗ Reutlingen Bus 400 Richtung Gammertingen oder 7606 Richtung Münsingen. Ab ↗ Lichtenstein B312 nach Süden. **Zeiten:** Mai – Sep täglich 10 – 20 Uhr. **Preise:** 2,50 €, 10er-Karte 20 €; Jugendliche bis 18 Jahre 1,50 €, 10er-Karte 11 €.

▶ Kombiniertes Sprung- und Schwimmerbecken, Kinderplantschbecken, Sonnenterrasse und Kiosk.

Hallenbad, Rathausplatz 30, Lichtenstein-Unterhausen. ✆ 07129/69675, Fax 6389. **Anfahrt:** Ab Hbf ↗ Reutlingen mit Bus 400 Richtung Gammertingen oder 7606

Richtung Kleinengstingen. Ab ↗ Lichtenstein B312 nach Norden. **Zeiten:** Mo 18 – 20.30, Di 14 – 20, Mi 14.30 – 20, Do 6 – 9 Uhr, Fr 14.30 – 20, So 8 – 11 Uhr. **Preise:** 3 €, 10er-Karte 25 €; Kinder bis 6 Jahre Eintritt frei, Jugendliche bis 18 Jahre 1,50 €, 10er-Karte 11 €.
▶ Schwimmbecken 25 auf 10 m.

Kanutouren auf Lauter und Donau

Volker Schmack, Langes Tal 5, 72525 Münsingen. ✆ 07383/408, Fax 430. www.kanutouren.com. info@kanutouren.com. **Anfahrt:** Auf Wunsch werdet ihr vom Bhf ↗ Münsingen abgeholt. **Preise:** je nach Strecke 12 – 27 €; Kinder bis 12 Jahre in Begleitung Erw 6 – 12, Jugendliche 12 – 16 Jahre in Begleitung Erw 9,50 – 22 €.

Paddeln auf der Lauter

1) **Kurztour Buttenhausen – Bichishausen:** Von Buttenhausen 5 km die Lauter hinab bis zur Kanustation. Die technischen Anforderungen sind gering, diese Strecke ist ideal für Familien mit kleineren Kindern. Dauer circa 1,5 Std.
2) **Miditour Buttenhausen – Gundelfingen:** Von Buttenhausen 5 km die Lauter hinab bis zur Kanustation und weiter bis Gundelfingen. Über zahlreiche kleinere Stromschnellen und um enge Kurven paddelt ihr durch eine wunderschöne Landschaft. In Gundelfingen Rücktransport nach Bichishausen mit Bussen. Dauer etwa 2 Std.
3) **Tagestour Buttenhausen – Indelhausen:** Für Familien mit älteren Kindern oder kräftige Leute, die das Kanufahren beherrschen. Zweimal muss das Boot um Wehre herum getragen werden (Bootswagen steht zur Verfügung). Unterwegs habt ihr die Möglichkeit an einer Feuerstelle zu rasten oder in einer am Ufer gelegenen Gaststätte einzukehren. Rücktransport mit Bussen.

Ein Regenbogen ist der sichtbare Teil eines Kreises in den Spektralfarben, die durch Brechung und Spiegelung der Sonnenstrahlen an den Regentropfen erscheinen. Ihr könnt ihn sehen, wenn es gleichzeitig regnet und die Sonne scheint. Er steht immer gegenüber der Sonne.

Paddeln auf der Donau

Von April bis Oktober gibt es nach Anmeldung täglich Touren unterschiedlicher Streckenlänge auf der Donau. Die Mindestteilnehmerzahl beträgt 8 Personen. Am Besten ist es, wenn sich die Anzahl der Leute durch 2 teilen lässt, da die Boote für 2 Personen ausgelegt sind. Ihr werdet in Gruppen zu den Ausgangspunkten der Kanustrecken gefahren. Bei der Tour seid ihr dann aber auf euch gestellt.

Radeln und Skaten

Öko-Regio-Tour

Länge: 45 km, reine Radelzeit 4 Std, Startpunkt ist der Bhf ↗ Münsingen.

▶ Auf einer bunten Karte, die bei der Tourist-Information Münsingen kostenlos erhältlich ist, findet ihr die Öko-Regio-Tour eingezeichnet. Sie verläuft von Münsingen über Gomadingen, Hohenstein, Ehestetten und Gundelfingen zurück nach Münsingen. Auf der knapp 45 km langen Rad- und Wanderroute könnt ihr viele spannende Dinge sehen und erleben. Zu den Stationen gehören: Schäfereien, Naturerlebnispfade, ökologisch wirtschaftende Bauernhöfe, Hofläden, Burgruinen und Restaurants, die Gerichte der Region servieren. Zu Fuß ist müsst ihr mindestens 2 Tage einplanen, wenn ihr an allen 33 Stationen halten möchtet. Mit dem Rad reicht ein langer Tag. Ihr könnt euch natürlich auch nur Teilstrecken aussuchen oder unterwegs abkürzen.

Rund um Pfullingen und auf den Übersberg

Länge: Rundtour 20 km, reine Fahrzeit circa 2 Std.
Anfahrt: ↗ Pfullingen.

▶ Ausgangspunkt dieser landschaftlich schönen Rundtour ist der ehemalige **Bahnhof** von Pfullingen. Vorbei am Spielplatz in der Bohlstraße geht es in

RAUS IN DIE NATUR

Karte zur Öko-Regio-Tour bei der Tourist-Information, Bachwiesenstraße 7, Münsingen. ✆ 07381/182-145.

Tipp: Einen **Fahrradverleih** gibt es bei der Firma Schmack, Münsingen-Bichishausen, ✆ 07383/408.

MITTLERE ALB

Was haben Schafe mit der Küchenschelle zu tun? Würden die Schafe nicht auf der Alb weiden, gäbe es dort nicht die typisch blumenreiche Landschaft. Schafe entziehen dem Boden Nährstoffe und verwandeln ihn so in magere Wiesen, auf denen besonders viele Blumen, unter anderem auch die Küchenschelle, wachsen.

Hunger & Durst
Landgasthaus Stahlecker Hof, 72895 Lichtenstein, 07122/9427, warme Küche 11.30 – 20.30 Uhr, Di Ruhetag.

Richtung Reutlingen. Bei der Bank, etwa 50 m vor dem Arbach, geht es entlang der Kleingartenanlage rechts ab Richtung Arbachtal. Am Ende des Wegs überquert ihr auf einer kleinen Brücke den *Arbach* und biegt gleich danach rechts nach Eningen ab. Nun geht es entlang der wenig befahrenen Arbachtalstraße an einigen Industriebetrieben vorbei. Eine Durststrecke. Aber bald radelt ihr durch schöne landwirtschaftliche Flächen; links seht ihr den Schäferhof.

Etwa 300 m weiter überquert ihr wieder den Arbach und trefft auf den **Unteren Lindenhof.** Er ist eine Versuchsstation für Tierhaltung, Tierzucht und Kleintierzucht der Uni Hohenheim und hat seinen Namen von den vielen schönen Linden auf dem Hofgelände.

Ihr radelt langsam durch das Hofgelände, was erlaubt ist, und trefft geradeaus am Ende des Hofs wieder auf den Arbach. Bis zur nächsten Brücke geht es jetzt rechts den Arbach entlang. Dann wechselt ihr wieder ans linke Ufer und fahrt auf der Teerstraße weiter in Richtung Wald. Im Wald fahrt ihr zunächst am *Judenbrunnen,* einer Karstquelle, und nach etwa 2 km an der *Arbachquelle* vorbei.

Nun geht es die **Albsteige** hinauf. Wenn es euch zu steil wird, steigt einfach ab und schiebt das Rad ein kurzes Stück. Fast oben findet ihr eine Bank zum Ausruhen, von hier habt ihr einen herrlichen Blick nach Reutlingen und Tübingen. Ihr fahrt auf der Lindenstraße weiter zu einem *Hof* und nehmt dort den rechten Weg, der durch Wiesen und Äcker führt. Nach etwa 2 km kommt ein Wegkreuz mit Bank. Der rechte Weg, den ihr dort nehmt, führt Richtung Stahleck. Hinter einem Wäldchen lädt das beliebte **Landgasthaus Stahlecker Hof** zur wohlverdienten Rast ein.

Wenn ihr eure Kräfte wieder gesammelt habt, fahrt ihr nach rechts zur Siedlung **Göllesberg,** eine Teilgemeinde von Lichtenstein. Ihr radelt rechts am Ort vorbei zum *Spielplatz Übersberg.* Hier gibt es auch eine Schutzhütte und Feuerstellen. Außerdem könnt ihr den Segelflugverkehr vom nahe gelegenen Fluggelände beobachten.

Vor dem Spielplatz geht es links ab durch den Wald zum Übersberg. Bei Flugbetrieb muss das Gelände umfahren werden. Ihr kommt aber in jedem Fall zum **Gasthaus Übersberger Hof,** wo ihr nochmals eine Verschnaufpause einlegen könnt.

Nun geht es den Elisenweg bergab. Wenn ihr den Wald verlasst, kommt links der Spielplatz. Ihr fahrt weiter Richtung Pfullingen die Straße bergab und kommt schließlich hinter dem Friedhof wieder an eurem Ausgangspunkt an.

Die Fünf-Täler-Tour rund um Sonnenbühl

Länge: 30 km Rundtour, reine Fahrzeit 3 Std. **Anfahrt:** ↗ Sonnenbühl.

▶ Die Gemeinde Sonnenbühl besteht aus den Ortsteilen Erpfingen, Genkingen, Undingen und Willmandingen. Vom Parkplatz bei der ↗ **Bären- und Karlshöhle** zwischen Undingen und Erpfingen geht es zunächst auf flacher Strecke entlang einem Ausläufer des *Höllentals* nach **Erpfingen.** Von der Grabenstraße biegt ihr links in die Marktstraße ein, überquert den Marktplatz und zweigt dann links in die Trochtelfinger Straße ab. An der nächsten Gabelung haltet ihr euch erneut links und radelt den Zwingweg entlang. Nach Überqueren der Landstraße kommt ihr am Naturdenkmal **Sieben Buchen** vorbei.

Von dort geht es weiter in Richtung Süden. Doch bei der ersten Gelegenheit biegt ihr zunächst links und dann gleich wieder rechts ab. Ihr seid jetzt am Beginn des *Grafentals* angekommen. An einem markanten Feldkreuz haltet ihr euch rechts und gelangt auf abschüssiger Strecke nach **Mägerkingen.** Im Ort angekommen, fahrt ihr nach rechts, vorbei an der Kirche, und nehmt an der nächsten Weggabelung die nach links führende Straße, die euch durch eine Unterführung zum *Mägerkinger See* bringt, wo ihr im

Sommer baden und das ganze Jahr über am Spielplatz eine Pause einlegen könnt.

Ihr radelt jetzt rechts um den See herum. Durch schattige Fluren geht es weiter bis zur Kreuzung Burladingen-Hörschwag-Mägerkingen.

Hier müsst ihr rechts über die Brücke und radelt dahinter gleich wieder links. Entlang der *Lauchert* geht's nach **Hausen**. Dort überquert ihr die Landstraße und fahrt nach Hörschwag, wo es am Sportplatz vorbei weiter nach **Stetten** geht. Im Ort haltet ihr euch zuerst links, dann rechts und kommt schließlich an der ehemaligen *Melchinger Mühle* vorbei. Dort geht es nach rechts. Dann müsst ihr wieder die Landstraße überqueren und kommt durch das *Hirschental* und zu einem schönen **Waldspielplatz.**

Auf der asphaltierten Straße geht es jetzt bis zu einer Kreuzung, wo ihr rechts abbiegt. Hinter einem Aussiedlerhof gelangt ihr auf die Gemeindeverbindungsstraße Willmandingen – Erpfingen, lasst den Campingplatz links liegen und fahrt ins *Melchinger Tal* hinunter.

In **Erpfingen** fahrt ihr rechts die Straße Im Dorf entlang, überquert den Marktplatz und biegt in die Steigstraße ein. Am ↗ *Ostereimuseum* vorbei geht es über den Höhenzug wieder zur Bärenhöhle.

Hunger & Durst

Gasthof Löwen, Sonnenbühl-Erpfingen, Trochtelfinger Straße 2, ✆ 07128/2222. Di – Sa 11.30 – 14 und 17.30 – 21 Uhr, So durchgehend bis 19.30 Uhr. Schwäbische Spezialitäten, Gartenterrasse.

Im Winter darf die Gerberhöhle nicht betreten werden, weil dann dort Fledermäuse ihren Winterschlaf halten.

Wandern und Spazieren

Wanderung zur Gerberhöhle, Quartier für Urälbler

Länge: 2 km, reine Gehzeit 30 Min. **Anfahrt:** Parkplatz beim Naturtheater am nordöstlichen Ortsrand von ↗ Hayingen. **Zeiten:** Mai – Okt durchgehend.

▶ Von **Hayingen** wandert ihr am *Naturtheater* vorbei in den Wald; der Wanderweg führt durch das *Hayinger Tal* in Richtung Indelhausen. Kurz vor dem Ort geht ihr rechts an einem keltischen Ringwall vorbei zur **Gerberhöhle.** Sie liegt am südlichen, steil abfallenden Felshang, etwa 60 m über der Sohle des engen Fichteltals, ganz nahe unterhalb des Ringwalls. Dieser Wall wurde im 400 Jahrhundert v.Chr. von den Kelten erbaut. Er umgab ihre Siedlung zum Schutz vor Angreifern. Früher war die Gerberhöhle nur durch eine Felsenkletterei zu erreichen; mittlerweile ist sie vom Albverein durch einen Steig mit Geländer bequem zugänglich gemacht worden. Der Weg ist gut erkennbar ausgeschildert.

Die Gerberhöhle liegt wie ein Schlauch fast waagrecht im Felsen hinein. Sie ist bis zu 5 m hoch, an manchen Stellen 7 m breit, etwa 30 m lang und endet in einem ganz niedrigen Schlupf, der zwar noch

Wisst ihr, was für ein Pulver der Pfarrer da meint und wann es erfunden wurde?

▶ Viele Sagen und Volksüberlieferungen stehen im Zusammenhang mit der Gerberhöhle. So weiß eine Beschreibung der katholischen Pfarrei Hayingen von 1825 Folgendes darüber zu berichten: »Auf der südöstlichen Seite des Berges Burghalden – gegen Maisenburg zu – ist mitten oben am Berge durch die Felsen eine Öffnung. Man heißt sie das »Gerberloch«. Noch vor ein paar Jahren waren armsdicke eiserne Haken da, in welche eiserne Türen eingehengt waren. Man kann da hineingehen und kommt auf der Indelhauser Seite an die Lauter. Es sollen in der Mitte des Berges Steinstiegen bis an die Lauter und bis auf die Ebene des Berges hinaufführen. Die Ebene oben war mit drei Wällen umgeben, die noch heute sehr erkennbar sind. Der Platz war sehr fest, und vor Erfindung des Pulvers gewiss unüberwindlich. Mit der Maisenburg kam der Berg samt Indelhausen an das Freiherrlich von Speth'sche Haus in den 1770er Jahren. Das Schülzburg-Speth'sche Haus gab 40.000 Gulden für ganz Maisenburg und Indelhausen.«

Von den eisernen Haken und Türen ist heute nichts mehr zu sehen. Ebenso wenig weiß man etwas von dieser Steinstiege im Innern. Auch die Sage, nach der einmal eine Gans, die man oben im Gerberloch hineingelassen habe, unten an der Lauter wieder ans Tageslicht gekommen sei, klingt eher unglaubwürdig. ◀

WIE TIEF IST DIE GERBERHÖHLE WIRKLICH?

weiter in den Berg hineinreicht, aber nicht mehr begehbar ist. Von Tropfsteinbildungen sieht man noch deutliche Spuren. Zusammen mit dem darunter liegenden *Ochsenloch,* das aber bedeutend kleiner ist, könnten diese beiden Höhlen für die Ureinwohner ein willkommener Unterstand gewesen sein und ihnen als Wohnhöhle gedient haben. Auch die Kelten benutzten sie zur Sicherung von Hab und Gut und als Zufluchtsort für alte und kranke Personen. Während des Dreißigjährigen Krieges (1618 – 48) flüchteten verängstigte Menschen vielfach in diese Höhlen. Auch am Ende des Zweiten Weltkrieges haben einige dort gelagert, um vor den Kriegsgräueln sicher zu sein.

Wanderung zur Achalm, dem Reutlinger Aussichtsberg

Länge: 9 km Rundweg ab Bhf reine Gehzeit etwa 2,5 Std. **Anfahrt:** ↗ Reutlingen.

▶ Die Wanderung auf die Achalm lohnt sich schon allein wegen der prächtigen Aussicht auf Reutlingen. Vom **Bahnhof** Reutlingen geht ihr zunächst durch den kleinen Park zum Friedrich-List-Denkmal und folgt dann der Gartenstraße bis zum Burgplatz. Als Wegweiser dient das Blaue Dreieck. Am **Burgplatz** geht ihr links die Burgstraße entlang zum Leonhardsplatz, und nach dem Überqueren der Kaiserstraße folgt ihr der Burgstraße bergan in Richtung Achalm, die ihr bereits von hier aus gut erkennen könnt.

An der Stelle, an der die Burgstraße links abbiegt, führt ein gut ausgebauter Treppenweg weiter bergauf. Bei der Weggabelung nehmt ihr den Weg, der ganz um den Gipfel herum bequem zur Ruine hinaufführt.

Die **Achalm,** das topografische Wahrzeichen der Stadt Reutlingen, erhebt sich östlich der Stadt auf einer Höhe von 707 m über dem Meer. Die **Burg Achalm** zählt zu den frühesten Höhenburgen überhaupt. Sie stammt aus dem 11. Jahrhundert. 600

Jahre später brannte sie im Dreißigjährigen Krieg größtenteils aus. Heute sind von der einst stattlichen Burg nur noch ein paar Mauerreste übrig. Im Jahre 1838 wurde auf den erhaltenen Fundamenten des Bergfrieds ein Aussichtsturm errichtet.

Beim Abstieg nach Eningen müsst ihr zur Vorburg zurück und dann dem Burgweg abwärts zur Südseite des Bergs folgen. Bald darauf zweigt scharf links ein Fußweg ab, der durch die Obstbaumwiesen nach Eningen hinunterführt. Dort biegt ihr von der Achalmstraße in den Markwiesenweg ein und folgt an der Eiferthöhe vorbei dem Betzenriedweg. Durch die August-Lämmle-Straße und die Kaiserstraße kommt ihr wieder zum Bahnhof.

Wanderung von Pfullingen zur Nebelhöhle

Länge: 10 km, reine Gehzeit knapp 3 Std. **Anfahrt:**
↗ Pfullingen. Von der Stadtmitte über die Klosterstraße bis zum städtischen Freibad, dann vor der Eisenbahnbrücke rechts zum Wanderparkplatz Roßwag. Die Wanderzeit verkürzt sich von hier um etwa 20 Min.

▶ Von der **Stadtmitte** in Pfullingen geht ihr durch die Kirchstraße und dann über den Laiblinsplatz zur Klosterstraße. Bei der *Villa Laiblin,* dem Haus der ehemaligen Papierfabrikanten Laiblin, biegt ihr zunächst in die Sandstraße, wenige Schritte später in die Hohmorgenstraße ab und schließlich in den Ahlbolweg ab, der steil aufwärts zur **Höhengaststätte Jahnhaus** führt. Von dort wandert ihr durch das Sport- und Freizeitgelände zum *Jakob-Albrecht-Haus* und weiter bergan bis zur Waldgrenze, wo ihr dem Weg folgt, der die kleine Wanne berührt und in Serpentinen am Nordhang der Wanne zur Hochfläche führt. Ihr braucht nur dem Blauen Pfeil zu folgen.

Unweit des **Wanderparkplatzes** beginnt an der Waldgrenze der Wanderweg hinauf zur Hochfläche des **Schönbergs.** Der *Schönbergturm* ist tagsüber geöffnet. Ihr könnt jetzt links am Turm bei der Schutz-

Rätsel: *Wie kann man Schlangen unterscheiden?*

Wenn sie gut sehen, dann sind es Seeschlangen. Wenn sie schlecht sehen, sind es Brillenschlangen. Wenn sie überhaupt nichts sehen, sind es Blindschleichen.

hütte euren Weg fortsetzen oder die Hochfläche in westlicher Richtung überqueren und nach links einbiegen; beide Wege treffen später wieder zusammen und führen weiter bis zum hinteren Sättele. Hier beginnt der Aufstieg zum **Wackerstein.** Zunächst geht es in Serpentinen bergauf und nach der Überquerung eines Waldweges weiter geradeaus bis zu der Felsgruppe des Wackersteins, der hoch über dem Wasserteich aufragt.

Danach führt euch der Weg bergab zu einem Felsgrat und weiter zur **Hochfläche.** Nach Überqueren der Hochwiese wandert ihr weiter bis zur Waldgrenze und kommt dann entweder links – am Steilabhang entlang über einen Felsen – zum Festplatz bei der ↗ Nebelhöhle, oder unmittelbar durch den Wald bis zum Eingang der Nebelhöhle. Auf dem Rückweg wandert ihr durch das *Reißenbachtal* nach **Unterhausen** (circa 3 km) und nehmt dort den Bus nach Pfullingen.

Hunger & Durst
Forsthaus beim Schloss Lichtenstein, April – Okt durchgehend warme Küche 10 – 18 Uhr, im Winter nur So und Fei. ✆ 07129/2440.

Wer noch fit ist, kann noch zum **Schloss Lichtenstein** weiter wandern. Dazu folgt einfach der Roten Pfeilgabel und geht von der Festwiese aus in südöstlicher Richtung bis zur Waldgrenze und am Skilift Kalkofen und am Aufberg vorbei. Danach tretet ihr in den Wald ein und erreicht nach etwa 500 m zunächst das *Forsthaus* (Gaststätte) und wenig später das Schloss Lichtenstein. Es wurde unter Graf Wilhelm von Württemberg auf den bis zum 1. Stock erhaltenen Grundmauern der alten Burg 1840/41 erbaut. Zurück geht ihr vom Schloss Lichtenstein über den Tobelkopf zum Bahnhof Lichtenstein. Der Bus bringt euch nach Pfullingen zurück.

Von Höhlen und Höhlenbären

Mit dem Kahn in die Wimsener Höhle
Friedrichshöhle, Wimsen 1, 72534 Hayingen. ✆ 07373/915260, Fax 915378. www.wimsen.de. info@wimsen.de. **Anfahrt:** Von Zwiefalten oder ↗ Hayingen

auf dem beschilderten Wanderweg jeweils knapp 1 Std Gehzeit. Die Höhle liegt auf halber Strecke an der Landstraße Zwiefalten – Hayingen. **Zeiten:** April – Okt täglich 10 – 19 Uhr, die Zeiten Nov – März sind der Homepage zu entnehmen. **Preise:** 2,50 €; Kinder 4 – 11 Jahre 2 €.

▶ Zwischen Hayingen und Zwiefalten, eingebettet in das Werfental, liegt der Weiler **Wimsen.** Zu ihm gehören eine ehemalige Mühle, eine Scheune und ein Gasthaus. Vor dem Gasthaus fließen die Bäche Zwiefalter Ach und Glas zusammen. Folgt ihr der Ach einige Meter bachaufwärts, kommt ihr an einen Felsen. Hier strömt der Bach aus einem 3 x 3 m großen Felsportal nach außen. Wenn man davor steht, kann man kaum glauben, dass da ein Kahn mit Menschen drin hindurch passt. Ihr steht vor dem Eingang zur Wimsener Höhle, die auf dem Anwesen von **Schloss Ehrenfels** liegt. Sie ist die einzige Wasserhöhle Deutschlands, die man mit dem Kahn befahren kann.

Die Höhle ist eine der frühesten urkundlich erwähnten Höhlen der Schwäbischen Alb. Im Jahre 1447 wurde von einem Grenzstreit zwischen dem Ehrenfelser Burgherren und dem Kloster Zwiefalten berichtet. Es ging um den Fluss, »der us dem Höhlenstain gat«. 1953 suchten Forscher eine Fortsetzung der Höhle. 1961 entdeckten Höhlentaucher einen Tropfsteineingang und den etwa 40 m langen Ehrenfelser See. Die Friedrichshöhle wurde nach König Friedrich I. (1806 – 16) benannt. Allerdings konnte sich dieser Name nicht durchsetzten und so nennt man sie heute die Wimsener Höhle. Die Grotte ist eine aktive Wasserhöhle, d.h. sie ist immer noch in der Entstehungsphase. Mit dem Boot werdet ihr 70 m weit in die Höhle hinein gefahren. Gleich hinter dem Eingang weitet sich der Raum zu einer Halle. Das Wasser ist hier 4 m tief und ganz klar, sodass ihr gut auf den Grund sehen könnt. Mitten in der Halle steht ein Felsblock, der 2,5 m aus dem Wasser ragt. Weiter hinten wird der Gang so schmal, dass er gerade noch mit dem Kahn befahrbar ist.

Frappierende Ähnlichkeit: Versteinerte Ammoniten sind mit den heutigen Tintenfischen verwandt

David Friedrich Weinland: *Rulaman. Naturgeschichtliche Erzählung aus der Zeit des Höhlenmenschen und des Höhlenbären.* Mit sämtlichen Illustrationen der Erstausgabe von 1878. DVA, 336 Seiten, 16,40 €.

Wenn man lange genug hinschaut, ...

Im Reich des Höhlenbären
Bären- und Karlshöhle, 72820 Sonnenbühl-Erpfingen. ✆ 07128/635, 92518, Fax 92550. www.sonnenbuehl.de. info@sonnenbuehl.de. **Anfahrt:** Bus 7635 Busbhf ↗ Reutlingen bis Erpfingen. Von dort 30 Gehminuten auf dem Wanderweg. Auf der Landstraße vom Ortsteil Sonnenbühl-Erpfingen nach Haid nach etwa 1,5 km links abbiegen. **Zeiten:** April – Okt täglich 9 – 17.30 Uhr, März und Nov Sa, So und Fei 9 – 17 Uhr, Führungen sind im Preis enthalten. **Preise:** 3 €, Gruppen 2,50 €; Kinder 6 – 14 Jahre 2 €, Gruppen 1,50 €.

🦉 *Die Höhle heißt eigentlich Karlshöhle. In ihr wurden auch Knochen von Pestopfern gefunden, die man im Mittelalter dort entsorgt hatte. 1949 wurde der hintere Teil der Höhle entdeckt und dort richtig viele Bärenknochen. Seit 1950 ist die gesamte Höhle als Bärenhöhle zu besichtigen.*

▶ Südöstlich des Sonnenbühler Ortsteils Erpfingen findet ihr die Bärenhöhle. Sie liegt 20 m unter der Erdoberfläche. Ein Gang durch die 292 m lange Höhle ist besonders abwechslungsreich, denn sie hat 7 Hallen nebeneinander und jede hat eine andere Deckenform. Hier unten haben Forscher Säugetierereste gefunden, die 2 Millionen Jahre alt sein sollen. Das Skelett des Höhlenbären, nach dem die Höhle benannt ist, stammt aus der Eiszeit vor 20.000 bis

50.000 Jahren. Vor 8000 Jahren haben noch Höhlenmenschen in ihr gehaust.

... dann kommt er vielleicht raus, der Höhlenbär

In den Tropfsteinhallen der Nebelhöhle

72820 Sonnenbühl-Genkingen. ✆ 07128/605, 92518, Fax 92550. www.sonnenbuehl.de. info@sonnenbuehl.de. **Anfahrt:** Mit Bus 7635 ab Busbhf ↗ Reutlingen bis Genkingen. Von dort eine halbe Stunde zu Fuß auf dem Wanderweg HW1. Von Reutlingen über Pfullingen Richtung Sonnenbühl/Genkingen. Vor dem Ortseingang links. **Rad:** 2 km von der Zufahrtsstraße Lichtenstein – Genkingen. **Zeiten:** April – Okt täglich 9 – 17.30 Uhr, März und Nov Sa, So und Fei 9 – 17 Uhr. **Preise:** 3 €, Gruppen 2,50 €; Kinder 6 – 14 Jahre 2 €, Gruppen 1,50 €. Führungen sind im Preis enthalten und finden nach Bedarf statt.

▶ Die prachtvolle, sehr große Nebelhöhle liegt am östlichen Rand des Sonnenbühler Ortsteils Genkingen. 1517 wurde der erste Teil der Nebelhöhle entdeckt, doch erst 1920 fand man den zweiten, grö-

Hunger & Durst

Gasthaus Bärenhöhle, 50 m von deren Eingang, ✆ 07128/925867. Das Ausflugslokal bietet gutbürgerliche schwäbische Küche mit Kinderspeisekarte. Öffnungszeiten wie die Bärenhöhle, ↗ Freizeitpark Traumland.

Hunger & Durst

Gaststätte Nebelhöhle gleich bei der Höhle, ✆ 07128/2253. Gutbürgerliche Küche, Kaffee und Kuchen, Eisbecher. Die Öffnungszeiten stimmen mit denen der Höhle überein.

Der Märchenschriftsteller Wilhelm Hauff (1802 – 1827) *brachte 1826 mit seinem Werk Lichtenstein die Nebelhöhle in die Literaturgeschichte ein. In dem romantischen Roman lässt er Herzog Wilhelm von Urach in der Höhle Zuflucht finden.*
↗ Schloss Lichtenstein.

Ein Hektar ist eine Maßeinheit für eine Fläche. 1 ha = 100 x 100 m = 10.000 qm oder so lang wie eine 100-m-Bahn. 100 ha sind also wie viel Quadratmeter?

ßeren Teil. Von den insgesamt 830 m sind 480 m für Besucher erschlossen und beleutet. 141 Treppenstufen führen euch in das Reich der Nebelhöhle hinunter, mit 450 m Länge eine der wichtigsten Schauhöhlen der Schwäbischen Alb. Hier könnt ihr in 40 m Tiefe die atemberaubenden Formen der Stalagtiten und Stalagmiten bewundern. Letztere, die Bodentropfsteine, sind hier besonders zahlreich. Mächtige Säulen sind in 150 Millionen Jahren entstanden! Ihr könnt eurer Fantasie freien Lauf lassen und in den Kalksäulen alle möglichen fantastischen Figuren entdecken.

Seit 1804 steigt an Pfingsten **Nebelhöhlenfest.** Dann werden Vergnügungspark und Bierzelt aufgebaut.

Natur und Umwelt erforschen

Alte Kulturlandschaft: Der Lehrpfad im Naturreservat Beutenlay

Länge: 5 km, reine Gehzeit 1,5 Std. **Anfahrt:** ↗ Münsingen. Ausgangspunkt ist der Parkplatz bei der Beutenlay-Halle am südlichen Stadtrand.

▶ Der Beutenlay ist eine der vielen Weidekuppen der 700 bis 800 m hoch gelegenen Münsinger Alb. Er umfasst etwa 100 **ha.** Ursprünglich war hier einmal Laubwald; er wurde allmählich ausgedünnt und schließlich ganz gerodet, um die Fläche beackern und beweiden zu können. Der Wechsel von Laub- und Nadelwäldern, Wacholderheiden, Baumheiden, Wiesen, Feldgehölzen, Feldhecken und Äckern bietet vielen Pflanzen und Tieren Lebensraum. Die Umwandlung zur maschinengerechten Kulturlandschaft bringt hingegen unzählige Biotopverluste mit sich.

Auf dem Beutenlay wurde vom Staatlichen Forstamt und der Stadt Münsingen ein Netz von Reservaten geschaffen. Im *Straucharten-Prüffeld* am Ostrand wurden etwa 50 Straucharten gepflanzt, im *Baumgarten* etwa 30 Arten, das *Feldflora-Reservat* enthält

über 70 Ackerkräuter und in den verschiedenen *Wäldchen* stehen einheimische Bäume, aber auch Fichten, Lärchen, Douglasien, Kiefern und Pappeln.
Auf einem gekennzeichneten Rundweg kommt ihr an allen interessanten Stationen vorbei. Unterwegs findet ihr Tafeln, auf denen alles erklärt wird.

Das Kuratorium zum Schutze gefährdeter Pflanzen des Deutschen Naturschutzrings zeichnete 1977 den Beutenlay mit der Silberpflanze aus. Sie wurde durch Loki Schmidt, Ehefrau des damaligen Bundeskanzlers, überreicht.

Mit Lichtgeschwindigkeit durchs Sonnensystem: Planetenweg in Gomadingen

Länge: 9,5 km, Gehzeit etwa 2,5 Std. **Anfahrt:** Von der Ortsmitte ↗ Gomadingen über Brunnenstraße und Ödenwaldstetter Straße bis zum Sportplatz mit dem Parkplatz für den Planetenweg. Die komplette Route ist ausgeschildert.

▶ Die Menschheit war schon immer vom Sternenhimmel fasziniert. Aufgrund seiner Pracht und unendlichen Weite übt das All eine große Anziehungskraft auf uns Menschen aus und hat zu vielen Spekulationen und abenteuerlichen Geschichten über seine Entstehung und Beschaffenheit geführt. Selbst mit modernsten Weltraumteleskopen ist es nur ansatzweise möglich, den Kosmos zu erforschen.

Relativ gute Kenntnisse gibt es dagegen von unserem Sonnensystem, das jedoch nur einen winzigen Teil des Alls ausmacht. Auf dem Gomadinger Planetenweg wird das Sonnensystem mit seinen neun Planeten im Maßstab 1:1 Milliarde dargestellt. Dieser Maßstab soll einen realistischen Vergleich der Größe der Sonne und der Planeten mit den im gleichen Verhältnis dargestellten Abständen aufzeigen. Konkret bedeutet das, 1 mm im Modell entspricht in Wirklichkeit einer Strecke von 1000 km, jeder von euch gelaufene Meter entspricht also 1 Million km. Überträgt man diesen Maßstab auf normale Gehgeschwindigkeit beim Bewandern des Planetenwegs, würdet ihr euch im Weltraum mit mehrfacher Lichtgeschwindigkeit bewegen.

In Verbindung mit einer herrlichen Wanderung vom *Gomadinger Sternberg* durch das Lautertal nach **Mar-**

Ein Planet ist ein Himmelskörper, der nicht selbst leuchtet und sich um einen Stern bewegt. Die meisten Planeten des Sonnensystems werden von Monden umkreist. Die 9 Planeten heißen Merkur, Venus, Erde, Mars, Jupiter, Saturn, Uranus, Neptun und Pluto. 2004 entdeckten NASA-Wissenschaftler ein rot leuchtendes Objekt, das sie Sedna nannten und das eventuell ein 10. Planet ist. Denn auch Sedna wird von einem Mond umkreist – und das 130 Milliarden km von der Erde entfernt.

☀ Ein Höhepunkt sind die **Hengstparaden** im Herbst: In einem vierstündigen Programm zeigen Rosse und Reiter meisterliches Können. Ihr könnt die Fahrkünste der Gespannfahrer bewundern. Ein schöner Anblick sind die frei laufenden Vollblut-Araberstuten und die Nachwuchshengste. Den festlichen Abschluss bildet die große Hengstquadrille, eine kreuzförmige Aufstellung kleinerer Reitergruppen. Termine und Preise unter ✆ 07385/96950.

@ Wenn ihr auf der Homepage des Gestüts das Kapitel »Ernährung« anklickt, kommt ihr zu BeKi, der euch über bewusste Ernährung für Kinder bis 12 Jahre aufklärt.

bach, vorbei an den Weiden und Ställen des Haupt- und Landgestüts bis hin zum Ortsteil **Wasserstetten** erfahrt ihr auf speziell angefertigten Tafeln Wissenswertes über das Sonnensystem und den jeweiligen Planeten. Die Standorte der einzelnen Planeten wurden so ausgewählt, dass ihr fast immer auf den Sternberg mit dem Standort der Sonne zurückblicken könnt. In Wirklichkeit befinden sich die Planeten natürlich kaum jemals so schön wie auf dem Plantenweg aufgereiht in einer Linie, da sie mit verschiedenen Geschwindigkeiten um die Sonne kreisen.

Pferdestärken

Edle Pferde: Haupt- und Landgestüt Marbach

Gomadingen-Marbach. ✆ 07385/9695-0, Fax 9695-10. www.gestuet-marbach.de. poststelle@hul.bwl.de. **Anfahrt:** ab ↗ Reutlingen mit Bus 7606 Richtung Münsingen bis Offenhausen. **Rad:** 2 km auf der Landstraße ↗ Gomadingen – Engstingen. **Zeiten:** ganzjährig 8 – 12 und 13 – 17 Uhr, Führungen für Gruppen ab 5 Pers. **Preise:** Eintritt frei.

▶ Auf der Hochfläche der Schwäbischen Alb liegen die z.T. historischen Gebäude des mit 400 Jahren ältesten staatlichen Gestüts Deutschlands. Es ist das berühmte Haupt- und Landgestüt Marbach. Die Stutenherde wird mit Fohlen unterschiedlichen Alters artgerecht in Herden auf weitläufigen Koppeln gehalten. Besonders schön sind die Vollblut-Araberpferde. Menschen aus aller Welt kommen hierher, um diese edlen Tiere zu sehen. Rund 600 Reit- und Fahrschüler werden jährlich ausgebildet. Das ganze Jahr über werden Kurse für Anfänger und Fortgeschrittene, für Reit- und Fahrwarte, für Fahr- und Amateurreitlehrer angeboten. Darüber hinaus gibt es regelmäßige Kutsch- und Planwagenfahrten.

Mit dem Planwagen unterwegs

Friedrich Krehl, Bergstraße 20, 72532 Gomadingen-Steingebronn. ✆ 07385/1098, Fax 9696-22. Handy 0172/7627483. www.gomadingen.de. **Anfahrt:** Steingebronn liegt 3 km nördlich der Landstraße ↗ Gomadingen – Münsingen. **Zeiten:** Fahrten je nach Witterung etwa Feb – Nov nach telefonischer Vereinbarung. **Preise:** 1 Std 60 € für eine Gruppe bis zu 10 Pers.

▶ Der nette Kutscher fährt euch mit seinem Planwagen zu den schönsten Stellen in der Umgebung.

Tier- und Erlebnisparks

Natur und Sport am Stadtrand

Erholungspark Markwasen, 72762 Reutlingen. ✆ 07121/3032622, Fax 943222. www.mythosschwaebischealb.de. **Anfahrt:** ↗ Reutlingen. RSV-Bus 4, 5 bis Kreuzeiche/Stadion/Freibad, Linie 8 bis Markwasen. Mit dem Auto über die Alteburgstraße stadtauswärts und bei der Fachhochschule für Sozialpädagogik links in der Hermann-Hesse-Straße parken. **Zeiten:** immer frei zugänglich. **Preise:** Eintritt frei. **Infos:** ✆ 07121/337600.

▶ Am südwestlichen Stadtrand findet ihr den großen Erholungspark Markwasen. Hier könnt ihr Damwild in einem großen Gehege beobachten. Auf dem Waldsportpfad und auf Rundwanderwegen könnt ihr eurer Lust an Bewegung freien Lauf lassen. Im Juni und August werden im Naturtheater auf dem Gelände auch Theaterstücke für Kinder aufgeführt. Außerdem gibt es hier kleine Seen und Feuerstellen. Ein Teil der Grillplätze und Rundwanderwege ist auch für Rollstuhlfahrer gut erreichbar.

Naturpark in der Stadt

Pomologie & Volkspark, 72762 Reutlingen. ✆ 07121/3032622, Fax 339590. www.tourismus-reutlingen.de. touristinfo@start-Reutlingen.de. **Anfahrt:** ↗ Reutlingen.

Bei der Silcherhalle liegt eine 18-Loch-**Minigolf**-Bahn mit unterschiedlichen Schwierigkeitsgraden. Wartburgstraße, Reutlingen-Sickenhausen. ✆ 07121/67277. Di – Fr 18 – 22 Uhr, Sa, So, Fei 14 – 22, im Okt nur am Wochenende.

Hunger & Durst

Gaststätte Ringelbach, Ringelbachstraße 89, Reutlingen, ✆ 07121/25886, täglich 17.30 – 24 Uhr. Regional-rustikale Gaststätte.

Happy Birthday!
Wer einen ganz besonderen Kindergeburtstag ausrichten will, kann einen spannenden **Naturgeburtstag** mit einem Alb-Führer buchen. Festpreis 92 € für 2,5 Stunden, Beratung durch Christoph Böckheler, ✆ 0711/ 6153644.

Wer bestimmt, wo's lang geht?

Vom Marktplatz 20 Min zu Fuß über die Alteburgstraße. **Zeiten:** Gelände immer zugänglich. **Preise:** Eintritt frei.
▶ Früher war hier das *Pomologische Institut,* eine Lehr- und Forschungsanstalt für Apfelkunde, Obstkultur und Gartenbau. Heute bietet das Gelände nahe der Stadtmitte Erholung für die Großen und Interessantes für die Kleinen. Denn es gibt ein **Exotarium,** wo ihr von Mai bis November an Sonn- und Feiertagen 10 – 17 Uhr Tiere in Aquarium und Terrarium seht. Das **Bienenhaus** der Imker hat Mai – Mitte September an Sonntagen 14 – 18 Uhr geöffnet. **Vogel-Freivoliere,** Pit-Pat-Anlage (Tischspiel mit Spielstock und Ball) und der schöne Rosengarten mit Café haben ständig geöffnet.

Freizeitpark Traumland
Freizeitpark auf der Bärenhöhle, 72820 Sonnenbühl-Erpfingen. ✆ 07128/2158, Fax 1360. www.freizeitpark-traumland.de. info@freizeitpark-traumland.de. **Anfahrt:** Mit Bus 7031 alle 2 Std ab Busbhf ↗ Reutlingen bis Ortsteil Erpfingen. Dann 30 Gehminuten auf dem Wanderweg 1. Südlich von ↗ Sonnenbühl. **Rad:** Von der Landstraße Erpfingen – Haid nach 1,5 km links ab. **Zeiten:** April – Sep täglich 9.30 – 18 Uhr, Okt täglich 9.30 – 17 Uhr. **Preise:** 8 €; Kinder 3 – 11 Jahre 7 €.
▶ Der Freizeitpark über der Bärenhöhle hat einen Märchenwald, einen Spielplatz, verschiedene Karussells und Fahrgeräte wie die Marienkäferbahn sowie ein 31 m hohes Riesenrad. Und ihr könnt sogar auf Ponys reiten. Sind diese Attraktionen schon alle eher für unter 10-Jährige konzipiert, geht's dann auf dem Babyspielplatz

mit Mini-Ballhaus und Mini-Hüpfburg echt zwergenhaft zu.

Die Ziegen vom Lorettohof

Loretto, 88529 Zwiefalten. ✆ 07373/2362, Fax 2363. www.zwiefalten.de. **Anfahrt:** Bundesstraße Ehingen – Zwiefalten, dort Richtung ↗ Hayingen (Beschilderung Loretto am Ortsausgang), etwa 2 km bis zum Hof. **Zeiten:** Ende März – Weihnachten Fr, Sa, So und Fei 14 – 18 Uhr.

▶ Am südlichen Albrand bei Zwiefalten liegt abseits der Hauptstraße der 300 Jahre alte Lorettohof. Auf dem Gelände steht eine ehemalige Kapelle. Sie wurde 1671 nach dem Vorbild der Wallfahrtskapelle im mittelitalienischen Loreto gebaut. Heute wohnt eine Familiengemeinschaft in Loretto und wirtschaftet nach ökologischen Gesichtspunkten. An Wochenenden herrscht auf dem Ziegenhof mit Holzofenbäckerei reger Betrieb. In der kleinen **Gartenwirtschaft** (Selbstbedienung) gibt es unter einer großen, alten Linde zwar nur kalte, aber köstliche Speisen. Ihr könnt salzige und süße Kuchen oder ein frisches Holzofenbrot und Ziegenkäse kaufen. Dazu gibt es leckeren Saft. Habt ihr schon mal Ziegenmilch probiert? Ein Streuselküchle kostet 0,80 € und ein Stück Rahmkuchen 1,20 €. Beim Haus ist auch ein Kinderspielplatz.

Pony- und Märchenpark Zwergental

Ponyhof 1, 89150 Laichingen-Machtolsheim. ✆ 07333/5600, Fax 21573. www.ponymaerchenpark.de. **Anfahrt:** A8 Stuttgart – Ulm, ab Ausfahrt 61 Merklingen 3 km Richtung Süden nach Machtolsheim. **Zeiten:** täglich Ostern – Nov 9 – 18 Uhr. **Preise:** 2,50 €; Kinder ab 2 Jahre 2,50 €, Ponyreiten für Kinder unter 12 Jahre pro 1-km-Runde 3,50 €.

▶ In Machtolsheim, dem östlichen Stadtteil Laichingens, liegt der Pony- und Märchenpark. Hier könnt ihr die bekanntesten Märchen hören und sehen und mit

Am Freitag ist im Freizeitpark **Kindertag,** dann kann jeder Erwachsene ein Kind kostenlos mit hineinnehmen.

Hunger & Durst

In der Gartenwirtschaft des Parks kann man gemütlich einkehren. Gäste können Spielplatz und Grillstelle kostenlos benutzen.

Hunger & Durst
Zur Bobbahn gehört das **Rasthaus Möck.** Man bekommt Würstle, Suppe, Braten, Nudelgerichte und hausgemachten Kuchen. Ihr könnt euer Essen auch selbst mitbringen und auf der großen Sonnenterrasse vespern.

HANDWERK UND GESCHICHTE

Hunger & Durst
Restaurant Sonne, täglich 10 – 23 Uhr. Pasta und Spätzle aus der offenen Küche.
Kräutergarten, täglich 9 – 18 Uhr, im Winter geschlossen. Kräuter und Gewürze nicht nur für die Nudelproduktion.
Landmarkt, Mo – Sa 9 – 20, So 11 – 18 Uhr. Teigwaren, Eierliköre, Saucen.

der Raupenbahn und einer kleinen Eisenbahn fahren. Wenn ihr Lust habt, eine Runde zu reiten, muss euer Pony von einem Erwachsenen geführt werden.

Durch Steilkurven talwärts
Bobbahn, Stettener Straße 44, 72820 Sonnenbühl-Erpfingen. ✆ 07128/2056, 2393, Fax 927616. www.sonnenbuehl.de. ↗ Sonnenbühl, 4 km von der Bärenhöhle. **Anfahrt:** Mit Bus 7031 alle 2 Std ab Busbhf ↗ Reutlingen bis Erpfingen und 15 Min auf dem Wanderweg 9. **Rad:** Von Erpfingen nach Stetten, dort am Ortsende rechts abbiegen zum Wanderparkplatz Melchinger Tal. **Zeiten:** täglich 10 – 19 Uhr. **Preise:** 2,70 €, 4 Fahrten 10 €; Kinder 2 – 7 Jahre 1,50 €, 4 Fahrten 5 €, Schüler 2,20 €, 4 Fahrten 8 €; in Gruppen 10 % weniger.
▶ Juchhu, das ist ein Spaß! Auf der 900 m langen Bobstrecke sind 13 Steilkurven eingebaut. Keine Angst, Jung und Alt schaffen das leicht.

Betriebsbesichtigung

Gläserne Nudelproduktion
Alb-Gold Teigwaren GmbH, Im Grindel 1, 72818 Trochtelfingen. ✆ 07124/9291-155, Fax 9291-959. www.alb-gold.de. kundenzentrum@alb-gold.de. **Anfahrt:** Von Reutlingen und ↗ Gammertingen mit dem Bus 400 bis zur Haltestelle Haid/Heuweg, dann 1 km Fußweg. An der B313 zwischen ↗ Trochtelfingen und dem Ortsteil Haid, die Einfahrt ist beschildert. **Zeiten:** Führungen Mo – Fr 11.30 Uhr oder auf Anfrage, Anmeldung besonders in den Ferien empfohlen, Weihnachten, Fasching und Brückentage Produktionsferien. **Preise:** 2,50 €; bis 5 Jahre frei, Schüler mit Ausweis 2 €, inklusive Überraschungspaket; Führungen für Kindergartengruppen 1 € pro Kind.
▶ In der Heimat des Nudel- und Spätzlehandwerks darf der Besuch in einer Nudelproduktion natürlich nicht fehlen. In der Gläsernen Produktion der Firma

Alb-Gold könnt ihr die laufenden Maschinen bestaunen, die die leckeren Spezialitäten in riesigen Mengen herstellen. Während der 75-minütigen Führung bekommt ihr alles erklärt, was ihr über Nudeln wissen wollt. Zu manchen Bereichen der Produktion werden euch kurze Filme gezeigt.

Auf dem Firmengelände gibt es allerdings nicht nur Nudeln, sondern auch duftende Kräuter. Die könnt ihr von Frühling bis Herbst im Erlebnis- und Kräutergarten am Kundenzentrum erkunden und auf dem angelegten Barfußpfad über verschiedene Gesteine und Granulate laufen.

Wenn ihr danach hungrig seid, warten im **Firmen-Restaurant Sonne Dino-Nudeln** mit Tomatensoße auf euch.

Wenn ihr lernen möchtet, eure Lieblingsspeise selbst zu kochen, könnt ihr euch für einen der **Kinderkochkurse** des Alb-Gold Kundenzentrums anmelden. Die Termine erfahrt ihr auf der Homepage oder unter ✆ 07124/9291155. Ein Kurs kostet 8 € pro Kind zzgl. der Lebensmittelkosten. Eigene Schürze mitbringen!

Burgen und Museen

Märchenhafte Ritterburg: Schloss Lichtenstein

✆ 07129/4102, Fax 5259. www.SchlossLichtenstein.de. **Anfahrt:** ↗ Lichtenstein. Von der B312 Reutlingen – Zwiefalten zwischen Honau und Engstingen in westlicher Richtung abbiegen. **Zeiten:** April – Okt Mo – So, Fei 9 – 17.30 Uhr, Nov, Feb, März nur Sa, So und Fei 10 – 16 Uhr. **Preise:** 4 €; Kinder 6 – 15 Jahre 2 €.

▶ Das Schloss Lichtenstein steht auf einem Felsen in etwa 800 m Höhe oben auf der Reutlinger Alb. Es entstand erst in der ersten Hälfte des 19. Jahrhunderts und ist noch im Besitz der herzoglichen Familie von Urach. Bei einem Schlossrundgang seht ihr die Waffenhalle mit mittelalterlichen Rüstungen und Wappen, das reich bemalte Königszimmer und das Erkerzimmer mit mittelalterlichen Möbeln. Von hier aus betretet ihr den größten und schönsten Raum, den Rittersaal. An den Wänden entdeckt ihr in der Holztäfelung Medaillons mit Bildern berühmter Schwäbischer Ritter. Wände und Decken sind pracht-

Wilhelm I., Herzog von Urach und Graf von Württemberg, war ganz verliebt in alles Ritterhafte. Deswegen wollte er auch unbedingt eine echte Ritterburg, obwohl es 1840 solche Ritter, von denen er träumte, gar nicht mehr gab. Inspiriert hatte ihn der Märchenerzähler Wilhelm Hauff mit seinem Roman »Lichtenstein«.

Das Neuschwanstein der Schwäbischen Alb: Schloss Lichtenstein

voll bemalt. Wenn ihr einen Blick in die Schlosskapelle werft, seht ihr wertvolle Glasmalereien aus dem 14. und 15. Jahrhundert sowie alte Holzskulpturen.

Alles wie damals
Bauernhausmuseum Hohenstein-Ödenwaldstetten, 72531 Hohenstein-Ödenwaldstetten. ✆ 07387/9870-0, Fax 9870-29. www.gemeinde-hohenstein.de. **Anfahrt:** ↗ Hohenstein. Von der B312 Reutlingen – Zwiefalten auf halber Strecke bei Bernloch 3 km der Landstraße folgen. **Zeiten:** Mai – Okt Mi, Sa und So 14 – 17 Uhr. **Preise:** 2,50 €; Kinder 6 – 14 Jahre 1,50 €.

▶ Auf dem Museumsgelände stehen zwei Häuser. Dasjenige von 1600 ist vom Keller bis zum obersten Dachboden vollständig eingerichtet. Nichts ist verstaubt, sofort könnte eine Bauernfamilie hier einziehen und wie damals leben und arbeiten. Es ist alles da, vom Zwiebelring in der Speisekammer bis zum »Brunzkächele« (Nachttopf) unterm Kinderbett. Die beiden Küchenherde funktionieren auch noch. Immer wieder werden Ausstellungstücke ausgetauscht und ergänzt – wie im richtigen Leben. Es gibt kleine Sonderausstellungen zu bestimmten Jahreszeiten und Themen oder Anlässen. Im Nachbargebäude aus dem Jahre 1830 seht ihr in Stall und Scheune eine große Sammlung von Arbeitsgeräten aus der Landwirtschaft. Auch Beispiele bäuerlicher Handwerkskunst wie Besen-, Fass- oder Korbherstellung findet ihr. Dazu kommen Trachten, altes Kinderspielzeug und eine Sammlung von zweihundert Teddybären!

Sättel und Kutschen
Gestütsmuseum, 72532 Gomadingen-Offenhausen. ✆ 07385/9696-33, 9696-16, Fax 9696-22. www.gomadingen.de. info@gomadingen.de. **Anfahrt:** Bus von ↗ Reutlingen Richtung Münsingen, Haltestelle Offenhausen. **Rad:** Von ↗ Gomadingen auf der Landstraße

2 km Richtung Engstingen. **Zeiten:** Mai – Okt Di – Fr 14 – 17 Uhr, Sa 13 – 17 Uhr, So und Fei 10 – 12 und 13 – 17 Uhr, Führungen nach Vereinbarung. **Preise:** 1,50 €; Kinder bis 18 Jahre 1 €; Gruppenermäßigung jederzeit möglich.

▶ Die *Große Lauter* entspringt im Garten des ehemaligen **Dominikanerklosters Offenhausen** und mündet bei Obermarchtal in die Donau. Im Klostergarten steht die gotische Kirche aus dem 14. Jahrhundert, die das Gestütsmuseum beherbergt. Im Erdgeschoss könnt ihr auf Bildern und Dokumenten die geschichtliche Entwicklung des nahen *Haupt- und Landgestüts Marbach* sehen. Ihr seht Pferdegeschirre, Sättel, prachtvolle Kutschen und Schlitten, die zum Teil über hundert Jahre alt sind. Noch heute werden sie zu besonderen Gelegenheiten, wie Hengstparaden, benutzt. Die Kutschen und Wagen zeugen von großer handwerklicher Fertigkeit der Sattler und Wagner. Ihr Gewerbe und das des **Hufschmieds** werden vorgestellt.

Während der Sommerferien könnt ihr nach Anmeldung unter ✆ 07385/9696-16 an speziellen **Kinderführungen** teilnehmen.

Der Hufschmied muss jedes **Hufeisen** dem Alter und dem jeweiligen Huf eines Pferdes anpassen. Jedes Hufeisen ist also eine Sonderanfertigung.

Dörfliches Handwerk

Heimatmuseum, Metzinger Straße 27, 72581 Dettingen an der Erms. ✆ 07123/720-711, Fax 720-763. www.dettingen-erms.de. **Anfahrt:** ↗ Dettingen. **Zeiten:** Palmsonntag, 1. So im Juli und 2. So im Okt 11 – 17 Uhr, 27. Dez, sonst nach Vereinbarung Führungen für Gruppen ab 10 Pers. **Preise:** Eintritt frei, Gruppenführungen pro Erw 2 €. **Infos:** Ursula Stanger, Metzinger Straße 10, Dettingen, ✆ 07123/7063.

▶ Das Heimatmuseum findet ihr mitten im Ort auf dem Anwesen Hengel. Es stammt aus dem späten Mittelalter und ist ein richtig großes Fachwerkhaus. Spenden und Leihgaben der Bürger Dettingens und der Umgebung haben die Ausstellung möglich gemacht. Hier seht ihr vieles aus früheren Zeiten. In der Schmiede kommt es einem geradezu so vor, als wäre der Schmied nur mal eben zum Essen weggegangen. Dass früher keineswegs nur die »Gute al-

Könnt ihr euch vorstellen, dass früher die Leute nicht in die Wirtschaft gingen, sondern sich das Bier mit einem eigenen Glas nach Hause holten?

Schulbankdrücken wie Anno dazumal

☀ In geraden Jahren findet im Heimatmuseum Dettingen am zweitletzten Sommerferien-Wochenende die traditionelle **Backhaushockete** statt. In allen drei Dettinger Backhäusern, die noch in Betrieb sind, werden frisches Hausbrot, Zwiebel- und der beliebte Rahmkuchen gebacken. In den Straßen entlang der Erms werden von den Vereinen zusätzliche Gaumenfreuden und Unterhaltung geboten.

te Zeit« war, seht ihr am mühsamen Broterwerb der Weber, Schuster, Wagner und Sattler. Ein altes Klassenzimmer zeigt außerdem, wie es früher in der Schule aussah.

Auch Spielzeug, Puppen und Puppenstuben könnt ihr bestaunen. Neben der alten Drechslerwerkstatt steht der Bienenstand und im Garten das Holzbackhaus. Zum Schluss dürft ihr im Stall Kuh, Kalb, Schweine, Schafe und Hühner besuchen.

Die Geschichte Reutlingens

Heimatmuseum, Oberamteistraße 22, 72764 Reutlingen. ✆ 07121/303-2050, 303-2867, Fax 303-2768. www.tourismus-reutlingen.de. heimatmuseum@reutlingen.de. **Anfahrt:** ↗ Reutlingen. Vom Bhf zu Fuß über die Wilhelmstraße. Vom Parkhaus Lederstraße 2 Min zu Fuß. **Zeiten:** Di – Sa 11 – 17, Do 11 – 19, So 11 – 18 Uhr. **Preise:** Dauerausstellung frei; Kinder bis 14 Jahre auch Sonderausstellungen frei.

▶ Hier im historischen *Königsbronner Klosterhof,* einem der ältesten Gebäude der Stadt, bekommt ihr Einblick in die Stadtgeschichte vom 13. Jahrhundert bis heute. Zeugnisse aus dem Mittelalter sind viele Alltagsfunde und Grabmäler. Skulpturen der Marienkirche stehen für den Beginn der Gotik (Baustil um 1300) in Schwaben. Außerdem seht ihr kostbare Messgewänder aus dem 15. Jahrhundert. Die literarischen Abteilungen informieren unter anderem über

Friedrich List, der 1789 in Reutlingen geboren wurde und als Ökonom, Politiker und Eisenbahnpionier Ruhm erwarb. An die Zeit der Zünfte erinnern Richtschwert und Schwörstab sowie die Zunftstube der Weingärtner aus dem 18. Jahrhundert. Eine Marktplatzszene illustriert das Stadtleben im 19. Jahrhundert. Sogar eine geheime Kapelle gibt es zu sehen. Zur Zeit des Zweiten Weltkriegs (1939 – 1945) flüchteten die Menschen während eines Bombenangriffs in extra dafür gebaute Räume im Keller. Hier könnt ihr einen solchen original Luftschutzkeller anschauen.

Besuch beim versteinerten Meereskrokodil

Naturkundemuseum, Weibermarkt 4, 72764 Reutlingen. ✆ 07121/303-2022, Fax 303-2016. www.reutlingen.de/kultur. naturkundemuseum@reutlingen.de. **Anfahrt:** ↗ Reutlingen. Vom Bhf zu Fuß über die Wilhelmstraße. Vom Parkhaus Lederstraße über Oberamtsstraße 5 Min. **Zeiten:** Di – Sa 11 – 17 Uhr, Do 11 – 19 Uhr, So und Fei 11 – 18 Uhr, Führungen Do 17 Uhr und nach Vereinbarung. **Preise:** Eintritt frei.

▶ Der stattliche Fachwerkbau wurde 1727 nach dem verheerenden Stadtbrand erbaut und beherbergte die Reutlinger Schulen. Jetzt erfahrt ihr im Naturkundemuseum der Stadt Wissenswertes über die Geschichte der Erde und darüber, wie die Schwäbische Alb entstanden ist. Zu den Kostbarkeiten der paläontologischen Sammlung gehört ein 5 m langes, 190 Millionen Jahre altes Meereskrokodil. Es wurde in Reutlingen-Ohmenhausen gefunden.

Mühlenmuseum

Baumannsche Mühle, Josefstraße 5, 72793 Pfullingen. ✆ 07121/703-208, Fax 703-213. www.pfullingen.de. **Anfahrt:** ↗ Pfullingen. Vom Marktplatz wenige Min zu Fuß. **Zeiten:** Mai – Okt So und Fei 14 – 17 Uhr, Führungen nach Vereinbarung. **Preise:** 1,50 €; Kinder 6 – 18

Hunger & Durst

Ristorante Pizzeria Calabria, Oskar-Kalbfell-Platz 17, Reutlingen. ✆ 07121/321630. Täglich 11 – 14.30 und 17 – 23.30 Uhr. Die Familiengaststätte in der Nähe des Heimatmuseums am Tübinger Tor lockt mit traditionellen italienischen Vorspeisen und Fisch-, Fleisch- und Nudelgerichten. Die runde Riesen-Familien-Pizza ist eine Wucht für die ganze Gruppe.

Einst gab es auf der Schwäbischen Alb riesige **Flugsaurier** *mit bis zu 15 m Spannweite! Paläontologen wissen mehr darüber, denn sie forschen über die Lebewesen vergangener Erdzeitalter.*

MITTLERE ALB

Das Flüsschen Echaz setzte mit seinem Wasser nicht nur Getreidemühlen, sondern etliche Säge-, Walk-, Hanf-, Papier-, Öl-, Gips-, Pulver- und Schleifmühlen in Bewegung.

Jahre 1 €. **Infos:** Der Eintritt gilt für Mühlen-, Trachten- und Stadtgeschichts-Museum.

▶ In einen Teil der ehemaligen Baumannschen Mühle (erbaut 1799, erste Mühle an diesem Standort 1500) wurde die Technik der Getreidemühle Haydt eingebaut, die bis Ende der 1970er Jahre in Betrieb war. Seit Anfang des 20. Jahrhunderts waren solche Mühlen verbreitet. Die ortsansässigen Bauern konnten hier ihr Korn mahlen lassen. Die Haydter Mühle geht über vier Stockwerke des Museums und ist mit vier Mahlgängen und einem Mühlenaufzug mit Rutschkupplung ausgestattet. Hier könnt ihr Mahlgänge, Becherwerke, Reinigungsmaschinen und sonstige Einrichtungen sehen. Die Entwicklung der Mühlentechnik vom einfachen Mühlstein bis zum Walzenstuhl des 20. Jahrhunderts wird euch erklärt. Ihr erfahrt mehr über die Nutzung der Wasserkraft durch das Mühlrad und einer modernen Turbine, aber auch über die soziale Stellung der Müller.

Stadtgeschichte Pfullingen
Museum für Stadtgeschichte, Josefstraße 5, 72793 Pfullingen. ✆ 07121/703-208, Fax 703-213. www.pfullingen.de. **Anfahrt:** ⌕ Pfullingen. Vom Marktplatz wenige Min zu Fuß. **Zeiten:** Mai – Okt, So und Fei 14 – 17 Uhr, Führungen außerhalb dieser Zeit nach Vereinbarung. **Preise:** 1,50 €; Kinder 6 – 18 Jahre 1 €. **Infos:** Der Eintritt gilt für Mühlen-, Trachten- und Museum für Stadtgeschichte.

Einen halben Tag dauert ein **Stadtrundgang** durch das historische Pfullingen, der auf einem Plan eingezeichnet ist. Ihn gibt es kostenlos bei der Tourist-Information am Marktplatz.

▶ In einem herrschaftlichen Haus von 1480 und der dazugehörigen Scheuer unweit des Remp'schen Schlosses – im Volksmund liebevoll *Schlössle* genannt – ist die Geschichte der Stadt und ihrer Bewohner dargestellt: Schon vor 5000 Jahren, in der Jungsteinzeit, hatten sich Menschen an dem geschützten Platz am Fuße der Alb niedergelassen, was vier Steinbeile aus dieser Zeit bezeugen. Aus dem fünften Jahrhundert gibt es Spuren großer alemannischer Gräberfelder.

In der Abteilung Handwerk und Industrialisierung könnt ihr Geräte der Stoffhersteller sehen. Neben Tuch- und Baumwollwebereien gab es auch kleine Strickereien, die vor allem Baby- und Kinderkleidung fertigten.

Alles übers G'wand

Trachten- und Mühlenmuseum, Baumannsche Mühle, Josefstraße 5, 72793 Pfullingen. ✆ 07121/703-208, Fax 703-213. **Anfahrt:** ↗ Pfullingen. Vom Marktplatz wenige Min zu Fuß. **Zeiten:** Mai – Okt, So und Fei 14 – 17 Uhr, Führungen außerhalb dieser Zeit nach Vereinbarung. **Preise:** 1,50 €; Kinder 6 – 18 Jahre 1 €. **Infos:** Der Eintritt gilt für Mühlen-, Trachten- und Museum für Stadtgeschichte.

▶ Die Trachtensammlung ist im Wohntrakt der Baumannschen Getreidemühle untergebracht. Hier könnt ihr sehen, wie die Menschen im Herzogtum bzw. Königreich Württemberg und in angrenzenden Gebieten wie Schwarzwald und Franken an Festtagen und im Alltag gekleidet waren. Bänder, Tücher, Körbe und anderes Zubehör werden ausgestellt. In einem umgeschnallten Geldbeutel, der *Geldkatze,* trugen Bauern und Händler ihre Münzen mit sich.

In Pfullingen wurde, wie in fast allen protestantischen Gemeinden des Landes, bis zum Anfang des 20. Jahrhunderts schlichte, dunkelfarbige Kleidung getragen. In der Spinnstube seht ihr Bilder und Geräte, die euch zeigen, wie Fäden gesponnen, Kleider genäht und Bänder gewoben wurden. In Küche und Kammer findet ihr heraus, wie Seiden- und Wollstücke damals behandelt werden mussten. Außerdem erfahrt ihr, was alles zu einer Hochzeitsaussteuer gehörte.

Seit dem Mittelalter hießen Kaufleute, die Tuche und andere Kleiderstoffe für »gewant« zuschnitten und verkauften, Schröder. Sie arbeiteten in eigenen Gebäuden wie z.B. dem Gewandhaus, und bildeten eine angesehene, reiche Zunft.

Wilhelm Hauff: Ein schwäbischer Dichter

Wilhelm-Hauff-Museum, Echazstraße 5, 72805 Lichtenstein-Honau. ✆ 07129/2356, 5753, Fax 6389. www.gemeinde-lichtenstein.de. **Anfahrt:** ↗ Lichtenstein, zen-

Wilhelm Hauff: *Sämtliche Märchen mit den Illustrationen der Erstdrucke.* Reclam-Verlag, 464 Seiten, 14,90 €.

Um die Osterzeit wird ein internationaler **Ostereiermarkt** veranstaltet. Vier Wochen lang zeigen Künstler ihre Techniken der Eierverzierung und bieten ihre Kunstwerke zum Kauf an.

Iiih, Mäuse im Ei!

tral gelegen. **Zeiten:** April – 15. Okt Sa, So und Fei 14 – 17 Uhr, Führung 30 Min, für Gruppen täglich nach Vereinbarung. **Preise:** 2 €; Schüler mit Ausweis 1 €.

▶ Die Honauer Stiftung erinnert an *Wilhelm Hauff*. Der Dichter war erst 24 Jahre alt, als er 1827 an Nervenfieber starb. Er schrieb außer dem Roman *Der Lichtenstein* (1826 in 3 Bänden) u.a. auch die Märchen *Zwerg Nase, Der kleine Muck* und *Kalif Storch.* Das kleine Museum bietet Familien- und Seniorenprogramme und in den Sommerferien speziell für Kinder Schattenspiele, Stegreifspiele, Gespensterschiff, Märchenlesungen und Marionettentheater an. Im Kinderbereich können die Kleinen malen, Puzzle legen und Hauffs Märchenbilderbücher anschauen.

Viele bunte Ostereier

Ostereimuseum, Steigstraße 8, 72820 Sonnenbühl-Erpfingen. ✆ 07128/774, Fax 92550. www.sonnenbuehl.de. info@sonnenbuehl.de. ↗ Sonnenbühl. Im Ortsteil Erpfingen gegenüber dem Rathaus. **Anfahrt:** Bus 7031 circa alle 2 Std ab Busbhf ↗ Reutlingen. **Zeiten:** 4 – 5 Wochen vor Ostern – Pfingstmontag Di – Sa 10 – 17, So und Fei 11 – 17 Uhr, Pfingstdienstag – Ende der Herbstferien Di – So und Fei 13 – 17 Uhr. **Preise:** 3 €, Familienkarte 8 €; Ermäßigungsberechtigte 2,50 €.

▶ Kinder, hier seid ihr im ersten deutschen Ostereimuseum. Die Sammlung zeigt Eier aus Europa, Amerika, Afrika und China. Sie sind bemalt, beklebt, geätzt, gebatikt, gefärbt oder bedruckt. Trachten und österlicher Schmuck ergänzen die Ausstellung.

Jedes Jahr gibt es zusätzlich eine Sonderausstellungen zu verschiedenen Themen.

Quick, Fox, Lux, Max und Imme
Auto- und Fahrzeugmuseum, Kleinengstinger Straße 2, 72829 Engstingen-Großengstingen. ✆ 07129/7387, 9399-10, Fax 9399-99. www.automuseum-engstingen.de. info@engstingen.de. **Anfahrt:** Sonntags mit RB Alb-Bodensee von Münsingen bis ↗ Engstingen, sonst mit dem Bus von Reutlingen oder Münsingen bis Marktplatz, 500 m vom Museum. **Zeiten:** April – Nov Di – So 10 – 17 Uhr. **Preise:** 4 €; Kinder 6 – 18 Jahre 2 €.

▶ Wisst ihr, was Quick, Fox, Lux, Max oder Konsul bedeutet? Die Großeltern könnten das noch wissen … Die Imme von 1949 ist nach der Stadt Immenstadt im Allgäu benannt worden. Sie steht hier mit 120 anderen ungewöhnlichen Autos, Motorrädern, Motorrollern und Mopeds. Und habt ihr schon mal den Allwetterroller oder den Dreirad-Laster gesehen?

Färber waren früher damit beschäftigt, Wolle und Stoffe mit natürlichen Farbstoffen aus Rinden, Wurzeln, Früchten, Samen und Blättern zu färben.

Hunger & Durst
Direkt neben dem Museum gibt es das **Restaurant-Café Engstinger Hof,** ✆ 07129/93890, täglich 10 – 23 Uhr, sowie die **Landgaststätte Adler,** ✆ 07129/3392, Mo – Do 10 – 19, Sa und So 9 – 20 Uhr.

Bühne, Leinwand & Aktionen

Theaterspiel in der Schlucht
Naturtheater Hayingen, Auf dem Leihen 12, 72534 Hayingen. ✆ 07386/286, Fax 1048. www.naturtheater-hayingen.de. info@naturtheater-hayingen.de. **Anfahrt:** Von Bad Urach mit Bus 7645 über Münsingen. In ↗ Hayingen am Ortsausgang Richtung Münsingen rechts bzw. am Ortseingang Richtung Lautertal links. **Zeiten:** Bei jeder Witterung Juli – Anfang Sep Sa 20 Uhr, So 14.30 Uhr. **Preise:** je nach Sitzplatz 9 oder 10 €; Kinder bis 14 Jahre 5 oder 6 €, Schüler 8 oder 9 €.

▶ Was machen Scheiche und ein Dromedar im Tiefental? Na klar, sie spielen Theater. Seit 50 Jahren werden in Hayingen selbst verfasste heiter- besinnliche Mundartstücke unter freiem Himmel gespielt. Die Kulisse ist einzigartig: Sie wird von der Umge-

MITTLERE ALB

bung der Hayinger Talschlucht gebildet. Es gibt überdachte Zuschauerränge, sodass bei jedem Wetter gespielt werden kann.

Theater, Theater

Naturtheater Reutlingen e.V, Mark Gewand 3, 72762 Reutingen. ✆ 07121/270766, Fax 25384. www.natur theater-reutlingen.de. info@naturtheater-reutlingen.de. **Anfahrt:** ↗ Reutlingen, vom Bhf mit Bus 8 Richtung Stadion Kreuzeiche und Naherholungsgebiet Markwasen. **Zeiten:** Mitte Juni – Ende Aug. **Preise:** Kinderstück 6 – 9 €; 2 € Ermäßigung für Kinder bis 14 Jahre, 1 € Ermäßigung für Schüler. **Infos:** Kartenbestellung und zusätzliche Informationen unter ✆ 07121/3032622.

▶ Das Naturtheater liegt mitten im Naherholungsgebiet Markwasen. Neben einigen Gastauftritten wer-

☼ Wer einmal einen **Blick hinter die Kulissen** werfen möchte, ist beim Naturtheater Reutlingen genau richtig. Wenn ihr rechtzeitig anfragt, wird euch kostenlos gezeigt, wie es hinter der Bühne des Theaters zugeht.

FESTKALENDER

Januar:	1. Do nach Dreikönig, Reutlingen: **Mutscheltag,** Spiele um ein *Mutscheln* genanntes, besonderes Gebäck; Info ✆ 07121/3032361.
Mai:	Christi Himmelfahrt, Sonnenbühl-Erpfingen: **Bärenhöhlenfest;** Info ✆ 07128/92518.
Mai/Juni:	Pfingsten, Sonnenbühl-Genkingen: **Nebelhöhlenfest,** Vergnügungspark vor der Tropfsteinhöhle; Info ✆ 07129/6960 und 07128/92518.
Juni:	1. Sonntag, Sonnenbühl-Erpfingen: **Sonnenbühler Radl-Tag;** ✆ 07128/92518.
Juni/Juli:	In geraden Jahren, Reutlingen: **Stadtfest;** Info ✆ 07121/3032361.
Juli:	In geraden Jahren, Eningen u.A.: **Dorffest;** Info ✆ 07121/892122.
August:	2. Wochenende, Mehrstetten: **Hockete;** Info ✆ 07381/93830.
September/Oktober:	Gomadingen: **Marbacher Hengstparade,** Pferdeschau im Württembergischen Haupt- und Landgestüt Marbach; Info ✆ 07185/969633.

den pro Saison ein Kinderstück und ein Stück für Erwachsene inszeniert. Das 1200 Zuschauer fassende Theater ist überdacht.

Schmökern, Spielen, Lernen

Gemeindebücherei, Marktplatz 1, 72581 Dettingen an der Erms. ✆ 07123/7207-68, Fax 7207-63. www.dettingen-erms.de. Buecherei@Dettingen-Erms.de. **Anfahrt:** ↗ Dettingen. **Zeiten:** Di 9 – 12 und 14 – 17 Uhr, Mi und Do 16 – 19, Fr 9 – 13 und 14 – 17 Uhr.

▶ Die Bücherei ist in hellen Räumen untergebracht. Ihr könnt immer einen Blick auf Dettingen werfen, wenn ihr aus dem Fenster schaut. Die Einrichtung hat einen Bestand von ungefähr 14.000 Medien. Darunter sind Kinder- und Jugendbücher, Sachbücher aller Wissensbereiche, Gedichte und Erzählungen. Jung und Alt treffen sich hier. Es gibt spezielle Veranstaltungen, wie Kindernachmittage, Autorenlesungen und Theatervorführungen.

Fasnet in Trochtelfingen

Tourist-Info, Rathausplatz 9, 72818 Trochtelfingen. ✆ 07124/480, 4821, Fax 4848. www.trochtelfingen.de.

▶ Wenn ihr um die Fasnetszeit in Trochtelfingen und Steinhilben unterwegs seid, seht ihr sicher die Trochtelfinger Hexen mit rot-grünem Häs und die Trochtelfinger Hansele.

Auf Brettern und Kufen

Skilift Böhm, 72525 Münsingen. ✆ 07381/8668. www.muensingen.de. **Anfahrt:** ↗ Münsingen. **Zeiten:** Mo – Fr 13.30 – 17.30 Uhr, Sa, So 10 – 17.30 Uhr. **Preise:** 10er-Karte 3,50 €, Halbtageskarte 8,50 €; Kinder 10er-Karte 3 €, Halbtageskarte 6,50 €; Schüler und Vereine nach Vereinbarung. **Info:** 350 m lange Abfahrt, Flutlicht, bewirtschaftete Skihütte.

Skilift Ziegelhäuser, 72525 Münsingen. ✆ 07381/931763. www.muensingen.de. **Zeiten:** Mo – Fr 13.30

Das keltische Neujahrsfest zu Ehren des Totengottes Saman ist der Ursprung von Halloween. Die Kelten glaubten, dass dieser Gott am Abend des 31. Oktober böse Geister rufe. Also löschten die Menschen ihre Herdfeuer und zogen Furcht erregend verkleidet durch die Gegend, um die Geister und Dämonen abzuschrecken.

WINTER-SPORT

– 17, 18 – 21.30 Uhr, Sa 13 – 21.30, So 10.30 – 17 Uhr. **Preise:** 10er-Karte 4 €, Halbtages- 14 – 17.45 8 €, Tageskarte 10.30 – 17 Uhr 11 €; Kinder 5 – 16 Jahre 10er-Karte 3 €, Halbtages- 14 – 17.45 Uhr 5 €, Tageskarte 10.30 – 17 Uhr 8 €. **Infos:** Schneetelefon ✆ 07381/931763. 350 m lange Abfahrt, Flutlicht.

Skilift Dottingen GbR, Roland Ostertag, Buchenweg 4, 72525 Münsingen-Dottingen. ✆ 07381/4694. www.skilifte-dottingen.de. info@skiliftedottingen.de. **Anfahrt:** Nördlich von ↗ Münsingen über die B465. **Zeiten:** Mo – Fr 14 – 22 Uhr, Sa, So und Fei 10 – 22 Uhr. **Preise:** 2-Std-Karte 5 €, 4-Std-Karte 7 €, 8-Std-Karte 9,50 €; Kinder bis 5 Jahre 2-Std-Karte 4,50 €, 4-Std-Karte 6 €, Kinder bis 15 Jahre 2-Std-Karte 4,50 €, 4-Std-Karte 6 €, 8-Std-Karte 8 €. **Infos:** Schneetelefon ✆ 07381/5017001. Zwei Schlepplifte mit 4 verschiedenen Pisten, Snowboard Funpark, Flutlicht und Skikurse.

Rodelbahn Sauhalde, 72537 Mehrstetten. ✆ 07381/ 9383-0. **Anfahrt:** Östlich der B465 zwischen ↗ Münsingen und ↗ Ehingen. 400 m lange Rodelbahn.

Skilift Böttental, 72537 Mehrstetten. ✆ 07381/ 934264. www.mehrstetten.de. **Anfahrt:** Östlich der B465 zwischen ↗ Münsingen und ↗ Ehingen. **Info:** 250 m lange Abfahrt, Flutlicht.

Skilift Traifelberg, 72805 Lichtenstein. **Anfahrt:** ↗ Lichtenstein. **Zeiten:** Mo – Fr 13.30 – 21.30, Sa, So und Ferien täglich 10 – 21.30 Uhr. **Preise:** Tageskarte bis 18 Uhr 10,50 €, Flutlichtkarte 7 €; Kinder bis 14 Jahre Tageskarte bis 18 Uhr 9 €, Flutlichtkarte 5,50 €; diverse Zeit- und Punktekarten erhältlich. **Infos:** Jürgen Reiff, Geschäftsführer des Skiliftbetriebs Traifelberg GbR, ✆ 07392/6600, j.reiff@skilift-traifelberg.de. 350 m lange Abfahrt, Flutlicht und Skikurse.

Skilift Heutal, 72805 Lichtenstein-Holzelfingen. ✆ 07129/4323, 2384. **Anfahrt:** ↗ Lichtenstein. **Zeiten:** Mo – Fr 13.30 – 22, Sa und So 9.30 – 17 Uhr, Ferien 9.30 – 22 Uhr. **Preise:** 10er-Karte 4,50 €, 20er-Karte 7,50 €, Halbtageskarte 7 €, Tageskarte 10 €,

Welcher Raum hat keine Türen und Fenster?

Der Weltraum.

Flutlicht 7,50 €; 10er-Karte 3,50 €, 20er-Karte 6 €, Halbtageskarte 5,50 €, Tageskarte 8,50 €, Flutlicht 5,50 €. **Info:** 450 – 600 m lange Abfahrten, Flutlicht und Skikurse.

Skilift Salach, Lichtenstein-Holzelfingen. ℡ 07129/5522, 92980. **Anfahrt:** ↗ Lichtenstein. **Info:** 750 m lange Abfahrt, Flutlicht und Skikurse.

Skilift Beiwald, 72813 St. Johann-Upfingen. ℡ 07122/3566. www.skilift-beiwald.de. **Anfahrt:** Westlich der B465 zwischen ↗ Bad Urach und ↗ Münsingen. **Zeiten:** Mo – Fr ab 13.30 Uhr, Sa, So, Fei und Ferien ab 10 Uhr. **Preise:** 10er-Karte 4,50 €, 30er- und Halbtageskarte 11 €, Tageskarte 13 €, Flutlicht 7,50 €; Kinder ab 14 Jahre 10er-Karte 3,50 €, 30er- und Halbtageskarte 9 €, Tageskarte 11 €, Flutlicht 5,50 €. **Info:** 450 m lange Abfahrt, Flutlicht, Skikurse, Snowboard-Piste und separater 40 m langer Rodelhang.

Alpinlift, 72818 Trochtelfingen-Hausen. ℡ 07124/2640. **Anfahrt:** ↗ Trochtelfingen. **Zeiten:** Mo – Fr 13.30 – 21 Uhr, Sa und So 10 – 21 Uhr. **Preise:** auf Anfrage. **Infos:** Schneetelefon 07124/4821. **Info:** 500 – 1500 m lange Pisten, Flutlicht.

Skilift Erpfingen, 72820 Sonnenbühl-Erpfingen. ℡ 07128/520. www.sonnenbuehl.de. **Anfahrt:** ↗ Sonnenbühl. **Zeiten:** Mo – Fr 13.30 – 21.30 Uhr, Sa, So, Ferien 10 – 21.30 Uhr. **Info:** 400 m lange Abfahrt, 2 Skilifte, Kinderlift, Flutlicht und Skikurse. Für Kinder unter 14 Jahre ist das Tragen eines Helms Pflicht.

Skilift Genkingen, 72820 Sonnenbühl-Genkingen. ℡ 07128/520. www.sonnenbuehl.de. **Anfahrt:** ↗ Sonnenbühl. **Zeiten:** Mo – Fr 13.30 – 21.30 Uhr, Sa, So, Ferien 10 – 21.30 Uhr. **Info:** 500 m lange Abfahrt, 3 Skilifte, Flutlicht und Skikurse. Neben der Skipiste liegt eine 400 m lange Rodelbahn.

Skilift Undingen, 72820 Sonnenbühl-Undingen. ℡ 07128/520. www.sonnenbuehl.de. **Zeiten:** Mo – Fr 13.30 – 21.30 Uhr, Sa, So, Ferien 10 – 21.30 Uhr. **Info:** 300 m lange Abfahrt, Skikurse.

Hunger & Durst

Bei der Talstation der Piste und Rodelbahn gibt es eine Gaststätte.

Spaß in der Eishalle

Eislauf- und Freizeit-Center, Rommelsbacher Straße 55, 72760 Reutlingen. ✆ 07121/370580, Fax 321016. www.eishalle-reutlingen.de. tilofritz@aol.com. **Anfahrt:** ↗ Reutlingen. Bus 3 und 4 bis Schieferstraße. **Auto:** vom Hbf auf der Straße Unter den Linden nach Norden und nach der Schieferstraße links auf den Parkplatz. **Zeiten:** Mo 13 – 17 Uhr, Di 13 – 20.30, Mi 10 – 21, Do 10 – 17, Fr 10 – 21.30, Sa 10 – 22, So 10 – 20 Uhr, Fr und Sa ab 18.30 Uhr Disco. **Preise:** 4,20 €; Kinder 6 – 11 Jahre 3,20 €, Jugendliche 12 – 16 Jahre 3,70 €; Schlittschuhverleih pro Paar 3,60 € gegen Hinterlegen des Personalausweises. **Infos:** Kindergeburtstage ab 6 Pers 2,50 € pro Person, Schlittschuhe 2,50 € pro Person, das Geburtstagskind hat freien Eintritt und darf sich einen Song wünschen. Dass es viel Spaß gibt, seht ihr auf der Internetseite.

▶ Zum Angebot der Eishalle gehören Schlittschuhlauf, Eislaufunterricht und Eisstockschießen. Habt ihr keine Schlittschuhe dabei, könnt ihr welche ausleihen und für einen Tag zeitlich unbegrenzt fahren. In der Cafeteria gibt es Bananenmilch, Eistee und Gulaschsuppe, Leberkäswecken oder Schnitzelbrötchen.

Einmal im Monat wird in Reutlingen eine **Inline-Night** veranstaltet. Die anschließende Party steigt in der Eishalle.

ZOLLERN-ALB

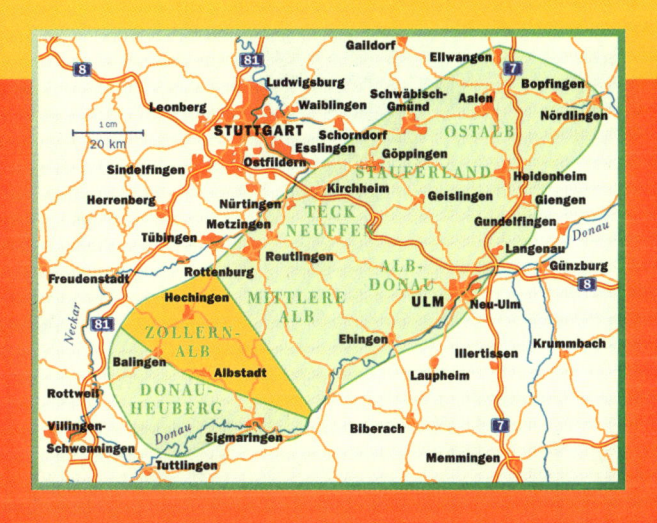

DIE OSTALB

STAUFERLAND

ALB-DONAU-KREIS

TECK & NEUFFEN

MITTLERE ALB

ZOLLERN-ALB

DONAU & HEUBERG

SERVICE ZU DEN ORTEN

FERIEN-ADRESSEN

KARTEN & REGISTER

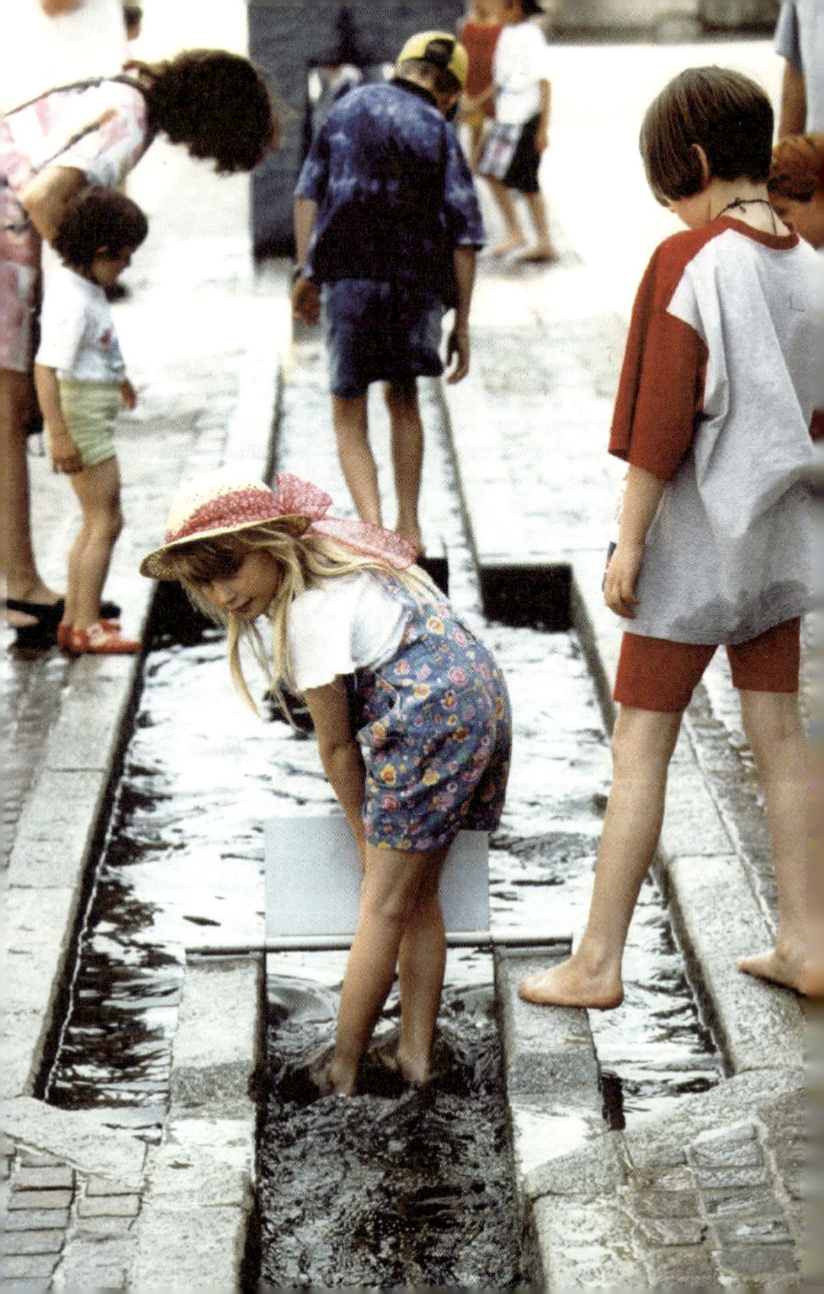

Die Burg Hohenzollern gilt als Wahrzeichen der Zollern-Alb. Hoch über dem Land thront sie weithin sichtbar auf einem einzeln stehenden ehemaligen Vulkan. Hohe Berge, tief eingeschnittene Täler, rauschende Bäche, einsame Wälder und bunt blühende Wiesen laden zu Wanderungen und Radtouren ein. Unterwegs gibt es in gemütlichen Wirtschaften zur Stärkung ein schwäbisches Vesper.

IM LAND DER KAISERMACHER

Frei- und Hallenbäder

Waldfreibad Öschingen

Hagnachwasen 1, 72116 Mössingen-Öschingen. ✆ 07473/8991. **Zeiten:** Ende Mai – Sep täglich 9 – 20 Uhr, Kassenschluss 18.30 Uhr.

▶ Das Waldfreibad liegt in landschaftlich schöner Lage. Es bietet neben einem 25-Meter-Becken für Schwimmer und einem Nicht-Schwimmerbecken ein Plantschbecken für die jüngsten Besucher sowie ein Kinderbecken mit Rutsche. Ein Imbiss-Kiosk lockt mit kleinen Stärkungen.

Erlebnisfreibad in Mössingen

Freibadstraße 1, 72116 Mössingen. ✆ 07473/21530, Fax 370-163. www.moessingen.de. **Anfahrt:** Vom Bhf ↗ Mössingen mit Bus 7616 Richtung Talheim. **Auto:** vom Bhf wenige Min über Bahnhof-, Jaggystraße, Edelmannsweg. **Zeiten:** Mai und Aug 7.30 – 20 Uhr, Juni und Juli 7.30 – 21 Uhr, Sep 7.30 – 19 Uhr. **Preise:** 3 €, 10er-Karte 24 €; Kinder 4 – 18 Jahre 1,50 €, 10er-Karte 12 €.

▶ 50-m-Becken für Schwimmer und Nichtschwimmer, Sprunganlage mit 1- und 3-m-Brett, 93 m lange Großrutsche, Kinderplantschbereich, Spielplätze, Eltern-Kind-Bereich, Wärmehalle, Cafeteria, Grillhütte, Minigolf. Tipp: Geburtstagskinder haben freien Eintritt.

TIPPS FÜR WASSERRATTEN

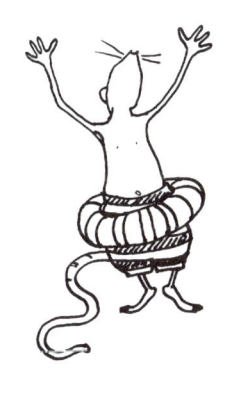

Stadtratten: Wasserspaß mitten in Balingen

Eyachbad Balingen

Charlottenstraße 25, 72336 Balingen. ✆ 07433/170504, Fax 170459. www.balingen.de. Bei der Stadthalle. **Anfahrt:** Vom Bhf ↗ Balingen mit dem Bus 24c zur Stadthalle. Vom Marktplatz über die Färber- und Stingstraße links in die Charlottenstraße. **Zeiten:** Mo 14 – 21.30, Di 6 – 18, Mi 7.30 – 21.30, Do 6 – 21.30, Fr 7.30 – 20.15 Uhr, Sa (Warmbadetag) und So 8 – 18 Uhr. **Preise:** 2,80 €, 10er-Karte 20 €; Kinder 6 – 16 Jahre 1,40 €, 10er-Karte 10 €.

Hier gibt es regelmäßig kostenlos **Wassergymnastik**.

Hunger & Durst
Der Kiosk im Eingangsbereich verkauft Getränke, Eis und Snacks.

▶ Ganz sicher gefällt es euch im Außenbecken. Es hat eine Wassertemperatur von 30 Grad. Sieben Wandmassagedüsen, Wasserspeier und ein großer Wasserpilz massieren müde Rücken munter. Für die Kleinen ist der Kinderplantschbereich Klasse. Das Wasser ist warm und man kann richtig toben. Im größeren Lehrschwimmbecken mit Elefantenrutsche könnt ihr Schwimmen üben. Dann ist da noch das große Sportbecken mit Sprungbeckenbereich und 3-m-Sprungturm. Es gibt einen Saunabereich mit Finnischer Sauna, Heißluftraum, Tauchbecken und großer Freiluftterrasse.

Hallen-Freibad Hechingen

Freizeitzentrum, Badstraße, 72379 Hechingen. ✆ 07471/93610, Fax 940108. www.hechingen.de. **Anfahrt:** Vom Bhf ↗ Hechingen mit Bus 10 Richtung Horb bis Stadion. **Auto:** vom Marktplatz Richtung Norden über die Neustraße und Haigerlocher Straße, nach etwa 400 m links. **Zeiten:** Mitte Mai – Mitte Sep Mo – Fr 7 – 20 Uhr, Sa, So und Fei 9 – 19 Uhr (Freibad). **Preise:** 3 €, 10er-Karte 24 €; Kinder 4 – 16 Jahre 1,50 €, 10er-Karte 11,50 €.

Warum regnet es nie zwei Tage hintereinander?
Weil eine Nacht dazwischen ist.

▶ Im Freibad können die Kleinsten nach Herzenslust plantschen. Es gibt vier unterschiedlich tiefe Kinderbecken mit Wasserfällen und Fontänen. Auf dem Spielplatz findet ihr Klettergeräte und Schaukeln. Nichtschwimmer- und Schwimmerbecken sind auf 22 Grad beheizt. Zum Aufwärmen könnt ihr in das Warmwasser-Außenbecken mit 30 Grad wechseln. Dort gibt es 5 Massagedüsen und eine 1 m hohe Schwalldusche. Auf der riesigen Grünfläche findet jeder ein Plätzchen zum Sonnenbaden. Liegestühle können kostenlos benutzt werden. Wer sich sportlich betätigen will, findet auf dem Bolzplatz mit 2 Toren, beim Volleyball oder Tischtennis seinen Spaß. Auf dem Schachplatz könnt ihr auch im Sommer eure Köpfe rauchen lassen, ohne euch einen Sonnenbrand zu holen; der Platz ist durch ein Sonnensegel geschützt. Mit Essen, Getränken, Snacks und Süßigkeiten werdet ihr in der Cafeteria bestens versorgt.

Ozon-Freibad Haigerloch Oberstadt

Sport- und Freizeitanlage Witthau, Oberstadtstraße, 72401 Haigerloch. ✆ 07474/2211, Fax 6068. www.haigerloch.de. **Anfahrt:** Kurzer Fußmarsch vom Bhf ↗ Haigerloch oder mit Bus 10 Richtung Hechingen. Am nördlichen Rand der Oberstadt westlich des Bhfs gelegen.
Zeiten: Mitte Mai – Anfang Sep Mo – Fr 8 – 20 Uhr, Sa, So und Fei 9 – 19 Uhr. **Preise:** 2,50 €, 10er-Karte 20 €; Kinder 4 – 16 Jahre 1,25 €, 10er-Karte 10 €.
▶ Das Ozon-Freibad ist umgeben von viel Grün. Hier findet ihr zwei auf 24 Grad erwärmte, große Becken für Schwimmer und Nichtschwimmer, einen Sprungturm, einen Kinderbereich und eine große Liegewiese. Der Schwimmbadkiosk versorgt die Badegäste mit Imbissen und Getränken.

badkap-Freizeitzentrum Albstadt

Beibruck 1, 72458 Albstadt-Ebingen. ✆ 07431/160-1930, Fax 160-1942. www.badkap.de. info@badkap.de.
Anfahrt: Vom Bhf ↗ Ebingen kurzer Fußmarsch nach Norden zur Haltestelle Bürgerturm, dann mit Bus 56 Richtung Burgfelden. **Auto:** vom Zentrum Ebingens auf der Lautlinger Straße nach Westen. Nach dem Ortsende rechts zum Badezentrum, ungefähr 2 km. **Zeiten:** Mo 11 – 21 Uhr, Di und Do 9 – 22 Uhr, Mi – So und Fei 9 – 21 Uhr. **Preise:** Mo – Sa 7,50 €, So und Fei 8,50 €;

Dort wo sich viele Menschen aufhalten, fällt auch immer Schmutz an. So auch im Wasser des Schwimmbads. Grober Dreck und Haare können ausgefiltert oder abgesaugt werden. Bakterien aber sind unsichtbar und müssen mit Chemie bekämpft werden. Das geschieht mit Chlor – das ist das, was so stinkt und in den Augen brennt – und in umweltfreundlichen Bädern mit Ozon. Ozon ist ein aus Sauerstoff bestehendes Oxidationsmittel.

Happy Birthday!
Geburtstagskinder haben freien Eintritt!

Achtung! Black Hole und Wildwasserfluss dürfen erst ab 8 bzw. 12 Jahren und nur von Schwimmern benutzt werden.

Hunger & Durst
Restaurant und Café im badkap, Mo 11.30 – 21.15 Uhr, Di – So und Fei 10 – 22 Uhr. Hier gibt es Getränke und kleine Speisen wie Pommes frites.

Skatertreff Albstadt: Festplatz Mazmann, am nördlichen Stadtrand. Auf dem 700 qm großen Gelände gibt es Halfpipe, Funramp und Bank und eine Minipipe.

kleine Kinder 1 €, Schulpflichtige bis 18 Jahre wochentags 4,50 €, So und Fei 5 €.

▶ Im Freizeitzentrum habt ihr im Freien eine große Seenlandschaft, die umgeben ist vom Grün der großen Liegeflächen. Eurem Bewegungsdrang sind keine Grenzen gesetzt. In der 87 m langen Black-Hole-Röhrenrutsche könnt ihr richtig schnell ins Becken rutschen. Aber es kommt noch toller. Es gibt eine Attraktion, die bisher selten ist: Im Wildwasserfluss kann man wie in einem reißenden Gebirgsbach in die Tiefe sausen. Für alle Fälle gibt es außerdem eine Doppelrutsche, einen Wasserpilz, ein Dampfbad, Solarien, eine große Saunalandschaft, einen Kinderspielplatz, einen Matschplatz und eine Sprunganlage. Das Sommerferienprogramm für Kinder hat täglich wechselnde Attraktionen. In einem eigenen Haus ist das Wellenbrandungsbad untergebracht. Gleich daneben steht das Hallenbad. Der Strömungskanal bringt euch von dort wieder ins Freie.

Naturbad Albstadt
Freibadstraße, 72461 Albstadt-Tailfingen. ✆ 07431/160-3924, 160-1930 (Badkap, im Winter), Fax 160-1942. www.albstadtwerke.de. **Anfahrt:** Vom Busbhf ↗ Ebingen mit dem Bus 44 Richtung Onstmettingen. Von der Ortsmitte über die Hechinger Straße 1 km nach Norden, am Ortsende in die Freibadstraße. **Zeiten:** täglich 7 – 20 Uhr. **Preise:** 2,50 €; schulpflichtige Kinder bis 18 Jahre 1,50 €.

▶ Statt eines üblichen Freibadgeländes findet ihr einen schönen See mit viel Grün und einem kleinen Bachlauf vor. Am Sprungfelsen ist der See mit 4,10 m am tiefsten. Das Wasser ist klar und sauber. Speziell für Kleinkinder und alte Menschen ist es gut verträglich, denn hier wird ganz auf Chemie zur Reinigung des Wassers verzichtet. Ständig fließt das Badewasser durch einen eigenen Regenerationsteich. Dort wird es biologisch gereinigt, Mikroorganismen wandeln Schmutz- und Schwebeteilchen in mineralische Salze um und das weiche Wasser wird wieder zurück in den See geleitet. Sportler haben die Möglichkeit, Beachvolleyball, Fußball, Badminton und Tischtennis zu spielen. Es gibt einen Kiosk mit Sonnenterrasse und moderne Umkleidekabinen. Alle Anlagen sind behindertengerecht gestaltet.

Das Naturbad Albstadt wird nach den neuesten ökologischen Erkenntnissen betrieben.

Wandern und Spazieren

Rund um den Römerturm von Haigerloch

Länge: 10 km, reine Gehzeit circa 3 Std. **Anfahrt:** ↗ Haigerloch. Parkplätze in der Nähe der Annakirche und beim Schloss.

RAUS IN DIE NATUR

▶ Nach einem fünfminütigen Spaziergang habt ihr bereits das erste Ziel erreicht. Der **Kapffelsen,** ist ein Aussichtspunkt mit schönem Panoramablick auf die Stadt. Von hier schlängelt sich der Weg ohne großes Auf und Ab den Hang entlang. Er trifft auf die Hauptstraße, die von Hechingen kommend ins Eyachtal nach Haigerloch hinunterführt. Beim Überqueren der Straße müsst ihr vorsichtig sein. Nach fünf Minuten kommt ihr zu einem zweiten Aussichtspunkt, der den Blick nach Westen auf Haigerloch freigibt. Vor allem das ehemalige jüdische **Haagviertel** und der jüdische Friedhof können von hier oben betrachtet werden.

Weiter führt der Weg an der steilen südlichen Talseite der Eyach entlang. Vom Fluss bemerkt ihr allerdings hier oben wenig, da das **Haagwäldchen** lediglich ab und zu einen Blick auf das tief eingeschnittene Tal zulässt. Zwischen den dicht stehenden Bäumen taucht aber immer wieder der Römerturm auf und an manchen Stellen ist der Blick bis zum Schloss hinüber frei.

Mitten im Haagwäldchen biegt der Wanderweg steil ins **Eyachtal.** Dort kommt ihr bei einer schmalen Brücke heraus, aus der aus der Römerturm und das Eyachtal in einer neuen Perspektive erscheinen. Nach-

Mit Haag bezeichnete man im Mittelalter ein Dornengesträuch oder umfriedeten Wald. Die Worte Hecke und Hagebutte sind mit Haag verwandt.

dem ihr die Hauptstraße überquert habt, liegt auf der linken Seite der **jüdische Friedhof,** an dessen Eingang eine Gedenktafel für die ehemaligen jüdischen Mitbürger von Haigerloch angebracht ist. Vor der früheren Synagoge ist ein Gedenkstein errichtet worden, der an die Opfer des Holocaust erinnert. Durch das Haagviertel führt der Weg weiter in Richtung **Oberstadt.** Vorbei an der evangelischen Kirche geht es zum **Römerturm.** Er ist nur am Wochenende zu besteigen, um von dort den schönen Ausblick auf Haigerloch zu genießen.

Am Ende des verkehrsberuhigten Bereichs nehmt ihr zunächst links die Hauptstraße, bis nach etwa 50 m – schräg gegenüber vom Ortsschild – der Treppenaufgang zum **Zollernblickwegle** kommt. Ein Schotterweg führt an der oberen Kante des Eyachtals entlang. An großen Fliederbüschen vorbei erreicht ihr den **Zollernblick.** Hier könnt ihr euch auf der Sitzbank ausruhen und den Blick ins Eyachtal und zur Schwäbischen Alb schweifen lassen.

Nach dem Aussichtspunkt biegt der Weg nach rechts ab und endet nach weiteren 5 Minuten an einem Treppenaufgang zur Hauptstraße nach Gruol. Auf dem Gehweg erreicht ihr den Friedhof, überquert die Straße und geht in Richtung Haigerlocher Neubaugebiet. Über die Hohenzollern- und Hohenberger Straße kommt ihr zurück zur **Annakirche.**

Um das Schloss auf der anderen Talseite wieder zu erreichen, ist nochmals ein Ab- und Aufstieg notwendig: Über den St.-Anna-Weg gegenüber der Kirche gelangt ihr ins Eyachtal, überquert den Fluss, geht ein kleines Stück auf der Unterstadtstraße stadteinwärts, bevor der Treppenaufgang zum **Schloss Haigerloch** beginnt. Die Rundwanderung endet mit einem kleinen Abstecher zur Schlosskirche. ↗ Historischer Stadtrundgang.

Karrenspuren aus dem Mittelalter: Wanderung vom Kühbuchen zum Malesfelsen

Länge: 3,5 km ab Parkplatz Kühbuchen, reine Gehzeit 1 Std. **Anfahrt:** ↗ Albstadt. Von Ebingen Richtung Meßstetten. Nach der zweiten Haarnadelkurve in der Meßstetter Steige dem Wegweiser Sandgrube folgend links hinauf zum Parkplatz.

▶ Vom **Parkplatz Kühbuchen** brecht ihr in östlicher Richtung auf. Schon nach etwa 100 m liegt links zwischen den Wegweisern Kühbuchen-Rundweg und 7-Kreuzles-Weg der Aussichtspunkt *Kuhfelsen*. Ihr folgt dem breiten Forstweg fast geradeaus bis zum nächsten Aussichtspunkt, dem **Malesfelsen.** Von hier aus habt ihr einen schönen Blick auf Ebingen und Umgebung.

Jetzt geht ihr ein kleines Stück zurück zum Forstweg. Gleich rechts zweigt ein Zickzackpfad, versehen mit dem Zeichen Oststadt, ab und mündet etwa 10 Minuten später in einen breiten Forstweg. Ihm folgt ihr in westlicher Richtung circa 20 Minuten bis links der Albvereinswegweiser **7-Kreuzles-Weg** zu sehen ist. Dieser Treppenweg ist zu erklimmen, ohne dabei jedoch rechts die Stufen hinauf zu nehmen. Nach nur wenigen Minuten ist die Anstrengung geschafft und ihr seht rechts sieben in den Fels gekerbte Kreuze. Sie erinnern daran, dass hier einst eine siebenköpfige Familie mit ihrer Kutsche abgestürzt ist. Beeindruckend sind die bis 30 cm tief in den Kalkstein eingeschliffenen Wagenspuren des mittelalterlichen Karrenweges, denen ihr nun bis zum Waldrand folgt. Von dort geht es rechts zurück zum Parkplatz.

Zum Schlossfelsenturm und zur Fohlenweide

Länge: 3 km, reine Gehzeit knapp 1 Std. **Anfahrt:** ↗ Albstadt. Ausgangspunkt ist der Parkplatz Setze an der L448 östlich von Ebingen gegenüber Hotel Zum süßen Grund.

Hunger & Durst

Höhengaststätte Sandgrube, Schwenninger Berg 1, etwa 1 km südlich vom Parkplatz, ✆ 07431/2523. Di – So 12 – 20, Fr ab 18 Uhr.

Hunger & Durst

Hotel **Zum süßen Grund,** Bitzer Berg 1, direkt beim Parkplatz. ✆ 07431/13660, warme Küche 11.30 – 14.30 und 17.30 – 21.30 Uhr.

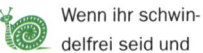

Wenn ihr schwindelfrei seid und die Schwäbische Alb einmal aus der Luft erleben wollt, könnt ihr unter www.hz-ballonfahrer.de eine Ballonfahrt buchen.

Hunger & Durst
Höhengaststätte Waldheim, Vordere Auchten 1, ✆ 07431/3373, März – Okt Mi – Sa 11.45 – 14 und ab 17 Uhr, So durchgehend. Nov – Feb ab 15 Uhr. Unterhalb des Schlossfelsenturms, Kinderspielplatz, Waldlehrpfad, Minigolf Erw 2 €, Kinder 1,50 €.

▶ Hier zwei Vorschläge für kleinere Wanderungen am Ortsrand von Albstadt-Ebingen:

1) Zum **Schlossfelsenturm** überquert ihr die L448, geht auf der rechten Straßenseite etwa 150 m in westlicher Richtung und wandert dann nach rechts zum nahe gelegenen Waldheim. Von dort geht es links hinauf zum Schlossfelsenturm. Wenn ihr die Aussicht genossen habt und zurück auf den Weg zurückgekehrt seid, müsst ihr etwa 30 m hinuntergehen und dann links um den Felsen herum weiter in südlicher Richtung dem Pfad folgen. Nach etwa 150 m geht es nach einer Linksbiegung zurück zum Parkplatz.

2) Zur **Fohlenweide** braucht ihr nur die L448 zu überqueren und dem Schotterweg, der mit einer Roten Raute markiert ist, in den Wald zu folgen. Er geht später in einen Pfad über und führt euch zum Aussichtspavillon *Schleicherhütte.* Ihr wandert auf dem unteren Weg weiter bis zum *Mühlefelsen,* dort müsst ihr dann links zur Fohlenweide abbiegen, wo ihr die jungen Tiere beobachten könnt.

Von der Fohlenweide aus folgt ihr der Straße hinunter bis zur Kreuzung, geht dann auf der anderen Seite zwischen den Viehkoppeln aufwärts durch den Wald und schon seid ihr am großen Spielgelände Rossberg. Von dort kommt ihr am Waldrand entlang wieder zurück zu einem Parkplatz, wo ihr der Straße folgt. Nach etwa 300 m zweigt links der Konstanzer-Rain-Weg ab, der euch wieder zum Ausgangspunkt zurückführt.

Rundwanderung zur Schalksburg
Länge: 8 km, Gehzeit circa 2,5 Std. **Anfahrt:** ↗ Albstadt. Ausgangspunkt ist der Wanderparkplatz Steinberg oberhalb von Laufen, von der Kirche über die Eyach und die Steinbergstraße zu erreichen.

▶ Steil führt der Weg in nördlicher Richtung hinauf zum Heersberg, der 210 m höher liegt als der Ausgangspunkt. Nach Verlassen des Waldes geht ihr von dort in westlicher Richtung auf ebenem Weg am Albtrauf entlang über den Sattel der Schalksburg. Ein Pfad, mit Roter Raute gekennzeichnet, führt zur **Ruine Schalksburg,** deren Bergfried 1957 – 1960 als Aussichtsturm wiedererrichtet wurde.

Nach der schönen Aussicht auf Laufen und die Umgebung geht es zurück bis zur Wegkreuzung und dem Pfad mit rotem Dreieck folgend, abwärts über Serpentinen bis zu einem Waldweg, der wieder zum Wanderparkplatz am Steinberg führt.

Zurück zur Natur: Das Ufer der Eyach nach der Renaturierung

Hunger & Durst
Restaurant Schalksburg, Balinger Straße 96, Laufen, ✆ 07435/89189. Warme Küche täglich 15 – 22 Uhr.

Die Hossinger Leiter: Rundwanderweg am Oberen Berg

Länge: 8,5 km, Gehzeit 2,5 Std. **Anfahrt:** ↗ Albstadt. Ausgangspunkt ist das Stauffenberg-Schloss im Zentrum von Lautlingen.

▶ Vom **Schloss** geht ihr in westlicher Richtung den Hossinger Weg entlang, dann kommt ihr in südlicher Richtung über die **Hossinger Leiter** bis zum Ortsrand von Hossingen. Die Hossinger Leiter, die direkte Verbindung von Lautlingen nach Hossingen durch eine

Klamm, war tatsächlich einst eine an den Felsen gelehnte Leiter. Heute ist sie jedoch als Treppe am Fels befestigt.

In **Hossingen** geht es in die Dorfstraße, von dort links in die Untere Hirtengasse und dann wieder links in die Obere Hirtengasse. Ziel ist der Gräbelesberg, auf dem Reste eines Walls aus der Hallstattzeit zu erkennen sind. Mit ihm schützten die frühen Kelten vor 2500 Jahren ihre Höhensiedlung.

Von dem Aussichtsberg führt der Weg über die Wiese hinauf zum **Oberen Berg,** wo euch eine grandiose Aussicht erwartet. Zu euren Füßen liegt Ebingen, der Panoramablick reicht über das Eyachtal bis in den Schwarzwald. Bei günstiger Witterung sind sogar die Alpen zu sehen. Über das **Hofgut Tierberg** geht es auf der Eisbachstraße nach Lautlingen zurück.

Hunger & Durst
Gasthof Krone, Laufener Straße 19, 72459 Albstadt-Lautlingen. ✆ 07431/73340, Di – Fr ab 15 Uhr, Mi ab 17 Uhr.

Zum Hängenden Stein: Leichte Rundtour mit Ausblick auf die Burg Hohenzollern

Länge: 9 km, reine Gehzeit 2,5 Std. **Anfahrt:** ↗ Albstadt, Bus 44 nach Onstmettingen. Ausgangspunkt ist der Parkplatz Gockeler nördlich von Onstmettingen an der Straße zum Nägelehaus.

▶ Vom **Parkplatz** geht ihr in östlicher Richtung auf einem Schotterweg bis kurz vor den *Schafstall* (Grillplatz). Kurz vor dem Wald geht es links über die Wiese, der Pfad ist mit einer Roten Raute markiert. Ihr wandert weiter über einen Feldweg in den Wald hinein und folgt jetzt dem Rotem Dreieck. Am Ende des Waldabschnitts geht es rechts ab zum *Hängenden Stein*. Hier ist gut zu sehen, wie die Bergkante immer wieder abbricht. Weiter am Albtrauf entlang geht's zum Aussichtspunkt beim **Backofenfelsen.** Von dort geht es leicht abwärts am rechten Waldrand entlang zu einem Schotterweg und auf diesem durch den Wald zum **Zeller Horn,** wo ihr eine tolle Aussicht auf die ↗ Burg Hohenzollern habt.

In der Broschüre *Rad & Wander-Shuttle – mit dem Nahverkehr auf die Alb* sind einige Vorschläge für Rad- und Wanderstrecken zusammengestellt. Sie ist bei der Tourist-Info Albstadt erhältlich. Rad & Wandershuttle an Sonn- und Feiertagen.

Ihr nehmt jetzt den gleichen Weg zurück bis es nach 600 m auf dem Schotterweg links übers Feld und am

Waldrand aufwärts zum **Nägelehaus** geht, einem Wanderheim des Schwäbischen Albvereins mit Einkehrmöglichkeit. Sein Wahrzeichen ist der Aussichtsturm, der zu besteigen ist.

Anschließend geht ihr auf der Straße hinunter zum oberen Parkplatz. Hier geht links ein Weg bei einer freistehenden Kiefer vorbei übers Feld zum Ausgangspunkt zurück.

Rundwanderung zu den Segelfliegern am Degerfeld

Länge: 8 km, Gehzeit gut 2 Std. **Anfahrt:** ↗ Albstadt, mit Bus 44 nach Truchtelfingen. Ausgangspunkt ist der Parkplatz beim Flugplatz Degerfeld an der L449 Bitz – Tailfingen.

▶ Vom **Flugplatz Degerfeld** geht ihr zunächst in nordwestlicher Richtung auf einem Rad- und Fußweg die Landstraße entlang und biegt in den zweiten Feldweg ein, der links abzweigt. Auf ihm geht ihr geradeaus in den Wald. Nach etwa 200 m steht links am Weg ein alter Stein der Freien-Pirsch-Grenze. Wenn ihr nach etwa 15 Minuten wieder aus dem Wald herauskommt, überquert ihr die Wiese und trefft am gegenüberliegenden Waldrand auf den Albvereins-Wanderweg. Ihr folgt dem Wanderzeichen Rote Gabel und geht nach links bis zur Ruhebank und weiter zu einem asphaltierten Weg. Diesem folgt ihr nach rechts leicht bergauf bis zur Holzhütte des CVJM. Dort macht ihr einen kurzen Abstecher zum schönen Aussichtspunkt **Meinetshaldenfelsen.** Der Weg geht gleich nach der Schranke nach links ab.

Zurück zur Schranke geht ihr in südlicher Richtung am Albtrauf entlang, überquert die L449 und geht weiter in Richtung Süden zur Hütte des Verschönerungsvereins Truchtelfingen und zum **Schönhaldenfelsen,** wo ihr eine schöne Aussicht ins Tal habt. Die Gaststätte ist am Wochenende geöffnet. Danach geht es links weiter; ihr folgt der Roten Gabel am Albtrauf entlang, geht dann links bis zum Schotterweg

Hunger & Durst

Wanderheim Nägelehaus, Raichberg 1. ✆ 07432/21715. Mo Nachmittag und Di geschlossen. Mi – Sa 10 – 22 Uhr. Schwäbische Küche.

Hunger & Durst

Restaurant Zum Schnitzel-Walle, ✆ 07432/7756, auf dem Schönhaldenfelsen. Der Name ist Programm.

Hunger & Durst
Flugplatz-Restaurant Il Delta am Degerfeld, ✆ 07431/800580. Di – So 11.30 – 23 Uhr.

und auf diesem circa 200 m leicht aufwärts. Wenn ihr die Wiese in östlicher Richtung überquert, stoßt ihr auf einen asphaltierten Weg. Auf ihm geht es wieder links bis zum Parkplatz (Grillplatz), dann rechts an den Aussiedlerhöfen vorbei bis zur Kreuzung. Dort kommt ihr in nördlicher Richtung auf einem asphaltierten Weg zum **Degerfeld** zurück. Unterwegs habt ihr bestimmt schon von weitem die Segelflieger landen und starten sehen. Jetzt könnt ihr sie ganz aus der Nähe beobachten.

Natur und Umwelt erforschen

Führungen im Mössinger Bergrutsch

Armin Dieter, Bästenhardtstraße 24, 72116 Mössingen-Bästenhardt. ✆ 07473/6830, www.alberlebnis.de. **Länge:** große Route 2,5 Std, kleine Route 1,5 Std, es gibt auch spezielle Kindertouren. **Anfahrt:** ↗ Mössingen. Vom Bhf in Bästenhardt über die Sebastiansweiler Straße rechts in die Bästenhardtstraße. **Zeiten:** Mai – Okt täglich bei jeder Witterung. **Preise:** Gruppenpreise: 2,5 Std 116 €, 1,5 Std 92,80 €. **Infos:** Treffpunkt telefonisch erfragen.

Albtrauf wird der Rand der Schwäbischen Alb genannt.

▶ Der **Albtrauf** ist ein unmittelbarer Abfall der Schwäbischen Alb. Dieser Rand des Mittelgebirges verläuft heute bei Mössingen, aber reichte früher bis in die Stuttgarter Gegend. Durch Wind und andere Witterungseinflüsse brach der Rand der Alb im Lauf der Jahrtausende ab und verlagerte sich zurück. Im April 1983 kam ein Teil des Albtraufs bei Mössingen ins Rutschen. Innerhalb weniger Stunden gerieten vier Millionen Kubikmeter Erde und Geröll in Bewegung und hinterließen eine Urlandschaft. Es war der größte Erdrutsch in Baden-Württemberg seit dem 19. Jahrhundert. Das Bergrutschgelände darf nur auf einem kleinen Wegabschnitt betreten werden. Bei einer Führung werdet ihr in dieses einmalige Gelände gebracht. Ihr erfahrt Einzelheiten über das Ereignis und wie sich die Natur bis zum heutigen Tag weiter entwickelt hat. Tiere und Pflanzen haben die total zerstörte Landschaft inzwischen neu besiedelt.

Von Pferden und Fischen

Im Planwagen über die Alb

Kutsch- und Planwagenfahrten, Uwe Link, Ebinger Straße 20, 72419 Neufra-Freudenweiler. ℂ 07574/2500, Fax 2500. **Anfahrt:** Von ↗ Gammertingen mit Bus 6 Richtung Ebingen. In Neufra, an der B32 3 km westlich von Gammertingen, links. **Zeiten:** telefonisch vereinbaren. **Preise:** 12er-Planwagen 65 € pro Std.

▶ Ein Planwagen für 12 Personen wird komplett gemietet und nach Stunden bezahlt. Im Winter gibt es einen Schlitten für 10 Leute. Hinterlasst eure Telefonnummer, innerhalb von 1 bis 2 Tagen wird dann bei Schnee entschieden, wann es losgehen kann. Ebenso könnt ihr auf Shetlandponys reiten. Die Tiere sind gesattelt und werden geführt, 1 Stunde kostet 11 €.

Bei Fischen, Schlangen und Pflanzen

Albaquarium, Grüngrabenstraße 20, 72458 Albstadt-Ebingen. ℂ 07431/4930, www.albaquarium.de. Zentral im Hallenbad. **Zeiten:** Mo – Sa 14 – 17 Uhr, So und Fei 10 – 12 und 13 – 17 Uhr. **Preise:** 2 €; Kinder 3 – 16 Jahre 1 €.

▶ Das Albaquarium ist eine große Aquarien- und Terrarienschau. Ihr könnt Fische und viele andere Lebewesen, auch Pflanzen aus Flüssen, Seen und Meeren bewundern. Hier leben Tiere von allen Kontinenten der Erde. Eine Schlange leuchtet grell gelb-orange,

Hunger & Durst

Gasthaus Krone, Ebinger Straße, Familie Abt, ℂ 07574/1381. Mo – Fr ab 16.30, Sa 12 – 14 und ab 16.30 Uhr, So ab 10 Uhr, Mi Ruhetag. Die Portionen sind ordentlich und die Preise angenehm.

Verzwackte Gestalt: Seespinne

der Zitteraal sieht direkt grimmig aus, und der Mandarinfisch ist so prächtig wie ein chinesischer Würdenträger, von dem er seinen Namen hat.

Gärten, Tier- und Erlebnisparks

Alpen- und Seerosengarten

Trude Gandt, Koeren 1, 72336 Balingen-Engstlatt. ✆ 07433/21673. **Anfahrt:** Auf der B27 von ↗ Balingen nach Norden. **Zeiten:** Ostersonntag – 1. Nov, Mo – Fr 13.30 – 19 Uhr und Sa, So und Fei 10 – 19 Uhr, in den Sommerferien täglich 11 – 19 Uhr. **Preise:** auf Anfrage.

▶ Das 2 Hektar große Gelände bietet für Kleinkinder verschiedene Aktivitäten. Zwischen Gebirge und Bauwerken in Miniaturausgabe schlängelt sich eine Modelleisenbahn und ein Stück weiter kann man mit der Seilbahn vom Watzmann zum Matterhorn schweben. Für die Kleinsten stehen Aquabullys bereit, damit können sie in der himmelblauen, ovalen Ringrinne über das Wasser gleiten. Auf der Autorennbahn könnt ihr mal richtig Gas geben. Wer lieber gemütlich auf dem Wasser treiben will, kann zum Seerosenteich gehen und eines der bunten Tretboote entern. Oder ihr besucht die Ziegen und anderen Tiere, die es auf dem Gelände gibt.

Abenteuerspielplätze in Albstadt

Anfahrt: ↗ Albstadt.

▶ In Albstadt gibt es einige Abenteuerspielplätze. Hier könnt ihr euch mal so richtig g'scheit austoben. Ihr findet die Spielplätze in **Ebingen** beim Rossberg und am nordwestlichen Stadtrand beim Waldheim, in **Laufen** beim Rübhäu, in **Onstmettingen** in der Lembergstraße und beim Schneckenbuckel, in **Tailfingen** am Unteren Berg und in **Burgfelden** am Heersberg. Auch auf der **Schönen Egert** und am **Unteren Berg** sowie in Truchtelfingen beim Schützenhaus gibt es tolle Abenteuerspielplätze.

Hunger & Durst
Auf dem Gelände des Seerosengartens befindet sich ein Freizeitlokal mit Gartenterrasse.

Hunger & Durst
Restaurant Brunnental, Raiten 1, Laufen, ✆ 07435/1500, Di – So 11.30 – 24 Uhr. Kinderfreundliches, ruhig gelegenes Lokal mit Gartenterrasse und Spielplatz. Kindermenüs, italienische und saisonabhängige Spezialitäten.

Tiere streicheln auf dem Rossberg
Freizeitgelände beim Haus auf dem Rossberg, 72458 Albstadt-Ebingen. ✆ 07431/160-1204, Fax 160-1227. www.albstadtalb.de. rossbergalbstadt@web.de. **Anfahrt:** ↗ Albstadt. Vom Stadtteil Ebingen auf der Bitzer Steige Richtung Gammertingen nach 5 km rechts ab. **Zeiten:** Haus auf dem Rossberg: Sa 14 – 18, So 11 – 18 Uhr, Mai – Okt Mi 14 – 18 Uhr. **Preise:** Eintritt kostenlos. **Infos:** Rossberg Freizeitverein e.V., ✆ 07431/51110 oder 72544.

Schleck: Ziegen sind nicht immer zickig

▶ Großer Abenteuerspielplatz, Grillgelegenheiten, kleiner Streichelzoo mit Pferden, Ziegen, Minischweinen, Hasen und Meerschweinchen. Am Wochenende ist das Haus auf dem Rossberg bewirtet. Es gibt Getränke, Mittagessen, Kaffee und Kuchen. Am Wochenende können Kinder gegen eine geringe Gebühr reiten. Der Erlös wird für den Hafervorrat der Tiere verwendet.

Freizeitgelände mit Ausblick
Freizeitgelände Waldheim, Vordere Auchten 1, 72458 Albstadt-Ebingen. ✆ 07431/3373, Fax 3314. www.albstadt.de. **Anfahrt:** ↗ Albstadt. Von Ebingen nach Nordosten über die Bitzer Steige, vor dem Ortsende links ab zum Schlossfels. **Zeiten:** ganzjährig frei zugänglich. **Preise:** Minigolf 2 €; Kinder 1,50 €.

▶ Das Freizeitgelände Waldheim liegt am nordöstlichen Stadtrand im Grünen. Hier findet ihr einen großen Spielplatz und eine Minigolfanlage. Ein Aussichtsturm darf nicht fehlen, hier ist es der Schlossfelsen, der zugleich eine Höhengaststätte mit großem Gartenlokal ist. Vom Haus startet viele Wander- und Spazierwege sowie ein Waldlehrpfad.

Hunger & Durst
Waldheim, Burgtobelweg 51, Kirchheim, ✆ 07021/6261. Warme Küche März – Sep täglich 11.30 – 14.30, 17 – 22 Uhr, Mo Ruhetag. An Fei Mo geöffnet, Di geschlossen!

HANDWERK UND GESCHICHTE

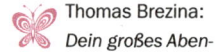

Die Burg der Burgen

Die Stammburg deutscher Kaiser: Burg Hohenzollern

Hechingen. ✆ 07471/2428, Fax 6812. www.burg-hohenzollern.com. verwaltung@burg-hohenzollern.com. **Anfahrt:** Vom Bhf ↗ Hechingen mit Bus um 11.23 Uhr zur Burg, um 16.10 Uhr zurück. Von der B27 beim Brielhof abfahren. Vom Parkplatz unterhalb der weithin sichtbaren Burg 20 Min Fußweg, während der Sommermonate auch gebührenpflichtige Pendelbusse, ✆ 07471/9350-0, Fax 9350-93. **Zeiten:** Mitte März – Mitte Okt täglich 9 – 17.30 Uhr, im Winter täglich 9 – 16.30 Uhr, Führungen je nach Saison alle 6 – 30 Min, sie dauern etwa 30 Min. **Preise:** 5 €; Kinder 6 – 18 Jahre 2,50 €, Führung im Preis enthalten.

▶ Schon von weitem sichtbar, hoch auf einem einzeln aus der Alblandschaft aufragenden Bergkegel, steht die Stammburg der Hohenzollern, die »Wiege Preußens«. Die heutige Burg Hohenzollern ist die dritte an dieser Stelle und wurde nach den romantischen, neugotischen Vorstellungen der Zeit um 1850 erbaut. Wenn ihr das Schloss besucht und durch die eindrucksvollen Wehranlagen hinauf gestiegen seid, werdet ihr auf Höhe der Basteien den viel gerühmten »schönsten Rundblick von einer deutschen Höhenburg« haben. *Kaiser Wilhelm II.* schwärmte bei seinem Besuch 1886: »Die Aussicht von der Burg Hohenzollern ist wahrlich eine weite Reise wert.«

Habt ihr in dem vieltürmigen Hochschloss erst einmal die Filzpantoffeln übergestreift, kommt ihr beispielsweise in das Markgrafenzimmer, den Grafensaal, die Stammbaumhalle und das Königinzimmer – prächtig ausgestattet mit Gemälden, Gold- und Silberschmiedearbeiten des 16. und 17. Jahrhunderts. Ihr könnt Gewandstücke sehen wie den Waffenrock König Friedrichs des Großen und eine Schleppe der Königin Luise, die sie bei einer Begegnung mit Kaiser

---

Thomas Brezina: *Dein großes Abenteuer in der Ritterburg.* Junge Leser ab 6 Jahre können auf 3 Seiten mit einer Forscherbrille schöne Bilder sehen, Aufgaben lösen und spannende Fragen beantworten, 48 Seiten, 12,90 €.

Der 855 m hohe Bergkegel heißt Zoller. Der Name leitet sich eventuell von »Söller« und dieser vom römischen »mons solarius« ab. Wie im Mittelalter üblich nannte sich die Familie nach dem Ort ihrer Herkunft und später wohlklingend »Hohenzollern«.

Napoleon getragen hat. Ihr dürft einen Geheimgang besichtigen und in der Schatzkammer Kostbarkeiten wie die preußische Königskrone bewundern. Von 1952 bis 1991 befand sich in der **Christus-Kapelle** die Ruhestätte der Königssärge von *Friedrich dem Großen* (1712 – 1786) und seinem Vater *Friedrich Wilhelm I.* Seit der Wiedervereinigung stehen die Königssärge wieder an ihrem alten Platz im Schloss Sanssouci in Potsdam bei Berlin.

Thront hoch oben: Burg Hohenzollern

Hunger & Durst
Restaurant Burgschenke, ✆ 07471/2345. Täglich 9 – 17.30 Uhr.

Museen und Stadtführungen

Historischer Stadtrundgang durch Balingen
Länge: 2 Std. **Anfahrt:** ↗ Balingen. **Zeiten:** Stadtführungen auf Anfrage bei der Tourist-Information unter ✆ 07433/17000. **Infos:** Faltblatt »Historischer Stadtrundgang Balingen« bei der Tourist-Information, Neue Straße 33, ✆ 07433/170261, www.balingen.de.

Der Erfinder-Pfarrer Phillip M. Hahn (1739 – 1790) hat eine Zylinderuhr, eine Rechenmaschine, astronomische Maschinen und eine Weltuhr für Sonne, Mond und Sterne erfunden. Seine Lieblingsidee war eine »Maschine, die einen Wagen allein durch Wasser und Feuer ohne weitere Hilfe über Berge und Täler in beliebiger Geschwindigkeit bewegen könnte«. Für dieses erste Auto fehlte ihm aber das Geld.

▶ Auf geht es zu 23 historischen Gebäuden und verträumten Winkeln. Ihr bewegt euch auf dem nach dem Stadtbrand von 1809 neu angelegten, gitterartigen Grundriss der Innenstadt. Der Rundgang beginnt an der evangelischen **Stadtkirche** beim Marktplatz. Das Geläut ihrer Glocken soll eines der schönsten im Lande sein. Die gotische Hallenkirche hat einen 61 m hohen Turm. Die große Sonnenuhr am 2. Geschoss des Kirchturms stammt von dem Pfarrer Phillip Matthäus Hahn (1739 – 1790). Den Marktbrunnen schmückt eine Ritterfigur. Gegenüber seht ihr das klassizistische **Rathaus.** Das Dach ziert ein Glockenspiel, das dem der Westminster Abbey in London nachempfunden wurde. Nun geht es weiter in südlicher Richtung, entlang der Friedrichstraße, dann rechts in die Schwanenstraße. Hier seht ihr den **Farrenstall,** ein großes Fachwerkgebäude, das nach seiner Erbauung 1813 als Scheuer für das Spital diente. Heute ist es ein schönes Wohn- und Geschäftshaus. Dahinter könnt ihr noch Reste der Stadtmauer entdecken. Über die Ebertstraße kommt ihr zum **Viehmarktplatz** und zur »Sonne«. Das mächtige, 1792 erbaute Fachwerkhaus war einst Absteigequartier der Fuhrleute, heute ist es ein bekanntes Restaurant und Kaffeehaus. Nun geht es in einer Kurve wieder zurück Richtung Neue Straße.

Auf Höhe der Schlossstraße seht ihr das imposante **Zollernschloss Balingen** mit Turm und Reiterhaus. Hier lebte seit 1403 der jeweilige Obervogt mit Gesinde. Nachdem es mehr und mehr zerfiel, wurde das heutige Schloss 1935 nach alten Plänen mit dem alten Baumaterial neu erbaut. Heute findet ihr hier das einzigartige ↗ Museum für Waagen und Gewichte. Beim Schloss steht das **Reiterhaus**, ein Fachwerkbau, in dem das Gesinde des Schlosses wohnte, und direkt daneben die mächtige **Zehntscheuer.** Sie beherbergt das ↗ Heimatmuseum Balingens und die Friedrich-Eckenfelder-Galerie. Unterhalb der Zehntscheuer war früher das Gerberviertel.

Hier arbeiteten und lebten im 16. und 18. Jahrhundert viele Gerber, die zum Bearbeiten ihrer Felle große Mengen Wasser benötigten. Wegen der Kanäle nennen die Einheimischen dieses Viertel liebevoll Klein Venedig, was vielleicht ein bisschen übertrieben ist.

Weiter geht es zum **Eyachwehr.** Das frühere Holzwehr wurde 1895 nach einem Hochwasser durch ein steinernes Rundwehr ersetzt. Die Hochwassermarken flussabwärts Vor dem Gerbertor 28 zeigen euch, wie stark ein sonst harmloser Fluss anschwellen kann. Es geht nun weiter bis zur **Friedhofskirche.** Sie stammt aus dem 11. Jahrhundert und ist damit zwar das älteste Baudenkmal der Stadt, jedoch ist nur der unterste Teil des Turmes erhalten. Chor und Schiff mit schönen gotischen Fenstern wurden erst im 14. Jahrhundert erbaut. Rechts an der Eyach entlang erreicht ihr nach etwa 15 Minuten die vermutlich älteste der ehemals sechs Balinger **Mühlen.** In Richtung Innenstadt kommt ihr noch einmal an einer schönen Kirche, der katholischen **Stadtpfarrkirche** von 1898 vorbei. Wenn ihr bis hier durchgehalten habt, könnt ihr später eine Menge von Balingen erzählen.

Den Dreh- und Angelpunkt finden: Abwechslung beim Stadtrundgang

Heimatmuseum Balingen
Neue Straße 59, 72336 Balingen. ✆ 07433/170-261, Fax 170-222. www.balingen.de. Zentral gelegen. **Anfahrt:** ↗ Balingen. **Zeiten:** Di – Sa, So und Fei 14 – 17 Uhr. **Preise:** nur bei Sonderausstellungen Eintritt.

▶ In nächster Nähe zum Balinger Schloss findet ihr die historische **Zehntscheuer** aus dem 15. Jahrhundert. Dreimal brannte das Gebäude bei Stadtbränden nieder. Mitte des vorigen Jahrhunderts kaufte die Stadt das Haus. Bis etwa 1985 wurde es als Lager genutzt, dann hat man es restauriert und heu-

Hunger & Durst
Ristorante La Pergola, Friedrichstraße 74, ✆ 07433/23696, Di – So 11.30 – 14 und 17.30 – 22.30 Uhr. Pizza und italienische Gerichte unweit vom Marktplatz.

> *Färber waren früher damit beschäftigt, Wolle und Stoffe mit natürlichen Farbstoffen aus Rinden, Wurzeln, Früchten, Samen und Blättern zu färben.*

Hunger & Durst
Café am Markt, Färberstraße 1, Balingen, nicht weit vom Marktplatz. ✆ 07433/10009. Mo – Sa 8 – 19, So 10 – 19 Uhr, Straßencafé mit Pralinen und Eis aus eigener Herstellung, kleine Gerichte, Mittagstisch.

> *»Leg doch nicht jedes Wort auf die Goldwaage!« Diese Redensart habt ihr bestimmt schon einmal gehört. Damit wollte euch derjenige sagen, dass ihr eine Aussage nicht überbewerten sollt.*

te ist das Heimatmuseum der Stadt Balingen hier untergebracht. Die Abteilung Geologie/Paläontologie zeigt euch die interessantesten geologischen Formen und Spuren frühen Lebens der hiesigen Gegend. Schwerpunkt der vor- und frühgeschichtlichen Sammlung bilden Funde aus der Zeit der Alemannen und Römer. Schließlich geht es im Museum auch um Stadtgeschichte. Ihr bekommt Einblick in Balingens bewegte Vergangenheit, in die Entwicklung der Landwirtschaft und der Industrie. Euch werden alte Berufe wie Färber, Gerber und Schuster erklärt, aber auch Hauswirtschaft, Wohnen und Wäschepflege. Damals war das alles viel komplizierter und aufwändiger als heute.

Museum Deutsche Eisenbahn
Auf Schmieden 52/1, 72336 Balingen. ✆ 07433/10191, www.deutscheeisenbahn.de. **Anfahrt:** Von der B27 aus Richtung Tübingen am Ortseingang von ↗ Balingen links. **Preise:** Eintritt frei. **Infos:** Termin absprechen mit Hannes Schneider, ✆ 07433/10191.

▶ Modellbauraum, Videoraum und Bibliothek gehören zu der Wohnung, in der das Museum Deutsche Eisenbahn untergebracht ist. Die Entwicklung der Deutschen Eisenbahn wird an Modellen im Maßstab Spur N aufgezeigt. Zur Modelleisenbahnausstellung gibt es eine Vorführung, bei der ihr den betriebstechnischen Ablauf in einem Kopfbahnhof seht. Wie vielleicht schon wisst, fährt der Zug in den Kopfbahnhof ein, hält an und braucht jetzt am anderen Ende eine Lok, weil er den Bahnhof auf dem gleichen Weg wieder verlassen muss.

Große und kleine Waagen
Museum für Waagen und Gewichte, Schlossstraße 5, 72336 Balingen. ✆ 07433/170-216, Fax 170-222. www.balingen.de. In der Nähe des Marktplatzes. **Anfahrt:** ↗ Balingen. **Zeiten:** Mo, Mi, Fr und 1. Sa im Monat 14 – 16 Uhr. **Preise:** frei.

▶ Könnt ihr euch vorstellen, wie eine Heuwaage aussieht und wie groß sie ist? Gigantisch ist die Heuwaage aus dem 18. Jahrhundert, die im Zollernschloss im Museum für Waagen ausgestellt ist. Die Sammlung dieses Museums ist mit etwa 400 Ausstellungsstücken europaweit, wenn nicht sogar weltweit einmalig. Sie ist eine Dauerleihgabe des Balinger Waagenproduzenten Bizerba. Hier könnt ihr eine Waage aus der Römerzeit und fein gebaute Münzwaagen anschauen. Die Entwicklung von der Balkenwaage über die Federwaage, die Dezimalwaage und die ganz genaue Analysewaage bis zur Ladenwaage des 20. Jahrhunderts wird dargestellt. Die Waage zählt zu den ältesten Gebrauchsinstrumenten der menschlichen Kultur.

Stein und Fachwerk kombiniert: Das Zollernschloss

Bei den Bauern auf der Alb

Dorfmuseum Melchingen, Museumsgasse 1, 72393 Burladingen-Melchingen. ℗ 07126/92230, Fax 92231. www.burladingen.de. ov-melchingen@arcor.de. **Anfahrt:** Von ↗ Burladingen mit Bus 5 Richtung Gammertingen. **Auto:** vom Bhf über die Haupt- und Stettener Straße nach Norden in den Stadtteil Stetten und weiter auf der Melchinger Straße, 10 – 13 km. **Zeiten:** nach Vereinbarung. **Preise:** 1 €; Kinder 0,50 €.

▶ Das Dorfmuseum befindet sich in einem 200 Jahre alten Fachwerkhaus schräg gegenüber dem Rathaus. Es zeigt, wie bescheiden ein bäuerliches Anwesen vor ungefähr einem Jahrhundert funktioniert hat. Ihr seht Wohn- und Schlafzimmer, Küche, **Tenne,** Stall, Speicher, Heuboden und sogar eine Webstube. Alles ist originalgetreu eingerichtet.

Die Tenne ist der Teil der Scheune, in den der Erntewagen einfahren konnte und wo das Getreide gedroschen wurde. Manchmal fanden auch Tanzvergnügen auf dem großen Boden statt.

Geschichtsspuren in Haigerloch

Historischer Stadtrundgang, Kultur- und Verkehrsamt, Oberstadtstraße 11, 72401 Haigerloch.

Hunger & Durst
Hotel-Restaurant Krone, Oberstadtstraße 47, ✆ 07474/95440, Fax 954444, 11.30 – 14 und 17 – 22 Uhr. Do Ruhetag. Schwäbische Spezialitäten, Kinderportionen. Beim Essen hat man einen schönen Blick auf das Schloss.

Die Juden bilden eine sozial-religiöse Einheit und keine »biologische Rasse«, wie die Nazis glauben machen wollten.

www.konzentrationslager.de, www.shoa.de

✆ 07474/69727, 69727, Fax 6068. www.haigerloch.de. verkehrsamt@haigerloch.de. **Anfahrt:** ↗ Haigerloch.

▶ Bei der Wallfahrtskirche **St. Anna** in der Oberstadtstraße beginnt euer historischer Stadtrundgang. Die Kirche ist im Stil des Barock und Rokoko errichtet. Weiter geht es Richtung Osten an der Eyach entlang zum **Römerturm.** Er stammt nicht aus der Römerzeit, sondern wurde als Bergfried für die Burg Haigerloch um 1150 im romanischen Stil erbaut. 1744 wurde er dann zum Glockenturm für die Oberstadtkirche St. Ulrich umgebaut, die heute nicht mehr existiert. In der nahen *Evangelischen Kirche* seht ihr eine Nachbildung des Gemäldes *Das heilige Abendmahl* von Leonardo da Vinci. Nahe der Kirche steht die ehemalige **Synagoge.** Früher beherbergte sie die Räume für den Gottesdienst der jüdischen Gemeinde, die Schule, die Wohnung des Synagogendieners und ein Ritualbad. 1938 wurde die Inneneinrichtung von den Nationalsozialisten zerstört. Neben der Synagoge steht das *Haag-Schlössle* und dahinter liegt der *Jüdische Friedhof.*

An der Oberstadtstraße in Richtung Norden steht das *Rathaus.* Von hier geht es auf der Hechinger Straße (Abkürzung Steigle) über die Noyaler Brücke zum **Marktplatz** und zum ↗ Atomkeller-Museum. Hinter der schönen *Schlosskirche* folgt schließlich das **Renaissance-Schloss Haigerloch.** Es steht auf den Fundamenten einer mittelalterlichen Burg.

KZ-Gedenkstätte und Museum
Heimatmuseum, Hanne Grunert, Kirchgasse 15, 72406 Bisingen. ✆ 07476/3104, 896131, Fax 896149. lorenz.gentner@bisingen.de. **Anfahrt:** Von ↗ Hechingen mit Bus 2. A81 Stuttgart – Singen, Abfahrt 31 Empfingen, dann über B463 Richtung Haigerloch. **Zeiten:** So 14 – 17 Uhr, Führungen für Gruppen auf Anfrage. **Preise:** Eintritt frei, Gruppenführung 20 €.

▶ Das Heimatmuseum bei der katholischen Kirche dokumentiert unter dem Titel »Schwierigkeiten des

Erinnerns« das Konzentrationslager in Bisingen und den Ölschieferabbau während des Zweiten Weltkrieges. Die Ausstellung wurde erst 1996, im Beisein von Überlebenden, eröffnet. In Bisingen gab es von August 1944 bis April 1945 ein KZ-Außenlager. Es war eines der größten in der Region. Hier lebten 4163 Häftlinge. Sie mussten Ölschiefer abbauen, aus dem Treibstoff gewonnen werden sollte. 1187 Männer aus fast allen europäischen Ländern, darunter viele Juden, starben hier an Entkräftung durch Hunger, den Folgen der Zwangsarbeit und Misshandlungen.

1998 entstand im Rahmen eines internationalen Workshops ein **Geschichtslehrpfad,** der euch in einem Rundgang zu den historischen Orten mit Informationstafeln bringt: Vom Bahnhof, wo die Häftlinge ankamen, führt der Weg zum ehemaligen Lagergelände in der Schelmengasse. Über einen Holzsteg, der von den jungen Menschen aus aller Welt gebaut wurde, betritt man den früheren Apellplatz. In der Nähe befinden sich das Ölschieferabbaugebiet und die Fabrikanlagen. Weitere Stationen sind der KZ-Friedhof und das ehemalige Massengrab. Ihr könnt den Lehrpfad von jedem Ort aus beginnen, eine bestimmte Reihenfolge muss nicht eingehalten werden.

In so genannten Konzentrationslagern wurden Zivilpersonen eingesperrt, die dem jeweiligen Regime unbequem oder nur suspekt waren. Die ersten Internierungslager dieser Art gab es in den Kolonialkriegen: 1838 wurden Cherokee Indianer zwangsinterniert, 1895 wurden von den Spaniern Lager auf Kuba und 1901 von den Engländern während des Burenkrieges in Südafrika errichtet. Unter der Nazi-Herrschaft wurden 1933 die ersten »KZ« errichtet, bis 1944 gab es Tausende von Vernichtungs-, Konzentrations- und Außenlagern. In diesen KZ wurden die Menschen nicht nur systematisch erniedrigt und durch unmenschliche Behandlung und harte Arbeit gequält, wie hier in Bisingen, sondern auch millionenfach planmäßig ermordet.

Fossilien und Lebensraum heimischer Tiere

Museum im Kräuterkasten, Im Hof 19, 72458 Albstadt-Ebingen. ✆ 07431/1601491, Fax 1601497. www.museem-albstadt.de. susanne.goebel@albstadt.de.
Anfahrt: ↗ Albstadt. Zentral gelegen. **Zeiten:** Mai – Okt Mi, Sa, So und Fei 14 – 17 Uhr, Nov – April Mi 14.30 – 19 Uhr, jeden 1. So im Monat und Fei 14 – 17 Uhr. **Preise:** 1 €; Kinder bis 14 Jahre freier Eintritt.

▶ Das Museum zeigt die Vor- und Frühgeschichte der Ebinger Alb von der Altsteinzeit bis zum frühen Mittelalter. Zu den Ausstellungsstücken gehören Funde aus bronze- und eisenzeitlichen Grabhügeln und wertvolle Grabbeigaben aus der Alemannenzeit. In der naturkundlichen Sammlung könnt ihr eindrucksvolle Fossilien aus der Jurazeit bewundern. Aber auch die wichtigsten Lebensräume der heutigen einheimischen Tiere werden im Museum gezeigt.

Puppen und Miniaturen

Puppenmuseum, Im Tal 14, 72513 Hettingen. ✆ 07574/9339-21, Fax 9339-30. www.miniaturen.de. info@miniaturen.de. Etwa 4 km südlich von ↗ Gammertingen gelegen. **Anfahrt:** Hohenzollerische Landesbahn stündlich auf der Strecke Hechingen – Sigmaringen mit Halt in Hettingen. An der B32 zwischen ↗ Gammertingen und ↗ Sigmaringen. **Rad:** Vom Schwäbische Alb Radweg durch Hettingen ausgeschildert. **Zeiten:** Di – Fr 10 – 16 Uhr, April – Dez So und Fei 14 — 17 Uhr, Führungen nach Voranmeldung. **Preise:** 2,50 €; Kinder ab 12 Jahre 2 €. **Infos:** Sonderschauen auf Anfrage.

▶ Puppen, Puppen und nochmals Puppen. Hier seht ihr lachende, weinende und schlafende Puppen, kleine und große. In zwei Räumen sind Krämerläden, Puppenstuben und -häuser aus der Zeit von 1860 bis 1960 aufgebaut. Das Zubehör für die Puppenhäuser ist mehr als hundert Jahre alt. Ihr könnt Marionetten in Glasvitrinen bewundern, in Schaukästen sind Trachtenpuppen und -kleidung sowie alte Spiele ausgestellt. Dies alles wurde von *Brigitte Lohrmann* und *Henry Römling* in jahrzehntelanger Sammelleidenschaft zusammengetragen.

Bühne, Leinwand & Aktionen

Theater auf der Alb

Theater Lindenhof, Unter den Linden 18, 72393 Burladingen-Melchingen. ✆ 07126/929394, Fax 929395. www.theater-lindenhof.de. info@theater-lindenhof.de. **Anfahrt:** Von ↗ Sonnenbühl-Erpfingen auf der Landstraße nach Süden Richtung Stetten und nach 1,5 km

---

Weshalb ist Rätselraten gefährlich?

Weil man sich den Kopf zerbricht.

Hunger & Durst
2006 wird im Puppenmuseum das neue Museumsbistro eröffnet!

rechts nach Melchingen abbiegen, circa 3 km. **Rad:** Mit dem Rad oder zu Fuß von der Ferienanlage Sonnenmatte in Sonnenbühl – Erpfingen über den Wanderweg 11 etwa 2 – 3 km durch den Wald. **Zeiten:** Herbst – Frühling an 2 – 4 So pro Monat Kindervorstellung. **Preise:** Kindertheater: 4 € (Vorverkauf), 4,50 € (Abendkasse). **Infos:** Vorbestellung Mo – Fr 10 – 13 Uhr.

▶ Das Theater Lindenhof liegt mitten im kleinen Ort Melchingen, zwischen Kornbühl und Sonnenbühl. Hier befindet sich Schwabens höchst gelegene Bühne. Sie liegt 734 m hoch. Das Theater verspricht poetisches Volkstheater, Varieté, Schwäbisch-Literarisches, Ernstes und Vergnügliches und Theaterstücke für Kinder von 3 bis 9 Jahre.

Viel Spaß beim Kinderfest

Irma-West-Kinder- und Heimatfest, 72379 Hechingen. ✆ 07471/94021-1, 94011-4 und -5, Fax 940210. www.hechingen.de. **Anfahrt:** ↗ Hechingen. **Zeiten:** 2. Wochenende vor den Sommerferien.

▶ Alt und Jung ist auf den Beinen, wenn Hechingen das Kinderfest feiert. Stadt, Vereine, Schulen und Kindergärten organisieren ein abwechslungsreiches Programm für dieses Wochenende. Viele auswärts lebende Hechinger kommen extra zum Kinderfest in ihre Heimatstadt. Zum Auftakt begibt man sich am Freitagabend zum Festgelände im *Weiher,* am nördlichen Stadtrand. Gutes Essen gibt es heute Abend an den verschiedenen Ständen. Auch ein Vergnügungspark ist aufgebaut. Von Samstag bis Montag wird noch einiges mehr geboten. Für Kinder sind die Spielstraße oder eine Karussellfahrt interessant. Am Samstag findet ein Lampionumzug statt und der Marktplatz ist effektvoll beleuchtet. Den krönenden Abschluss bildet am Montagabend ein großes Feuerwerk.

Hunger & Durst

Essen und Trinken gibt's in der **Theatergaststätte,** ✆ 07126/1033. Di – Fr 17 – 24 Uhr, Sa 17 – 1, So 11.30 – 24 Uhr. »Kommet vorbei, no sieht mr weiter.«

Am 2. Septemberwochenende ist in **Burladingen-Melchingen** *Töpfermarkt,* Info ✆ 07126/92230.

Am Faschingsdienstag findet in **Hechingen** die *Hechinger Fasnet* mit einem großen Umzug statt; Info ✆ 07471/940114.

WINTERSPORT

Ski – gewusst wie

Skilift Ebingen, 72458 Albstadt-Ebingen. ✆ 07431/72564, Fax 4391. www.wintersportvereinebingen.de. WSV@WintersportvereinEbingen.de. **Anfahrt:** ↗ Albstadt. **Zeiten:** Mo und Fr 14 – 17.30 Uhr, Di – Do 14 – 21, Sa 13 – 17.30, So 10 – 17.30 Uhr. **Infos:** Schneetelefon 07431/72564. 630 m lange Abfahrt, Flutlicht und Skikurse.

Skilift Onstmettingen, 72458 Albstadt-Onstmettingen. ✆ 07432/200353, Fax 200354. info@sc-onstmettingen.de. **Anfahrt:** ↗ Albstadt. **Zeiten:** Mo – Fr 13.30 – 21.30 Uhr, Sa 9 – 21.30, So 9 – 17 Uhr. **Info:** 200 m lange Abfahrt, Flutlicht und Skikurse.

Skilift am Schlossberg, 72458 Albstadt-Tailfingen. ✆ 07432/3322, Fax 5444. www.wsv-tailfingen.de. info@wsv-tailfingen.de. **Anfahrt:** ↗ Albstadt. **Zeiten:** Mo – Fr 14 – 21 Uhr, Sa und So 10 – 17 Uhr. **Preise:** Tageskarte Mo – Sa 8 €, So und Fei 10 €; Kinder 6 – 15 Jahre Mo – Sa 7 €, So und Fei 9 €. **Infos:** Schneetelefon 07432/3322. 500 m lange Abfahrt, Skikurse.

Skilift im Rossental, Ski-Club Truchtelfingen e.V. Rossentalstraße 87, 72461 Albstadt-Truchtelfingen. ✆ 07432/4882, www.sc-truchtelfingen.de. Küfner Parkplatz. **Anfahrt:** ↗ Albstadt. **Zeiten:** Mo – Sa 13.30 – 17 Uhr, 19 – 22 Uhr, Di nur Flutlichtbetrieb, So 9 – 12, 13.30 – 17, 19 – 22 Uhr. **Preise:** Halbtageskarte 5 €, Flutlichtbetrieb 4 € (Erwachsene und Kinder); Halbtageskarte Kinder bis 16 Jahre 4 €. **Infos:** im Internet und über Schneetelefon 07432/4882. 250 m lange Abfahrt, Flutlicht und Skikurse.

DONAU & HEUBERG

DIE OSTALB

STAUFERLAND

ALB-DONAU-KREIS

TECK & NEUFFEN

MITTLERE ALB

ZOLLERN-ALB

DONAU & HEUBERG

SERVICE ZU DEN ORTEN

FERIEN-ADRESSEN

KARTEN & REGISTER

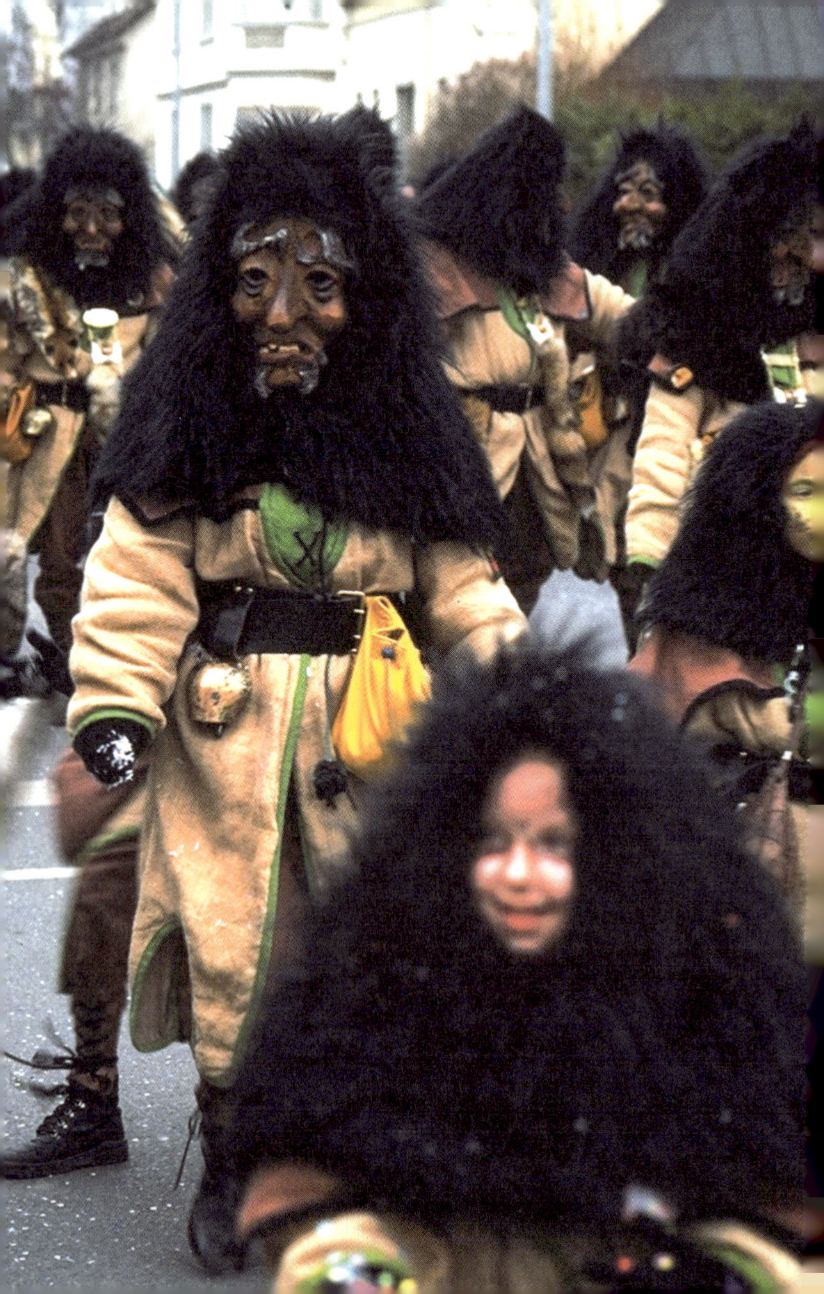

Kurz vor ihrer Grenze im Südwesten legt sich die Schwäbische Alb nochmal mächtig ins Zeug. Dort hat sie die höchsten Gipfel. Gleich zehn Tausender stehen auf engstem Raum beieinander, darunter der Lemberg, mit 1015 m die höchste Erhebung der Alb. In den hohen Lagen gilt das Klima als rau, hier werden im Winter die tiefsten Temperaturen in Süddeutschland gemessen. Und gerade dort ist die Landschaft am beeindruckendsten: Seltene Pflanzen und Tiere können auf einsamen Wanderungen entdeckt werden.

Frei- und Hallenbäder

Freibad Sigmaringen

Roystraße 50, 72488 Sigmaringen. ✆ 07571/106-333, Fax 106-337. www.stadtwerke-sigmaringen.de. servicecenter@sigmaringen.de. **Anfahrt:** Vom Leopoldsplatz beim Bhf ↗ Sigmaringen mit Bus 4 bis Bilharzschule. Östlich der B313, direkt an der Donau. **Rad:** Vom Bhf über Leopoldsplatz, Josefinenstraße und Feldstraße der Beschilderung folgen. **Zeiten:** Mai – Sep täglich 9 – 20 Uhr, bei schlechtem Wetter schließt das Freibad Mo – Fr um 18 Uhr, Sa, So und Fei um 13 Uhr. **Preise:** 2,50 €, 10er-Karte 22 €; Kinder, Schüler 6 – 17 Jahre 1,50 €, 10er-Karte 12 €.

▶ Aktiv fit halten ist hier der Wahlspruch. Das könnt ihr gut im auf etwa 25 Grad geheiztem Wasser des Schwimmerbeckens. Ein Bodenluftsprudler und die Tri-Strahlanlage lassen beim Schwimmen ein schönes Kribbelgefühl entstehen. Im Kinderplantschbecken sorgen Wasserpilz und rosarote Elefantenrutsche für Gaudi. Auf dem Spielplatz gibt es einen Spielturm mitten im Sand.

Hallenbad Stetten

Hardtstraße 50, 72510 Stetten am kalten Markt. ✆ 07573/5042568, Fax 9515-55. www.stetten-akm.de. **Anfahrt:** 500 m vom Rathaus in ↗ Stetten entfernt. Im

HIER GEHT'S HOCH HINAUS

TIPPS FÜR WASSERRATTEN

Hier können **Schwimmabzeichen** wie Seepferdchen, Jugendschwimmabzeichen und Schwimmabzeichen in Bronze gemacht werden.

Hunger & Durst

Getränke, Eis, Kuchen, Pommes und Anderes für den großen und kleinen Hunger könnt ihr am Kiosk auf dem Gelände kaufen.

Den Winter austreiben: Mit wilden Masken und viel Radau wird das wohl gelingen!

DONAU & HEUBERG

Zentrum von der Albstraße in die Hardtstraße. **Zeiten:** Do und Fr 18 – 20 Uhr, Sa 14 – 17 Uhr, So 9 – 11 Uhr. **Preise:** 2,50 €; Kinder und Jugendliche 1,50 €; Kinder 3 – 6 Jahre nur in Begleitung Erwachsener.

▸ Wenn ihr hier am westlichen Stadtrand zum Schwimmen geht, seid ihr in einem Schwimmbad der Bundeswehr. Das Hallenbad wurde renoviert, sodass ihr in heller, freundlicher Atmosphäre eure Bahnen ziehen, Sprünge üben und nach Herzenslust im Wasser plantschen könnt. Das DLRG-Team veranstaltet Schwimmkurse und ab und zu Spielnachmittage für Kinder.

Badeseen

Baden im Stausee Schömberg

Bootsverleih/Kiosk, Markus Bross, Gaberstallstraße 22, 72355 Schömberg. ✆ 07427/2120, Fax 8243. www.oberes-schlichemtal.de. bross@schlichem-net.de. **Anfahrt:** Östlich von ↗ Schömberg über die B27 zu den Parkplätzen. **Rad:** Mai – Okt So und Fei einmal täglich Radwander-Shuttle-Zug von Tübingen und mehrmals von Balingen.

Bootsverleih unterhalb des Campingplatzes direkt am See bei Familie Bross. Hier stehen 25 Ruder-, Tret- und Elektroboote. 1/2 Std 5 €, 1 Std 8 € für 2 Personen. Geöffnet von Ostern – Okt bei schönem Wetter.

▸ Ein Stausee ist auf der wasserarmen Schwäbischen Alb eine Seltenheit. Der lang gestreckte See liegt umsäumt von Wiesen und Wäldern unweit des östlichen Stadtrandes von Schömberg. Vor Urzeiten gab es hier schon einmal Wasser. Viel Wasser, mit Tieren drin. 1975 stieß man beim heutigen See auf drei Riesen-Ammoniten. Das sind Versteinerungen von 200 Millionen Jahre alten Kopffüßlern, aus jenem anderen Wasser.

Am Ufer könnt ihr herrlich spielen oder in dem klaren, sauberen Wasser schwimmen und leicht einen ganzen Tag ohne Langeweile verbringen. Radfahrer finden spannende Touren durch Wacholderheiden, Wälder und entlang dem Flüsschen Schlichem. Wenn ihr eine Wanderung plant, nehmt doch einen von den

»sagenhaften Wegen« rund um den Stausee und ihr werdet allerlei Geschichten erfahren. Über Drachen und abscheuliches Gewürm, verzauberte Jungfrauen und andere sagenhafte Gestalten erzählen Bildtafeln. Ganz in der Nähe liegen das Miniaturdorf und der Campingplatz.

Stausee bei Meßstetten
Anfahrt: Von ↗ Meßstetten über die L440 nach Oberdigisheim, weiter über die K7172 Richtung Obernheim bis zum oberen Stausee-Parkplatz kurz nach der Abzweigung zum Weiler Geyerbad.

▶ Der Stausee beim Ortsteils Oberdigisheim ist ein beliebtes Ausflugsziel. Im Sommer wird hier gebadet, geplanscht und gespritzt, fremde Luftmatratzen werden geentert und Schlauchboote zum Kentern gebracht. Auch Angler kommen hier auf ihre Kosten. Das Fischen am Stausee ist durch den Erwerb einer Fischereierlaubnis möglich. Parkplätze sowie WC-Anlagen sind vorhanden. Eine Kneippanlage mit Wassertretbecken und einem 75 m langen Barfußpfad sowie ein Kinderspielplatz mit Grillstelle runden das Angebot ab.

Radeln und Skaten

Umrundung des Oberen Schlichemtals mit dem Rad
Länge: 37 km, reine Fahrzeit knapp 4 Std. **Anfahrt:** ↗ Schömberg. Start und Ziel ist das Schulzentrum.

▶ Ihr fahrt von der **Schule** hinunter zum Stausee; dort links oder rechts vorbei zur *Ölmühle*. Von dort aus radelt ihr am Vorsee entlang zur *Oberen Säge*. Direkt dahinter biegt ihr in den Witthau ein und kommt durch einen Wald zur Grillstelle *Honau*. Von dort ist es nicht mehr weit zur **Ottilienkapelle** an der Straße zwischen Weilen und Ratshausen. Hier biegt ihr in den Weg unmittelbar oberhalb der Kapelle links Rich-

Hunger & Durst
Im Kiosk auf dem Gelände gibt es Eis, Snacks, Getränke und Süßigkeiten zu kaufen.

Ihr könnt den Stausee in 2 Stunden zu Fuß umrunden, ↗ Wanderungen.

RAUS IN DIE NATUR

DONAU & HEUBERG

tung Ortenberg ein. Ein Teerweg führt aufwärts in den Wald hinein, nach 200 m geht es rechts steil den Hang hinauf. Oben führt der Weg links zunächst eben weiter.

Auf einem schottrigen Weg, dessen Steigung stetig zunimmt, kommt ihr nach knapp 1 km auf Dreiviertel Höhe des *Ortenbergs*. Dort führt der Weg auf ebener Fahrbahn weiter nach Osten. Nach einer abschüssigen Fahrt geht es im spitzen Winkel rechts den Berg hinauf, bis ihr nach längerer Fahrt an einem Waldkreuz vorbei auf die geschotterte Straße von Hausen nach **Obernheim** kommt.

Auf der Hochfläche folgt ihr dem Wegweiser Richtung Tieringen. Etwa 300 m nach der Gabelung müsst ihr euch links halten, bis die Teerstraße auf eine Kuppe ansteigt. Zu Beginn des Anstiegs geht es rechts Richtung *Geyerbad*. Kurz vor dem Weiler ist auf der linken Seite ein schöner **Grillplatz,** wo ihr eine Pause einlegen könnt.

Anschließend fahrt ihr den Weg, den ihr gekommen seid, wieder 2 km bis zur Abzweigung zurück und radelt dann Richtung Tieringen.

In **Tieringen** nehmt ihr zunächst die Lochenpassstraße. Nach etwa 400 m fahrt ihr jedoch rechts in das Feriendorf *Bittenhalde* und dort auf den Matthäus-Koch-Wanderweg. Er führt euch parallel zur Lochenstraße auf den Lochenpass und ins **Lochengründle.**

Beim Grillplatz geht es rechts in den Wald hinein und auf ebener Trasse zum Sattel zwischen *Plettenberg* und *Schafberg* (Spitzkehre nach 3,5 km beachten!). Vor dem letzten Anstieg zum Plettenberg biegt ihr rechts ab, um den Berg nördlich zu umfahren. Auf ebener Strecke erreicht ihr das Zementsträßle unter der Seilbahn. Von dort fahrt ihr Richtung Dotternhausen abwärts und biegt vor dem Bauernhof links entlang der Hochspannungsmasten ein. Nach einem Anstieg geht es im Wald in einer Spitzkehre rechts hinunter zum **Stausee** und zur Schule zurück.

Der **Grillplatz Lochengründle** ist so schön, dass man hier länger verweilen kann und Konditionsstarke zusätzlich Expeditionen zu Fuß machen können, beispielsweise eine Wanderung zum *Gespaltenen Fels* und zum *Wenzelstein* (1 knappe Stunde) oder zum Lochenstein (1/2 Stunde).

Rundtour durch die Felder im Schmeiental

Länge: 23 km, Fahrzeit gut 2 Std. **Anfahrt:** ↗ Sigmaringen.

▶ Vom **Bahnhof** in Sigmaringen radelt ihr parallel zur Bahnlinie in Richtung Donau und biegt dort links auf den *Donau-Radweg* ab. Flussaufwärts kommt ihr zunächst zum *Donauwehr,* dann radelt ihr an Campingplatz, Freibad und Laizer Wehr vorbei zum 4 km entfernten **Kloster Inzigkofen.** In dem ehemaligen Augustinerinnenkloster aus dem 17. Jahrhundert finden heute Malkurse und andere Seminare der Volkshochschule statt. Rechts am Kiosk vorbei fahrt ihr durch den Klosterhof und weiter auf einer Allee leicht bergan bis zu einer befestigten Straße, der ihr dann bergab über den Nickhof bis zum **Bahnhof Inzigkofen** folgt.

Dort geht es nach der Brücke links etwa 2,5 km auf dem Radweg bis zu einer weiteren Brücke. Dort müsst ihr rechts ein kurzes Stück auf einem unbefestigten Weg weiterfahren bis zu einer Straße, die dann bergab durch das Schmeiental nach **Unterschmeien** führt.

Im Ort geht es bei der Brücke über die Schmeie kurz nach rechts hinauf, dann nehmt ihr bei der Kirche den Fußweg zwischen Blumenfeld und Apfelbaum, der im Zick-Zack bergauf bis zu einem Feldkreuz führt. Dort lasst ihr die Räder links bergab durch das Tal nach **Oberschmeien** rollen. Dort nehmt ihr die erste Straße rechts, dann von den beiden befestigten Wegen den linken, der erst leicht, dann zunehmend steiler bergauf durch ein sich öffnendes Tal bis zu einer Kreuzung am Beginn eines Waldstückes führt. Ihr überquert geradeaus die Straße und folgt dem befestigten Weg meist bergab, bis etwa 1 km später der Weg kurz nach einem Gasthaus rechts in Richtung **Sigmaringen** abzweigt. Es geht jetzt bergab bis zu einer Unterführung. Dort radelt ihr erst rechts – vorbei an der *Brauerei Zoller-Hof* – und dann immer

@ Wer sich für die Seminare im Kloster Inzigkofen interessiert, schaut nach unter www.vhs-heim.de

geradeaus bis ihr bei einem *Spielplatz* an die Donau kommt. Ihr radelt nach links auf dem Donau-Radweg bis zur Eisenbahnbrücke, auf der ihr den Fluss überquert, und an der Bahnlinie entlang zurück zum Bahnhof.

Radtour um Laiz: Der Donau-Achter

Länge: 15 km, reine Fahrzeit 1,5 Std. **Anfahrt:** ↗ Sigmaringen.

▶ Vom **Bahnhof** in Sigmaringen radelt ihr parallel zur Bahnlinie in Richtung Donau und auf dem befestigten Weg über die *Donaubrücke*. Dann fahrt ihr links leicht bergab auf den **Donau-Radweg** flussaufwärts etwa 3 km bis **Laiz**. An der Hauptstraße biegt ihr rechts ab und radelt dann gleich links auf der Donautalstraße bis zu dem alten Donauarm, dem ihr rechts auf dem befestigten Weg folgt. Nach etwa 1 km müsst ihr am Ende dieses Weges absteigen und das Rad steil hinauf zur Straße ins Donautal schieben. Dann geht es rechts etwa 500 m an der Straße entlang bis der zweite Feldweg nach rechts in den Wald abzweigt. Dieser bringt euch hauptsächlich bergan zu einer Wegkreuzung. Auf einer befestigten Straße fahrt ihr links bis zur Weggabelung und dort rechts bergab zurück in die Ortsmitte von **Laiz.**

Hier überquert ihr auf der Hauptstraße die Donau und biegt an der Ampel hinter der Brücke zuerst links und dann gleich wieder rechts auf eine befestigte Straße ein. Auf dieser kommt ihr über eine weitere Brücke, folgt dann 1,5 km dem Straßenverlauf an Friedhof und Gehöften vorbei leicht bergauf bis zu einem Feldkreuz. Bei diesem müsst ihr links abzweigen und auf einem unbefestigten Weg ungefähr 1 km geradeaus fahren. Dann geht es links weiter über eine Brücke bis zur Einmündung in eine **Baumallee.** Dort biegt ihr links auf eine Straße ab und radelt erst kurz bergan, dann bergab zurück in die Stadtmitte von **Sigmaringen.**

🍎 **Fahrradhändler** und Fahrradreparatur in Sigmaringen:
Radladen Sattelfest, Burgstraße 10,
✆ 07571/682255.
Firma Pfaff, Unterdorfstraße 16, Laiz,
✆ 07571/51946.
Fahrradhandel Kirchner, Römerstraße 9, Laiz,
✆ 07571/51582.

Radtour Scheer – Blochingen – Wilflingen – Bingen – Ruine Hornstein

Länge: 38 km, reine Fahrzeit 4 Std. **Anfahrt:** ↗ Scheer.

▶ Von der Ortsmitte in **Scheer** müsst ihr gleich hinter der Donaubrücke rechts in Richtung Blochingen abbiegen. Am Ortseingang von **Blochingen** fahrt ihr links nach **Heudorf** und von dort weiter bis Wilfingen. In der Ortsmitte von **Wilfingen** besteht die Möglichkeit zu einem Besuch des *Ernst-Jünger-Hauses,* das werktags 9 – 11 Uhr geöffnet ist.

Vor dem *Gasthaus Löwen* in Wilfingen fahrt ihr links den Anstieg hinauf und immer geradeaus weiter bis Egelfingen. Am Ortseingang von **Egelfingen** fahrt ihr links bergab und kommt durch den Wald bis Bingen, wo es rechts etwa 2 km auf einem ausgeschilderten Weg zur **Ruine Hornstein** geht. Die Ruine ist frei zugänglich und ihr könnt hier oben prima picknicken. Ihr fahrt zurück nach Bingen und dort rechts weiter nach **Hitzkofen.** In der Ortsmitte biegt ihr zunächst links Richtung Riedlingen, aber nach etwa 300 m rechts in Richtung Heudorf ab. Nach weiteren 1,4 km biegt ihr rechts in eine Teerstraße ein und fahrt auf dieser immer geradeaus. Nach der ersten Linkskurve seht ihr auf der rechten Seite ein Feldkreuz, an dem ihr geradeaus vorbeifahrt. Etwa 2 km geradeaus weiter kommt eine Querstraße. Auf der gegenüberliegenden Seite steht ein großer einzelner Baum; hier biegt ihr links ab. Ihr befindet euch nun schon auf der Straße zurück nach **Scheer.**

> *Ernst Jünger:* Bis zu seinem Tod 1998 lebte der 1895 in Heidelberg geborene Ernst Jünger in diesem Barockhaus aus dem Jahr 1728. Ihr könnt hier die Wohn- und Arbeitsräume des Schriftstellers samt Bibliothek und Käfersammlung besichtigen.

Keltentour Mengen – Heuneburg – Kloster Heiligkreuztal – Mengen

Länge: 36 km, gut 3 Std. **Anfahrt:** Vom Bhf ↗ Sigmaringen mit der RB Richtung Ulm Hbf. Von Sigmaringen nach Südosten über B32 Richtung Scheer.

▶ Von **Mengen** geht es nordwärts in Richtung Blochingen, bis rechter Hand der Donau-Radwanderweg abgeht (gelbes Schild mit grüner Schrift). Nach der Beurener Brücke müsst ihr etwa 800 m bis zur Stra-

@ Die ganze Donautour ist beschrieben unter www.FahrradTour.de

ße Beuren-Hundersingen schieben. Dort könnt ihr euch wieder in den Sattel schwingen und bis **Hundersingen** durchradeln.

Ihr fahrt dann weiter in Richtung Binzwangen und kommt nach etwa 3 km an der Grabungsstätte der frühkeltischen ↗ Heuneburg vorbei, wo ihr das *Freilichtmuseum* besichtigen könnt. In **Binzwangen** haltet ihr euch an der Hauptstraße links und fahrt weiter in Richtung Langenenslingen. Nach etwa 1 km geht links ein Radweg in Richtung **Heiligkreuztal** ab. Ihr könnt dort die berühmte *Klosteranlage* mit ihrem Kreuzgang sowie die alte Klosterkirche mit ihren Schnitzereien und Fresken bewundern.

Vom Kloster fahrt ihr zurück an den Ortsanfang von Heiligkreuztal und zweigt dort rechts ab. Nach etwa 100 m – zwischen einem Brunnen und einem Traktorengeschäft – fahrt ihr nach links in Richtung Südwesten in den **Wald.** Nun geht es immer geradeaus. Kurz vor dem Waldende geht links ein Weg zum *Hohmichele* ab, dem höchsten Grabhügel Mitteleuropas, der wie die Heuneburg in der Hallstattzeit entstanden ist. Unsere Route führt aber geradeaus weiter.

Am Waldrand radelt ihr auf dem geteerten Weg nach rechts. Ihr lasst den *Dollhof* rechts liegen und fahrt weiter bis **Heudorf.** Hier haltet ihr euch an den Wegweiser nach Scheer. Am Ortsende von Heudorf geht es rechts durch den Wald. In Scheer folgt ihr der B32 in Richtung Mengen. Der Radweg beginnt am Ortsende rechts der Bahnlinie. Im Mengener Ortsteil **Ennetach,** der als erstes erreicht wird, lohnt sich ein Besuch im Römermuseum.

Auf dem Donau-Radweg von Beuron bis Sigmaringen

Länge: 29 km. **Anfahrt:** ↗ Beuron. Startpunkt ist die Buchheimer Straße bzw. Abteistraße in Beuron, Rückfahrt per Zug.

▶ Eine der reizvollsten Teilstrecken des Donau-Radwegs von Donaueschingen nach Passau führt durch

Urlandschaft: Die Donau zwischen Beuron und Sigmaringen

das Gemeindegebiet Beurons. Die Streckenführung folgt dem Talverlauf und ist ausgeschildert. Es gibt nur wenige nennenswerte Steigungen, noch nicht so trainierte Radler müssen da wohl auch mal schieben. Alle Orte des Erholungsgebiets sind durch markierte Radwege miteinander verbunden und bieten genügend Einkehrmöglichkeiten. Das sind ideale Voraussetzungen für eine Radtour mit der ganzen Familie.

Die Tour beginnt in **Beuron.** Wer hier zuerst das große ↗ *Benediktinerkloster* mit seiner schön ausgemalten Kirche besichtigen will, muss sich anschließend den Berg hinauf quälen, denn der Radweg verläuft bei Beuron nicht direkt an der Donau, sondern etwas weiter oben entlang den Bahngleisen. Ab der *Kreuzung* auf der Höhe geht es dafür schön lange immer bergab und ihr habt einen wunderbaren Blick auf das ursprünglich wirkende Tal. Über eine hölzerne Hängebrücke wechselt ihr auf die nördliche Donauseite. Statt die Donauschleife auszufahren, radelt ihr jetzt eine Abkürzung, um bei der nächsten Holzbrücke oberhalb der Eisenbahnbrücke wieder am südlichen Ufer weiterzuradeln. Danach geht es ein kurzer Stück bergauf und vorbei an der *Kapelle St. Maurus,* die ein bisschen ägyptisch aussieht. Sie wurde hier 1886 zu Ehren des Benediktinermönchs gebaut, der das ↗ *Kloster Beuron* und die *Beuroner Kunstschule* mitbegründet hat. Auf der rechten Seite thront über euch die *Burg Wildenstein* mit ihren gewaltigen Mauern. Geschützt durch die steilen Wände des Donautals, machte die Burg es in früheren Zeiten Angreifern sehr schwer, an sie heranzukommen. Ihr besucht sie besser zu Fuß. In der Wildenstein ist eine ↗ *Jugendherberge* mit fantastischer Aussicht untergebracht. Ihr radelt links ab und erreicht nach einer Fahrt vorbei an bizarren Felsen den Ort **Hausen im Tal.** Hinter dem **Tennisplatz** folgt ihr rechts einem schönen Waldweg, der mit leichtem Auf und Ab und mit Blick auf das gegenüberliegende Ufer an der Donau entlang führt. Ab der nächsten Donaukehre ist der so genannte *Schaufelsen* zu sehen. Er ist wirklich unübersehbar! Eine entspannende Talabfahrt bringt euch zurück zur Donau und zur *Neumühle,* deren Parkplatz ihr überquert. Nun sind es noch 2 km bis **Thiergarten**. Wenn ihr in dem Ort Rast machen wollt, müsst ihr die Brücke überqueren, ansonsten geht es rechts weiter.

Der Fluss muss sich nun durch enge Schluchten winden. Ihr folgt ihm, wechselt kurz vor einer Eisenbahnbrücke eine ehemalige Grenze und anschießend den Fluss: Auf der linken Seite des Radweges ist ein alter Grenzstein zu sehen mit KP (Königreich Preußen) und GB (Großherzogtum Baden). Schließlich landet ihr in **Gutenstein,** über dem das Schloss Gutenstein thront. Hier müsst ihr bis zur Kirche kräftig strampeln, dann geht's wieder bergab. Der Weg führt euch den Windungen der Donau folgend vorbei an der *Ruine Dietfurt* (in ihrer Mühle könnt ihr einkehren) 70 Höhenmeter hinauf nach **Inzigkofen**. Durch ein Steinportal erreicht ihr das ehemalige *Augustinerinnen-*

Tipp: Wenn euch die Strecke zu lang ist, könnt ihr die Tour auch in Inzigkofen beenden und mit dem Zug zurück nach Beuron fahren.

kloster, in dem heute ein Volkshochschulheim ist. Zum Verschnaufen eignet sich der Amalienfelsen im nahen Fürstlichen Park; der Weg ist mit »Teufelsbrücke« ausgeschildert, und es gibt auch noch Grotten und tolle Aussichtspunkte zu entdecken. Ab dem Kloster Inzigkofen könnt ihr die Abfahrt nach **Laiz** genießen, wo ihr eine verkehrsreiche Straße überqueren müsst. Das Donautal weitet sich und weitgehend eben geht es auf das 3 km entfernte **Sigmaringen** zu. Schließlich seht ihr schon die Silhouette des märchenhaften *Hohenzollern-Schlosses,* das auf einem riesigen Felsblock steht. In Sigmaringen habt ihr euch eine Stärkung verdient! Rund um den Marktplatz in der Altstadt findet ihr alles, was euer Appetit begehrt.

Hunger & Durst
Ristorante Leopold, Fürst-Wilhelm-Straße 7, Sigmaringen, ✆ 07571/14440, Mo – Sa 10 – 14.30 und 17.30 – 23 Uhr, mediterrane Küche.

Wandern und Spazieren

Die Schlichemquelle: Kleine Rundwanderung auf der Passhöhe
Länge: 9 km, reine Gehzeit 2,5 Std. **Anfahrt:** Von ↗ Schömberg über Ratshausen und Hausen i.T. nach Tieringen und weiter auf der L440 Richtung Balingen bis zum Lochenparkplatz bei der Passhöhe.

▶ Ab dem **Lochenparkplatz** folgt Ihr dem Wegzeichen Rotes Dreieck zur nahe gelegenen Passhöhe der L440. Ihr überquert die Straße und kommt gleich darauf zur **Jugendherberge Lochen.** Unmittelbar hinter dem Gebäude beginnt ein Fußweg in Richtung Hörnle. Ihr nehmt diesen Weg und folgt dabei dem Bergrand mit schönen Aussichtspunkten. Nach etwa 1,5 km könnt ihr rechts einen Feldweg erkennen, den ihr über eine Wiese bei einer großen Kiefer erreicht. Auf diesem Feldweg wandert ihr weiter bis ein Schotterbelag beginnt. Ihr folgt rechts dem unbefestigten Weg talwärts und trefft auf einen Schotterweg, der im Halbkreis um das Tal herumführt. Auf der anderen Seite dieses Wegs seht ihr einen Fußweg, der direkt

*In der Nähe der Kirche von Tieringen ist eine Linie, die sich **Wasserscheide** nennt. Diese Wasserscheide zwischen Rhein und Donau verläuft zwar über die ganze Schwäbische Alb, aber hier steht tatsächlich ein Haus, dessen eine Dachhälfte zur Schlichem entwässert und damit zum Neckar und weiter zum Rhein. Das Wasser der anderen Dachhälfte fließt in die Bära, die dann bei Fridingen in die Donau mündet.*

zu der nur noch wenige Meter entfernten **Schlichemquelle** führt. Die Quelle ist gefasst, das heißt, das Wasser fließt aus einem Rohr in einen Brunnentrog. Ab der Quelle wandert ihr nun auf dem Grasweg entlang der *Schlichem* hinab in die Ortschaft Tieringen. Der Rückweg ab Tieringen folgt der Balinger Straße, die unterhalb der Kirche beginnt. Dieser folgt ihr bis zur L440. Dort kommt ihr rechts über die Straßen Ross- und Kurzensteige zum Haus Bittenhalde und ins untere **Feriendorf**. Beim Haus *Silberdistel* habt ihr einen schönen Blick ins *Schlichemtal*. Kurz darauf eröffnet sich in die andere Richtung ein toller Ausblick ins *Bäratal*. Ihr könnt jetzt deutlich sehen, dass die zur Donau führenden Täler viel flacher sind als beispielsweise das zum Neckar führende Schlichemtal. Auf dem *Matthias-Koch-Weg* kommt ihr direkt zur Jugendherberge zurück. Jetzt müsst ihr nur noch die Lochenstraße überqueren und seid dann wieder beim Lochenparkplatz.

Wanderung rund um den Stausee Oberdigisheim

Länge: 7 km, Gehzeit 2 Std. **Anfahrt:** Von ↗ Meßstetten über die L440 nach Oberdigisheim, weiter über die K7172 Richtung Obernheim bis zum oberen Stausee-Parkplatz kurz nach der Abzweigung zum Weiler Geyerbad. **Infos:** Im Sommer Badesachen mitnehmen!

▶ Ihr verlasst den **Parkplatz** auf dem Fußweg parallel zur K7172, überquert bei der Bushaltestelle die Straße und steigt auf einem schmalen Pfad quer den gegenüberliegenden Hang hinauf. Der Pfad mündet später in einen breiteren Feldweg, dem ihr weiter bergauf folgt. Bei der nächsten Weggabelung nehmt ihr den unteren Grasweg und kurz darauf bei dem Bänkchen den oberen Weg, der am Waldrand entlang führt. Unterwegs könnt ihr den Stausee schön von oben sehen.

Kurz nach dem Eintritt in den **Wald** seht ihr rechts unten die Staubecken der *Oberen Mühle* und die

Eine Wanderkarte rund um Meßstetten ist bei der Stadtverwaltung für 4 € erhältlich.

Mühle selbst. Hinter dem Wald geht ihr 10 m rechts den Schotterweg hinab und biegt dann links ein. Auf diesem Weg, der die meiste Zeit durch den Wald am Hang entlang führt, gelangt ihr ins **Vohtal,** einem romantischen Seitental mit munter plätscherndem Bächlein.

Gleich zu Beginn des kleinen Tals geht ihr rechts über die Brücke und dann rechts vom Bach auf einem Schotterweg ins Tal der oberen *Bära.* An der Einmündung des Vohbachs in die Bära liegt ein interessantes Feuchtbiotop. Links erblickt ihr Tieringen in einem breiten Tal, das nicht von dem heute darin fließenden Bach Bära stammen kann. Die ebenfalls bei Tieringen entspringende Schlichem hat der Bära nicht nur das Wasser abgegraben, sondern auch deren Tal geschaffen.

Bei der L440 wandert ihr auf dem Wirtschaftsweg nach rechts bis zum Ortsanfang von **Oberdigisheim.** Dann biegt ihr rechts in die Haselsteige ein und gleich wieder links in die Hindenburgstraße. An deren Ende geht ihr rechts in die Breitenstraße. Dem *Kohlstattbrunnenbach* entlang und auf dem Gehweg der K7172 kommt ihr auf einem Fußweg, der zum **Staudamm** bzw. zum unteren Stausee-Parkplatz führt; rechts kommt ihr zum Badeplatz. Der Weg oberhalb des Sees bringt euch zu einem Grillplatz mit Kinderspielplatz. Über den Weg oberhalb des Parkplatzes kommt ihr zum Ausgangspunkt am oberen **Stausee-Parkplatz** zurück.

Hunger & Durst
Gasthaus Grottental in Oberdigisheim, Widumstraße 14, ✆ 07436/371. Täglich ab 11.30 Uhr warme Küche. Ruhetag April – Okt Di, Okt – April Do. Großer Biergarten, schwäbische Spezialitäten.

Rundwanderung durch den Stadtwald von Sigmaringen zum Nägelesfelsen
Länge: 9 km, reine Gehzeit etwa 2,5 Std. **Anfahrt:** ↗ Sigmaringen. Von der Stadtmitte über Karls- und Antonstraße zur Donaubrücke an der Burgstraße. Auf beiden Flussseiten gibt es Parkplätze.

▶ Ihr geht auf der linken Donauseite das kurze Stück bis zur Bahnlinie, unterquert diese, nehmt die Fußgängerbrücke über die B32 und folgt dem Serpentinenweg zum **Mühlberg** hinauf. Oben biegt ihr bei den Sportplätzen links zur Hohenzollernstraße ab und geht beim Hohenzollern-Gymnasium durch die Unterführung auf die andere Straßenseite und dort geradeaus weiter bergan. Nach 200 m biegt ihr links zwischen den Stützmauern in einen Fußweg ein, der am Kinderheim Haus Nazareth vorbei bis zum Waldparkplatz führt. Dort haltet ihr euch rechts und bei der nächsten Gabelung wieder rechts bis zum **Nägelesfelsen,** wo es einen schönen Ausblick ins Lauchertal gibt.

Nun geht es links einen schmalen Pfad bergab auf einen befestigten Waldweg, dem ihr nach rechts am Pavillon vorbei folgt. Kurz vor der Asphaltstraße steht ein weißes Kreuz. Dort biegt ihr links in den Waldweg ein. Nach etwa 1 km verlasst ihr in der Talsenke rechter Hand den Wald und geht weiter auf der Asphaltstraße bis zum **Aussiedlerhof** auf der linken Seite. Dort geht es rechts auf einen befestigten Feldweg am Kriegerdenkmal vorbei fast bis zum Kreuz des Ostens, einem Vertriebenen-Denkmal. Etwa 100 m vorher beginnt links der Abstieg ins Tal. Über Serpentinen erreicht ihr den Fabrikhof der **Brauerei Zoller-Hof.** Links zwischen dem Verwaltungsgebäude und einer Hecke gelangt ihr auf die Straße und geht rechts bis zur Kreuzung. Dort biegt ihr links ab und nehmt den Fußgängertunnel. An einem Autohaus vorbei kommt ihr zu dem **Bootshaus** an der Donau. Von hier sind es donauabwärts nur noch 200 m bis zum Ausgangspunkt.

Rundwanderweg zur Fürstenhöhe und durch das Weintal

Länge: 7 km, reine Gehzeit 2 Std. **Anfahrt:** B32 ↗ Sigmaringen – Gammertingen, nach circa 2,5 km links auf die B463. Nach 3,5 km kommt links kurz nach dem Großwieshof der Parkplatz Hochsträß.

▶ An der **Orientierungstafel** vorbei geht ihr zunächst links ein kurzes Stück neben der B463 in Richtung

Hunger & Durst

Brauereigasthof Zoller-Hof, Leopoldstraße 42, 72488 Sigmaringen, ✆ 07571/721-0, Mo – Fr 11.30 – 14 und 17.30 – 22 Uhr, Sa Ruhetag, So nur 11.30 – 14 Uhr. Schwäbische Küche. Die Brauerei produziert auch Limonade.

Winterlingen. Etwa 100 m hinter dem Tunnel geht ihr rechts über die Wiese auf den Wald zu. Am Waldrand rechts entlang steigt ihr bis zur **Fürstenhöhe** hinauf, wo ihr eine **Hütte** mit Grillplatz findet. Bei guter Fernsicht könnt ihr von hier aus bis zu den Alpen sehen. Anschließend geht ihr südwestwärts die Betonstraße bergab. Nach etwa 1,5 km biegt ihr links auf einen befestigten Forstweg ein. Er führt ein Stück durch den Wald, dann am Waldrand entlang bis nach **Oberschmeien.** Dort geht es links weiter auf der Straße Richtung Unterschmeien. Schon nach etwa 200 m verlasst ihr in einer leichten Rechtskurve die Kreisstraße und steigt geradeaus die asphaltierte Straße hinauf. Sie führt in einer großen Linkskurve am Sportplatz vorbei auf die Höhe.

Links erreicht ihr abwechselnd über Feldweg und Asphalt die **Kuppe** mit Feldkreuz. Von dort habt ihr einen schönen Ausblick ins Schmeiental. Ihr folgt der Straße, die nach 200 m rechts durchs Feld führt und am Waldrand in einen Waldweg mündet. An der nächsten Kreuzung biegt ihr nach links ins **Weintal** ab.

Vor der Serpentine verlasst ihr geradeaus den befestigten Forstweg. Nach einem etwas holperigen Pfad endet die Strecke vor einer Wiese. Rechts am Waldrand entlang, findet ihr die **Stilzer-Eich-Hütte** mit Rast-, Grill- und Spielplatz. Von hier geht ihr weiter auf dem Forstweg im Wald bis zur Hochsträß. Dort haltet ihr euch links und kommt nach etwa 300 m an den Ausgangspunkt zurück.

Über Wiesen und Felder zur Morgenweide

Länge: 8 km, Gehzeit gut 2 Std. **Anfahrt:** ↗ Sigmaringen. Von der Stadtmitte auf der Georg-Zimmerer-Straße bis zu den Parkplätzen bei der Stadthalle.

▶ Ihr geht auf der Georg-Zimmerer-Straße bis zur Antonstraße stadteinwärts. Dort biegt ihr rechts ab und wandert nach etwa 200 m gegenüber dem **Runden Turm** die Josefstraße hinauf. Nach dem anstrengen-

Welcher Garten wird nie gegossen?

Der Kindergarten.

den Anstieg kreuzt ihr am **Jägerstüble** die Feldstraße und gelangt geradeaus in die Alte Krauchenwieser Straße. Am **Hohen Kreuz** könnt ihr eine Pause einlegen.

Nach dem Wasserhochbehälter geht es rechts bis zu einem schönen Aussichtspunkt. Danach überquert ihr die L456 und biegt am **Biotop** rechts ab. Am Waldrand entlang und später durch die Felder kommt ihr auf eine Betonstraße, der ihr rechts talabwärts folgt. Nach 300 m führt der Weg im spitzen Winkel nach rechts, vorbei an dem kleinen Haus der Bodenseewasserversorgung. Nach etwa 100 m biegt ihr links auf den befestigten Feldweg ein. Vor den Leitplanken der B313 geht ihr rechts und nach 400 m links durch einen Tunnel. Ihr steht nun direkt vor der Donau und geht rechts auf dem Uferweg am **Freibad** vorbei bis zum Campingplatz. Hier verlasst ihr die Donau nach rechts und erreicht nach 500 m den Ausgangspunkt.

Im Tal der Donau rund um Sigmaringen

Länge: 9 km, reine Gehzeit 2,5 Std. **Anfahrt:** ↗ Sigmaringen. Von der Stadtmitte über Karls- und Antonstraße zur Donaubrücke an der Burgstraße. Auf beiden Flussseiten gibt es Parkplätze.

▶ Ihr geht auf der **linken Donauseite** das kurze Stück bis zur Bahnlinie, unterquert diese, nehmt die Fußgängerbrücke über die B32 und folgt dem Serpentinenweg zum **Mühlberg** hinauf. Von dort oben habt ihr einen schönen Blick auf das Sigmaringer Schloss. Auf der Höhe haltet ihr euch immer parallel zur Donau und geht beim ersten Haus die Pfauenstraße hinunter. Nach 100 m führt rechts ein Fußweg zur B32. Durch eine Unterführung kommt ihr auf die andere Straßenseite. Über die linke Treppe erreicht ihr die Konviktstraße, die an der Donau entlangführt. Hinter den Tennisplätzen überquert ihr auf dem **Hedinger Steg** die Donau und biegt bei dem roten Fachwerkhaus (Malteser Stützpunkt) rechts ab und geht dann links durch den Prinzenpark bis zur Fürst-Wil-

Hunger & Durst

Gasthof Traube, Fürst-Wilhelm-Straße 19, Sigmaringen, ✆ 07571/64510. Warme Küche 11 – 21.30 Uhr.

Hunger & Durst

Pizzeria Cilentana, Mühlbergstraße 8, Sigmaringen ✆ 07571/12303, täglich 11.30 – 14 und 17 – 23.30 Uhr.

helm-Straße. Ihr überquert die Straße und geht rechts am **Schloss Sigmaringen** vorbei bis zur Donau. Hier haltet ihr euch rechts und geht jetzt am Campingplatz und am **Freibad** vorbei ein gutes Stück donauaufwärts. Über die große Brücke an der L456 wechselt ihr dann auf die andere Donauseite und kommt flussabwärts am **Bootshaus** vorbei zurück zum Ausgangspunkt.

Wanderung rund um das höchste Albdorf durch Wald und Heide

Länge: 7 km, reine Gehzeit 2 Std. **Anfahrt:** Bubsheim liegt südöstlich von ↗ Wehingen. Wanderparkplatz am Kirchberg.

▶ **Bubsheim** ist das höchste Dorf auf der Alb. Es liegt 905 m über dem Meeresspiegel. Rundherum breitet sich eine weite Heidelandschaft mit seltenen Pflanzen, weiten Ausblicken, Ruhe und Einsamkeit aus. An der Zufahrt zum Parkplatz folgt ihr nach rechts dem Weg, der durch die Wacholderheide am Hang des Kirchbergs führt. Ganz in der Nähe ist der *Fohlenstein.* Zusammen mit dem *Alten Berg* bei Böttingen und dem *Dreifaltigkeitsberg* bildet er ein »keltisches Dreieck«. Mit ihm maßen die Kelten einst die Tag- und Nachtgleiche.

Weiter geht es durch einen schönen Eschenhain, durch den ihr abwärts und auf einem Feldweg am Waldrand bis zur Landstraße wandert. Kurz vor dem Bubsheimer Ortseingang folgt ihr dann dem links abgehenden Weg (Grüne Raute). Auch die zweite Linksabbiegung müsst ihr nehmen. Dieser Weg ist ohne Markierung und führt euch zunächst durch freies Feld und dann durch den Wald zur Skihütte Wehingen in der Nähe des Hirschbühls. Ab der Skihütte nehmt ihr den markierten Wanderweg Richtung Bubsheim. Von dort findet ihr leicht zum Ausgangspunkt zurück.

Tag- und Nachtgleiche: Am 21. März steht die Sonne senkrecht über dem Äquator. Für die Nordhalbkugel beginnt jetzt der Frühling, für die Südhalbkugel der Herbst. An diesem Tag dauern Tag und Nacht gleich lang – genau 12 Stunden. Am 23. September ist es genauso – nur umgekehrt. Nun beginnt für uns der Herbst, während sich die Menschen auf der Südhalbkugel auf den Sommer freuen.

Rundwanderung: Vier Tausender auf einen Streich

Länge: 11 km, Gehzeit rund 3 Std. **Anfahrt:** Deilingen liegt nördlich von ↗ Wehingen. Wanderparkplatz oberhalb des Skilifts an der Straße Deilingen – Obernheim.

▶ Die Rundwanderung führt über mehrere Albgipfel durch ein landschaftlich reizvolles Gebiet mit vielen albtypischen Eigenheiten. Vom Wanderparkplatz folgt ihr zunächst ein kurzes Stück der Straße nach Obernheim. Der Aufstieg Richtung **Ortenberg** (995 m hoch) zweigt links ab. Ihr bleibt immer auf dem Höhenrandweg und gelangt oberhalb eines aufgelassenen Steinbruchs an einen schönen Aussichtspunkt. Der weitere Weg führt euch zur *Deilinger Bergkapelle.*

Der **Rainen** mit seinen 1009 m Höhe liegt linker Hand etwas verborgen im Wald. Die Tausender Rainen, Bol und Wandbühl tragen übrigens Kappen aus *Weißjura Gamma,* die anderen Höhen ringsum Decken aus *Weißjura Beta,* beides sind Arten von Muschelkalk.

Von der Kapelle geht es nach der Überquerung der Straße weiter Richtung Süden zum zweiten Tausender, dem **Bol** (1002 m), den ihr geradewegs überquert. Auf einem Grasweg gelangt ihr zu einem Asphaltweg, dem ihr ein kurzes Stück in Richtung Westen folgt, bevor ihr nach rechts auf den Weg zum **Wandbühl,** dem dritten Tausender (1007 m), einbiegt. Von dort bietet sich ein schöner Blick auf den Ort Tanneck und das Höllentäle.

Über Wiesen gelangt ihr am Waldrand entlang wieder auf den Asphaltweg, dem ihr in nordwestlicher Richtung zum vierten und letzten Tausender dieser Tour folgt, dem **Montschenloch** (1004 m). Dort wendet ihr euch nach Süden Richtung Fernsehturm und geht bis zur Schutzhütte, dann auf dem Fahrweg weiter talwärts bis zur Abzweigung des Hesselbohlwegs, der schließlich in die Gemeindeverbindungsstraße Deilingen – Obernheim mündet, wo der Ausgangspunkt liegt.

Hunger & Durst

Gasthaus Sonne, Im Dörfle 14, Deilingen, ✆ 07426/1202. Schwäbische Küche, nur So und am 1. Di im Monat geöffnet 11 – 14 Uhr.

Das »Millionenloch«: Rundwanderung am Albtrauf

Länge: 9 km, reine Gehzeit 2,5 Std. **Anfahrt:** Denkingen liegt östlich der B14 zwischen Rottweil und Spaichingen. Startpunkt ist der Parkplatz am ehemaligen Bhf am südlichen Ortsende.

▶ Die leichte Wanderung wird Bahnfreunde besonders faszinieren, weil sie zum Großteil auf der Trasse der 1966 aufgegebenen *Heubergbahn* verläuft. Die Bahnstrecke zwischen Spaichingen und Reichenbach war nur 18 km lang, besaß aber drei Viadukte und einen Tunnel. Mit ihrer Hilfe mussten der steile Anstieg am Albtrauf und mehrere Taleinschnitte überwunden werden.

Ihr folgt auf dem alten Bahndamm der Beschilderung Richtung Gosheim. Sanft ansteigend geht es auf der Bahntrasse bergan. Längs der Strecke könnt ihr im Wald Pfeiler und Reste einer Brücke sehen. Der längste Pfeiler steht im »Millionenloch«, das im Volksmund so genannt wird, weil hier die Erdbewegungen so stark sind, dass selbst Fundamente, die so tief in der Erde waren, wie der Pfeiler hoch ist, die Standfestigkeit der Brücke nicht garantieren konnten. Sie konnte deshalb nicht fertig gebaut werden, und die Millionen für die Baukosten waren umsonst ausgegeben.

Von der Feuerstelle hinter der Brücke könnt ihr noch einen Abstecher zum ehemaligen Heubergbahn-Tunnel machen, indem ihr weiter der Trasse folgt. Anschließend geht ihr wieder ein kurzes Stück zurück und nehmt den Weg ins Tal zurück nach Denkingen.

Natur und Umwelt erforschen

Der Naturlehrpfad von Schömberg
Länge: 2,5 km, reine Gehzeit 45 Min. **Anfahrt:** ↗ Schömberg. Stauseeparkplatz oberhalb der Palmbühlkirche.

Hunger & Durst
Gasthof Sternen, Hauptstraße 54, Denkingen, ✆ 07424/1814. 11.30 – 14 und 17 – 22.30 Uhr, Mi abends geschlossen. Bodenständige Küche, eigene Schlachtung.

Die massigen Kalkfelsen des Albtraufs wurden vor 150 Mio Jahren (Oberes Jura) in einem warmen, tropischen Meer gebildet. Die hellen Felsen sind ehemalige Riffe, die aus Ausscheidungen von Muscheln und Resten von Kieselschwämmen und Algen-Krusten aufgebaut wurden.

Hunger & Durst
Stausee-Restaurant Waldschenke, Schömberg, ✆ 07427/8188. Warme Küche Di – So 11 – 22 Uhr. Nov – Feb Mo/Di Ruhetag. Mit Minidorf, einer Minigolfanlage und einem Streichelzoo mit Ziegen und Ponys.

Wildbienen nisten lieber in Löchern, die in Hartholz gebohrt sind, als in Weichholz.

Mach Platz, ich komme auch rauf!

▶ Die Themen des Naturlehrpfads sind Geologie, Insekten, Allgemeines über den Wald, einzelne Sträucher und Baumarten, Tiere und Pflanzen. Parallel zum Naturlehrpfad läuft ein **Kinderpfad** mit Tafeln auf Augenhöhe von Kindern. Die Themen auf den Tafeln sind den Gegebenheiten vor Ort angepasst.

Vom Parkplatz wandert ihr zunächst zum **Stausee** hinunter. Ihr geht aber nicht über den Damm, sondern geradeaus an der Bootsanlegestelle vorbei. Dort steht auch schon die erste Tafel, die sich mit Geologie befasst. Ihr erfahrt dort etwas über den Schiefer, der an dieser Stelle besonders gut sichtbar ist. Nach dem Viadukt seid ihr dann bei den Bienen. In einem **Wildbienenhaus** könnt ihr auch die Nistplätze ansehen. Gleich daneben ist etwas über die Honigbiene zu erfahren. Hier beginnt auch der Kinderpfad.

Ihr bleibt auf dem Uferweg bis zur Wegespinne. Dort wandert ihr dann links an dem einzel stehenden Wohnhaus vorbei in den Wald. Hier geht es zunächst geradeaus, dann halblinks ansteigend auf die Hochspannungsleitung zu. Geradeaus auf dem Hauptweg kommt ihr nach einem Stück in schönem Hochwald zu einer Lichtung, die 1990 vom Sturm Wiebke geschlagen wurde.

An der nächsten Kreuzung geht ihr zunächst etwa 100 m nach links, dann wieder rechts und steigt in einer Linkskurve zum **Palmbühlkopf** hinauf. Ihr seid jetzt oberhalb von **Waldschenke** und Campingplatz und habt einen schönen Blick auf Schömberg und seine Umgebung. Wenn ihr dem Weg am Waldrand noch ein Stück weiter folgt, kommt ihr zu einem **Spielplatz** mit Feuerstelle. Dort könnt ihr endlich euer

Picknick auspacken, grillen, rumtoben oder faulenzen. Anschließend sind es nur noch wenige Schritte zurück zum Stauseeparkplatz.

Erlebniswanderwege Bärenthal

Anfahrt: Von Tuttlingen auf der Landstraße nach Fridingen, dort links 5 km nach Bärenthal. Parkplatz direkt gegenüber von Rathaus und Kirche, ein weiterer ist am nördlichen Ortsausgang bei der L440.

▶ Auf vier verschiedenen Rundwegen und dem neuen Familienwanderweg könnt ihr die Sehenswürdigkeiten der Gemeinde Bärenthal erleben. Start und Ziel sind immer das Rathaus in der Kirchstraße. Geleitet werdet ihr dabei von dem Wappentier der Gemeinde, dem Bären. Die vier Erlebniswanderungen, markiert durch die Farben Grün (7,9 km), Gelb (7,3 km), Rot (10,8 km) und Blau (5,6 km) führen durch schöne Fluren, Wälder, Täler, vorbei an Höhlen, Felsentoren und Schluchten. Unberührte Natur, frische Luft, vielfältige Flora und Fauna sowie Relikte aus vergangener Zeit begegnen euch auf Schritt und Tritt.

Immer mit der Ruhe, noch habe ich die Plattform nicht geentert.

Dort, wo sich die Bära noch frei durchs Tal bewegt, steht die historische *Schlösslemühle* mit dem einstmals größten, oberschlägigen hölzernen Wasserrad in Europa (rote Route).

Die traumhafte *Heckenlandschaft Vogelbühl* wird in einem separaten Heckenlehrpfad erläutert (gelbe Route, tangiert auch von der roten Route): Von der Entstehung der Steinriegelhecken bis zur Ernte von Heckenfrüchten und deren Heilwirkung.

Christliche Symbole wie Wegkreuze und ihre Geschichten werden auf der gelben und roten Route beschrieben. Wohl einmalig ist die gehäufte Anzahl christlicher Symbole »am Täle«.

Der grüne Rundweg führt an den Resten der ehemaligen *Burg Lengenfels* mit der Lengenfelshöhle und

> *Auf Initiative des Bärenthaler Bürgermeisters schlossen sich die Orte Baerenthal in Frankreich, Bärental in Östereich, Bärental in der Schweiz, Bärental am Feldberg und Neubärenthal im Schwarzwald zu den **Euro-Bärentalern** zusammen. Alle drei Jahre treffen sich die Bärent(h)aler abwechselnd in einem der Orte.*

Der **Naturpark-Express** fährt jährlich vom 1. Mai bis Mitte Oktober an allen Sa, So und Fei 3x täglich auf der Strecke Blumberg – Sigmaringen hin und zurück. Im Naturpark-Express gelten sämtliche Tickets der DB. Mit der Naturpark-Express-Tageskarte für 13 € könnt ihr einen ganzen Tag lang auf der Strecke fahren. Die Fahrradmitnahme kostet 1,50 € pro Einzelfahrt, im Bereich Sigmaringen – Beuron (Naldo) ist sie kostenlos.

der Lengenfelsdurchgangshöhle vorbei. Funktion, Bauweise und die Rekonstruktion der Burganlage werden beschrieben.

»Albärt«, der gelbe Bärenkopf, begleitet euch auf dem neuen, 3 km langen *Familienwanderweg,* auf dem ihr eine Menge aufregender Dinge entdecken könnt. Es gibt eine Höhle und einen Märchenpark zu erkunden, ihr kommt an einem Wasserfall vorbei und ihr könnt euch im Barfußpark unter den Füßen kitzeln lassen.

Informationen zum Naturschutz

Haus der Natur Obere Donau, Wolterstraße 16, 88631 Beuron. ✆ 07466/92800, Fax 928023. www.naturpark-obere-donau.de. naturparkoberedonau@t-online.de. **Anfahrt:** ↗ Beuron. **Zeiten:** April – Okt. Mo – Fr 9 – 16.30, Sa und So 13 – 17 Uhr; Nov – März Mo – Fr 9 – 16 Uhr . **Preise:** Eintritt frei. **Infos:** Veranstaltungen für Schülergruppen zu Gewässerökologie, Artenschutz, Wald im Naturpark nach Anmeldung.

▶ Im ehemaligen Bahnhofsgebäude von Beuron sind seit 1996 die Geschäftsstellen der Stiftung *Naturschutzzentrum Obere Donau* und des *Naturpark- Vereins Obere Donau* untergebracht. Beide Organisationen setzen sich dafür ein, dass die Schönheit und Einzigartigkeit des Naturparks auch für spätere Generationen erhalten bleibt. Im Haus der Natur kann während der Öffnungszeiten eine von beiden Organisationen gemeinsam konzipierte Dauerausstellung besichtigt werden. Da ihr vielleicht wenig Geduld und Lust habt, eine Ausstellung zu lesen, gibt es auch einiges zum Anfassen und Ausprobieren in der Ausstellung.

Habt ihr in Beuron schon die überdachte Holzbrücke entdeckt? Ein uraltes Schild an ihr gibt den Brückentarif an.

Treffpunkt Grün: Das Bootshaus

Anfahrt: ↗ Sigmaringen. Vom Bhf über die Fürst-Wilhelm-Straße nach Westen, dann rechts in die Burgstraße und hinter der Donau links.

▶ In Sigmaringen ist das Bootshaus Treffpunkt für Familien und Kinder. Die Grünanlagen mit Spielplät-

zen und Teich liegen direkt an der Donau. Das Bootshaus ist in den Sommermonaten bewirtschaftet.

Burgen und Schlösser

Die Schlossherrin und -herr von Sigmaringen

Fürstlich Hohenzollerische Schlossverwaltung, Karl-Anton-Platz 8, 72488 Sigmaringen. ✆ 07571/729230, Fax 729255. www.hohenzollern.com. schloss@hohenzollern.com. **Anfahrt:** ↗ Sigmaringen. **Zeiten:** Feb – April und Nov täglich 9.30 – 16.30 Uhr, Mai – Okt 9 – 16.45 Uhr, Dez und Jan nur nach Voranmeldung. Laufend etwa einstündige Führungen, manchmal auch spezielle Themen- und Kinderschlossführungen. **Preise:** 6 €; Kinder 6 – 18 Jahre 2,80 €; 2 Erw und 1 Kind 12 €, 2 Erw und maximal 4 Kinder 14 €.

▶ In der Ortsmitte findet ihr, idyllisch an der Donau gelegen, das **Schloss Sigmaringen.** Es ist das Wahrzeichen der Stadt. Aus der mittelalterlichen Ritterburg entstand ein fürstliches Residenzschloss. Wenn ihr vom Donauufer auf das Schloss schaut, könnt ihr euch leicht vorstellen, dass es einmal eine Burg war: Es wirkt wehrhaft und imposant. Im Jahre 1077 wurde die Burg das erste Mal erwähnt. Im 15. Jahrhundert wurde sie zum Schloss ausgebaut. Seit 1535 ist es Sitz der Grafen und späteren Fürsten von Hohenzollern, die zu den ältesten und bedeutendsten Adelsfamilien in Deutschland zählen.

Bei einem Besuch auf Schloss Sigmaringen erfahrt ihr mehr über seine fast tausendjährige Geschichte und das höfische Leben seiner Bewohner. In den vielen Gemächern finden sich Kunstschätze aus neun Jahrhunderten wie Werke süddeutscher Meister, Möbel, wertvolle Wandteppiche und Gemälde, Uhren, Miniaturen und Porzellan. Im Marstallmuseum seht ihr Reise- und Jagdwagen, Schlitten und Sänften. Wenn ihr noch etwas wissen möchtet über die Ge-

HANDWERK UND GESCHICHTE

Happy Birthday!
Geburtstagskinder (mit Ausweis) haben freien Eintritt.

@ Unter www.hohenzollern.com »Das Schloss, Die Hohenzollern« könnt ihr das Hohenzollernlied hören, das heute Baden-Württembergs Hymne ist.

Märchenschlossgleich: Schloss Sigmaringen

»Ein Schloss hält viele Geheimnisse bereit.« Unter diesem Motto gibt es im Sigmaringer Schloss Aktionen speziell für Kinder, wie »Kleider machen Leute«, Märchennacht im Schloss oder Waffenhalle und Folterwerkzeuge. Augen, Nase, Ohren und Hände sind gefragt bei der Spurensuche durch Rittersaal, Schlossküche, Badegemächer und Prunkräume.

schichte der Menschen von der Steinzeit bis zur Zeit der Alemannen, schaut in die prähistorische Sammlung. Seid ihr im Schloss auf Entdeckungstour, sucht mal den Neptunbrunnen. Er ist mit kostbaren Mosaik aus Blaukieseln, Muscheln und Quarzen geschmückt.

Leben wie zu Zeiten der Ritter: Ruine Hornstein

Förderverein Ruine Hornstein e.V., Ruine 1, 72511 Bingen-Hornstein. ✆ 07571/52050, Fax 684711. www.ruine-hornstein.de. info@ruine-hornstein.de. **Anfahrt:** Von der Stadtmitte ↗ Sigmaringen auf der Bingener Straße nach Bingen, dort links ab nach Hornstein, circa 1 km. **Zeiten:** Infos zu Programm und Terminen beim Förderverein oder im Internet. **Preise:** einstündige Führung 2 €; Kinderaktionen pro Kind 1 Std 2 €, 3 Std 6 € plus Materialkosten. **Infos:** Von der halbstündigen Führung bis zur Gestaltung eines ganzen Tages können Gruppen aus einem Programm auswählen.

▶ Im Naturpark Obere Donau, ganz in der Nähe Sigmaringens, im wildromantischen Tal der Lauchert, liegt im *Bittelschießer Täle* der kleine Ort **Hornstein.** Zu diesem Ort gehört die **Ruine Hornstein.** Für lange Zeit war sie in Vergessenheit geraten und dem Verfall preisgegeben. Erste Informationen über die Ruine gibt es aus dem Jahre 1247. Im 17. Jahrhundert wurde das Gemäuer umgebaut. Im 19. Jahrhundert war hier die hohenzollerische Irren- und Strafanstalt untergebracht. Seit 1988 kümmert sich der *Förderverein Ruine Hornstein* um die historische Anlage und baut sie teilweise um.

Das Hauptziel der Veranstalter ist es Aktionen für Jugendliche und Kinder anzubieten, die Tradition und Brauchtum vermitteln. Hier könnt ihr den Zauber vergangener Zeiten erleben. Auf dem Programm stehen Kinder- und Erwachsenenführungen durch das Gemäuer, Ritterausrüstung mit Helm und Schild basteln, handwerkliches Arbeiten in der alten Schmiede ab 8 Jahre, Stockbrot essen, Filzen und Papierschöpfen, Bogenschießen ab 5 Jahre, Armbrustschießen ab 9 Jahre und vieles mehr.

Happy Birthday!
Wie wäre es, am Geburtstag Ritter zu spielen? Der Förderverein der Ruine Hornstein hat viele Ideen dazu.

Benediktiner-Mönche in Beuron

Klosteranlage, Abteistraße 2, 88631 Beuron.
✆ 07466/17-158, Fax 17-159. www.erzabtei-beuron.de. gastpater@erzabtei-beuron.de. **Anfahrt:** ↗ Beuron.
Zeiten: 5 – 20 Uhr, Besichtigung außerhalb der Öffnungszeiten.

▶ Die **Erzabtei Beuron** liegt in einem von schroff aufragenden Kalkfelsen umrandeten Talkessel des Oberen Donautals. 1077 wurde es auf den Ruinen eines früheren Klosters als Chorherrenstift von Augustinermönchen gegründet. Nach den Wirren des Dreißigjährigen Krieges wieder aufgebaut, ist die große barocke Anlage mit der 1738 geweihten Kirche weitgehend erhalten geblieben. 1802 wurde das Kloster aufgelöst. Es ging mit allem Land in den Besitz der Hohenzollern über, die 60 Jahre später für eine Neubesiedlung sorgten. Nun zogen Benediktiner ein und brachten ihre eigenen Ideen zur Kirchenkunst mit. Die christliche Kunst sollte »aus dem Naturabklatsch und der Gefühlsgebundenheit« heraus- und hingeführt werden zu einer »der Liturgie würdigen Form«. Heraus kam ein sich stark an der ägyptischen, altchristlichen und byzantinischen Kunst orientierender Stil, der sich als »Beuroner Kunstschule« einen Namen gemacht hat. Die St-Maurus-Kapelle von 1868 am Donau-Radweg ist ein schönes Beispiel dafür. In die Klosterkirche könnt ihr wundervolle Deckengemälde im Stil des Barock bewundern. In der großen Bibliothek werden altlateinische Bibeltexte erforscht. Eine moderne Landwirtschaft und zahlreiche Handwerksbetriebe sind wirtschaftliche Stützen des Klosters. Zur Zeit leben in der Gemeinschaft etwa achtzig Mönche, von denen nicht ganz die Hälfte Priester sind. Wer will, kann sich ihnen für eine gewisse Zeit anschließen.

Museen und Stadtführungen

Bei den Kelten der Heuneburg zu Besuch

Freilichtmuseum und Keltenmuseum Heuneburg, Oststraße 2, 88518 Herbertingen-Hundersingen. ✆ 07586/ 917303, 1679, Fax 917304. www.heuneburg.de. flm.heuneburg@t-online.de. **Anfahrt:** Bhf Herbertingen an den Strecken Ulm – Neustadt (Schwarzwald) und Aulendorf – Tübingen. Vom Bhf bis zur Heuneburg gut 1 Std Gehzeit. **Auto:** B311 Ulm – Donaueschingen oder B32 Ravensburg – Hechingen. Die ausgeschilderte Abfahrt liegt zwischen Herbertingen und Mengen. Durch Hundersingen Richtung Binzwangen, am Heuneburgmuseum vorbei zum Parkplatz. **Zeiten:** April – Nov Di – So 10 – 16.30 Uhr, Juli und Aug 10 – 18 Uhr. **Preise:** Heuneburg oder Freilichtmuseum: 3 €, Gruppen 2 € pro Person, Familien 6,50 €, Schulklassen 1,30 €; Heuneburg und Freilichtmuseum: 5 €, Gruppen 4 € pro Per-

Handwerks- und Silberschmiedekurse, antike Glasperlenherstellung, Kinderbogenbaukurs, Essen durch die Zeit, Sonderausstellungen, Vorträge und Feste sowie tolle Workshops für Schulklassen.

son, Familien 12 €, Schulklassen 2,50 €; Führungen für Gruppen 1 Std 30 €, 1,5 Std 40 €, Schulklassen 15 €.

▶ Die **Heuneburg** ist eine vor- und frühgeschichtliche Höhensiedlung am Oberlauf der Donau. Sie ist strategisch günstig auf einem Bergsporn gelegen, an einem steil abfallendem Ufer zur Donau. Darauf befindet sich ein noch gut erhaltener **Ringwall,** der 300 m lang und bis zu 150 m breit ist. Bei schönem Wetter bietet die Heuneburg einen herrlichen Ausblick auf die Alpen. Die älteste nachgewiesene Besiedlung des Bergsporns fand in der Mittelbronzezeit, d.h. im 15. bis 13. Jahrhundert v.Chr., statt. Damals legten die Menschen schon einen Wall und sogar eine Mauer aus Holz an, um sich dahinter hin Schutz bringen zu können. Dann war die Heuneburg lange Zeit unbesiedelt. Um 600 v. Chr. entstand hier ein so genannter Fürstensitz der Hallstattkultur, dessen Bedeutung durch große Begräbnisstätten belegt werden. Hundert Jahre später hatte sich die Heuneburg, die an einer Handelsstraße entlang der Donau lag, zu einem Zentrum des Fernhandels und des Handwerks entwickelt. Zahlreiche Keramikfunde beweisen das. In einem Grab eines zweijährigen Kindes fand man sogar etruskische (Italien) Schmuckstücke aus Gold! Im 5. Jahrhundert v.Chr. vernichtete ein Feuer die ganze Herrlichkeit. Von den rund 1000 Bewohnern der Heuneburg fehlt seither jede Spur.

In den letzten Jahren entstand auf der Heuneburg ein **Freilichtmuseum** mit einer Rekonstruktion eines keltischen Wohnhauses, eines Speichers und eines Werkstatthauses sowie der Lehmziegelmauer aus der späten Hallstattzeit. Eine Cafeteria versorgt euch mit warmen und kalten Stoffen für Magen und Kehle. Das **Heuneburgmuseum,** in der ehemalige Zehntscheuer des *Klosters Heiligkreuztal* in **Hundersingen,** informiert über dieses bedeutende Machtzentrum der Hallstattzeit. Für euch sind dort vor allem die eisenzeitlichen Keramiken und Gebrauchsgegenstände im Obergeschoss sehenswert.

Im Museumsshop findet ihr originalgetreue Repliken, antike Spiele, eine große Auswahl an Jugendbüchern und Literatur zum Thema Kelten und Handwerk.

Hunger & Durst

Im **Café Schön,** Antonstraße 34, ✆ 07571/ 12976, stehen für Kinder Toast-Variationen und Spaghetti mit Soße auf der Speisekarte. Mo – Sa 8 – 18 Uhr, So 13 – 18 Uhr.

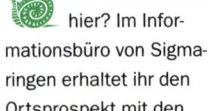

Wer lebte früher hier? Im Informationsbüro von Sigmaringen erhaltet ihr den Ortsprospekt mit den wichtigen Sehenswürdigkeiten der Stadt. Beim **Stadtrundgang** seid ihr etwa zwei Stunden unterwegs. Stadtführungen für Gruppen sind das ganze Jahr über auf Voranmeldung möglich. Für Kinder und Jugendliche gibt es auf Anfrage im Bürgerbüro speziell geführte Stadtrundgänge.

Baustile in Deutschland. Die typischen Merkmale aller Baustile sind kurz und anschaulich erklärt. Gräfe und Unzer Verlag, Merian Kompass, 96 Seiten, 6,50 €.

Heimatmuseum Runder Turm

Anfahrt: ↗ Sigmaringen, zentral gelegen. **Zeiten:** Sa, So und Fei 10 – 12 Uhr, im Sommer erweiterte Öffnungszeiten. **Preise:** Eintritt frei.

▶ Der Runde Turm entstand in der Nähe des Schlosses als Wehrturm der alten Stadtbefestigung. An seiner Außenwand könnt ihr die Wappen der Herrscherfamilien sehen. Im Dreißigjährigen Krieg (1618 – 1648) wurde er vermutlich zerstört und nach dem Wiederaufbau als Wohnturm genutzt. Seit 1970 zeigt das Heimatmuseum hier Informationen über die Geschichte der Stadt Sigmaringen.

Römermuseum Mengen-Enntach

Kastellstraße 52, 88512 Mengen-Ennetach. ✆ 07572/ 769504, Fax 769505. www.roemermuseum.mengen.de. roemermuseum@t-online.de. Anfahrt: Vom Bhf Mengen circa 15 Min zu Fuß. Rad: Direkt am Donau-Radwanderweg. Zeiten: Ende März – Ende Nov Di – So 10 – 18 Uhr. Preise: 3 €; Kinder ab 6 Jahre und Gruppen ab 8 Pers 2 €, Schulklassen 1 €/Person, Führungen zum Anfassen 1 Std 20 €, MIt Suchaufgaben durchs Museum 20 €, Preise für Aktionen pro Person inkl. Materialkosten und Betreuung: Römischer Soldat 2,50 €, Freizeitvergnügen der Soldaten 4,50 €, Schreibwerkstatt 4 €. Familienkarte 7,50 €, Führungen nach Voranmeldung 30 €.

▶ Seit 2001 gibt es in **Mengen-Ennetach** ein neues **Römermuseum.** Der Grund für seinen Bau war die Lokalisierung eines Kastells des Donaulimes aus der 2. Hälfte des 1. Jahrhunderts auf dem Ennetacher Berg. Zwar wusste man schon von der Existenz des Kastells, aber erst 1997 fand man durch Begehungen und Grabungen die genaue Lage heraus. Auch unter dem heutigen Ennetach fand man Spuren römischer Vergangenheit, dort gab es nämlich im 1. – 3. Jahrhundert ein vicus, eine Siedlung. Und schließlich sind im Museum Fundstücke aus der Bronzezeit (16. Jahrhundert v.Chr.) und der keltischen Viereckschanze (2. – 1. Jahrhundert v.Chr.) zusammengetragen. Das Römermuseum befindet sich in einer um 1900 erbauten Scheune, deren Westfront durch einen schicken Glasvorbau ersetzt wurde. Auch drinnen geht es sehr modern zu: 2000 Jahre alte und aktuelle Müllhaufen, Videos, Hörspiele sowie Schaukästen, bei denen auf Knopfdruck etwas passiert, machen die Geschichtsschau zu einer Attraktion. Fünf Themeninseln geben Einblick in verschiedene Bereiche des römischen Alltags: Handel, Kleidung, Bauwesen, Essen und Trinken sowie Glaube und Jenseits. Bei einer (angemeldeten) Führung dürft ihr vieles anfassen uns selbst ausprobieren. Beispielsweise dürft ihr selbst erspüren wie schwer ein römischer Soldat zu schleppen hatte und welche Kleider römische Kinder trugen. Am Ende eures Besuchs bietet ein verglaster Balkon einen Blick auf den Ennetacher Berg, auf dem sich die Soldaten einst abgerackert haben, und lädt zum *Archäologischen Rundwanderweg* ein.

Pixus, der kleine Römer-Soldat, erläutert euch auf der Museum-Homepage allerlei aus seinem Leben.

Vorm Römermuseum geht ein **archäologischer Rundwanderweg** ab, auf dem euch 12 Tafeln an Originalschauplätzen Weiteres über das Leben im Altertum verraten.
Länge: 5,2 km. Dauer: reine Laufzeit 1,5 – 2 Std, inklusive Lesen der Tafeln bis 3 Std.

Das Kastell

Seit dem 19. Jahrhundert wurde das Kastell des Donaulimes aus der 2. Hälfte des 1. Jahrhunderts auf dem Ennetacher Berg vermutet. Sowohl seine Existenz als auch seine genaue Lage wurden jedoch in der Forschung immer wieder kontrovers diskutiert. Dank der Begehung durch ehrenamtliche Mitarbeiter und die daraufhin folgende geophysikalische Untersuchung durch H. von der Osten (Landesdenkmalamt) konnte die Lage des rund 1,4 ha großen Holz-Erde-Lagers geklärt werden. Die Grabungen des Landesdenkmalamtes, Außenstelle Tübingen, bestätigten 1998 die Messungen: Das Lager besaß eine einfache Tordurchfahrt im Westen mit mindestens zwei vorgelagerten Kastellgräben, wobei zwei Bauphasen festzustellen waren. Um weitere Informationen über die mögliche Innenbebauung und vorgeschichtliche Besiedlung, die sich ebenfalls bereits bei der Pro-

Hunger & Durst
Das **Café Domus**, ✆ 07572/769506, bietet während der Museumsöffnungszeiten römisches Essen nach originalen Rezepten aus dem Kochbuch des Apicius aus dem 2. Jahrhundert. Probiert doch mal »Römerwurst«, »Moretum« (Käsepaste) oder »Fabaciae Virides« (Bohneneintopf)!

Im **Museumsshop** findet sich kleine und große Geschenke, von Repliken römischer Glas- und Keramikgefäße über Münzen und Schmuck bis hin zu Büchern für Kinder und Erwachsene.

spektion und bei der ersten Grabung zeigten, zu erhalten, wurden 2001 und 2005 erneut Grabungen auf dem Ennetacher Berg durch das Landesdenkmalamt durchgeführt. Über die dazugehörige Kastellsiedlung ist bislang noch wenig bekannt. Darüber hinaus existierte vom Ende des 1. bis um die Mitte des 3. Jahrhunderts am Fuße des »Ennetacher Berges« in Mengen-Ennetach eine römische Straßensiedlung, auf die man immer wieder bei Baumaßnahmen gestoßen war. Im Zuge des Museumbaus und in der Nachbarparzelle konnten im Jahr 2000 größere Flächen untersucht werden, deren Auswertung allerdings noch nicht abgeschlossen ist. Es gibt hier möglicherweise Hinweise auf eine Schusterwerkstatt, wie Funde von Schuhsohlen und Lederresten belegen. Allerdings besteht derzeit noch keine Erkenntnis über genaue Ausdehnung und Struktur dieser Siedlung.

FESTKALENDER

Mai: Christi Himmelfahrt, Mühlheim: **Höhlenfest** des Schwäbischen Albvereins an der Felsenhöhle. Info ✆ 07463/8903.

Mai/Juni: Ende Mai oder Anfang Juni, Irndorf: **Wettmähen** mit der Sense und Fest; Info ✆ 07466/227.

Juni: 2. Sonntag, Mühlheim: **Ulrichsmarkt,** buntes Markttreiben in der Oberstadt.

Juli: 2. Wochenende, Mühlheim-Stetten: **Kesselbachfest** im Dreschschuppen mit der Musikkapelle Mühlheim.

September: In ungeraden Jahren am 1. Wochenende, Mühlheim: **Stadtfest,** Veranstaltung der Mühlheimer Vereine in der Oberstadt.

3. Sonntag, Leibertingen: **Wildensteiner Jahrmarkt,** Info ✆ 07466/92820.

Oktober: Ende Sep, Anfang Okt, Oberes Schlichemtal-Schömberg: **Leonardiritt** und Tiersegnung auf dem Palmbühlkopf; Info ✆ 07427/94980.

Hexe, Katze, Clown: Bei der Fasnacht könnt ihr in eine andere Rolle schlüpfen

Feste Feste feiern

Schwäbisch-Alemannische Fasnet

Touristikgemeinschaft Oberes Schlichemtal e.V., 72355 Schömberg. ✆ 07427/9498-0, Fax 9498-30. www.oberes-schlichemtal.de.

▶ Zu den großen Feiertagen im Jahr zählt in Schömberg und Umgebung die Schwäbisch-Alemannische Fasnet. Sie hat mit ihrem bunten Treiben in der Stadt eine lange Tradition. Während der Fasnetszeit formieren sich über 500 Hästräger auf dem Schömberger Marktplatz zum eindrucksvollen Narrenumzug mit Polonaise (Fasnetssonntag und -montag) sowie Umzug durch die ganze Stadt (Fasnetsdienstag). Der Kinderumzug ist schon am Schmotzige Donnerstag.

Bräuteln am Fasnetsdienstag

Stadtverwaltung, Fürst-Wilhelm-Straße 15, 72488 Sigmaringen. ✆ 07571/106-222, Fax 106-221. www.sigmaringen.de. tourismus@sigmaringen.de. **Anfahrt:** ↗ Sigmaringen.

▶ Jedes Jahr am Fasnetsdienstag findet auf dem Rathausplatz das *Bräuteln* statt. Dabei tragen Bräutlingsgesellen verheiratete Männer auf einer Stange mit Musikbegleitung um den Marktbrunnen. Sie werfen Brezeln, Bonbons und Würste in die närrische Menge. Der Brauch erinnert an die armen Zeiten nach dem Dreißigjährigen Krieg. Die Menschen befürchteten das Aussterben der Stadtbevölkerung. Als sich der erste junge Mann ein Herz fasste und ein Mädchen zur Frau nahm, trugen ihn seine Gefährten aus purer Freude mit Trommeln und Pfeifen um den Stadtbrunnen.

Bachraiberfasnet

Fasnetverein Bachraiber, 78570 Mühlheim-Stetten (Donau). ✆ 07463/9940-0, Fax 9940-20. www.muehlheim-donau.de. info@muehlheim-donau.de. **Anfahrt:** Mühlheim liegt nordöstlich von Tuttlingen.

▶ Am Fasnetsmontag könnt ihr ab 13 Uhr dem bunten Umzug der Narrenzunft zuschauen.

WINTERSPORT

Skikursus

Skilifte beim »Antoni«, 78567 Fridingen an der Donau. ✆ 07463/1795, 837-22. **Zeiten:** Kinderlift Di – Fr 15 – 17.30, Sa und So 14 – 16.30 Uhr, Schlepplift Di und Mi 18 – 20.30, Fr 18 – 21, Sa und So auch 14 – 16.30 Uhr. **Preise:** Kombi-Karte Nachmittag und Abend 8,50 €, Nachmittags- oder Abendkarte 6 €, 10er-Karte 5 €; Kinderlift Kombi-Karte Nachmittag und Abend 5,50 €, Nachmittags- oder Abendkarte 3,50 €, 10er-Karte 3 €.

▶ Kinderlift und Schlepplift mit Flutlicht und Skikursen.

Welcher Mann hat Angst vor der Sonne?

Der Schneemann.

SERVICE ZU DEN ORTEN

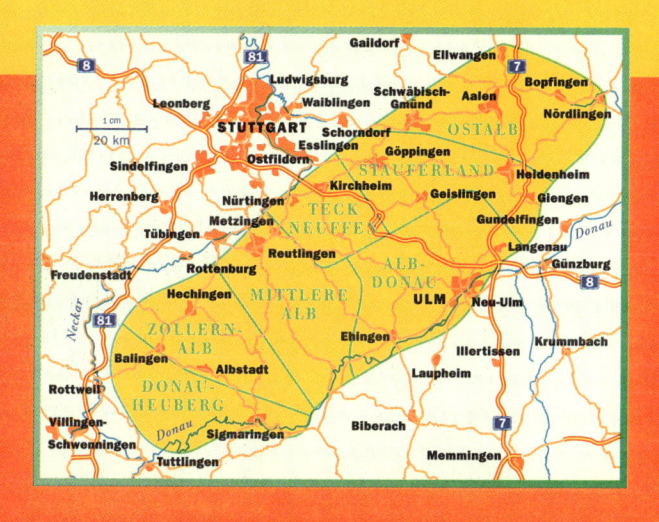

DIE OSTALB

STAUFERLAND

ALB-DONAU-KREIS

TECK & NEUFFEN

MITTLERE ALB

ZOLLERN-ALB

DONAU & HEUBERG

SERVICE ZU DEN ORTEN

FERIEN-ADRESSEN

KARTEN & REGISTER

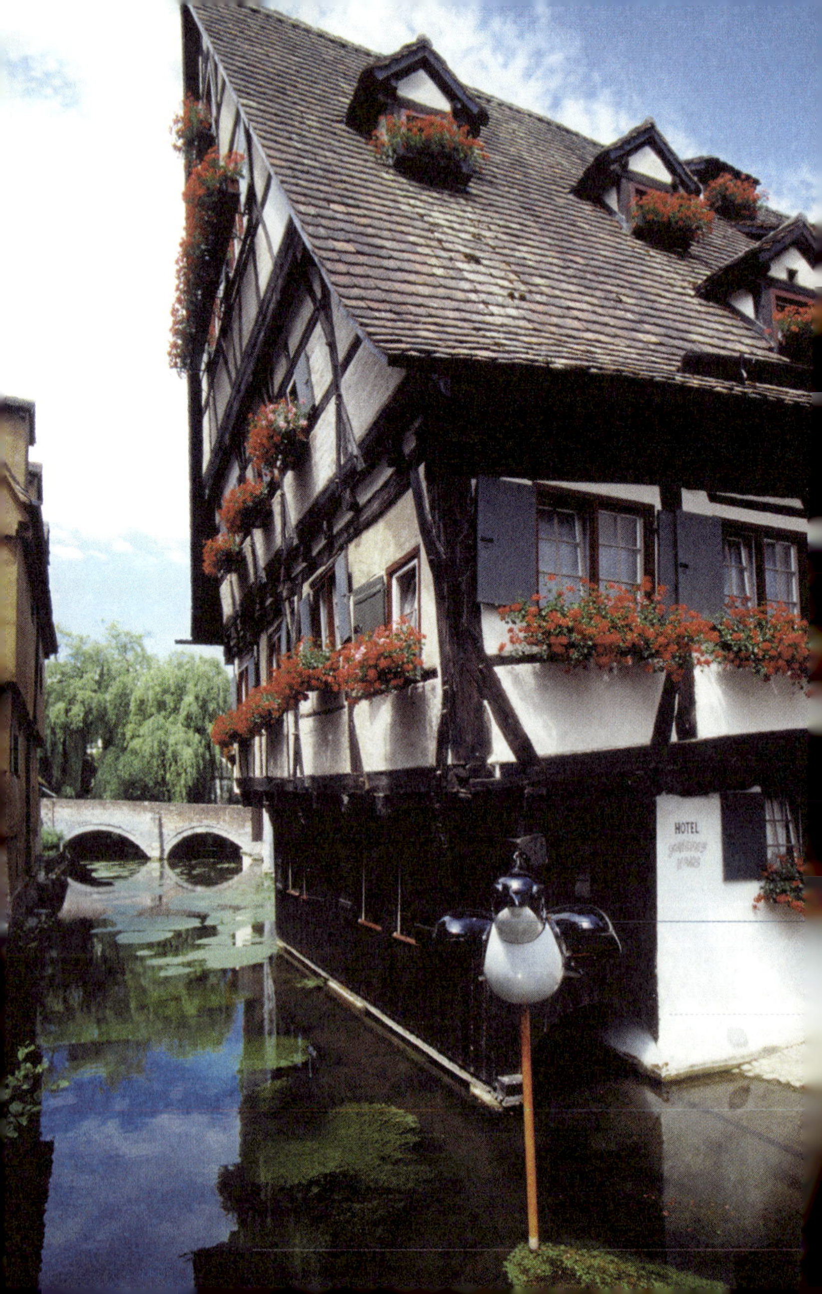
HOTEL

INFO-STELLEN UND ANFAHRTS-WEGE

Allgemeine Informationsstellen

Schwäbische Alb Tourismusverband, Marktplatz 1, 72574 Bad Urach. ℡ 07125/948-106, Fax 948-108. www.schwaebischealb.de. info@schwaebischealb.de. Gibt jährlich ein Gutscheinheft namens »Familien-Freizeit(S)Pass« heraus, 6 €, gegen Einsendung von 7,50 € auch per Post anzufordern.

Mythos Schwäbische Alb, Landkreis Reutlingen, Tourist-Info Bad Urach, Postfach 1206, 72563 Bad Urach, ℡ 07125/9432-0, Fax 9432-22, www.mythos-schwaebische-alb.de, info@badurach.de.

Landratsamt Ostalb, Stuttgarter Straße 41, 73430 Aalen, ℡ 07361/503-333, guenter.hoeschle@ostalbkreis.

Touristik-Gemeinschaft Stauferland e.V., Marktplatz 37/1, 73525 Schwäbisch Gmünd, ℡ 07171/603-4250, Fax 603-4299, www.stauferland.de, info@stauferland.de.

Touristikgemeinschaft Sagenhafter Albuch e.V., Rathausgasse 9, 73457 Essingen, ℡ 07365/830, Fax 8327, www.albuch.de, tourist-info@essingen.de.

Donaubergland Marketing und Tourismus GmbH Tuttlingen, Bahnhofstraße 123, 78532 Tuttlingen, ℡ 07461/78016 75, www.donaubergland.de, info@donaubergland.de. Für den Landkreis Tuttlingen und das Gebiet Heuberg.

18 qualifizierte Gästeführer zeigen auf individuellen Touren verwunschene Plätze, verborgene Schätze und landschaftliche Leckerbissen.

Die Ostalb

Aalen

Touristik-Service, Marktplatz 2, 73430 Aalen. ℡ 07361/52-2358, Fax 52-1907. www.aalen.de. touristik-service@aalen.de. **Zeiten:** April – Okt Mo – Fr 9 – 17.30 Uhr, Nov – März Mo – Fr 9 – 17 Uhr, Sa 9 – 12.30 Uhr. **Anfahrt:** Sehr gute Bahnverbindung von Stuttgart, Ulm und Nürnberg. Von Westen auf der B29 von Stuttgart über Schwäbisch Gmünd nach Aalen, von der A7 Ulm – Würzburg Ausfahrt 114 Aalen/Westhausen.

SERVICE ZU DEN ORTEN

Ganz schön schräg:
Hotel in Ulm

▶ Die Stadt mit zentraler Lage inmitten der Ostalb lässt in ihren Museen die Geschichte wieder aufleben. Das *Urweltmuseum* zeigt Fossilien aus der Urzeit und das *Limesmuseum* berichtet über die Zeit der Römer. Sehr beliebt ist auch der Ausflug ins Erdinnere im Besucherbergwerk *Tiefer Stollen*.

Bopfingen

Touristikverein, Marktplatz 1, 73441 Bopfingen. ✆ 07362/801-22, Fax 801-50. www.bopfingen.de. tourismus@bopfingen.de. **Zeiten:** Mo – Fr 8 – 12 Uhr, Di 16 – 17 Uhr, Do 16 – 18 Uhr. **Anfahrt:** Stündlich RB Aalen – Nördlingen – Donauwörth. Auf halber Strecke auf der B29 zwischen Aalen und Nördlingen.

▶ Die Kleinstadt liegt genau an der Stelle, an der die Schwäbische Alb steil zum Nördlinger Ries abfällt. Nördlich von Bopfingen ragt der auffällige Berg *Ipf* über 200 m hoch auf. Ausgedehnte Wall- und Grabensysteme können dort als Zeugen einer frühen Besiedelung besichtigt werden.

Oberkochen

Tourist-Information, Eugen-Bolz-Platz 1, 73447 Oberkochen. ✆ 07364/27-0, Fax 27-27. www.oberkochen.de. tourist-info@oberkochen.de. **Zeiten:** Mo – Mi 9 – 11 und 14 – 16 Uhr, Do 9 – 11 und 14 – 18, Fr 9 – 12 Uhr. **Anfahrt:** Stündlich RE auf der Strecke Ulm – Heidenheim. A7 Ulm – Würzburg, Ausfahrt 115 Oberkochen, 6 km über die Landstraße und dann 4 km auf der B19.

Radel-Tipp: Landesradweg, Kocher-Jagst-Radweg, Brenz-Donau-Radweg »Radorado«.

▶ Die Kleinstadt ist durch die Optischen Werke von Carl Zeiss auf der ganzen Welt bekannt. Viele Produkte und ihre Anwendung sind im Optischen Museum anzuschauen. Als Ausgleich für die geistige Arbeit gibt es Badespaß im Erlebnisbad *Aquafit* oder eine Wanderung auf dem Karstquellenweg.

Neresheim

Tourist-Information, Hauptstraße 21, 73450 Neresheim. ✆ 07326/8149, Fax 8146. www.neresheim.de.

tourist@neresheim.de. **Zeiten:** Mo – Fr 8 – 12 Uhr, Do 14.30 – 17 Uhr. **Anfahrt:** Busse von Heidenheim/Brenz, Aalen und Dischingen. A7 Würzburg – Ulm, von Norden Ausfahrt 115 Oberkochen, von Süden Ausfahrt 116 Heidenheim.

▶ Der Ort ist umgeben von Trockentälern, Wäldern, Wacholderheiden und Schafsweiden. Die Geschichte von Neresheim begann mit der Alemannenbesiedelung. Fundstücke aus dieser Zeit sind im *Härtsfeldmuseum* ausgestellt. Heute ist das Erscheinungsbild des Orts geprägt durch die barocke Klosteranlage der Benediktinerabtei.

Abtsgmünd

Gemeinde, Rathausplatz 1, 73453 Abtsgmünd. ✆ 07366/820, Fax 8254. www.abtsgmuend.de. info@abtsgmuend.de. **Zeiten:** Mo – Fr 8 – 12 Uhr, Mo, Di und Do 14 – 16 Uhr, Mi 14 – 18 Uhr. **Anfahrt:** Vom Bhf Aalen mit Bus 7698, mit guter Verbindung von Stuttgart, Ulm und Nürnberg. B29 von Stuttgart über Schwäbisch Gmünd in Richtung Aalen, in Mögglingen links.

▶ Mitten in ursprünglicher Landschaft mit weiten Hochflächen, vielen kleinen Weilern und ausgedehnten Wäldern bietet Abtsgmünd Ruhe und Erholung in ländlicher Umgebung. Kinder interessieren sich mehr für die beiden Badeseen in unmittelbarer Nähe.

Hüttlingen

Fremdenverkehrsamt, Schulstraße 10, 73460 Hüttlingen. ✆ 07361/97780, Fax 71220. www.huettlingen.de. gemeinde@huettlingen.de. **Zeiten:** Mo – Fr 8 – 12 Uhr, Di 14 – 18.30 Uhr, Do 14 – 16 Uhr. **Anfahrt:** Stündlich RE auf der Strecke Ulm – Crailsheim sowie RB auf der Strecke Aalen – Nördlingen. Die Bahnstation für Hüttlingen heißt Goldhöfe, von da sind es 20 Min. A7 Ulm — Würzburg, Ausfahrt 114 Aalen/Westhausen, 2 km weiter über B19.

Radel-Tipp: Direkt am Kocher-Jagst-Radweg.

▶ Die kleine Gemeinde ist Ausgangspunkt für Ausflüge in die nähere Umgebung wie zum Beispiel an den *Bucher Stausee* oder zum Heimatmuseum im Ortsteil Niederalfingen.

Westhausen

Bürgermeisteramt, Jahnstraße 2, 73463 Westhausen. ✆ 07363/84-0, Fax 84-50. www.westhausen.de. info@westhausen.de. **Zeiten:** Mo – Fr 8 – 12 Uhr, Do 13 – 18 Uhr. **Anfahrt:** Stündlich RB auf der Strecke Aalen – Nördlingen – Donauwörth. A7 Ulm – Würzburg, ab Ausfahrt 114 Aalen/Westhausen 1 km über die B29.

▶ Westhausen liegt am Rande des Härtsfelds in einem Tal des Flüsschens Jagst. Früher führte eine der zahlreichen Römerstraßen am Ort vorbei. Heute noch gibt es in der Gegend Sehenswürdigkeiten von damals wie das angrenzende Erholungsgebiet *Rainau-Buch* mit Stausee und römischen Ausgrabungen.

Lauchheim

Stadtverwaltung, Hauptstraße 28, 73466 Lauchheim. ✆ 07363/8515, Fax 8516. www.stadt-lauchheim.de. mangold@lauchheim.de. **Zeiten:** Mo – Fr 9 – 12 Uhr, Mo und Mi 14 – 16 Uhr, Do 16 – 18 Uhr. **Anfahrt:** Stündlich RB von Aalen und Donauwörth. A7 Würzburg – Ulm, Ausfahrt 114 Westhausen.

▶ Die romantische Kleinstadt am Rande des Riesbeckens hat viele historische Gebäude zum Anschauen: So etwa die auffällig große *Kapfenburg,* die das Bild der Landschaft prägt, oder das denkmalgeschützte *Obere Tor* mit dem Heimatmuseum.

Ellwangen

Tourist-Information, Spitalstraße 4, 73479 Ellwangen. ✆ 07961/84303, Fax 55267. www.ellwangen.de. ursula.huelle@ellwangen.de. **Zeiten:** Mo und Mi 8 – 12 und 14 – 16.30 Uhr, Di 8 – 16.30, Do 8 – 12 und 14 – 18 Uhr, Fr 8 – 12.30 Uhr, Mitte Mai – Mitte Sep auch Fr 14 – 17 und Sa 9 – 12 Uhr. **Anfahrt:** RE von Stuttgart, Ulm und Nürnberg mindestens stündlich. Direkt an der A7 Würzburg – Ulm, Ausfahrt 113 Ellwangen.

Radel-Tipp: Am Kocher-Jagst-Radweg.

▶ Die nordöstlichste Stadt der Schwäbischen Alb ist schon von weitem an den hoch aufragenden Schlosstürmen zu erkennen. Dieses Schloss ist aus einer mittelalterlichen Burg entstanden. Bei einer Stadtführung werdet ihr mehr darüber erfahren. Rund um Ellwangen laden Badeseen und Naturschutzgebiete zum Erkunden ein.

Schwäbisch Gmünd

iPunkt, Marktplatz 37/1, 73525 Schwäbisch Gmünd. ✆ 07171/603-4250, Fax 603-4299. www.schwaebisch-gmuend.de. tourist-info@schwaebisch-gmuend.de. **Zeiten:** Mo – Fr 9 – 17.30, Sa 9 – 13 Uhr. **Anfahrt:** Stündliche Verbindung mit RE auf der Strecke Stuttgart – Aalen. B29 von Stuttgart nach Schwäbisch Gmünd.

▶ An der weitesten Stelle des oberen Remstals liegt die alte Staufer- und freie Reichsstadt. Wenn ihr einen Spaziergang um den lang gestreckten Marktplatz unternehmt, seht ihr Fachwerkbauten aus dem Mittelalter genauso wie barocke Bürgerhäuser und das gotische Heilig-Kreuz-Münster. Am oberen Ende des Platzes steht eine Pfeilerbasilika aus staufischer Zeit. Neben vielen Museen gibt es genug Anreiz für sportliche Aktivitäten. Kindern bereitet der Erlebnisbrunnen auf dem Johannisplatz Vergnügen.

Heubach

Bürgermeisteramt, Hauptstraße 53, 73540 Heubach. ✆ 07173/1810, Fax 18149. www.heubach.de. info@heubach.de. **Zeiten:** Mo – Do 8.30 – 11.45 Uhr, Do 14 – 17.30, Fr 8.30 – 12.30 Uhr. **Anfahrt:** Vom Bhf Schwäbisch Gmünd mit Bus 267 Richtung Heubach Post. B29 Schwäbisch Gmünd – Aalen, in Böbingen rechts.

▶ Heubach liegt direkt unterhalb des Steilhangs der Alb. Wahrzeichen ist der *Rosenstein* mit der weithin sichtbaren Burgruine. Bei einer Wanderung in die nähere Umgebung lassen sich zahlreiche Höhlen und Grotten erkunden. Die schönste davon ist die so genannte *Große Scheuer.*

Lorch

Stadtverwaltung, Hauptstraße 19, 73547 Lorch. ✆ 07172/180119, Fax 180159. www.stadt-lorch.de. tourist@stadt-lorch.de. **Zeiten:** Mo – Mi 8 – 12, Fr 8 – 12.30, Mi 14 – 16, Do 14 – 18 Uhr. **Anfahrt:** Stündlich RE auf der Strecke Stuttgart – Aalen. Direkt an der B28 Stuttgart – Aalen oder über die B297 von Göppingen.

▶ Die Stadt liegt im mittleren Remstal am Fuße der Schwäbischen Alb. Reizvoll ist die landschaftlich schöne Umgebung, insbesondere im nördlich der Stadt gelegenen *Welzheimer Wald.* Einst lebten hier die Römer, später war es geistiges Zentrum der Staufer.

> Die *Staufer* waren ein schwäbisches Fürstengeschlecht. In der Zeit von 1138 bis 1254 kamen die deutschen Könige und Kaiser aus dieser Familie.

Nördlingen

Tourist-Information, Marktplatz 2, 86720 Nördlingen. ✆ 09081/84116, 84216, Fax 84113. www.noerdlingen.de. tourist-information@noerdlingen.de. **Zeiten:** Nov – Ostern Mo – Do 9 – 17, Fr 9 – 15.30 Uhr, Ostern – Nov Mo – Do 9 – 18, Fr 9 – 16.30, Sa und Fei 9.30 – 13 Uhr. **Anfahrt:** Von ↗ Aalen mit der RB Richtung Donauwörth. Über B28, von Norden über B466.

▶ Nördlingen ist ein alt ehrwürdiges Städtchen, das sich bis heute sein mittelalterliches Aussehen bewahrt hat. Toll ist, dass die Stadtmauer noch vollständig erhalten und rundum begehbar ist.

Nattheim

Bürgermeisteramt, Fleinheimer Straße 2, 89564 Nattheim. ✆ 07321/97840, Fax 978432. www.nattheim.de. info@nattheim.de. **Zeiten:** Mo, Di, Do und Fr 9 – 12 und 15 – 18 Uhr, Mi 15 – 18 Uhr. **Anfahrt:** Vom ZOB Heidenheim, wo der nächste Bahnhof ist, mit den Bussen 7694 oder 50. A7 Würzburg – Ulm, Ausfahrt 116 Heidenheim.

▶ Der Ort liegt inmitten schöner Landschaft am Südwestrand des Härtfelds. Von dort aus kann man schöne Radtouren starten und sich hinterher im Ramensteinbad austoben.

Stauferland

Göppingen
i-Punkt, Rathaus, Hauptstraße 1, 73033 Göppingen. ℘ 07161/650-292, Fax 650-299. www.goeppingen.de. ipunkt@goeppingen.de. **Zeiten:** Mo – Mi, Fr 9 – 17, Do 9 – 18, Sa 9 – 12 Uhr. **Anfahrt:** Göppingen ist Haltepunkt für RE und RB auf der Strecke Stuttgart – Ulm. Auf halber Strecke an der B10 zwischen Stuttgart und Ulm oder A8 Stuttgart – Ulm, Ausfahrt 58 Aichelberg.

▶ Einst war die Stadt Stammsitz eines der bedeutendsten mittelalterlichen Geschlechter, der Staufer. In reizvoller Umgebung, in Sichtweite der drei Kaiserberge *Hohenstaufen, Rechberg* und *Stuifen* an der Fils gelegen, kann man von Göppingen aus gut zu Fuß oder mit dem Fahrrad in die Natur starten.

Eislingen/Fils
Stadtverwaltung, Hauptstraße 61, 73054 Eislingen/Fils. ℘ 07161/804266, Fax 804298. www.eislingen.de. stadtinfo@eislingen.de. **Zeiten:** Mo, Di und Do 8.30 – 11 Uhr, Di 14 – 16, Do 14 – 17.30, Fr 8.30 – 12 Uhr. **Anfahrt:** Von Göppingen Bhf mit Bahn R1 oder Bus 6. B10 Stuttgart – Ulm direkt bei Göppingen, oder A8 Stuttgart – Ulm, Ausfahrt 58 Aichelberg.

▶ Die schöne Lage macht die Stadt an der Fils für Wanderungen in der näheren Umgebung interessant. Eine Alternative bei schlechtem Wetter ist ein Besuch im Hallenbad.

Donzdorf
Tourist-Info, Schloss 1 – 4, 73072 Donzdorf. ℘ 07162/922-301, Fax 922-521. www.donzdorf.de. stadt@donzdorf.de. **Zeiten:** Mo – Fr 8 – 12 Uhr, Mo, Di und Do 14 – 16.30, Mi 14 – 18 Uhr. **Anfahrt:** Stündlich mit RB und RE auf der Strecke Göppingen – Ulm. Von der B10 Stuttgart – Ulm in Süßen abbiegen.

▶ Die Stadt am Fuße der Schwäbischen Alb im Lautertal verfügt über mehrere Freizeiteinrichtungen.

Derzeit wird in der Lokalen Agenda 21 ein Tourismuskonzept entwickelt, in dessen Rahmen auch Angebote speziell für junge Familien geschaffen werden.

Bad Boll
Bad Boll Info, Am Kurpark 1, 73087 Bad Boll. ✆ 07164/147800, Fax 902309. www.bad-boll.de. info@verkehrsamt-bad-boll.de. **Zeiten:** Mo – Fr 9 – 12 Uhr. **Anfahrt:** Ab Bhf in Göppingen mit den Bussen 20 und 33. A8 Stuttgart – Ulm, ab Ausfahrt 58 Aichelberg 5 km Landstraße.

▶ Der kleine Kurort mit seiner Jahrhunderte alten Schwefelquelle im Thermal-Mineralbad liegt im Vorland der Filsalb. Die Umgebung ist ländlich geprägt mit Streuobstwiesen, Buchenwäldern und dem Naturschutzgebiet *Teufelsloch*. Hier findet ihr entlang dem Albtrauf ein abwechslungsreiches Wandergebiet mit guten Aussichtpunkten. Mit etwas Glück entdeckt ihr seltene Vögel wie Neuntöter, Habicht oder Schwarzspecht.

Adelberg
Bürgermeisteramt, Vordere Hauptstraße 2, 73099 Adelberg. ✆ 07166/91011-0, Fax 91011-3. www.adelberg.de. gemeinde@adelberg.de. **Zeiten:** Mo – Fr 10 – 12 Uhr, Di 14 – 16, Do 16 – 18 Uhr. **Anfahrt:** S-Bahn Stuttgart – Schorndorf und Bus nach Adelberg oder mit RE von Stuttgart oder Ulm nach Göppingen und von dort mit dem Bus. Von der B10 Stuttgart – Ulm auf halber Strecke in Göppingen auf die B297 und hinter Rechberghausen 3 km Landstraße nach Adelberg. Oder von der B14 bei Fellbach auf die B29 nach Schorndorf und 7 km Landstraße nach Adelberg.

▶ Die Gemeinde liegt im östlichen Schurwald, bei Hohenrechberg und Hohenstaufen. Das Kloster von Adelberg mit Ulrichskapelle und Klostervilla ist einen Besuch wert. Für Kinder gibt es im Klosterpark Adelberg die Möglichkeit zum Schwimmen, Eislaufen und Skaten.

Wäschenbeuren

Gemeindeverwaltung, Manfred-Wörner-Platz 1, 73116 Wäschenbeuren. ✆ 07172/92655-0, Fax 92655-19. www.waeschenbeuren.de. info@waeschenbeuren.de. **Zeiten:** Mo – Do 9 – 12 Uhr, Fr 9 – 12.30, Mi 16 – 18 Uhr. **Anfahrt:** Mit Bus 11 oder 12 von Göppingen ZOB, Lorch und Schwäbisch Gmünd. Von der B29 Stuttgart – Aalen in Lorch ab oder über die B297 von Göppingen.

▶ Die eigentliche Attraktion des kleinen Ortes ist das nahe gelegene *Wäscherschloss.* Von dort hat man eine schöne Sicht auf die drei Kaiserberge Hohenstaufen, Rechberg und Stuifen.

Geislingen an der Steige

Bürgerservice/Stadtinformation im Schubarthaus, Schlossgasse 3, 73312 Geislingen an der Steige. ✆ 07331/24-279, Fax 24-276. www.geislingen.de. touristinfo@geislingen.de. **Zeiten:** Mo – Fr 8 – 12, Mo und Do 14 – 17 Uhr. **Anfahrt:** Stündlich RE auf der Strecke Stuttgart – Ulm. Nahe der B10 Stuttgart – Ulm.

▶ Die Stadt liegt in einem Talkessel, in dem fünf Albtäler zusammentreffen. Bekannt ist Geislingen durch die WMF und den in den 1850er Jahren angelegten Albaufstieg der Eisenbahn. Noch heute ist die Fahrt über die *Geislinger Steige* spannend!

🍎 Die in Geislingen angesiedelte **Württembergische Metallwarenfabrik (WMF)** bietet eine kostengünstige Einkaufsmöglichkeit (2a-Ware) in der WMF-Fischhalle, Eberhardstraße, Mo – Fr 9.30 – 18, Sa 9.30 – 16 Uhr. ✆ 07331/258870.

Waldstetten

Bürgermeisteramt, Hauptstraße 1, 73550 Waldstetten. ✆ 07171/4030, Fax 44418. www.waldstetten.de. info@waldstetten.de. **Zeiten:** Mo – Fr 9 – 12 Uhr, Mo und Do 14 – 16.30, Mi 14 – 18 Uhr. **Anfahrt:** Mehrmals täglich Bus aus Schwäbisch Gmünd. Von der B29 Stuttgart – Aalen in Schwäbisch Gmünd oder von der B10 Göppingen – Ulm in Donzdorf abbiegen.

▶ Umgeben vom Schwäbischen Wald, den Dreikaiserbergen und der Schwäbischen Alb, bietet Waldstetten zu jeder Jahreszeit Erholungsmöglichkeiten.

Niederstotzingen

Tourist-Information, Im Städtle 26, 89168 Niederstotzingen. ✆ 07325/1020, Fax 10236. www.niederstotzingen.de. info@niederstotzingen.de. **Zeiten:** Mo – Mi 8 – 12 und 14 – 16 Uhr, Do 8 – 12 und 15 – 19, Fr 8 – 13 Uhr. **Anfahrt:** Stündlich RE auf der Strecke Ulm – Crailsheim. A8 Stuttgart – München, Ausfahrt 67 Günzburg auf die B16 nach Günzburg und kurz hinter der Donaubrücke links ab, oder A7 Würzburg – Ulm, Ausfahrt 118 Niederstotzingen.

▶ Die Stadt liegt am Übergang von der Schwäbischen Alb zur Donauniederung. In der Umgebung finden sich Zeugnisse aus der Urzeit sowie von den Kelten, Alemannen und Römern. So haben Forscher in den nahe gelegenen *Vogelherdhöhlen* 35.000 Jahre alte Elfenbeinschnitzereien gefunden. Viele Kinder freuen sich jedes Jahr auf das Ritterturnier im *Gut Stetten*.

Heidenheim an der Brenz

Tourist-Information, Elmar-Doch-Haus, Hauptstraße 34, 89522 Heidenheim an der Brenz. ✆ 07321/3274910, Fax 3274911. www.heidenheim.de. tourist-information@heidenheim.de. **Zeiten:** Mo und Di 9 – 17, Mi 9 – 12.30 Uhr, Do 9 – 18, Fr 9 – 17, Sa (Mai – Aug) 10 – 12 Uhr. **Anfahrt:** Stündlich RE auf der Strecke Aalen – Ulm. A7 Würzburg – Ulm, Ausfahrt 116 Heidenheim.

▶ Die landschaftliche Umgebung der Stadt ist geprägt von artenreichem Trockenrasen und ausgedehnten Mischwäldern. Die waldreiche Kommune liegt auf uraltem Siedlungsboden. Für Familienausflüge sind der Freizeitpark und das *Schloss Hellenstein* ein beliebtes, stadtnahes Ziel. Bei Regenwetter bietet sich ein Besuch im Hallenfreizeitbad *Aquarena* an.

Giengen an der Brenz

i-Punkt, Marktstraße 9, 89537 Giengen an der Brenz. ✆ 07322/952-292, Fax 952-264. www.giengen.de. tourist-info@giengen.de. **Zeiten:** Mo, Di 9 – 13, 14 – 16 Uhr, Mi 7.30 – 13 Uhr, 14 – 16 Uhr, Do 9 – 18, Fr 9 – 13 Uhr. Infofoyer täglich 8 – 20 Uhr geöffnet. **Anfahrt:** Stündlich RE auf der Strecke Aalen – Ulm. A7 Würzburg – Ulm, Ausfahrt 117 Giengen.

▶ Giengen liegt eingebettet in das weite Tal der Brenz. Es ist umgeben von den sanften Höhenzügen der Ostalb. Im Stadtbezirk Hürben liegt eine der längsten *Schauhöhlen* Süddeutschlands, die Charlottenhöhle mit der angeschlossenen Höhlenerlebniswelt. In der Innenstadt könnt ihr die zwei ungleichen Türme der Stadtkirche bestaunen. Für Kinder ist in Giengen *Die Welt von Steiff* besonders interessant.

Herbrechtingen

Verwaltung, Lange Straße 58, 89542 Herbrechtingen. ✆ 07324/955-0, Fax 955-140. www.herbrechtingen.de. info@herbrechtingen.de. **Zeiten:** Mo – Fr 8 – 12 Uhr, Mi 14 – 18 Uhr. **Anfahrt:** Stündlich RE auf der Strecke Ulm – Aalen. A7 Würzburg – Ulm, Ausfahrt 117 Giengen/Herbrechtingen.

▶ Die Geschichte von Herbrechtingen am Rande der Heidenheimer Alb ist eng mit dem *Kloster Herbrechtingen* verbunden, dem einstigen geistigen und kulturellen Mittelpunkt des Brenztals. Landschaftlicher Höhepunkt ist das Naturschutzgebiet *Eselsburger Tal* mit seinen steinernen Jungfrauen.

Steinheim am Albuch

Verkehrsamt, Hauptstraße 24, 89555 Steinheim am Albuch. ✆ 07329/960-60, Fax 960-670. www.steinheim-am-albuch.de. info@steinheim.com. **Zeiten:** Mo, Di und Do 8 – 12 Uhr, Fr 8 – 13, Di 14 – 16, Mi 14 – 18 Uhr. **Anfahrt:** Von Heidenheim Bhf mit Bus 30 bis Brünnele. B19 Aalen – Heidenheim in Königsbronn ab.

▶ Heideflächen prägen das Landschaftsbild auf dem Albuch. Unmittelbar nördlich des Stubentals öffnet sich das fast kreisrunde, durch Meteoriteneinschlag

Rosemarie Winkler (Hrsg.): *Enne denne dubbe denne. Kinderreime aus Baden-Württemberg.* Eine vergnügliche Sammlung der schönsten Schoßspiele, Kniereiter-, Auszähl- und Rateverse in Mundart. Silberburg-Verlag. 96 Seiten. Illustriert. 9,90 €.

entstandene *Steinheimer Becken*. Es liegt circa 150 m tiefer als die Albhochfläche. All diese Gegebenheiten werden im *Meteorkrater-Museum* erläutert und sind außerdem auf dem geologischen Wanderweg im Steinheimer Becken zu erkunden. Sehenswert ist auch das nahe gelegene *Wental* mit seinen bizarren Dolomitfelsen.

Böhmenkirch
Bürgermeisteramt, Hauptstraße 100, 89558 Böhmenkirch. ✆ 07332/96000, Fax 960040. www.boehmenkirch.de. gemeinde@boehmenkirch.de. **Zeiten:** Mo – Fr 8 – 12 Uhr, Mi 14 – 16, Do 16 – 18 Uhr. **Anfahrt:** An der B466 zwischen Donzdorf und Heidenheim.

▶ Die Albgemeinde liegt am westlichen Rand des Albuchs. Im Roggental nahe Böhmenkirch befindet sich ein großes Naturschutzgebiet. Ausgedehnte Buchen- und Nadelwälder bestimmen das Landschaftsbild. Geradezu ein Markenzeichen sind die vielen uralten Linden, die häufig an Weggabelungen und markanten Punkten stehen.

Alb-Donau-Kreis

Heroldstatt
Bürgermeisteramt, Am Berg 1, 72535 Heroldstatt. ✆ 07389/9090-0, Fax 9090-90. www.heroldstatt.de. info@heroldstatt. **Zeiten:** Mo – Fr 8 – 11.30 Uhr, Do 14 – 18.30 Uhr. **Anfahrt:** Von Münsingen Bhf mit Bus 335, von Laichingen mit Bus 365. A8 Stuttgart – Ulm, Ausfahrt 61 Merklingen und dann 10 km auf der Landstraße über Laichingen oder von der B28 Tübingen – Ulm ab Feldstetten 5 km Landstraße.

▶ Der kleine Ort liegt mitten auf der Schwäbischen Alb. Die flachen Hügel sind hier sanft gewellt, deshalb spricht man auch von der Kuppenalb. Südöstlich von Heroldstatt liegt die *Sontheimer Höhle,* die älteste Schauhöhle Deutschlands.

Amstetten

Bürgermeisteramt, Lonetalstraße 19, 73340 Amstetten. ✆ 07331/3006-0, Fax 3006-99. www.amstetten.de. bma@amstetten.de. **Zeiten:** Mo – Fr 8.30 – 12 Uhr, Mo 14.30 – 18, Do 14 – 16 Uhr. **Anfahrt:** Von Göppingen und Ulm mit der R1. An der B10 Göppingen – Ulm etwa auf halber Strecke.

▶ Das Örtchen liegt am oberen Ende der *Geislinger Steige.* Es ist umgeben von Wäldern und Wacholderheiden. Am Bahnhof von Amstetten könnt ihr die Entwicklung von der Bimmelbahn zu einer wichtigen deutschen Hauptstrecke sehen. Angefangen von zwei Bummelzügen, die an bestimmten Tagen auf Nebenstrecken fahren, bis hin zum vorbeirasenden ICE ist hier alles vertreten.

Ulm

Tourist-Information, Münsterplatz 50, 89073 Ulm. ✆ 0731/161-2830, Fax 161-1641. www.tourismus.-ulm.de. info@tourismus.ulm.de. **Zeiten:** Mo – Fr 9 – 18 Uhr, Sa 9 – 13, Mai – Okt zusätzlich So 10.30 – 14.30 Uhr. **Anfahrt:** Stündlich ICE auf der Strecke Stuttgart – München sowie RE auf der Strecke Ulm – Friedrichshafen und Ulm – Aalen. A8 Stuttgart – Munchen oder A7 Wurzburg – Kempten.

Radel-Tipp: Am Donau-Radweg Donaueschingen – Passau – Wien.

▶ Am südlichen Rand der Schwäbischen Alb, an der Donau, liegt die Universitätsstadt Ulm. Hier steht eine der größten gotischen Kirchen Deutschlands, das *Ulmer Münster* mit dem höchsten Kirchturm der Welt. Sehenswert ist das mittelalterliche Fischerviertel an der Blau. Hier findet ihr viele Fachwerkhäuser, verwinkelte Plätze und enge Gassen. Ulm hat eine Reihe interessanter Museen, darunter das *Deutsche Brotmuseum*

Wenn ihr auf der Brücke von Ulm nach Neu-Ulm über die Donau geht, könnt ihr euch der Geschichte vom Schneider von Ulm erinnern. Er lebte 1770 – 1829 in Ulm und sein bürgerlicher Name war Albrecht Ludwig Berblinger. In den Jahren 1810/11 konstruierte er einen Apparat, der ihm die Möglichkeit geben sollte, wie ein Vogel durch die Luft zu gleiten. Am 31. Mai 1811 versuchte Berblinger, in Anwesenheit des Königs, von der einen Seite der Donau auf die andere zu fliegen. Es misslang, da über dem kalten Fluss der warme Aufwind fehlt. Einen Nachbau des Fluggerätes könnt ihr im Ulmer Rathaus anschauen.

und die *Archäologische Sammlung*. An der Donau kann man einfach nur spazieren gehen, am Ufer sitzen oder mit dem »Ulmer Spatz« eine Schiffsrundfahrt machen.

Blaustein

Gemeindeverwaltung, Rathaus, Marktplatz 2, 89134 Blaustein. ✆ 07304/802-0, Fax 802-111. www.blaustein.de. gemeinde@blaustein.de. **Zeiten:** Mo, Mi, Fr 8 – 12.30 Uhr, Mi 14 – 16, Fr 8 – 18 Uhr. **Anfahrt:** Stündlich RB auf der Strecke Ulm – Memmingen. An der B28 Ulm – Blaubeuren etwa auf halber Strecke.

▸ Zwischen Donau-, Blau- und Lautertal einerseits und der Albhochfläche andererseits liegt Blaustein umgeben von großen Wäldern und Wacholderheiden. Als Wanderer findet ihr in geschütztem Lebensraum Tiere und Pflanzen, die sonst selten zu sehen sind.

Blaubeuren

Tourismuszentrale, Aachgasse 7, 89143 Blaubeuren. ✆ 07344/921025, 910100, Fax 952434. www.blaubeuren.de. tourismuszentrale-blaubeuren@arcor.de. **Zeiten:** Palmsonntag – 31. Okt Fr 14 – 17, Sa, So und Fei 10 – 12 und 14 – 17 Uhr. Im Winter So 11 – 15 Uhr. **Anfahrt:** Stündlich RE auf der Strecke Ulm – Freiburg. Von der A8 Stuttgart – München über Ausfahrt Ulm oder Merklingen. Blaubeuren liegt an der B28 von Reutlingen nach Ulm und an der B492 von Ehingen.

▸ Der Ort liegt im Tal der Urdonau am Fuße der Schwäbischen Alb, umgeben von bizarren, teilweise hohen Felsen. Der *Blautopf* ist natürlich die Hauptsehenswürdigkeit. Ein Besuch im *Urgeschichtlichen Museum* lohnt sich immer, und sehr spannend sind auch die Höhlen um Blaubeuren.

Laichingen

Tourist-Information, Bahnhofstraße 26, 89150 Laichingen. ✆ 07333/8516, Fax 8525. www.laichingen.de. info@laichingen.de. **Zeiten:** Mo, Di 8 – 12, 14 – 16 Uhr,

Mi, Fr 8 – 12, Do 8 – 12 und 14 – 18 Uhr. **Anfahrt:** Von Blaubeuren an der RB-Strecke Ulm – Ehingen mit dem Bus 365. A8 Stuttgart – Ulm, ab Ausfahrt 61 Merklingen 7 km Landstraße oder über die B27 Bad Urach – Blaubeuren.

▶ Die Stadt liegt auf der Mittleren Schwäbischen Alb. In der Umgebung fand man Siedlungsspuren von Römern und Alemannen. Später war Laichingen eine Leinenweberstadt. In der *Laichinger Tiefenhöhle,* der tiefsten Schauhöhle Deutschlands, könnt ihr auf Erkundung gehen.

Erbach
Gemeindeverwaltung, Erlenbachstraße 50, 89155 Erbach. ✆ 07305/9676-0, Fax 9676-76. www.erbach-donau.de. info@erbach-donau.de. **Zeiten:** Mo – Fr 8 – 12, Di 14 – 16, Do 16 – 18 Uhr. **Anfahrt:** Stündlich RE auf der Strecke Ulm – Friedrichshafen. An der B311 Ulm – Ehingen etwa auf halber Strecke.

▶ Die jüngste Stadt des Alb-Donau-Kreises liegt am Fuße der Mittleren Alb direkt vor den Toren Ulms. Das schon von weitem sichtbare *Schloss Erbach* ist im Renaissancestil erbaut und beherbergt ein kleines Museum. Von Erbach aus kann man wunderbar wandern, Rad fahren und skaten.

Berghülen
Bürgermeisteramt, Hauptstraße 2, 89180 Berghülen. ✆ 07344/9686-0, Fax 9686-16. www.berghuelen.de. info@berghuelen.de. **Zeiten:** Mo – Fr 8 – 12 Uhr, Mo – Mi 13.30 – 17.30, Do 13.30 – 18 Uhr. **Anfahrt:** Von Ulm ZOB mit Bus 30 Richtung Bad Urach Gymnasium, oder von Blaubeuren mit Bus 366 Richtung Gerhausen Realschule. A8 Stuttgart – Ulm, ab Ausfahrt 61 Merklingen 7 km auf der Landstraße über Machtolsheim.

▶ Berghülen liegt auf der mittleren Schwäbischen Alb. Die evangelische Kirche *St. Christoph und Margarethe* im Ortsteil *Treffensbuch* wurde im Jahre 1142 erbaut und ist somit eine der ältesten Kirchen Würt-

Am Südwesthang der Schwäbischen Alb könnt ihr im Naturschutzgebiet *Kleines Lautertal* verschiedene Lebensräume wie Bergwald, Schluchtwald, Wacholderheiden und Wiesenauen kennen lernen. Hier wächst die selten gewordene Küchenschelle mit ihrer leuchtend lilafarbenen Blüte und an einem Bach könnt ihr – wenn ihr ganz leise seid und euch nicht bewegt – mit etwas Glück eine Wasserdrossel sehen.

tembergs. In ihrem Turm hängt eine Glocke von 1785.

Merklingen
Rathaus, Hauptstraße 31, 89188 Merklingen. ✆ 07337/9620-0, Fax 9620-90. www.merklingen.de. info@merklingen.de. **Zeiten:** Mo – Fr 8 – 12, Mo – Mi 14 – 16, Do 14 – 18.30 Uhr. **Anfahrt:** Von Laichingen mit Bus 360. A8 Stuttgart – Ulm, Ausfahrt 61.

▶ In Merklingen fällt einem sofort die Kirche zu den *Heiligen Drei Königen* auf, denn die schöne Dorfkirche hat mit 61 m einen der höchsten Kirchtürme der Schwäbischen Alb.

Ehingen (Donau)

Radel-Tipp: Direkt am Donau-Radweg Donaueschingen – Passau – Wien.

Stadtverwaltung, Marktplatz 1, 89584 Ehingen. ✆ 07391/503216, Fax 5034216. www.ehingen.de. info@ehingen.de. **Zeiten:** Mo – Fr 8 – 12 Uhr, Di 14 – 16 Uhr, Do 14 – 18 Uhr. **Anfahrt:** Stündlich RE auf der Strecke Ulm – Friedrichshafen. An der B311 Ulm – Biberach etwa auf halber Strecke.

▶ Die Stadt an der Donau liegt am Fuße der Schwäbischen Alb. Ein Anziehungspunkt für Kinder ist der Marktbrunnen mit vielen lustigen Figuren. Das Wasser, das der kleine Froschkönig verspritzt, könnt ihr sogar trinken. Schön ist es auch in der Grünanlage beim *Groggensee,* der in der Nähe des Bahnhofs liegt. Im Winter bietet die Natureisbahn in der Innenstadt bei entsprechenden Temperaturen viel Spaß beim Schlittschuhlaufen.

Schelklingen
Rathaus, Marktstraße 15, 89601 Schelklingen. ✆ 07394/248-0, Fax 248-50. www.schelklingen.de. info@schelklingen.de. **Zeiten:** Mo – Fr 8 – 12 Uhr, Di 13.30 – 16, Do 13.30 – 18 Uhr. **Anfahrt:** Stündlich RB und RE auf der Strecke Ulm – Sigmaringen, Busverbindung mit Ehingen, Münsingen und Laichingen. An der B492 Ehingen – Ulm.

▶ Der Ort liegt am Rande der Schwäbischen Alb im Tal der Urdonau. Er hat eine historische Altstadt. In der näheren Umgebung von Schelklingen liegen Urhöhlen, eine davon ist der *Hohle Fels*.

Oberdischingen

Bürgermeisteramt, Schlossplatz 9, 89610 Oberdischingen. ✆ 07305/93113-0, Fax 93113-22. www.oberdischingen.de. info@oberdischingen.de. **Zeiten:** Mo – Fr 8 – 12 Uhr, Di 13.30 – 17 und Do 13.30 – 18 Uhr. **Anfahrt:** Von Erbach mit Bus 21 Richtung Ehingen. Oberdischingen liegt direkt an der B311 Ulm – Ehingen.

▶ Im historischen Ortskern befindet sich die unter Denkmalschutz stehende Herrengasse mit Häusern im französischen Mansardenstil, die klassizistische Kuppelkirche, das »Schwäbische Pantheon« (Tempel und Begräbnisstätte) und andere herrschaftliche Gebäude aus dem 18. und 19. Jahrhundert.

Bad Urach

Tourist-Information, Bei den Thermen 4, 72574 Bad Urach. ✆ 07125/94320, Fax 943222. www.badurach.de. info@badurach.de. **Zeiten:** Mo – Fr 9 – 12 und 14 – 17, Sa 9 – 12 Uhr. **Anfahrt:** Stündlich RE ab Stuttgart nach Metzingen. Aus Richtung Ulm stündlich RE nach Plochingen, dort umsteigen nach Metzingen. Von Tübingen stündlich mit RE nach Metzingen. Von Metzingen mit RB nach Bad Urach. A8 Stuttgart – Ulm, ab Ausfahrt Wendlingen 25 km auf der B313 nach Metzingen und 12 km Landstraße nach Bad Urach. Oder über die B28 aus Richtung Blaubeuren oder die B465 aus Richtung Ehingen/Münsingen.

▶ Der Luftkurort Bad Urach liegt im Ermstal am Rande der mittleren Alb. In der historischen Altstadt findet ihr prachtvolle Fachwerkhäuser aus dem 15. und 16. Jahrhundert, einen spätmittelalterlichen Marktplatz sowie das Residenzschloss. In Wittlingen gibt es eine alemannische Siedlung inmitten einer Vulkansenke. Der Stadtteil *Sirchingen,* ein Albdorf, liegt

Der *Schwäbische Albverein Ehingen* veranstaltet mehrmals im Jahr jeweils freitags **Familienwanderungen** mit Kindern, Eltern und Großeltern, um den Kindern Spaß am Wandern zu vermitteln. Themen sind z.B. Spielen am Bach, Besuch auf dem Bauernhof oder Drachen steigen lassen oder auch einmal eine Fahrt mit der Bahn zu einem interessanten Museum. Eltern können auch eigene Vorschläge einbringen. Da es vom Wetter abhängt, was unternommen werden kann, dienstags in der Tageszeitung nachschauen. www.schwaebischer-albverein.de/ehingen.

Wenn es regnet, fließt das Regenwasser vom Berg herunter über Bäche und Flüsse ins Meer. Eine Wasserscheide könnt ihr euch wie ein Hausdach vorstellen: Je nachdem, auf welche Seite des Daches ein Regentropfen fällt, fließt er in eine andere Richtung. Bei der europäischen Wasserscheide fließt das Wasser von der südlichen Bergseite über die Donau in das Schwarze Meer und von der nördlichen Bergseite über den Rhein in die Nordsee.

auf der europäischen Wasserscheide. Reizvolle Aussichtspunkte gewähren Blick über das Land. Wunderschön ist es an den *Uracher Wasserfällen*.

Teck & Neuffen

Westerheim
Tourist-Information, Kirchenplatz 16, 72589 Westerheim. ✆ 07333/9666-12, Fax 9666-20. www.westerheim.de. info@westerheim.de. **Zeiten:** Mo – Fr 8 – 12, Mi 14 – 17, Do 17 – 19 Uhr. **Anfahrt:** Mehrmals täglich Busse von Ulm. A8 Stuttgart – Ulm, ab Ausfahrt 61 Merklingen 10 km Landstraße über Laichingen.

▸ Der schmucke Luftkurort liegt mitten auf der Schwäbischen Alb. Ganz in der Nähe gibt es eine wunderschöne Tropfsteinhöhle, die *Schertelshöhle*. Eine andere tolle Attraktion ist die Sommerbobbahn mit Streichelzoo, Ponyreiten und Karussells.

Neuffen
Tourist-Information, Hauptstraße 19, 72639 Neuffen. ✆ 07025/106-0, Fax 106-292. www.neuffen.de. stadt@neuffen.kdrs.de. **Zeiten:** Mo – Fr 8 – 12 Uhr, Do 16.30 – 18.30 Uhr. **Anfahrt:** Stündlich RE Stuttgart – Nürtingen, von dort mit der Württemberg. Eisenbahngesell. nach Neuffen. A8 Stuttgart – Ulm, ab Ausfahrt 55 Wendlingen 5 km auf der B313 nach Nürtingen, von dort 7 km auf der Landstraße über Frickenhausen.

▸ Am schönsten erreicht ihr die Kleinstadt mit dem historischen *Sofazügle,* das im Sommer unter Volldampf von Nürtingen nach Neuffen keucht. Direkt vom Bahnhof geht es dann zu Fuß durch die Altstadt hinauf zur *Burgruine Hohenneuffen,* der mächtigsten mittelalterlichen Burganlage der Region.

Beuren
Kurverwaltung, Am Thermalbad 5, 72660 Beuren. ✆ 07025/910400, Fax 9103010. www.beuren.de. beu-

ren@beuren.de. **Zeiten:** Mo – Fr 9 – 11 Uhr, telefonische Auskünfte Mo – Fr 8 – 12 und 13 – 16 Uhr.
Anfahrt: Stündlich Bahnverbindung Stuttgart – Nürtingen und von da weiter mit der Württembergischen Eisenbahngesellschaft nach Neuffen oder mit dem Bus von Nürtingen nach Beuren. A8 Stuttgart – Ulm, Ausfahrt 57 Kirchheim (Teck)/Ost über die B465 Richtung Dettingen/Teck bis Owen. Von dort über die L1210.

▶ Gleich zwei heiße Quellen liefern Wasser für das große *Thermalbad.* Außerdem könnt ihr von hier aus eine schöne Wanderung auf den *Hohenneuffen* starten.

Kirchheim unter Teck

Kirchheim-Info, Max-Eyth-Straße 15, 73230 Kirchheim unter Teck. ✆ 07021/3027, Fax 480538. www.kirchheim-teck.de. tourist@kirchheim-teck.de. **Zeiten:** Mo – Fr 9.30 – 12 und 15 – 17.30 Uhr, Sa 10 – 12 Uhr.
Anfahrt: Stündlich RE auf der Strecke Stuttgart – Tübingen bzw. Aulendorf bis Wendlingen und weiter mit RB. A8 Stuttgart – Ulm, Ausfahrt 56 oder 57 Kirchheim (Teck) Ost bzw. West.

▶ Die Marktgemeinde liegt im Vorland der Mittleren Schwäbischen Alb. In der Innenstadt seht ihr mehrere historische Marktplätze und viele Fachwerkbauten wie das stattliche Rathaus mit einer Mondphasenuhr. Dieses Gebäude ist eines der schönsten der Gegend. Besonders interessant sind Kornhaus, Schloss und Reste der Stadtmauer mit ihren starken Bastionen.

Lenningen

Bürgermeisteramt, Marktplatz 1, 73252 Lenningen. ✆ 07026/609-0, Fax 609-44. www.lenningen.de. gemeinde@lenningen.de. **Zeiten:** Mo – Fr 8 – 12 Uhr und Mo 15 – 18 Uhr. **Anfahrt:** Stündlich RE von Stuttgart oder Tübingen bis Wendlingen, von dort mit der RB bis Kirchheim oder Unterlenningen und dann mit dem Bus 156 bis Oberlenningen, Linie 177 bis Schopfloch oder

179 von Unter- oder Oberlenningen nach Hochwang. A8 Stuttgart – Ulm, Ausfahrt Kirchheim Ost, 12 km auf der B465 bis Lenningen.

▶ In Lenningen findet ihr ein *Museum für Papier- und Buchkunst*. Es ist in einem verwinkelten Fachwerkhaus untergebracht, dem »Schlössle«. Ganz in der Nähe von Lenningen gibt es zudem das Naturschutzzentrum *Schopflocher Alb* sowie die *Gutenberghöhle*.

Gruibingen

Bürgermeisteramt, Hauptstraße 18, 73344 Gruibingen. ✆ 07335/9600-0, Fax 9600-20. www.gruibingen.de. info@gruibingen.de. **Zeiten:** Mo – Fr 7.30 – 12 Uhr, Mo 13 – 18 Uhr. **Anfahrt:** Von Göppingen ZOB mit Bus 20. Von der A8 Stuttgart – Ulm über die Ausfahrt 59 Mühlhausen.

▶ Der kleine Ort liegt im Oberen Filstal. Von hier aus kann man zu Wanderungen aufbrechen, z.B. zum Gruibinger Wiesle, das rau und schroff auf dem *Bossler* liegt. Ihr könnt auch einen Abstecher in die wunderschöne Wallfahrtskirche Ave Maria bei *Deggingen* machen.

Wiesensteig

Stadtinformation, Hauptstraße 25, 73349 Wiesensteig. ✆ 07335/9620-0, Fax 9620-24. www.wiesensteig.de. info@stadt-wiesensteig.de. **Zeiten:** Mo – Fr 9 – 12 Uhr, Mo 14 – 18 Uhr. **Anfahrt:** Stündlich RE Stuttgart – Ulm, ab Geislingen mit Bus 56. A8 Stuttgart – Ulm, Ausfahrt 59 Mühlhausen.

▶ Höhepunkte sind das Residenzschloss, die Stiftskirche St. Cyriakus, die vielen Fachwerkhäuser im mittelalterlichen Stadtkern und der Brunnen mit dem Elefanten obendrauf am Marktplatz. Man kann aber auch den *Malakoff-Turm* erklimmen und bei einer Wanderung zur *Burgruine Reußenstein* die umliegende Alblandschaft genießen.

Mittlere Alb

Münsingen
Tourist-Information, Bachwiesenstraße 7, 72525 Münsingen. ✆ 07381/182-145, Fax 182-101. www.muensingen.de. touristinfo@muensingen.de. **Zeiten:** Mo – Mi 8 – 12 und 14 – 16 Uhr, Do 8 – 12 und 14 – 18.30, Fr 8 – 12.30 Uhr. **Anfahrt:** So, Fei mit dem Schienenbus Ulm – Kleinengstingen, Bus 7645 von Bad Urach, Mai – Okt mit Bus 7644 oder 7606 ab Reutlinger Busbhf. Auf halber Strecke an der B465 Metzingen – Ehingen.

▶ Münsingen liegt auf der Hochfläche der mittleren Alb nahe der europäischen Wasserscheide zwischen Donau und Rhein. Südöstlich der Stadt beginnt das *Naturreservat Beutenlay* mit vielen Weidekuppen und seltenen Pflanzen. An manchen Tagen kann man bei guter Fernsicht von der Münsinger Alb bis zu den Alpen sehen.

Hohenstein
Gemeindeverwaltung, Im Dorf 14, 72531 Hohenstein. ✆ 07387/9870-0, Fax 9870-29. www.gemeinde-hohenstein.de. rathaus@gemeinde-hohenstein.de. **Zeiten:** Mo, Di, Do, Fr 8 – 12, Do 16 – 19 Uhr. **Anfahrt:** Von Großengstingen mit Bus 7607 Von der B313 Reutlingen – Zwiefalten auf halber Strecke bei Bernloch abbiegen und 3 km der Landstraße folgen.

▶ Hohenstein liegt auf der Hochfläche der mittleren Schwäbischen Alb, südwestlich des großen Lautertals. Die Gemeinde besteht aus fünf alten Bauerndörfern. In *Ödenwaldstetten,* einem davon, könnt ihr ein Bauernhausmuseum besuchen, in dem alle Geräte noch funktionieren. Hier findet ihr auch einen historischen Bauerngarten mit seltenen Kultur- und Heilpflanzen.

Gomadingen
Tourist-Information, Marktplatz 2, 72532 Gomadingen. ✆ 07385/9696-33, Fax 9696-22. www.gomadingen.de.

info@gomadingen.de. **Zeiten:** Mo – Fr 8 – 12 Uhr, Mo – Mi 13.30 – 17, Do 13.30 – 18.30 Uhr. **Anfahrt:** So und Fei mit Schienenbus Ulm – Kleinengstingen sowie mit Bus 7644 ab Reutlinger Busbhf. Mit dem Auto von Reutlingen über die B312 nach Engstingen und von dort circa 10 km auf der Landstraße Richtung Münsingen.

▶ Der Luftkurort liegt im landschaftlich sehr reizvollen großen Lautertal auf der Hochfläche der Schwäbischen Alb. Hier könnt ihr gemütlich wandern und zwischendurch an schönen Rastplätzen mit Feuerstellen und Spielgeräten Pause machen. Wenn ihr Pferde mögt, solltet ihr unbedingt das Gestüt Marbach besuchen, wo edle Vollblutaraber und andere Zuchtpferde stehen.

Hayingen
Tourist-Information, Kirchstraße 15, 72534 Hayingen. ✆ 07386/9777-23, Fax 9777-33. www.hayingen.de. info@hayingen.de. **Zeiten:** Mo – Fr 9 – 12 Uhr, in der HS auch nachmittags. **Anfahrt:** Von Zwiefalten mit Bus 7645. Von der B311 Ulm – Ehingen – Riedlingen in Obermarchtal rechts ab und 10 km Landstraße.

▶ Der Luftkurort liegt auf der südlichen mittleren Alb. Von hier aus könnt ihr wunderbar zu Fahrradtouren und Wanderungen aufbrechen. Sie führen euch an Flüssen, Bächen, Seen, Burgen und Burgruinen vorbei. In der näheren Umgebung könnt ihr die unterschiedlichsten Höhlen erkunden, unter anderem die *Wimsener Höhle.* Außerdem ist Hayingen weithin bekannt für sein *Naturtheater.*

Dettingen
Gemeindeverwaltung, Rathausplatz 1, 72581 Dettingen an der Erms. ✆ 07123/7207-0, Fax 7207-63. www.dettingen-erms.de. info@dettingen-erms.de. **Zeiten:** Mo, Di, Mi, Fr 9 – 12 Uhr, Mi 16 – 19 Uhr. **Anfahrt:** Stündlich RE ab Stuttgart nach Metzingen. Aus Richtung Ulm stündlich RE nach Plochingen, dort umsteigen nach Metzingen. Von Tübingen stündlich mit

RE nach Metzingen. Von Metzingen mit RB nach Dettingen. A8 Stuttgart – Ulm, ab Ausfahrt 55 Wendlingen 25 km auf der B313 nach Metzingen. Von dort 3,5 km Landstraße nach Dettingen.

▶ Die Marktgemeinde *Dettingen* liegt am Fuße der Uracher Alb, eingebettet ins Ermstal. In schöner landschaftlicher Umgebung kann man gemütlich Urlaub machen oder zu den verschiedensten sportlichen Aktivitäten starten.

Reutlingen

Tourist-Information, Listplatz 1, 72764 Reutlingen. ✆ 07121/3032622, Fax 339590. www.tourismus-reutlingen.de. touristinfo@staRT-Reutlingen.de. **Zeiten:** Mo – Fr 10 – 18 Uhr. April – Okt auch Sa 10 – 14 Uhr. **Anfahrt:** Stündlich RE Stuttgart – Reutlingen. Von Ulm stündlich RE nach Plochingen, dort umsteigen. Von Nordwesten über die A8 Stuttgart – Ulm bis Ausfahrt 52b Stuttgart-Degerloch, dann 25 km über B27 und B464 Richtung Süden. Aus Richtung Ulm A8 bis Ausfahrt 56 Kirchheim-West, dann 30 km auf der B297.

▶ Die Stadt liegt eingebettet zwischen dem Weißjura-Zeugenberg Achalm und dem Georgenberg am Fuße der Alb. Von den mittelalterlichen Befestigungsanlagen sind verschiedene Tore wie das Tübinger Tor von 1220 im Zentrum erhalten geblieben. In der Fußgängerzone werdet ihr Sehenswürdigkeiten wie die Nikolaikirche, mehrere Brunnen und die gotische Marienkirche entdecken. Unweit des Marktplatzes wurden im 18. Jahrhundert die Stadtmauerhäuser in den freien Raum vor der Stadtmauer gebaut. Mehrere Museen informieren über die Geschichte der Stadt und ihre Umgebung. Auch für sportliche Betätigung gibt es eine Menge Möglichkeiten.

Pfullingen

Stadtverwaltung, Marktplatz 5, 72793 Pfullingen. ✆ 07121/703-0, Fax 703-213. www.pfullingen.de. info@pfullingen.de. **Zeiten:** Mo – Do 8 – 11.30 Uhr, Do 14

– 18.30, Fr 8 – 12.30 Uhr. **Anfahrt:** ↗ Reutlingen, vom Bhf mit Bus 2. Von Reutlingen wenige Minuten über die B312.

▶ Pfullingen liegt am Talhang der Reutlinger Alb an der Echaz. Die ersten Siedlungsspuren stammen aus der Steinzeit vor 5000 Jahren. Danach haben Kelten, Römer und Alemannen hier gelebt. Heute findet ihr ein nettes Städtchen mit viel Innenstadt-Grün vor.

Eningen unter Achalm

Gemeindeverwaltung, Rathausplatz 1, 72800 Eningen unter Achalm. ✆ 07121/892-143, Fax 892-222. www.eningen.de. verwaltung@eningen.de. **Zeiten:** Mo, Mi, Do 8 – 11.30 Uhr, Di 14 – 18, Fr 8 – 12.30 Uhr. **Anfahrt:** Vom Bhf ↗ Reutlingen mit Bus 1 nach Eningen. Am Ortsende von Reutlingen in Richtung Pfullingen links halten, circa 2 km.

▶ Der Ort liegt eingebettet zwischen Achalm und dem Steilabfall der Reutlinger Alb. Reizvoll sind Wanderungen entlang dem *Albtrauf.* Es gibt hier schöne Aussichtspunkte mit weitem Blick über das Albvorland.

Lichtenstein

Gemeindeverwaltung, Rathausplatz 17, 72805 Lichtenstein. ✆ 07129/6960, Fax 6389. www.gemeinde-lichtenstein.de. info@gemeinde-lichtenstein.de. **Zeiten:** Mo, Di, Do 8 – 12 Uhr, Mi 14 – 18, Fr 8 – 12.30 Uhr. **Anfahrt:** Mit dem Bus 7606 von Reutlingen oder Münsingen oder sonntags RB Alb – Bodensee von Münsingen bis Engstingen und 30 Min auf dem Wanderweg nach Lichtenstein. An der B312 von Reutlingen etwa 10 km, von Sigmaringen etwa 60 km.

▶ Lichtenstein hat den gleichen Namen wie das romantische *Schloss,* das sich hoch über dem Tal erhebt. Der eine Teil der Gemeinde liegt auf der Albhochfläche und der andere unten im sanft geschwungenen Echaztal. Direkt neben dem Schloss gibt eine geologische Pyramide Auskunft über die verschiedenen Gesteinsschichten der Alb. Jahrmillionen alte Versteinerungen der Gegend sind hier zu sehen.

Trochtelfingen

Tourist-Info, Rathausplatz 9, 72818 Trochtelfingen. ✆ 07124/480, 4820, 4821, Fax 4848. www.trochtelfingen.de. info@trochtelfingen.de. **Zeiten:** Mo – Fr 8 – 12 Uhr, Mo 14 – 18.30 und Mi 14 – 16 Uhr. **Anfahrt:** Stündlich mit der Hohenzollernbahn von Sigmaringen nach Gammertingen, von dort Bus nach Trochtelfingen. An der B313 Reutlingen – Sigmaringen etwa auf halber Strecke.

▶ Auf der Kuppenalb bei Trochtelfingen fanden die Archäologen 600.000 Jahre alte Menschenreste, die ältesten Funde Europas! Wenn ihr heute durch das Städtchen schlendert, seht ihr im Stadtkern Häuser in fränkischer Fachwerkbauweise aus dem 17. Jahrhundert. Im Stadtteil *Mägerkingen* liegt die Erholungsanlage Lauchertsee. Brauchtum wird im Ort noch gepflegt, besonders zur Fastnachtszeit.

Sonnenbühl

Tourist-Info im Rathaus, Hauptstraße 2, 72820 Sonnenbühl-Undingen. ✆ 07128/925-18, Fax 925-50. www.sonnenbuehl.de. Info@sonnenbuehl.de, **Zeiten:** Mo – Fr 9 – 12 Uhr. **Anfahrt:** Ab Busbhf Reutlingen mit Bus 7635. Von Reutlingen auf der B312 nach Süden über Pfullingen und Genkingen.

▶ Der Ort liegt auf der Reutlinger Alb in ländlicher Umgebung. In den nahe gelegenen *Sonnenbühler Tropfsteinhöhlen* könnt ihr Abenteuer und Spaß erleben. Wenn euch das nicht reicht, gibt es noch die *Sommerbobbahn,* auf der ihr ins Tal flitzen könnt.

Engstingen

Rathaus, Kirchstraße 6, 72829 Engstingen-Großengstingen. ✆ 07129/939910, Fax 939999. www.engstingen.de. info@engstingen.de. **Zeiten:** Mo — Fr 8 – 11.45 Uhr, Di 16 – 18 und Do 14 – 16 Uhr. **Anfahrt:** Mit

Bus 7606 mehrmals täglich von Reutlingen und Gammertingen. An der B312 Reutlingen – Zwiefalten etwa auf halbem Weg.

▶ Die Landgemeinde Engstingen liegt auf der mittleren Schwäbischen Alb, der so genannten Kuppenalb. Hier gibt es sanfte Höhen, lichte Buchenwälder und die typischen Wacholderheiden. Ganz in der Nähe liegen spannende Ausflugsziele wie *Tropfsteinhöhlen* oder das *Schloss Lichtenstein*. Und ihr könnt hier prima wandern.

Zollern-Alb

Mössingen
Hauptamt Kultur, Freiherr-vom-Stein-Straße 20, 72116 Mössingen. ✆ 07473/370-0, Fax -163. www.moessingen.de. kultur@moessingen.de. **Zeiten:** Mo – Do 8 – 12, Fr 8 – 12.30, Di 14 – 16, Do 14 – 18 Uhr. **Anfahrt:** Halbstündlich Verbindung auf der DB-Sstrecke Tübingen – Hechingen. Von der B27 auf halber Strecke zwischen Tübingen und Hechingen in Offerdingen abbiegen.

▶ Die Stadt liegt am Fuße des Albtraufs im *Steinlachtal,* einem der ältesten alemannischen Siedlungsplätze. 1983 gab es am Albtrauf bei *Mössingen* den größten Erdrutsch seit mehr als hundert Jahren in Baden-Württemberg. Bei einer Führung könnt ihr das Gelände genau erkunden.

Balingen
Tourist-Information, Färberstraße 2, 72336 Balingen. ✆ 07433/170-261, Fax 170-127. www.balingen.de. stadt@balingen.de. **Zeiten:** Mo – Fr 8 – 12 Uhr, Mi 16 – 17.30 Uhr. **Anfahrt:** Stündlich mit der Hohenzollerischen Landesbahn auf der Strecke Tübingen – Albstadt. An der B27 Tübingen – Rottweil, von Tübingen 30 km, von Rottweil 23 km.

▶ Balingen ist umgeben von den bis zu 1000 m hohen *Balinger Bergen.* Es liegt an der *Eyach,* im Vorland der Westalb. 1809 wütete hier ein verheerender Stadtbrand. Danach wurde die Stadt auf einem schachbrettartigen Grundriss wieder aufgebaut. Bei einem Stadtrundgang, könnt ihr das selbst feststellen. In Balingen könnt ihr neben dem Zollern-Schloss, der Stadtkirche und Klein Venedig auch das in Europa einzigartige *Waagenmuseum* besichtigen.

Hechingen

Bürger- und Tourismusbüro, Kirchplatz 12, 72379 Hechingen. ℅ 07471/940-211, Fax 940-108. www.hechingen.de. tourist-info@hechingen.de. **Zeiten:** Mo – Mi, Fr 8.30 – 15 Uhr, Do 8.30 – 12.30, 14 – 18 Uhr, Fr 8.30 – 12.30, Sa 9.30 – 11.30 Uhr. **Anfahrt:** Halbstündlich Bahnverbindung von Tübingen nach Hechingen. Auf der B27 circa 20 km von Tübingen nach Hechingen.

▶ Die ehemalige Residenzstadt liegt am Rande der Schwäbischen Alb am Fuße der *Burg Hohenzollern.* Sie wurde im 13. Jahrhundert auf einem Bergvorsprung oberhalb der Starzel gegründet. Zu entdecken gibt es – außer der Burg – die historische Altstadt Hechingens und eine römische Gutsanlage. Von hier aus könnt ihr ausgedehnte Wanderungen und Fahrradfahrten in die eigenwillige, karge und doch schöne Natur der Alb machen.

Burladingen

Bürgerbüro, Rathausplatz 6, 72393 Burladingen. ℅ 07475/892-170, Fax 892-175. www.burladingen.de. buergerbuero@burladingen.de. **Zeiten:** Mo, Mi und Fr 8 – 12 Uhr, Di 8 – 16, Do 8 – 18 Uhr. **Anfahrt:** Stündlich mit der Hohenzollerischen Landesbahn auf der Strecke Hechingen – Burladingen. An der B32 Hechingen (B27) – Sigmaringen.

▶ Auf der Zollernalb, der so genannten »Sonnenalb«, liegt Burladingen. Vom 887 m hohen Kornbühl könnt ihr weit über die Kuppenalb blicken, an manchen Tagen sogar bis zu den Alpen. In der Kernstadt entspringt die Quelle des Flusses Fehla, der durch den

Ort fließt. Zu ausgedehnten Wanderungen erwarten euch Hochflächen, tief eingeschnittene Täler, sanfte Hügel, schroffe Felsabhänge, Wacholderheiden, Ackerland, Streuobstwiesen und Orchideen, Enzian und Arnika. Ein Besuch im weit bekannten Theater *Lindenhof* lohnt sich auf jeden Fall.

Haigerloch
Kultur- und Verkehrsamt, Egidius Fechter, Oberstadtstraße 11, 72401 Haigerloch. ✆ 07474/697-26, 69727, Fax 697-626. www.haigerloch.de. fechter@haigerloch.de. **Zeiten:** Mo – Fr 9 – 12 Uhr, Mo – Mi 14 – 17, Do 14 – 18.30 Uhr. **Anfahrt:** Halbstündlich Bahnverbindung von Tübingen nach Hechingen und von dort weiter mit dem Bus. A81 Stuttgart – Rottweil, Ausfahrt 31 Empfingen und 7 km über Landstraße.

▶ Haigerloch ist ein Felsenstädchen. Es liegt im Eyachtal, an dessen Steilhängen im Mai oder Juni wilde Fliederbüsche blühen. Bei einem historischen Stadtrundgang könnt ihr sehr alte Bauwerke wie den Römerturm sehen oder das Renaissance-Schloss, das einmal eine mittelalterliche Burg war. An manchen Tagen fährt der Dampfzug durch das Eyachtal zur Burg Hohenzollern.

Albstadt
Tourist-Information, Marktstraße 35, 72458 Albstadt. ✆ 07431/160-1204, Fax 160-1227. www.albstadt.de. touristinformation@albstadt.de. **Zeiten:** Mo – Sa 9.30 – 12.30 und Mo – Fr 14 – 17 Uhr, Do bis 18 Uhr. **Anfahrt:** Stündlich mit der Hohenzollerischen Landesbahn Tübingen – Albstadt mit Halt in den Ortsteilen Laufen, Lautlingen und Ebingen. B27 Tübingen – Hechingen, weiter auf der B32 bis kurz vor Burladingen, dort rechts Landstraße nach Albstadt oder über die B463 von Balingen 15 km und von Sigmaringen 25 km.

▶ Vor ungefähr 30 Millionen Jahren brach hier der *Zollerngraben* ein und es gibt noch immer Erdbeben. Trotzdem ist die Stadt ein bedeutender Standort der

Textilindustrie. In der nahen Umgebung gibt es sehr interessante Wandermöglichkeiten.

Gammertingen

Stadt Gammertingen, Hohenzollerstraße 5, 72501 Gammertingen. ✆ 07574/4060, Fax 40646. www.gammertingen.de. info@gammertingen.de. **Zeiten:** Mo – Do 8 – 18, Fr 8 – 12 Uhr. **Anfahrt:** Stündlich mit der Hohenzollerischen Landesbahn auf der Strecke Tübingen – Sigmaringen mit Umsteigen in Hechingen. Auf der B313 von Reutlingen 35 km oder jeweils etwa 25 km von Hechingen oder Sigmaringen auf der B32.

▶ Das Städtchen liegt am südlichen Rand der Schwäbischen Alb im Laucherttal. Im Treppenhaus des Rathauses seht ihr das wunderschöne Gemälde »Helios auf dem Sonnenwagen« des Barockmalers Andreas Brugger. Im Puppenmuseum im nahen Ort *Hettingen* sind Krämerläden, Puppenhäuser und -stuben aufgebaut.

Donau & Heuberg

Schömberg

Touristikgemeinschaft Oberes Schlichomtal e.V., Schillerstraße 29, 72355 Schömberg. ✆ 07427/9498-0, Fax 9498-30. www.oberes-schlichemtal.de. gvv@oberes-schlichemtal.de. **Zeiten:** Mo – Do 8 – 12 und 14 – 17 Uhr, Fr 8 – 12 Uhr. **Anfahrt:** Mai – Okt So und Fei einmal täglich Radwander-Shuttle-Zug der Hohenzollerischen Landesbahn von Tübingen sowie mehrmals am Tag von Balingen nach Schömberg und zurück. Ansonsten Busse ab Bahnhof Rottweil. An der B27 etwa 10 km von Rottweil und Balingen.

▶ Ganz im Westen der Schwäbischen Alb, im Oberen Schlichemtal, liegt umgeben von zerklüfteter Felslandschaft das historische Städtchen Schömberg. Die höchsten Albrandberge sind der Plettenberg (1005 m), der Oberhohenberg (1010 m) und mit

Auch kleine Piraten müssen mit: Fasnet in Schömberg

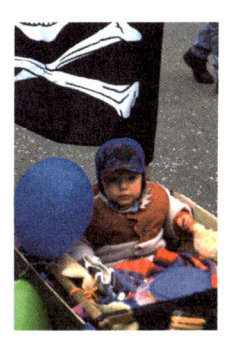

1015 m der höchste, der Lemberg. Hier findet ihr die schönsten Aussichtspunkte der Schwäbischen Alb. Es gibt Wanderungen zu sagenumwobenen Plätzen. Höhepunkt des Jahres ist die Schwäbisch-Alemannische Fasnet.

Meßstetten

Stadtverwaltung, Rathaus, 72469 Meßstetten. ✆ 07431/63490, Fax 62043. www.messstetten.de. stadt@messstetten.de. **Zeiten:** Mo – Do 8 – 12 Uhr, Fr 8 – 12.30, Mo, Di, Do auch 14 – 16, Mi 14 – 18 Uhr. **Anfahrt:** Von Tübingen und Sigmaringen stündlich zum circa 2 km entfernten Bahnhof in Albstadt-Ebingen. Von der B463 Balingen – Sigmaringen auf halber Strecke in Albstadt abbiegen, etwa 4 km.

▶ Die Stadt liegt bis zu 989 m hoch auf dem Großen Heuberg der Westalb und ist die höchst gelegene Stadt Baden-Würtembergs. Hier wurden Gräber aus dem 7. Jahrhundert gefunden. Das Klima ist rau, der Wind kann ziemliche Kräfte entwickeln. Die Landschaft jedoch ist spannend und wunderschön, die Natur ist noch intakt. Wenn ihr im *Naturpark Obere Donau* unterwegs seid, könnt ihr das selbst erleben. Ihr findet seltene Schmetterlinge, Orchideen und Silberdisteln. Im Stausee bei *Oberdigisheim* kann man im Sommer baden.

Sigmaringen

Stadtverwaltung, Fürst-Wilhelm-Straße 15, 72488 Sigmaringen. ✆ 07571/106-222, Fax 106-221. www.sigmaringen.de. tourismus@sigmaringen.de. **Zeiten:** Mo – Fr 8.30 – 18 Uhr, Sa 8.30 – 12 Uhr. **Anfahrt:** Bahn alle 2 Stunden Tübingen – Hechingen – Balingen – Sigmaringen. Stündlich RE Ulm – Ehingen – Riedlingen – Sigmaringen. B32 von Hechingen 50 km nach Sigmaringen oder B311 von Ulm über Ehingen 80 km.

▶ Sigmaringen liegt am Südrand der Schwäbischen Alb, am Ufer der Donau. Die 4 km flussabwärts liegende Ursiedlung *Sigmaringendorf* stammt aus der

Zeit der Alemannen. Das imposante *Hohenzollern-Schloss Sigmaringen* ist das Wahrzeichen der Stadt, in deren Innenstadt ihr den Rathausplatz mit Marktbrunnen findet. Sigmaringen ist umgeben vom Naturpark Obere Donau. Eine Kanufahrt auf der Donau ist ein Erlebnis. Wandern in dieser wildromantischen Landschaft ist toll und auch Radwege gibt es genug.

Stetten am kalten Markt
Gemeindeverwaltung, Rathausplatz 1, 72510 Stetten am kalten Markt. ✆ 07573/9515-11, Fax 9515-55. www.stetten-akm.de. schatz@stetten-akm.de. **Zeiten:** Mo – Do 8 – 12.15 Uhr, Do 14 – 18 Uhr, Fr 8 – 11.30. **Anfahrt:** Vom 4 km entfernten Storzingen stündlich Bahnen nach Sigmaringen und Tübingen. Von der B483 Balingen – Sigmaringen in Winterlingen 7 km auf der Landstraße nach Stetten.

▶ Die Gemeinde liegt im Südwesten der Schwäbischen Alb, am Rande des romantischen Oberen Donautals. Weil das Klima hier oben im Winter so rau ist, nennt man die Gegend im Volksmund auch Schwäbisch Sibirien.

Scheer
Bürgermeisteramt, Hauptstraße 1, 72516 Scheer. ✆ 07572/7616-0, Fax 7616-52. www.stadtscheer.de. Stadtscheer@scheer-online.de. **Zeiten:** Mo – Do 8.15 – 11.30 Uhr, Mi 13 – 18, Fr 8.15 – 13 Uhr. **Anfahrt:** Stündlich Züge von Sigmaringen – Mengen. Der nächste Bhf ist 3 km entfernt in Sigmaringendorf. Von Sigmaringen 6 km auf der B32 in Richtung Mengen.

▶ Die Stadt an der Donau liegt mitten im Naturpark *Obere Donau.* Für Wanderer und Radfahrer ist dies ein guter Ausgangspunkt für Ausflüge in die Umgebung. Die ehemalige Residenzstadt hat einen schönen, historischen Stadtkern. Der Dichter Eduard Mörike verfasste hier einige seiner Gedichte. Während der Schwäbisch-Alemannischen Fasnet ist Scheer traditionell eine Hochburg der Fasnetsnarren.

Wehingen

Gemeindeverwaltung, Gosheimer Straße 14, 78564 Wehingen. ⌀ 07426/9470-0, Fax 9470-20. www.wehingen.de. **Zeiten:** Mo – Fr 9 – 11.30, Mo 14 – 17, Do 14 – 18 Uhr. **Anfahrt:** Von Aldingen mit Bus 7443 Richtung Egesheim. Von Rottweil auf der B14 in Richtung Tuttlingen nach 10 km in Aldingen links ab und 9 km Landstraße nach Wehingen.

▸ Die Gemeinde liegt auf dem Heuberg, inmitten der höchsten Erhebungen der Südwestalb. Man nennt sie auch die Region der zehn Tausender, obwohl nicht alle über 1000 m hoch sind. Das Wasser auf der Hochalb ist knapp, weil das Gestein löchrig wie ein Sieb ist. Deshalb wachsen auf den kargen Böden hier oben seltene und schützenswerte Pflanzen, ein tolles Wandergebiet. Wenn ihr aufmerksam seid, könnt ihr selbst solche Raritäten entdecken. Spezielle Käfer und Falter kann man aufspüren und vielleicht auch einmal einen Uhu oder einen Wanderfalken bei seinem Flug durch die Lüfte beobachten.

Beuron

Touristinformation, Rathaus, Kirchstraße 18, 88631 Beuron-Hausen im Tal. ⌀ 07579/9210-0, Fax 9210-25. www.beuron.de. info@beuron.de. **Zeiten:** Mo – Fr 8.30 – 12 Uhr. **Anfahrt:** Stündlich RE auf der Strecke Freiburg – Ulm. Von der A81 Stuttgart – Singen an der Ausfahrt 36 Tuningen auf die B523 nach Tuttlingen, von dort 15 km Landstraße nach Beuron.

Radel-Tipp: Direkt am Donau-Radwanderweg Donaueschingen – Passau.

▸ Die obere Donau fließt hier in ihrem Durchbruchstal durch die südliche Westalb. Links und rechts sind hohe Felsen. Sehenswert ist die romanisch-gotische Klosteranlage mit der stattlichen barocken Kloster- und Wallfahrtskirche. In der Gemeinde findet ihr das *Haus der Natur Obere Donau* mit wichtigen Informationen zur Region. Die Fahrrad-Freunde unter euch können sich auf den Donau-Radweg freuen, der hier vorbei führt. Er ist leicht zu fahren, und die Gegend ist schön.

FERIEN-ADRESSEN

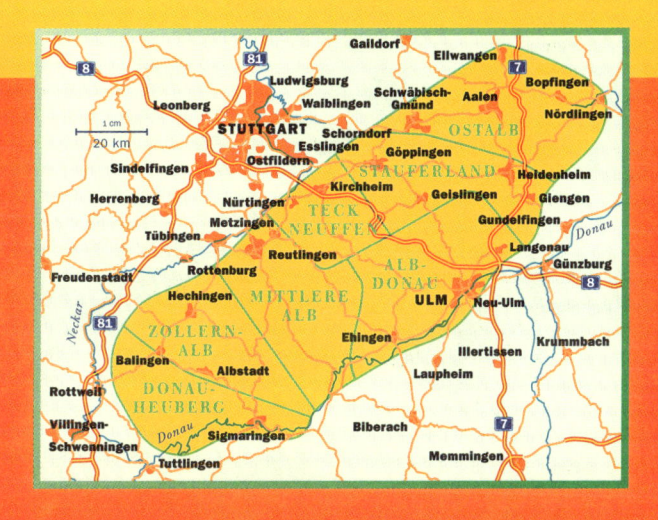

DIE OSTALB

STAUFERLAND

ALB-DONAU-KREIS

TECK & NEUFFEN

MITTLERE ALB

ZOLLERN-ALB

DONAU & HEUBERG

SERVICE ZU DEN ORTEN

FERIEN-ADRESSEN

KARTEN & REGISTER

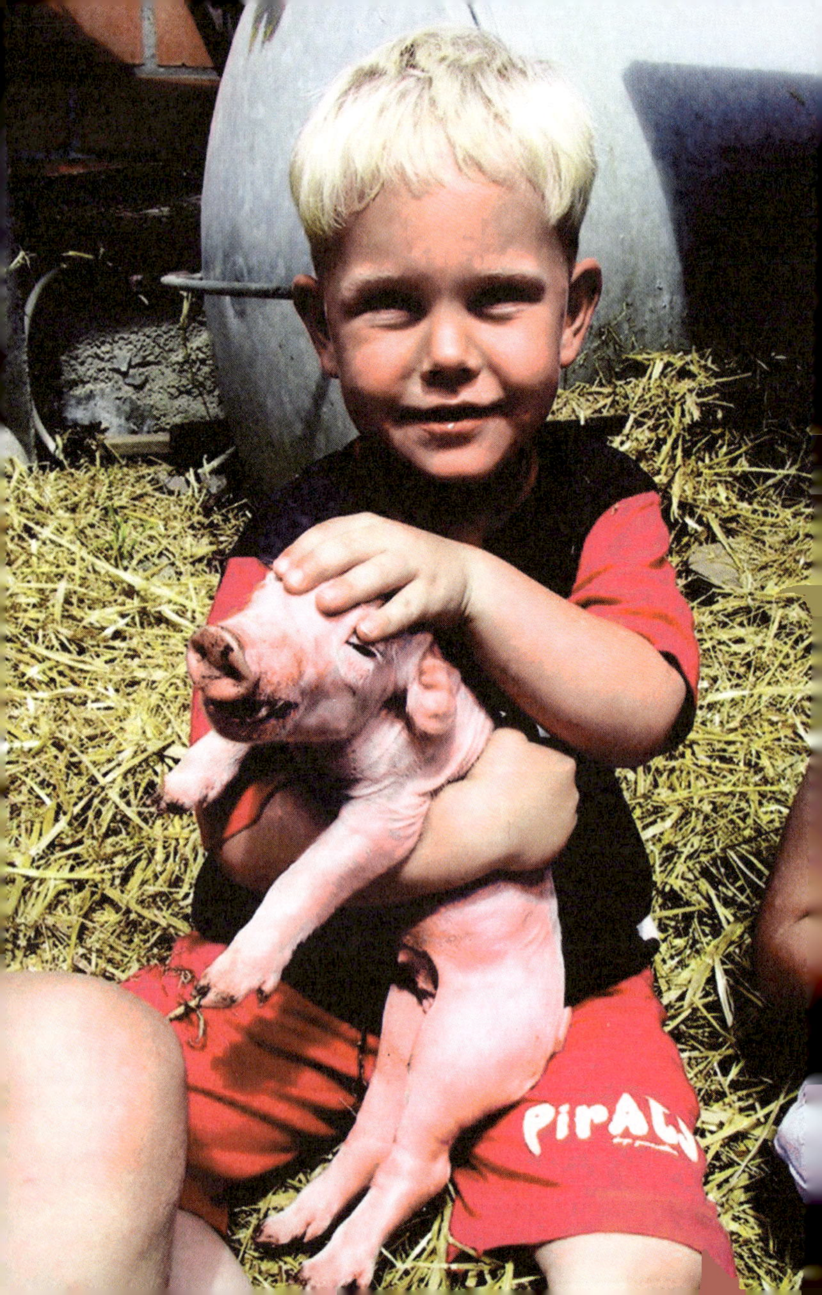

SCHÖNER SCHLAFEN

Aus der Vielzahl von Unterkünften, die sich für erlebnisreiche Wochenenden und Ferienaufenthalte eignen, haben wir eine Auswahl vorgenommen, bei der die Bedürfnisse von Kindern, Jugendlichen und Familien im Vordergrund stehen. Wir freuen uns über weitere, erprobte Tipps.

Ferienhäuser und -wohnungen

▶ Die aufgeführten Feriendörfer liegen zumeist in ruhiger und idyllischer Umgebung. Die Eltern finden Erholung und Kinder jede Menge Platz zum Spielen, Toben und Plantschen – und vor allem, viele gleichaltrige Spielfreunde. Rad- und Wanderwege beginnen oft direkt vor der Haustür und auch im Haus finden Kinder genügend Platz und Beschäftigung.

Abkürzungen
DZ – Doppelzimmer
EZ – Einzelzimmer
FH – Ferienhaus
FeWo – Ferienwohnung
HP – Halbpension
JH – Jugendherberge
MBZ – Mehrbettzimmer
Ü – Übernachtung
F – Ü mit Frühstück
(jeweils pro Person)
VP – Vollpension

TREFF-Lauterdörfle, 72534 Hayingen. ✆ 07386/97940, Fax 1338. www.feriengebiet-lauterdoerfle.de. lauterdoerfle@compuserve.de. **Anfahrt:** ↗ Hayingen. **Preise:** komplett ab 342 € pro Woche. 105 gemütliche, komfortabel eingerichtete Ferienhäuser für 4 – 6 Personen mit offenem Kamin, autofreie Anlage, Freizeitangebot. Sauna, Fitnessraum, Minigolf, Tennisplatz, Abenteuerspielplatz, Kinderbetreuung, Brötchenservice, HP/VP möglich.

Feriendorf Sonnenmatte, Sonnenmatte 51, 72820 Sonnenbühl-Erpfingen. ✆ 07128/9299-0, Fax 9299-20. www.die-sonnenmatte.de. info@die-sonnenmatte.de. **Anfahrt:** ↗ Sonnenbühl. **Preise:** Übernachtung im Ferienhaus ab 35 €. 55 Ferienhäuser für bis zu 7 Personen, familienfreundlich ausgestattet, davon 5 rollstuhlgerecht, 10 Zweizimmer-Apartments, Billard, Dart, Kicker, Bibliothek, TV-Raum, Tischtennis, Gaststätte, Ferienprogramm, Spielplatz, Grillhütte.

Feriendorf Tieringen, 72469 Meßstetten-Tieringen. ✆ 07436/9291-0, Fax 9291-20. www.feriendorf-tieringen.de. feriendorf.tieringen@t-online.de. **Anfahrt:** Nächster Bhf im 7 km entfernten Frommern auf der

FERIENADRESSEN

Freiheit pur (für größere Ferkel): Ferien auf dem Land

Tipp: Autos sind auf den Parkplatz vor der Anlage verbannt. Hier könnt ihr also in guter Luft und ohne Verkehrslärm spielen.

Bahnstrecke Balingen – Albstadt. Von der B463 Balingen – Sigmaringen in Laufen nach Tieringen abbiegen, circa 6 km. **Rad:** 2005 entsteht ein neuer Radweg Tieringen – Meßstetten. **Zeiten:** ganzjährig. **Preise:** Ü im 6- bis 8-Personenhaus 103 – 150 €, ab 4 Ü etwa 53 – 76 € inkl. Endreinigung, Programmangebote in den Ferien und Hallenbadnutzung plus Energiekosten ab 4 Ü nach Verbrauch; Bettwäsche 6 €/Person, ab 4 Ü frei, kann aber auch mitgebracht werden, Schlafsäcke sind nicht gestattet. **Infos:** Sonderangebote telefonisch erfragen. Richtlinien und Antragsformulare über das Feriendorf oder über die EAF – Landesarbeitskreis Württemberg, Gymnasiumstraße 36, 70174 Stuttgart, ✆ 0711/2068-238 oder -260, Fax 2068-345. Das Feriendorf liegt umgeben von ursprünglicher Natur auf der Westalb. Vom Oberdorf auf einem über 900 m hohen Plateau schaut ihr weit auf sanfte Hügel und weite Waldflächen. Hier könnt ihr super spielen und zu Fuß oder mit dem Rad die Natur erkunden – vielleicht wird ja ein richtiges Abenteuer daraus. 40 FeHs mit Wohnzimmer, 2 – 3 Kinderzimmern mit Etagenbetten, 1 DZ, Dusche, WC, komplett eingerichteter Küche, Terrasse oder Balkon. Im Gemeinschaftshaus sind Hallenbad, Sauna und Gruppenräume. Voll-, Teil- und Selbstverpflegung möglich. In den Ferien gibt es für die Jüngsten ab 4 Jahre Kindertreffs. Die Kinder ab 12 kommen zum Jugendtreff. »Zusammen etwas erleben« ist das Motto. Gemeinsam mit den Ferienhelferinnen macht ihr Sport, schwimmt, lest Bücher, spielt, bastelt und vieles mehr. Für Eltern und Großeltern gibt es geführte Wandertouren durch die herrliche Alblandschaft und entlang dem Albtrauf – ein Tipp für alle Wanderfreunde.

Ferienwohnungen, Erich und Maria Hieber, Rechbergstraße 30, 73116 Wäschenbeuren. ✆ 07172/4643, Fax 914895. **Preise:** ab 35 € pro Tag. 2 FeWo für 2 – 5 Personen, TV, Balkon, Spiel- und Grillplatz, überdachter Freisitz, Tischfußball und Tischtennis.

Ferienwohnungen & Appartements, Familie Ohm, Gerbergasse 21, 89143 Blaubeuren. ✆ 07344/91010-0, Fax 91010-22. www.schwaebischealb.de/fewo/ohm. dorothea.ohm@t-online.de. **Preise:** 34 – 55 € pro Tag, 236 – 330 € pro Woche. 8 FeWo und App. für 1 – 6 Personen in der historischen Altstadt. Rollstuhlgerecht, Fernseher, Spülmaschine, Mikrowellenherd, auf Wunsch Frühstück. Familie Ohm vermietet auch in Ulm ein Appartement für 4 Personen.

Försterhaus, Familie Mangold, Am Nohl 5, 89173 Lonsee. ✆ 07336/5625, Fax 921286. Handy 0171/6494012. **Preise:** 26 – 56 € pro Tag, 140 – 322 € pro Woche. 5 FeWo für 1 – 4 Personen, TV, Terrasse oder Balkon. Vermietung auch für eine Nacht.

Haus Maria, Familie Willbold, Steinenberg 3, 89584 Ehingen (Donau)-Erbstetten. ✆ 07386/689, Fax 689. www.landhaus-willbold.de. **Preise:** 30 € für 2 Pers pro Tag, jede weitere Person 15 €; Kinder bis 3 Jahre frei. FeWo für 2 – 6 Personen in ruhiger Ortsrandlage mit Panoramablick, umgeben von Wald und Wiesen, auf Wunsch Frühstück, gute Rad- und Wandermöglichkeiten ins nahe Große Lautertal. Hunde sind erlaubt.

Ferienwohnung, Siegfried Bachhofer, Im Wiesental 43, 89584 Ehingen (Donau)-Mühlen. ✆ 07395/323, Fax 961116. bachhofersiegfried@gmx.de. **Preise:** komplett ab 2 Pers 250 € pro Woche, auf Wunsch Frühstück im Wintergarten. FeWo für 2 – 6 Personen. Ruhige Lage am Waldrand, Garten mit Terrasse, Kinderspielplatz, Waschmaschine.

Ferienwohnung, Siegrun Schäfer, Poststraße 16, 89601 Schelklingen-Hütten. ✆ 07384/263. **Preise:** 30 – 35 € pro Tag für 2 Pers, jede weitere Person 5 €. FeWo für 4 – 5 Personen, TV, großer Garten mit Teich, Fahrräder.

Haus am Felsenhau, Verwaltung Anette Dreher, Schwabstraße 6, 72574 Bad Urach. ✆ 07125/4055-4, Fax 4055-3. anette@dreher-urach.de. **Preise:** ab 155 € pro Woche. 3 FeWo in schöner Aussichtslage, 5 Gehminuten zum Thermalbad, 10 Gehminuten zum Kurzentrum.

Ferienwohnung, Adolf Gröber, Ringstraße 19, 72587 Römerstein-Donnstetten. ✆ 07382/627. **Preise:** komplett ab 234 € pro Woche, 34 € pro Nacht für 2 Pers, jede weitere 4 €. Sonnige FeWo für 5 Personen im EG am Ortsrand mit schöner Aussicht im Erholungs- und Wandergebiet.

Ferienwohnung, Elisabeth Sakovic, Listweg 8, 73235 Weilheim an der Teck. ✆ 07023/748832, Fax 748818. **Preise:** bis 5 Tage 50 €. FeWo für 2 – 4 Personen am Stadtrand, Wintergarten und herrlicher Ausblick.

Ferienhaus Heideruh, Gerhard und Lydia Keinath, Kirchäcker 3, 72525 Münsingen-Hundersingen. ✆ 07123/7357, 888181, Fax 87814. **Preise:** komplett ab 170 € pro Woche. 2 FeWo für 5 bzw. 7 Personen in ruhiger, ländlicher Lage im Großen Lautertal, Garten.

Ferienwohnung, Inge Splittgerber, Kirchäcker 13, 72525 Münsingen-Hundersingen. ✆ 07383/1350, www.ingesplittgerber.de. inge.splittgerber@t-online.de. **Preise:** komplett ab 243 € pro Woche. Schön gelegene FeWo für bis zu 6 Personen am Südhang mit Aussicht ins Lautertal, Terrasse. Rad- und Wanderwege in unmittelbarer Nähe, Kanutouren 2 km vom Haus. Auf Wunsch Frühstück.

Ferienwohnung, Birgit Weißing-Bross, Hitzenstaudenring 12, 72534 Hayingen. ✆ 07386/1238, fam.bross@t-online.de. **Preise:** komplett 258 € pro Woche. Moderne Studio-FeWo für 2 – 5 Personen in ruhiger Lage mit großem Südbalkon, kinderfreundlich, Babyausstattung.

Ferienwohnung, Lore Herter, Ehestetter Straße 10, 72534 Hayingen. ✆ 07386/250, Fax 1253. www.hauslore-herter.de. info@haus-lore-herter.de. **Preise:** komplett ab 130 € pro Woche. 3 gemütlich eingerichtete FeWo für 2 – 6 Personen am Ortsrand mit Kinderspielplatz und separaten Schlafzimmern, auf Wunsch Frühstück.

Ferienwohnung, Annemarie Geiselhart, Talweg 4, 72534 Hayingen-Ehestetten. ✆ 07383/548, www.annegeiselhart.de.tt. **Preise:** komplett ab 210 € pro Woche. Komfortable FeWo für 2 – 6 Personen in ruhiger Ortsrandlage.

Ferienhaus, Karl Stehle, Mühlstraße 9, 72534 Hayingen-Indelhausen. ✆ 07386/330, Fax 1270. www.fewo-stehle.de. info@fewo-stehle.de. **Preise:** komplett ab 260 € pro Woche. Ferienhaus für 4 – 5 Personen am Ufer der Lauter, vollständig ausgestattet, Liegewiese, Gartenmöbel und -grill.

Pfründerhaus, Karl Stehle, Mühlstraße 9, 72534 Hayingen-Indelhausen. ✆ 07386/330, Fax 1270. www.fewo-stehle.de. info@fewo-stehle.de. **Preise:** komplett ab 220 € pro Woche. Rustikales Ferienhäuschen mit 6 Betten, vollständig ausgestattet, Liegewiese, Gartenmöbel und -grill.

Ferienhof Brunner, Edeltraud Brunner, Gartenstraße 12, 72534 Hayingen-Münzdorf. ✆ 07386/506, Fax 975161. www.hof-brunner.de. hof-brunner@t-online.de. **Preise:** komplett ab 196 € pro Woche. FeWo für bis zu 6 Personen und ökologisch gebaute Radwanderhäusle für bis zu 4 Personen. Bauernfrühstück auf Wunsch. Nebenan Bauernhof mit selbst erzeugten Produkten, vielen Tieren, Traktorfahren. Direkt im Rad- und Wandergebiet.

Ferienwohnung, Sieglinde Mack, Erlenweg 15, 72813 St. Johann-Lonsingen. ✆ 07122/9598, www.fewo-mack.gmxhome.de. **Preise:** für 2 Pers ab 182 €, für 4 Pers für 224 € komplett pro Woche. Gemütliche FeWo für 2 – 4 Personen mit separatem Eingang in ruhiger Hanglage. Idealer Ausgangspunkt für Radtouren und Wanderungen.

Ferienwohnung, Susanne Uebele, Gächinger Straße 16, 72813 St. Johann-Lonsingen. ✆ 07122/3433. **Preise:** 20 – 25 € und 30 – 40 € für 2 Pers pro Tag. 2 neu ausgestattete FeWo für 2 – 6 Personen in ruhiger Lage, Garten mit Grill, schönes Rad- und Wandergebiet, auf Wunsch Frühstück.

Ferienwohnung, Hermine Dreher, Ulmenstraße 10, 72820 Sonnenbühl-Erpfingen. ✆ 07128/2555, Fax 2555. **Preise:** 27,50 € pro Person pro Nacht, jede weitere Person 2,50 €. FeWo für max. 5 Personen in ruhiger Lage mit separatem Eingang, Terrasse.

Ferienwohnung, Anneliese Höneß, Tannenstraße 11, 72820 Sonnenbühl-Erpfingen. ✆ 07128/555. **Preise:** 26 € für 2, 30 € für 4 Pers pro Nacht. Ruhig gelegene FeWo mit separatem Eingang für bis zu 4 Personen am Ortsrand. Idealer Ausgangspunkt für Wanderungen und Ausflüge.

Ferienwohnung, Max und Dorothea Schwendele, Haus Nr. 59, 88529 Zwiefalten-Upflamör. ✆ 07373/2152. **Preise:** komplett 215 € pro Woche. Helle und gemütliche Ferienwohnung für 2 – 5 Personen am Ortsrand.

Ferienwohnung, Familie Didra, Schalksburgstraße 27/1, 72336 Balingen-Dürrwangen. ✆ 07433/4739, hans.didra@t-online.de. **Preise:** 35 € für 2 Pers pro Tag. FeWo für 1 – 3 Personen, separater Eingang, Gartenmöbel, ruhige Südhanglage.

Ferienwohnung, R. Kosheski, Bronnäckerstraße 1, 72336 Balingen-Dürrwangen. ✆ 07433/35692. **Preise:** komplett ab 190 € pro Woche. 2 FeWo für 2 – 3 Personen.

Ferienwohnung, Familie Baumeister, Kapfstraße 11, 72336 Balingen-Frommern. ✆ 07433/4610. **Preise:** komplett ab 37 € pro Tag. FeWo in ruhiger Südhanglage für 3 – 4 Personen.

Ferienwohnung, Ingrid Müller, Auf Gehrn 6, 72336 Balingen-Ostdorf. ✆ 07433/20700, Fax 2600990. **Preise:** kleine Wohnung ab 25 €, große Wohnung ab 35 € für 2 Pers. 1 Einliegerwohnung für 2 – 4 Personen, Kinderbett und Hochstuhl. 1 FeWo im Dachgeschoss für 1 – 2 Personen, großer Balkon.

Ferienwohnung, Arnold Burbach, Schalksbachstraße 8/1, 72336 Balingen-Stockenhausen. ✆ 07435/459, Fax 459. **Preise:** 25 € für 2 Pers pro Nacht zzgl. Endreinigung. 3 FeWo für 1 – 6 Personen, ruhige Lage, teilweise rollstuhlgerecht, Geschirrspüler, Waschmaschine, Freisitz, Garage.

Ferienwohnung, Marlene Hirlinger, Falltorstraße 9, 72393 Burladingen-Melchingen. ✆ 07126/9297-0, Fax 9297-23. www.gaestehaus-hirlinger.de. info@gaestehaus-hirlinger.de. **Preise:** FeWo 2 – 4 Pers 65 – 90 €, Zimmer 25 – 40 € pro Person.

Ferienwohnung, Hubert Hirlinger, Josef-Deuber-Straße 15, 72393 Burladingen-Melchingen. ✆ 07126/1561, Fax 1571. landgasthof-lauchertquelle@t-online.de. **Preise:** komplett ab 245 € pro Woche. **Infos:** Der Landgasthof ist Sa, So und Mo durchgehend geöffnet. FeWo für 4 – 6 Personen, Kinderspielplatz.

Ferienwohnung, Jörg Stümmel, Burladinger Straße 31, 72393 Burladingen-Stetten. ✆ 07126/1527, www.familie-stümmel.de. Joerg.Stuemmel@t-online.de. **Preise:** komplett ab 224 € pro Woche. 3 moderne und komfortable Nichtraucher-FeWo für 2 – 4 Personen, Frühstück auf Anfrage, familiäre Atmosphäre, Garten, Spielplatz.

Ferienwohnung, K.-H. Freitag, Rathausstraße 30, 72401 Haigerloch-Owingen. ✆ 07432/4826, Fax 941097. www.fewo-freitag.de. **Preise:** nach Vereinbarung. Nichtraucher-FeWo für 2 – 4 Personen. Ruhige zentrale Lage, Einkaufsmöglichkeiten im Ort.

Ferienwohnungen, Heinz Kasik, Langwatte 33 – 35, 72458 Albstadt-Ebingen. ✆ 07431/51295, 3654, Fax 54309. www.apfelbaum-ebingen.de. heinz-kasik@t-online.de. **Preise:** komplett ab 270 € pro Woche. Nichtraucher-FeWo für 1 – 4 Personen, 40 bzw. 60 qm, zusätzliche Liege, Küche, Terrasse, TV, Dusche, eigener Parkplatz.

Ferienwohnung, K.-H. Freitag, Am Markt 16, 72461 Albstadt-Tailfingen. ✆ 07432/4826, Fax 941097. www.fewo-freitag.de. **Preise:** nach Vereinbarung. Nichtraucher-FeWo für bis zu 4 Personen.

Ferienwohnung, J. Gottwald, Äußere Dorfstraße 11, 72358 Dormettingen. ✆ 07427/3051, Fax 3019. Handy 0160/97971121. www.gottwald-ferienwohnungen.de. joachim.gottwald@t-online.de. **Preise:** Ü für 2 Pers je nach Größe der Wohnung 20 – 45,50 €; Kinder bis 10 Jahre sind frei. 3 FeWo für 1 – 4 Personen.

Ferienwohnung, Heinz Rösch, Goethestraße 16, 72469 Meßstetten-Hossingen. ✆ 07436/8658, Fax 910291. www.ferienwohnung-roesch.de. hheinzroesch@aol.com. **Preise:** 1 – 2 Pers 34 € pro Tag, jeder weitere Erw 9 €; Kinder ab 6 Jahre 6 € pro Tag; Bettwäsche, Handtücher, Endreinigung inklusive. FeWo für 2 – 4 Personen, separater Eingang, TV, Liegestühle, Terrassenmöbel.

Ferien auf dem Bauernhof

▶ Ferien auf dem Bauernhof ist eine Urlaubsform, die Kindern besonders viel Spaß macht, denn auf den Höfen gibt es viel zu tun: Da sind Tiere zu sehen, oft ist es möglich mit aufs Feld hinauszufahren und auf manchen Höfen gibt es Reitpferde. Die meisten Höfe liegen landschaftlich sehr schön, einige gehören zu kleinen Weilern, umgeben von Feldern und Wiesen. Sie bieten entweder Übernachtungen in Gästezimmern mit Frühstück oder Ferienwohnungen.

Bauernhof Familie Schlipf, Unterer Blankenhof 3, 73441 Bopfingen-Baldern. ✆ 07362/9228-33, Fax 9228-34. annamirlschlipf@web.de. **Preise:** 2 Pers ab 27 € pro Tag, 4 Pers ab 31 €; Kinder bis 12 Jahre die Hälfte. 1 FeWo mit Schlafzimmer, Wohn-/Schlafzimmer, Küche und Bad. Kinderspielplatz, Grillplatz, Tiere, Obst und Gemüse aus dem eigenen Garten.

Familie Gross, Haag Nr. 5, 73453 Abtsgmünd. ✆ 07366/5739, Fax 5739. **Preise:** ab 50 € pro Nacht. 3 FeWo für 4 – 6 Personen, Grill und Kinderspielplatz, Produkte vom Hof, Streicheltiere.

Demeter-Bauernhof und Ferienwohnungen Ferien HOFer, Familie Hofer, 73453 Abtsgmünd-Straßdorf. ✆ 07963/8419855, Fax 8419856. www.ferienhofer.de. info@ferienhofer.de. **Preise:** ab 215 € pro Woche. Bauernhof mit vielen Tieren und eigenem Hofladen. 5 FeWo für 1 – 10 Personen, teilweise rollstuhlgerecht. Für Gruppen geeignet, da mit großem Aufenthaltsraum ausgestattet.

Ferienhof Faulenmühle, Familie Saam, Faulenmühle, 73463 Westhausen. ℡ 07363/6479, Fax 6479. **Preise:** auf Anfrage. 4 FeWo für 1 – 5 Personen, Einzellage, Fischteich für Angler, Hunde nicht erlaubt.

Aussiedlerhof, Hans Schmid, Aussiedlerhof, 73104 Börtlingen. ℡ 07161/51793, 53038, Fax 53038. **Preise:** bis 4 Pers 44 €, jede weitere Peron 11 €. 1 FeWo für 2 – 8 Personen, Spielplatz und Liegewiese.

Strudelhof, Gottlob und Anneliese Grözinger, 73113 Ottenbach. ℡ 07165/8275. **Preise:** auf Anfrage. 5 FeWo für 2 – 7 Personen, TV, Terrasse/Balkon, Haustiere erlaubt, Frühstück bzw. HP.

Bauernhof, Hugo und Marlene Straub, Beutenmühle 16, 73547 Lorch. ℡ 07172/8130, Fax 8130. ferienhofstraub@aol.com. **Preise:** FeWo 30 – 32 € für 2 Pers pro Tag, DZ pro Tag 20,50 €. 2 FeWo für 2 – 5 Personen und 1 DZ in ruhig gelegenem Einzelhof mit Ponys und Kleintieren, Reit -und Angelmöglichkeit, Liegewiese, Kinderspielplatz, Baum-, Grillhaus, Tischtennis, überdachter Swimmingpool, Gästeabholung. Kindergeburtstage und Erlebnisnachmittage in der Natur unter ℡ 07172/21204.

Bauernhof, Ingeborg Alber, Häringen 6, 73235 Weilheim an der Teck-Häringen. ℡ 07023/72530, 4827. **Preise:** ab 30 € pro Tag. 3 km außerhalb in idyllisch, ruhiger Lage am Fuße der Schwäbischen Alb. 3 FeWo für 2 – 5 Personen, Liegewiese, Balkon, Gartenmöbel, TV und Tischtennis. Zur Selbstverpflegung werden Produkte vom eigenen Bauernhof angeboten. Haustiere können mitgebracht werden. Frühstück und VP sind möglich.

Bauernhof, Christel Veeser, Dietstaig 14, 72362 Nusplingen. ℡ 07429/2323. **Preise:** Ü 24 €, für 3 Pers 31 €, 4 Pers 36 €. 2 DZ mit Wohnzimmer, Bad und Küche, Gartenmöbel, direkt am Wald gelegen.

Das Glück dieser Erde ...
Anfassen ist auch schon
ganz schön

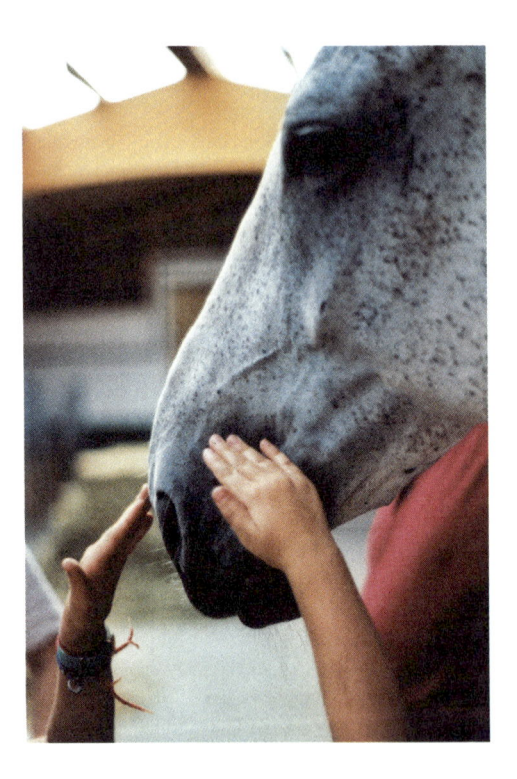

Reiterferien

▶ In der Regel können hier Kinder ab 8 Jahre eine Woche ohne ihre Eltern Urlaub machen, Reiten lernen oder das bereits erlernte Hobby pflegen. Dabei lernen sie andere pferdebegeisterte Kinder kennen und den richtigen Umgang mit ihrem Lieblingstier. Denn die Pferde wollen nicht nur geritten werden, sondern brauchen auch einiges an Pflege: Striegeln und Stall ausmisten gehört unbedingt dazu. Anbieter von Reiterferien benötigen die Erlaubnis des Jugendamtes. Das Wohlergehen der Reitpferde überprüft die Deutsche Reiterliche Vereinigung e.V./FN, sie setzt auch die Richtlinien für Reitprüfungen.

Reitanlage Härtsfeldhof, Hohenberg 3, 73441 Bopfingen-Hohenberg. ✆ 07362/5773, Fax 5763. www.haertsfeldhof.de. info@haertsfeldhof.de. **Anfahrt:** In Bopfingen Richtung Neresheim, nach circa 2 km im Weiler Hohenberg beim 2. Hof rechts. **Preise:** 1 Woche Reiterferien mit 6 Std ab 365 €, 1 Wochenende mit 2 Std und 1 Ü 60 €; Kinder 10 – 14 Jahre 1 Woche Reiterferien mit 10 Std ab 330 €, 1 Wochenende mit 2 Std und 1 Ü 50 €. 30 EZ, DZ und MBZ sowie 5 FeWo für 3 – 7 Personen. Moderne Reitanlage mit 2 Hallen, Boxen für Gastpferde, Außenplatz und 40 Pferden.

Reiterhof Eichert, Hornbergstraße 36, 73479 Ellwangen-Eigenzell. ✆ 07961/6226, Fax 560585. www.reiterhof-eichert.de. **Preise:** 1 Woche im DZ, VP und täglich 2 Reitstd 490 €. Die FeWo kostet 49 € pro Tag für 4 Pers, jede weitere Person zahlt 10 €; Reiterferien: Kinder 8 – 17 Jahre 1 Woche mit Ü im MBZ, VP, Ferienprogramm und täglich 2 Std 395 €. Eine Reitstd 15 €. FeWo mit DZ und MBZ für 4 – 6 Personen. Der Familienbetrieb hat auch ein Reiterstübchen mit gut bürgerlicher Küche. Reitausbildung, Kutschfahrten, Ponyreiten, auch Nichtreiter sind willkommen.

Reiterhof Konle, Hofackerstraße 20, 73479 Ellwangen-Röhlingen. ✆ 07965/90030, Fax 900331. www.reiterhof-konle.de. **Preise:** Reiterferien ab 360 € pro Woche, Reit- und Wellnesswochenende 165 €, Schnupperwochenende 65 €. DZ und Jugendferienlager. Reiterstube, Kaminzimmer und Wellnessbereich verwöhnen ganzjährig die Gäste. Lehrgänge, Reitabzeichen, Turnierkurse, Dressur und Springen.

Reiterferien Lerchenhof, Ute und Heiner Eppinger, 72525 Münsingen. ✆ 07381/2710, Fax 1453. www.eppinger-lerchenhof.de. **Anfahrt:** An der L230 aus Richtung Gomadingen, kurz vor der Umgehungsstraße B465. **Zeiten:** Anreise Sa 13 – 14.45 Uhr, Abreise Fr 13 – 15 Uhr. Termine für Ferienkurse telefonisch erfragen. **Preise:** ; Kinder 8 – 16 Jahre, VP (4 Mahlzeiten mit Getränken) pro Woche mit 11 Reitstd 375 € – 450 € je

Tipp: Für kleine und große Gruppen werden Kutschfahrten angeboten. 6 Personen je Kutsche und Stunde etwa 75 €.

Rätsel: *Warum kann ein Pferd niemals Schneider werden?*
Weil es das Futter frisst.

nach Unterbringung. Reiterferien für Kinder und Jugendliche, 6 MBZ und 1 DZ. Hier gibt es insgesamt ungefähr 80 Pferde – verschiedene Ponyrassen, Haflinger und vor allem Reitpferde. Auf dem Hof werden auch Pferde gezüchtet. Den Reitunterricht bekommt ihr auf Großpferden und Ponys nach der klassischen, englischen Reitlehre. Tagesablauf: Pferdepflege (während seines Aufenthalts hat jeder Reiter ein Pflegepferd), Reitstunden, danach z.B. Schwimmbadbesuch, Spiele, Kanufahrt im Lautertal, Mittagessen, Stallruhe bis 14 Uhr, Reitstunden, Nachmittagsimbiss, Pferdepflege, Nachtessen, Pferde zur und von der Koppel bringen. Wenn ihr dann abends nach getaner Arbeit noch immer nicht k.o. ins Bett fallt, könnt ihr im Spielraum Tischtennis oder Tischfußball oder draußen Volleyball spielen.

Reiterhof, Ernst Eger, Paul-Jauch-Weg 11, 72800 Eningen unter Achalm. ✆ 07121/82422, Fax 82422. www.egerhof-reiterferien.de. **Anfahrt:** Vom Zentrum Richtung Osten in die Grabenstraße, dort links in den Paul-Jauch-Weg. **Preise:** Kinder 1 Woche VP 230 €, 11 Reitstunden à 45 Min, Betreuung und Versicherung, Kutschfahrt 1 Std 60 €, Ponyreiten 1 Std 8 €. Reiterferien für Mädchen 8 – 16 Jahre. Eine Reithalle ist vorhanden. Der Hof hat 29 Betten in 5 MBZ mit VP. Hier gibt es Ponys, Pferde und viele andere Tiere wie Schweine, Hasen und Kühe.

Ziegelhof, Familie Staud, 89134 Bermaringen. ✆ 07304/6259, Fax 430121. www.ziegelhof.de. **Preise:** 1 Reitstd 13 €, 10er-Karte 120 €; Kinder 6 – 18 Jahre 1 Reitstd 11,50 €, 10er-Karte 105 €; Ü für Kinder ohne Eltern mit VP 33 € pro Tag ohne Reitstd. Der Ziegelhof liegt am Rande der Schwäbischen Alb von kleineren Tälern und viel Wald umgeben. In den Ställen stehen Warmblutpferde und viele Ponys. Es gibt prima Möglichkeiten zu Ausritten. Kinder und Jugendliche können Reitstunden nehmen, ihre Ferien verbringen oder auch mal nur einen Tag da sein. Und das kleine und große Hufeisen oder den Reiterpass kann man auch machen. Zum Essen gibt's schwäbische Küche.

Jugendherbergen

▶ Diese Unterkünfte gehören dem Deutschen Jugendherbergswerk DJH an. Um hier übernachten zu können, braucht man einen gültigen Herbergsausweis, wofür ein Jahresbeitrag von 12 € für Mitglieder bis 26 Jahre bzw. 20 € für Mitglieder ab 27 Jahre fällig ist. Der Ausweis wird euch vor Ort provisorisch ausgestellt.

Achtung! Bayerische Jugendherbergen nehmen in der Regel Gäste ab 27 Jahren nur ungern auf. Von dieser Regelung sind aber Familien ausgenommen.

JH Aalen, Stadionweg 8, 73430 Aalen. ✆ 07361/ 49203, Fax 44682. www.jugendherberge-aalen.de. info@jugendherberge-aalen.de. **Zeiten:** Dez geschlossen. **Preise:** Mit JH-Ausweis 19,80 € pro Nacht; bis 26 Jahre 16,80 €; Familien mit min. einem minderjährigen Kind zahlen den Juniorpreis. 123 Betten in 30 Schlafzimmern, Klavier, TV, Tischtennis, Feuerstelle, Spielplatz.

JH Ellwangen, Schloss ob Ellwangen, 73479 Ellwangen. ✆ 07961/53880, Fax 563442. www.jugendherberge-ellwangen.de. jugendherberge@ellwangen.de. **Anfahrt:** Vom Bhf Ellwangen 10 Min zu Fuß. **Zeiten:** Mitte Dez – Mitte Jan geschlossen. **Preise:** Mit JH-Ausweis 19,50 € pro Nacht; bis 26 Jahre 16,80 €; Familien mit min. einem minderjährigen Kind zahlen den Juniorpreis. 65 Betten in 10 Schlafräumen, Tischtennis, Grillplatz, Spielmöglichkeit.

JH Hohenstaufen, Schottengasse 45, 73037 Göppingen-Hohenstaufen. ✆ 07165/438, Fax 1418. www.jugendherberge-hohenstaufen.de. info@jugendherberge-hohenstaufen.de. **Anfahrt:** Bus 13 stündlich vom Hbf Göppingen. Auf der Landstraße von Göppingen 8 km in nordöstlicher Richtung. **Preise:** ÜF 20,90 €; bis 26 Jahre 17,90 €; Familien mit mindestens einem min. Kind zahlen den Juniorpreis. In ruhiger Waldrandlage 121 Betten in 20 Zimmern für 6 – 8 Personen.

JH Heidenheim, Liststraße 15, 89518 Heidenheim an der Brenz. ✆ 07321/42045, Fax 949045. www.jugendherberge-heidenheim.de. info@jugendherberge-heidenheim.de. **Anfahrt:** 20 Gehmin vom Hbf. **Zeiten:** ganzjährig. **Preise:** ÜF 20,90 €; bis 26 Jahre 17,90 €; Familien mit min. einem minderjährigem Kind zahlen den Juniorpreis. Unterhalb von Schloss Hellenstein in der Nähe eines Erholungsparks. 128 Betten, Frühstücksbuffet, TV-Raum, Liegewiese, Terrasse.

JH Erpfingen, Wolfgang Richter, Auf der Reute 1, 72820 Sonnenbühl-Erpfingen. ✆ 07128/1652, Fax 3370. www.jugendherberge-erpfingen.de. info@jugendherberge-erpfingen.de. **Preise:** ÜF 22,20 €; ÜF für Kinder 3 – 5 Jahre 9,60 €, bis 26 Jahre 19,20 €; Familien mit min einem minderjährigen Kind zahlen den Juniorpreis. 150 Betten in überwiegend 4- und 6-Bettzimmern, Pauschalprogramme für Familien-, Kinder- und Reiterferien, Tennisfreizeit, Skischule, Ski- und MTB-Verleih.

JH Balingen, Ilona und Harry Baader, Schloßstraße 5, 72336 Balingen. ✆ 07433/20805, Fax 5911. www.jugendherberge-balingen.de. info@jugendherberge-balingen.de. Am südlichen Ende des Stadtzentrums, 15 Gehmin vom Bhf. **Anfahrt:** ↗ Balingen. **Zeiten:** März – Nov. **Preise:** ÜF 20,90 €; bis 26 Jahre 17,90 €. 46 Übernachtungsplätze, Tischtennisplatten drinnen und draußen, Frühstück, Disco.

JH Lochen, Auf der Lochen 1, 72336 Balingen-Weilstetten. ✆ 07433/37383, Fax 382296. info@juhe-balingen.de. 10 km südlich von Balingen unterhalb des Lochensteins. **Anfahrt:** Vom Bhf in ↗ Balingen mit dem Bus 17 Richtung Nusplingen, Haltestelle direkt an der Jugendherberge. **Preise:** ÜF 20,90 €, bis 26 Jahre 17,90 €. 100 Betten, Kunstrasen mit Flutlichtanlage für Volleyball, Fußball, Basketball, Tischtennisplatten, Disco, Dart, Kletterhalle, HP und VP möglich, Holzbackofen.

JH Burg Wildenstein, 88637 Leibertingen. ✆ 07465/411, Fax 417. info@jugendherberge-burgwildenstein.

de. **Anfahrt:** Von Beuron in Richtung Hausen im Tal. **Preise:** ÜF 20,90 €, bis 26 Jahre 17,90 €. 156 Übernachtungsmöglichkeiten in 37 Zimmern.

Naturfreundehäuser und Wanderheime

▶ Naturfreundehäuser und Wanderheime sind oft sehr einfach ausgestattet. Übernachtet wird in Mehrbettzimmern oder auf Matratzenlagern. Meist gibt es Waschräume, komplett eingerichtete Selbstversorgerküchen und Aufenthaltsräume. Sie liegen sehr idyllisch, manchmal mitten im Wald. Einige können nicht angefahren werden, sondern müssen erwandert werden. Einige sind am Wochenende bewirtschaftet, dann gibt es einfache, deftige Speisen.

Achtung! Die Übernachtung im NFH muss in der Regel angemeldet werden!

Naturfreundehaus Braunenberg, Braunenberg 4, 73433 Aalen-Wasseralfingen. ℡ 07361/71474, www.naturfreunde-wassseralfingen.de. **Anfahrt:** Von Aalen der Beschilderung Tiefer Stollen folgen; das NFH liegt direkt unterhalb des Fernsehturms. **Zeiten:** ganzjährig, ein halbes Jahr vorher anmelden. **Preise:** für Nichtmitglieder ab 8,50 €; für Nichtmitglieder Kinder bis 14 ab 5,50 €, Jugendliche 14 – 18 ab 7,50 €. **Infos:** Anmeldung und Info bei Ute Bieg, ℡ 07361/971836, Fax 760991. 41 Betten in 13 Zimmern, 1 EZ, 3 DZ, Tischtennis, Spiel- und Grillplatz.

Naturfreundehaus Himmelreich, Auf dem Himmelreich 15, 73540 Heubach-Beuren. ℡ 07173/5911. **Anfahrt:** In ↗ Heubach auf der Hauptstraße Richtung Bartholomä, am Marktplatz rechts nach Beuren, dort parken und die restlichen 2 km zu Fuß gehen. **Zeiten:** Fr, Sa und So, während der Sommerferien täglich. **Preise:** Ü 10,20 €; Kinder bis 16 Jahre 8,70 €. **Infos:** Anmeldung bei Herrn Hofmann, ℡ 07171/30921. 37 Betten in 4- bis 8-Bettzimmern, Gartenwirtschaft, Kinderspielplatz.

Wanderheim Ostlandheim, Kreuzhaldenweg 28, 73035 Göppingen-Jebenhausen. ℡ 07161/Fax 1418. ostlandheim@gmx.de. **Preise:** 13 € pro Nacht. **Infos:** Ansprechpartner: Axel Feuer, ✆ 0179/7910400. **30 Betten.**

Franz-Keller-Haus, Max Lautner, Auf dem Kalten Feld, 73525 Schwäbisch Gmünd. ✆ 07171/82013. **Anfahrt:** Vom Bhf Schwäbisch Gmünd mit Bus 2 Richtung Weißenstein zum Hornberg. Auf der Landstraße 7 km über Waldstetten zum Fluggelände am Hornberg, dort parken und etwa 15 Min zu Fuß gehen. **Zeiten:** an Wochenenden und Fei. **Preise:** 5,50 €; Kinder 6 – 21 Jahre 4,50 €. **25 Betten in 4- bis 12-Bettzimmern.**

Naturfreundehaus Hasenloch, 89537 Giengen an der Brenz. ✆ 07322/7638. **Anfahrt:** Von ↗ Giengen Richtung Heidenheim 1,5 km nach den letzten Häusern bei dem kleinen Holzschild Hasenloch links. **Zeiten:** Mi und Sa Nachmittag, So ganztags. **Preise:** 11 €; Kinder bis 15 Jahre 7 €, Jugendliche 8 €; Ermäßigung ab 3 Übernachtungen und für Mitglieder. **16 Betten, SV-Küche, Aufenthaltsraum.**

Naturfreundehaus Spatzennest, 89134 Blaustein-Weidach. ✆ 0731/44469, Fax 44469. **Anfahrt:** A8, Stuttgart – Ulm, Ausfahrt 62 Ulm/West, B25 bis Herrlingen, Abzweigung in Richtung Bermaringen/Weidach, 200 m vor Weidach links. **Zeiten:** Mitte Jan – Mitte Dez an So und Fei, in den Sommerferien täglich. **Preise:** 9,20 €; Kinder bis 18 Jahre 5,20 €. **Beim Spatzennest gibt es einen Kinderspielplatz mit Tischtennisplatte und eine Grillstelle. Übernachten könnt ihr im großen Schlafsaal, in einem 8- oder 6-Bettzimmer sowie in einem DZ.**

Naturfreundehaus Bossler, Walter Pflüger, Dobelstraße 39, 73087 Bad Boll. ✆ 07164/148098, Fax 148099. www.naturfreunde-gp.de. **Anfahrt:** Vom Busbhf Göppingen mit Bus 31 oder 32 nach Gruibingen. Von dort ca. 3 km zu Fuß. Oder mit Bus 20 oder 33 nach Bad Boll/Eckwälden, dann 4 km bergauf. A8 Stuttgart – Ulm Ausfahrt 59 Mühlhausen, auf der L1213 Richtung Weilheim bis zum Wanderparkplatz vor der Abzweigung nach Bad Boll. Von dort zu Fuß 2 km bergauf. **Zeiten:**

Gaststube fast jeden Sa ab 14 – So 18 Uhr und täglich in den Sommerferien von Baden-Württemberg bewirtschaftet. **Infos:** Die Zugangswege von Boll/Eckwälden (1 1/2 Std) und Gruibingen (1 1/4 Std) sind mit einem N markiert. Das Bosslerhaus liegt oberhalb Gruibingens auf 785 m Höhe. Es bietet 2 Zwei-, 2 Drei- und 3x Vierbettzimmer sowie 2 Lager mit insgesamt 32 Plätzen. Zum Haus gehören eine SV-Küche, zwei Grillstellen, ein Kinderspielplatz mit Sandkasten und Schaukel, ein Sportplatz und eine am Wochenende bewirtschaftete Gaststube. Die Umgebung bietet Möglichkeiten zum Klettersport, Wandern und zum Skifahren.

Wanderkarte 1:50.000 Göppingen – Geislingen des Landesvermessungsamtes Baden-Württemberg.

Wanderheim, Naturfreundehaus am Lindenplatz, Paul-Jauch-Weg 40, 72800 Eningen unter Achalm. ✆ 07121/88699, Fax 897077. www.naturfreunde-eningen.de. naturfreunde-eningen@naturfreunde-eningen.de. **Anfahrt:** Vom Zentrum ostwärts in die Grabenstraße, dann links in den Paul-Jauch-Weg. **Zeiten:** Übernachtung nach Voranmeldung, Bewirtung nur Sa ab 14 Uhr, So und Fei 10 – 19 Uhr. **Preise:** 11,50 € pro Nacht im Zimmer, 9 € im Matratzenlager; Kinder bis 10 Jahre pro Nacht Zimmer 4,50 €, Matratzenlager 4 €, Jugendliche 10 – 18 Jahre pro Nacht Zimmer 9 €, Matratzenlager 7 €; Mitglieder des Schwäbischen Albvereins bekommen Ermäßigungen. **Infos:** Anmeldung bei Herrn Hank, ✆ 07121/88733, Fax 88815. Am Rand der Gemeinde in landschaflich schöner Umgebung. Von hier aus könnt ihr zu verschiedenen Wanderungen aufbrechen. 46 Übernachtungsmöglichkeiten in 3 DZ, 3 MBZ und zwei Matratzenlagern. Zimmer mit Waschbecken, Waschräume befinden sich auf den Etagen.

ALB-Traum Herberge, A. Engel und E. Lorch, Eberhard-Finck-Straße 20, 72829 Engstingen-Haid. ✆ 07129/932510, Fax 932512. www.alb-traum.de. alb-traum@t-online.de. **Preise:** ab 15 € pro Nacht; Kinderermäßigung möglich. 12 EZ, DZ und MBZ, TV, Raucher- und Esszimmer, Leseecke, Wasch- und Trockenraum,

Wintergarten, Spielplatz, Grillstelle, Boule-Bahn. Duschen und WCs auf der Etage, große SV-Küche, auf Wunsch Frühstück. Hunde erlaubt.

Wanderheim Burg Teck, 73277 Owen. ✆ 07021/55208, Fax 862012. www.schwaebischer-albverein.de/wanderheime/burg_teck/burg_teck.html. **Anfahrt:** Stündlich mit der Teckbahn auf der Strecke Kirchheim (Teck) – Oberlenningen bis Owen. Die Wanderung zur Burgruine dauert circa 1 Std. A8 Stuttgart – Ulm, Ausfahrt 57 Kirchheim/Ost auf B465 nach Süden. In Owen ein Stück den Teckberg hinauf zum Parkplatz und 15 Min zu Fuß. Anfahrt und Aufstieg sind gut beschildert. **Zeiten:** Mi – So und Mo-Vormittag geöffnet, Vesper und warme Gerichte, Übernachtungsmöglichkeit. **Preise:** Übernachtung im Gruppenzimmer des Wanderheims ab 16,50 € pro Nacht; Jugendliche bis 21 Jahre ab 14 €.

Prinz Georg Friedrich begleitet neue Gäste der Prinzessin Kira von Preussen Stiftung auf die Burg Hohenzollern (Mai 2004). Die Stiftung ermöglicht bedürftigen Kindern Ferien auf der beeindruckenden Privatburg,
↗ www.preussen.de

Jugend- und Gruppenunterkünfte

▶ Die hier genannten Gruppenunterkünfte liegen preislich auf einem höheren Niveau als die Naturfreundehäuser und Wanderheime. Sie sind aber auch komfortabler ausgestattet. Sie eignen sich vor allem für Klassenfahrten.

Jugendbildungs- und Freizeitstätte Marienburg, Schullandheim Hüttlingen, Fuggerstraße 12, 73460 Hüttlingen-Niederalfingen. ✆ 07361/780950, Fax 77626. marienburg@gmx.net. **Anfahrt:** Von ↗ Hüttlingen Richtung Abtsgmünd. **Zeiten:** Feb – Nov. **Preise:** ab 15 Jahre 19 €; Kinder bis 3 Jahre frei, 4 – 10 Jährige 50% Ermäßigung im Zimmer der Eltern, Tagessatz Jugendliche bis 14 Jahre 16 €. **Infos:** Die Marienburg nimmt in der Regel Gruppen ab 20 Pers nach Voranmelung auf. Die Marienburg, einst Stammsitz der Ahelfinger, ist heute eine Freizeitstätte in landschaftlich ruhiger und schöner Lage hoch über dem Kocher-Tal. 109 Betten in 19 Schlafzimmern, 7 EZ/DZ, TV, E-Piano, Tischtennis, Grill, Wiese, Volley- und Basketball.

Landessportschule des Württembergischen Landessportbundes e.V., Vogelsangstraße 21, 72461 Albstadt-Tailfingen. ✆ 07432/98210, Fax 982116. www.lssa.de. landessportschule@albstadt.sport-in-bw.de. **Preise:** Ü ab 28 €. 131 Übernachtungsplätze, Schwimmbad, Sauna, Kletteranlage, 3 Großsporthallen, Fach- und Sporträume, Gemeinschaftsverpflegung, behindertengerechte Zimmer.

Campingplätze

▶ Für Kinder hat es etwas Abenteuerliches und einen Hauch von Freiheit, in einem Zelt auf einer Wiese in der Nähe von Bach, Fluss oder Wald zu leben, den Regen auf das Zelt prasseln zu hören und dem Rauschen des Windes und Zwitschern der Vögel zu lauschen. Man braucht nur aufzuspringen und ist bereits mitten in der Wiese und auf frischem Gras. Die Übernachtungspreise variieren genauso wie die Ausstattung. Wichtig ist aber auch, mit welchem Fahrzeug man kommt: Wohnmobilisten zahlen wegen des größeren Platzbedarfs deutlich mehr als Radler und Fußgänger mit einem kleinen Zelt.

Campingplatz am Hammerschmiedesee, Familie Hug, Hammerschmiede 6, 73453 Abtsgmünd-Pommertsweiler. ✆ 07963/1205, 415 (Anmeldung am See im Sommer), Fax 1408. www.camping-hammerschmiede.de. camping.hammerschmiede@t-online.de. **Zeiten:** Mai – Sep. **Preise:** 3,10 €, Zelt 2,30 €; Kinder 1,80 €. **Info:** 100 Stellplätze, aufgeteilt in einen Ju-

Hunger & Durst

Der **Landgasthof Albblick** mit Terrasse, Biergarten und Kinderspielplatz bietet ein umfangreiches Angebot an schwäbischen Gerichten und eine eigene Kinderkarte. Langestraße 66, Abtsgmünd-Pommertsweiler, ✆ 07963/218. Mi – So 9 – 14 und 17 – 23 Uhr.

gendplatz mit Feuerstellen und einen Familienplatz direkt am See, ↗ Hammerschmiedesee.

Azur-Campingpark, Rotenbacher Straße 45, 73479 Ellwangen. ✆ 07961/7921, Fax 562330. www.azur-freizeit.de/Ellwangen. ellwangen@azur-camping.de. **Zeiten:** April – Okt. **Preise:** 5,50 – 7,50 €, Stellplatz 6 – 9 €, Zelt 3 – 4,50 €; Kinder bis 12 Jahre 4 – 6 €. **Info:** 90 Stellplätze, Sanitärgebäude mit Behinderten-WC, stadtnah an der Jagst, Angelkarten, Kegeln.

Campingplatz Sonnenhof, Sonnenbach-Stausee, 73479 Ellwangen-Pfahlheim. ✆ 07964/566, Fax 3301244. **Anfahrt:** Von ↗ Ellwangen 7 km auf der L1060 nach Röhlingen, von dort 4 km auf der L1076 nach Pfahlheim. **Preise:** 3 €, Zelt 2,50 €; Kinder 2 €. **Info:** 200 Stellplätze, davon 30 für Kurzurlauber. Es gibt einen Badesee, Kiosk und Gaststätte, Kinderspielplatz und Kleintiere sind auch dabei.

Campingplatz Hirtenteich, Helmut Maier, Hasenweide 1, 73457 Essingen-Lauterburg. ✆ 07365/296, Fax 251. www.campingplatz-hirtenteich.de. CampHirtenteich@aol.com. **Anfahrt:** An der Straße Essingen – Lauterburg beschildert. **Preise:** 4,50 €; Kinder bis 14 Jahre 2,50 €. **Info:** 240 Stellplätze, Aufenthaltsraum, beheizbares Freibad, Sauna, Kiosk und Ballspielplatz.

Campingplatz Götzenbachsee, 73571 Göggingen. ✆ 07175/8541, Fax 6710. ccwelzheimerwald@t-online.de. **Anfahrt:** Direkt am Gögginger See gelegen. **Zeiten:** während der Schulferien und an Wochenenden. **Preise:** 3,50 €; Kinder 3 – 16 Jahre 2 €. **Info:** Schwimmen im See, Grillplatz und Schutzhütte.

KARTEN & REGISTER

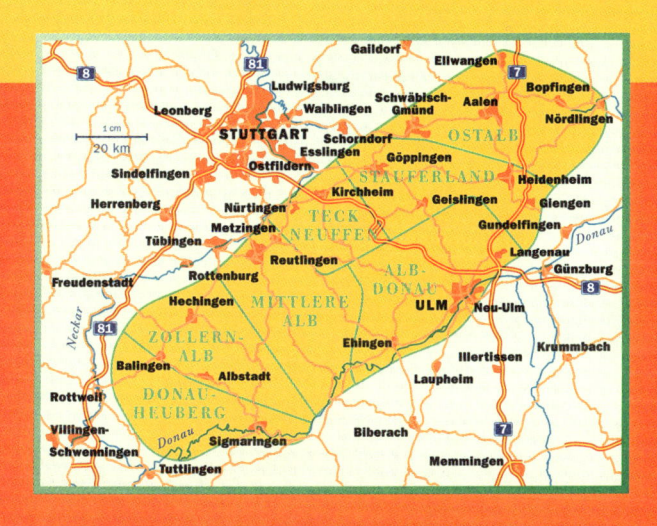

DIE OSTALB

STAUFERLAND

ALB-DONAU-KREIS

TECK & NEUFFEN

MITTLERE ALB

ZOLLERN-ALB

DONAU & HEUBERG

SERVICE ZU DEN ORTEN

FERIEN-ADRESSEN

KARTEN & REGISTER

<!-- Map of the Staufferland / Schwäbisch Gmünd region -->

Sulzbach a.d. Murr
Backnang
Schwäbisch-Hall
GAILDORF
Rotenhar
Frickenhofen
Gschwend
Straßdorf
Adelmannsfelden
Hammerschmiedeseen
Pommertsweiler
Seifertshofen
Kocher
Welzheimer
Frickenhofer Höhe
Abtsgmün
Welzheim
Schechingen
Spraitbach
Göggingen
Leih
Wald
Welland
Alfdorf
Böbingen a.d. Rems
SCHWÄBISCHE DICHTERS
Pfahlbronn
Mutlangen
Mögglingen
Essinge
Klotzenhof
SCHWÄBISCH GMÜND
Lautern Rosenstein
Urbach
Rosenstein
Plüderhausen
Lorch
Bargau
Heubach
Lauterburg
Unterkirneck
Ober-
Rems
Beuren
STRASSE
755
Irmannsweiler
Adelberg
Schloss Wäscherburg
Waldstetten
Bärenberg
Börtlingen
Wäschenbeuren
696
Furtlepass
Bartholomä
Kloster
Hohenstaufen
757
630
Wental
Wangen
Rechberghausen
Ottenbach
Kaltes Feld
Degenfeld
STAUFER
Uhingen
GÖPPINGEN
Lauterstein
A l b u c h
Eislingen/Fils
Salach
STAUFERLAND
Steinhi
10
Lauter
Treffelhausen
466
Böhmenkirch
650
Jebenhausen
Süßen
Donzdorf
Stöckelberg
Heiningen
Schnittlingen
SCHWÄBISCHE
Gingen a.d. Fils
704
ALBSTRASSE
Boll
Schlat
Hohenstein
Gussenstadt
Bad Boll
Kuchen
Eyb
Museumsbahn
794
Ruine Helfenstein
Gerstetten
8
465
Ödenturm
ssler
Deggingen
Gruibingen
Bad Überkingen
GEISLINGEN a.d. Steige
Stubersheimer Alb
Altheim
790
Bad Ditzenbach
59
Mühlhausen
Amstetten
Bläsiberg
Wiesensteig
Albbähnle

Würzburg
Dinkelsbühl
Feuchtwangen
ELLWANGEN
DEUTSCHE LIMESSTRASSE
Pfahlheim
Röhlingen
Unter-
schneidheim
Maihingen
Rainau
Römerkastell
Buch
Bucher Stausee
Baldern
Schloss Baldern
Lippach
Westhausen
Aalen-Westhausen
Ipf
Wallerstein
Ries
Oberdorf
NÖRDLINGEN
Lauchheim
Aufhausen
Kapfenburg
Wasseralfingen
Tiefer Stollen
Bopfingen
Trochtelfingen
Hohenberg
Schlossberg
AALEN
Eger
Harburg
Beuren
OSTALB
Aalen/Oberkochen
ALBSTRASSE
SCHWÄBISCHE
Ebnat
Härtsfeld
Dossingen
Oberkochen
Seegartenhof
Kösingen
615
Raue Wanne
Großkuchen
Neresheim
Königsbronn
Aufhausen
Egau
645
Rudelsberg
Ramenstein
Härtsfeldsee
Brenz
Schnaitheim
DER STAUFER STRASSE
Dischingen
Nattheim
Albuch
Schloss Hellenstein
Heidenheim
Ballmertshofen
HEIDENHEIM
a.d.Brenz
Naturtheater a.d. Brenz
Herbrechtingen
Bolheim
Anhausen
Giengen
a.d.Brenz
Höchststädt
Donauwörth
Eselsburger Tal
Eselsburg
Dillingen
a.d.Donau
Hürben
Charlottenhöhle
Lauingen
Niederstotzingen
Lonetal
Sontheim
a.d.Brenz
Donau
Stetten ob Lonetal
Vogelherdhöhlen
GUNDELFINGEN
a.d.Donau

Ruine Helfenstein
Gerstetten
Ödenturm
GEISLINGEN a.d. Steige
Stubersheimer Alb
794
Bossler
Gruibingen
Deggingen
Bad Überkingen
Altheim
Mühlhausen
Fils
Bad Ditzenbach
790
Bläsiberg
Amstetten
Albbähnle
Wiesensteig
Hohenstadt
Lonsee
Nellingen
Oppingen
848
Westerberg
Westerstetten
Merklingen
Westerheim
Machtolsheim
Merklingen
ALB-DONAU
Laichingen
Beimerstetten
Heuberg
Tiefenhöhle
745
Berghülen
Dornstadt
NSG Kleines Lautertal
Ulmer Alb
Hungerberg
Bermaringen
Ulm-Ost
Ulm-West
Heroldstatt
Bühlenhausen
Blaustein
863
Sontheim
658
Asch
Weidach
Sontheimer Höhle
Blaubeurer Alb
Blautopf
Herrlingen
Bad Blau
Sonderbuch
Ehrenstein
Kloster Blaubeuren
Blaubeuren
Arnegg
Blau
Magolsheim
Gerhausen
ULM
Justingen
Ruine Hohenschelklingen
Geißenklösterle
646
755
Hohler Fels
Schelklingen
Pappelau
633
Schmiechen
Ringingen
Lutherische Berge
Illerkirchberg
Grötzingen
Donau
Erbach
Altheim
Allmendingen
Schloss Erbach
Schmiech
Oberdischingen
Heufelden
Dellmensingen
Stausee
EHINGEN
Öpfingen
Mühlen
Wolfertturm
Achstetten
Riss
Rot
Burgrieden
Untermarchtal
Rottenacker
Donau
Munderkingen
LAUPHEIM
Dürnach
Unterstadion
Rottum
Oberstadion
Mietingen
Schemmerhofen
Biberach a.d. Riss
8
465
59
60
61
62
10
28
311
30
492

Anhausen
Brenz
Giengen a.d.Brenz
Eselsburger Tal
Eselsburg
Heidenheimer Alb
Hürben
Charlottenhöhle
492
7
Niederstotzingen
118
Lonetal
Sontheim a.d.Brenz
Stetten ob Lonetal
Vogelherdhöhlen
Rittergut Stetten
Oberstotzingen
Niederstotzingen
Höchststädt Donauwörth
Dillingen a.d.Donau
Lauingen
16
Donau
Brenz
GUNDELFINGEN a.d.Donau
Holzheim
Donauried
Langenau
119
Langenau
16
Offingen
GÜNZBURG
Kreuz Ulm/Elchingen
65
120
8
Leipheim
Ober-Elchingen
Leipheim
66
10
Burgau
67
Günzburg
Legoland
10
Nersingen
121
Nersingen
Zusmarshausen Augsburg
69
8
Burgau
Scheppach
7
Roth
Kammlach
Jettingen
M
Biber
Ichenhausen
Pfaffenhofen a.d.Roth
Mindel
N
1 cm
3 km
© PETER MEYER VERLAG
Dreieck Hittistetten
122
Burtenbach
16
NDEN
Weißenhorn
Neuburg a.d.Kammel
Ziemetshausen
123
Vöhringen
Thannhausen
Gessertshausen Augsburg
Vöhringen
Roggenburg
Bellenberg
300
Ursberg
ILLERTISSEN
KRUMMBACH
Buch
124
Illertissen
Dietenheim
Günz
300
Mindel
Gutnach
16
7
stadt

Pforzheim Karlsruhe
Ludwigsburg Heilbronn
Friolzheim
Heimsheim
Ditzingen
Rutesheim
Korntal-Münchingen
Stuttgart Feuerbach
LEONBERG
Gerlingen
Heimsheim
Dreieck Leonberg
Leonberg
STUTTGART
Wurm
Renningen
Calw
Magstadt
Weil der Stadt
Kreuz Stuttgart
OSTFILDERN
Stuttgart-Möhringen
Stuttgart-Degerloch
SINDELFINGEN
Grafenau
Leinfelden-Echterdingen
Esslingen
Gechingen
Böblingen-Sindelfingen
Stuttgart-Flughafen
Aidlingen
Böblingen
Neuhausen
Böblingen-Hulb
Steinenbronn
Ehningen
Holzgerlingen
Schönaich
Filderstadt
Wolfschlugen
Gärtringen
Hildrizhausen
Waldenbuch
Altdorf
Gärtringen
Aich
Nufringen
Weil im Schönbuch
Hildrizhausen
Neckartailfingen
Schaich
Dettenhausen
HERRENBERG
Nagold
Naturpark Schönbuch
Walddorfhäslach
Neckartenzlingen
Herrenberg
Großer Goldersbach
Bempflingen
Pliezhausen
Gäufelden
Entringen
Mittelstadt
Pfrondorf
Ammerbuch
Kirchentellinsfurt
Metzingen
TÜBINGEN
N
Kusterdingen
Sickenhausen
Bondorf
1 cm
3 km
Wannweil
Degerschlacht
© PETER MEYER VERLAG
REUTLINGEN
707
Achalm
Rottenburg
Neckar
Ohmenhausen
Neustetten
Georgenberg
Eningen
ROTTENBURG am Neckar
Pfullingen
Dußlingen
Starzel
Neckar
Gomaringen
793
Dettingen
Gönningen
Unterhausen
Nehren
869
Wachendorf
Offerdingen
Nebelhöhle
Lichtenstein
Schloss Lichtenstein
Hirrlingen
Bästenhardt
Mössingen
Genkingen
Bodelshausen
Belsen
Undingen
Reutlinger Alb
Engstingen
Groß-

WAIBLINGEN
Grunbach
Geraldstetten
Rems
Urbach
DEUTSCHE
Pfahlbronn
Alfdorf
LIMES-STRASSE
Klotzenhof
Weinstadt
Winterbach
Schorndorf
Plüderhausen
Lorch
Kernen i. Remstal
Schnait
Unter-kirneck
Ober-
Schloss Wäscherburg
Adelberg
Aichwald
Stausee
Kloster
Börtlingen
Wäschenbeuren
Hohenstaufen
ESSLINGEN
Baltmannsweiler
Ebersbach a.d. Fils
Wangen
Rechberghausen
Ottenbach
Altbach
Plochingen
Fils
Uhingen
GÖPPINGEN
Reichenbach
Eislingen/Fils
Salach
Deizisau
Albershausen
Wernau
Hochdorf
Jebenhausen
Wendlingen
Notzingen
Süßen
Heiningen
Gingen a.d. Fils
KIRCHHEIM u.Teck
Kirchheim Teck-West
Schlat
Ober-boihingen
Ohmden
Boll
Holzmaden
Bad Boll
NÜRTINGEN
Kirchheim Teck-Ost
Aichelberg
Dettingen u.Teck
Weilheim a.d.Teck
TECK
794
Bossler
Deggingen
Frickhausen
Lindach
Härin-gen
Gruibingen
Owen
Bissingen a.d. Teck
Windeck
Fils
Bad Ditzenbach
Linsenhofen
Ruine Teck
Mühlhausen
Freilichtmuseum
Randecker Maar
790
Bläsiberg
»Sofazügle«
Beuren
Lenningen
743
Wiesensteig
Neuffen
Hoheneuffen
Erken-brechts-weiler
Oberlenningen
Schöntal
Gutenberg
Hohenstadt
NEUFFEN
Lauter
Schopfloch
Gutenberg
Schertelshöhle
Dettingen a.d.Erms
848
Westerberg
Merklingen
Römerstein
Donnstetten
874
Aquadrom
Westerheim
Machtolsheim
Bad Urach
Vordere Alb
Uracher Wasserfall
Böhringen
Laichingen
Hengen
Zainingen
Heuberg
Tiefenhöhle
745
Hungerberg
Berghülen
865
Kalksbuch
Heroldstatt
Hintere Alb
Upfingen
863
Sontheim
St. Johann
Trailfingen
841
Blaubeurer Alb
Sontheimer Höhle
866
Buchhalde
Dottingen
861
Kloster Blaubeuren
Steingebronn
Münsingen
Blaubeuren
800
Magolsheim
Gomadingen
Beutenlay
Ruine Hohen-schelklingen
844
Landgestüt Marbach
Justingen
29
297
10
313
55
56
57
58
8
465
59
60
61
28

ROTTENBURG am Neckar
Pfullingen
Dußlingen
Gomaringen
Gönningen
Nehren
Unterhausen
Dettingen
Offerdingen
Wachendorf
Hirrlingen
Bästenhardt
Mössingen
Genkingen
Nebelhöhle
Lichtenstein
Schloss Lichtenstein
Bodelshausen
Belsen
Undingen
Reutlinger Alb
Dreifürstenstein
Sonnenbühl
Rangendingen
Beuren
Melchingen
Traumland
Bärenhöhle
Haid
Kornbühl
Salmendingen
Schlatt
Erpfingen
Hechingen
Alb-Gold
Stetten
Hohenerpfingen
Hohenzollern
Ringingen
ZOLLERN-ALB
Trochtelfingen
Bisingen
Killer
Hausen
Ostdorf
Thanheim
Museumsbahn
Burladingen
Engstlatt
Raichberg
Hausen
Mägerkingen
Onstmettingen
Balingen
Gauselfingen
Neubann
Hohenzollern Alb
Gammertingen
Frommern
Pfeffingen
Tailfingen
Stockenhausen
Bitz
Neufra
Böllat
Burgfelden
Truchtelfingen
Dürrwangen
Albstadt
Freudenweiler
Weilstetten
Laufen
Lautlingen
Lochenstein
Eyach
Schlossberg
Hettingen
Tieringen
HOHENZOLLERNSTRASSE
Ebingen
Harthausen
Hossingen
Inneringen
DONAU & HEUBERG
Ober-Digisheim
Meßstetten
Winterlingen
Veringenstadt
Veringendorf
Obernheim
Unter-
SCHWÄB. ALB STRASSE
Museumsbahn
Scheinen
Nusplingen
Stetten am kalten Markt
Storzingen
Ruine Hornstein
Egesheim
Königsheim
Schwenningen
SIGMARINGEN
Naturpark Obere Donau
Großer Heuberg
Hausen im Tal
Werenwag
Schloss
Mahlstetten
Bära
Donau
Bärenthal
Irndorf
Inzigkofen
Laiz
Donautal
Sigmaringendorf
Kolbingen
Leibertingen
Beuron
Mühlheim a.d.Donau
HOHENZOLLERN-STRASSE
Fridingen a.d.Donau
Nendingen
Ablach
Krauchen
Neckar
Starzel

Upfingen
Johann
Hintere Alb
Lonsingen
866
Buchhalde
Dottingen
Steingebronn
465
865
Kalksbuch
863
841
Trailfingen
861
Münsingen
Heroldstatt
Hungerberg
Sontheim
28
Sontheimer Höhle
Blaubeurer Alb
Kloster Blaubeuren
Blaubeuren
Gomadingen
844
Sternberg
Landgestüt Marbach
Dapfen
800
Beutenlay
Münsinger Alb
Magolsheim
Justingen
Ruine Hohen-schelklingen
Geiß
Hohler Fels
Mehrstetten
755
633
Schelklingen
Schmiechen
Bernloch
Hohenstein
Ödenwaldstetten
Eglingen
Hundersingen
Große Lauter Tal
Dürrenstetten
Grötzingen
Lutherische Berge
Allmendingen
Altheim
824
Oberstetten
Roßhäupte
Ehestetten
Münzdorf
465
Granheim
Schmiech
492
Indelhausen
Anhausen
Gerberhöhle
Aichelau
312
Hayingen
Große Lauter
Erbstetten
EHINGEN
Mühlen
Heufelden
Wolfertturm
Zwiefalter Alb
Tigerfeld
Wimsen
Friedrichshöhle
Loretto
311
MITTLERE ALB
Untermarchtal
Obermarchtal
Rottenacker
Geisingen
Zwiefalten
Donau
Munderkingen
465
Upflamör
Unterstadion
Oberstadion
773
Reifersberg
Tautschbuch
312
Langen-enslingen
Riedlingen
Altheim
Wilflingen
Uttenweiler
Attenweiler
OBERSCHWÄB. BAROCKSTR.
1 cm
3 km
Neufra
Dürmentingen
312
© PETER MEYER VERLAG
Seekirch
Alleshausen
Grabungsstätte Heuneburg
Ertingen
Tiefenbach
Heudorf
Donau
Kanzach
Kanzach
Moosburg
Federsee
Mittelbiberach
311
Blochingen
Oggelshausen
Herbertingen
Dürnau
Bad Buchau
Ostrach
Schwarzach
Mengen
OBERSCHWÄBISCHE BAROCKSTRASSE
Allmannsweiler
Ingoldingen
Hohentengen
Saulgau
SCHWÄBISCHE BÄDERSTRASSE
Bad Schussenried

FREUDENSTADT
Baiersbronn Baden-Baden
Stausee Kleine Kinzig
Loßburg
N
1 cm
3 km
© PETER MEYER VERLAG
Glatt
Kleine Kinzig
Horb am Neckar
Herrenberg
Herrenberg Stuttgart
Eyach
Starzach
Dettingen
Neckar
Bad Imnau
Empfingen
Museumsbahn
Römerturm
HOHENZOLLERN STRASSE
Haigerloch
Sulz am Neckar
Sulz a. Neckar
Dornhan
Alpirsbach
Bergfelden
Gruol
Owingen
Vöhringen
Binsdorf
Oberndorf a. N.
Schiltach Wolfach
Fluorn-Winzeln
Oberndorf am Neckar
Rosenfeld
Geislingen
Isingen
Kleiner Heuberg
Aichhalden
Leidringen
Erzingen
Epfendorf
Schlichem
Dautmergen
Bösingen
Dormettingen
Dotternhausen
Sulgen
Stausee Schömberg
Schramberg
Dunningen
Neckarschleife
Schömberg
Schiltach
Dietingen
Ratshausen
Rottweil
ROTTWEIL
Bol
Deilingen
Wandbühl
Zimmern ob Rottweil
1015
Wehingen
Königsfeld im Schwarzwald
Lemberg
Eschach
Gosheim
Deißlingen
Hummelsberg
Niedereschach
1002
Denkingen
Bubsheim
Mönchweiler
Stuttgart
Rottweil
Böttingen
Brigach
Dauchingen
Villingen-Schwenningen
Aldingen
DEUTSCHE UHRENSTRASSE
Spaichingen
Trossingen
Balgheim
Hausen ob Verena
954
Neckarquelle
SCHWENNINGEN
912
Zundelberg
Dürbheim
VILLINGEN-
Gunningen
Hohenkarpfen
Tuningen
Rietheim-Weilheim
Pfaffenweiler
Durchhausen
Krähenbach
Brigachtal
Bad Dürrheim
Talheim
Wurmlingen
28
28a
14
32
30
81
31
463
294
462
33
34
27
523
35
36

ROTTENBURG am Neckar
Neckar
Dettingen
Offerdingen
Hirrlingen
Bodelshausen
Bästenhardt
Mössingen
Belsen
Dußlingen
Gomaringen
Gönningen
Nehren
Pfullingen
Unterhausen
Lichtenstein
Schloss Lichtenstein
Nebelhöhle
Genkingen
Undingen
Holzelfingen
Engstingen
Groß-
Reutlinger Alb
Sonnenbühl
Traumland
Bärenhöhle
Haid
Erpfingen
Alb-Gold
Hohenerpfingen
Melchingen
Salmendingen
Kornbühl
Dreifürstenstein
Beuren
Schlatt
Rangendingen
Hechingen
Hohenzollern
Bisingen
Engstlatt
Thanheim
Raichberg
Killer
Museumsbahn
Ringingen
Stetten
Trochtelfingen
Hausen
Steinhilben
Mägerkingen
Burladingen
ZOLLERN-ALB
Onstmettingen
Gauselfingen
Neubann
Balingen
Hohenzollern Alb
Gammertingen
Pfeffingen
Tailfingen
Stockenhausen
Böllat
Burgfelden
Albstadt
Truchtelfingen
Bitz
Neufra
Freudenweiler
Laufen
Lautlingen
Eyach
Schlossberg
Ebingen
Hettingen
HOHENZOLLERNSTRASSE
Tieringen
Hossingen
Harthausen
Inneringen
Winterlingen
Ober-
Digisheim
Meßstetten
Veringenstadt
Veringendorf
DONAU & HEUBERG
Unter-
Museumsbahn
Scheinenberg
Nusplingen
Stetten am kalten Markt
Storzingen
Ruine Hornstein
Bingen
Heuberg
Schwenningen
SIGMARINGEN
Schloss
Naturpark Obere Donau
Werenwag
Hausen im Tal
Donau
Inzigkofen
Laiz
Sigmaringendorf
Bärenthal
Irndorf
Donautal
Kolbingen
Leibertingen
Beuron
Krauchenwieser-Badesee
Fridingen a.d.Donau
HOHENZOLLERN-STRASSE
Ablach
Krauchenwies
Königsheim
Bära
Lauchert

Register

A

Aalen 28, 29, 35, 36, 46, 47, 249, 295, 297
Abtsgmünd 15, 31, 251, 290, 301
Achalm 158
Adelberg 52, 54, 56, 63, 66, 67, 74, 75, 256
Ady's Family Spieleland 66
Alamannenmuseum 40
Alb-Gold 170
Albstadt 189, 190, 193, 194, 196, 197, 199 - 201, 209, 212, 276, 289, 301
Albtrauf 198, 233, 272, 284
Albuch 20
Amstetten 96, 261
Aquarium 94, 199
Atomkeller-Museum 208
Aufhausen 21

B

Backhaushockete 174
Bad Boll 256, 298
Bad Überkingen 74
Bad Urach 111, 112, 120, 122, 130, 133, 134, 141, 142, 249, 265, 285
Baldern 33, 290
Balingen 188, 200, 203, 205, 206, 274, 288, 296
Balzholz 119
Bära 227
Bärenhöhle 155, 162, 168
Bärenthal 235
Bartholomä 21, 46
Bästenhardt 198
Bauernhof 290
Baurenhölzle 19
Beiwald 183
Benediktinerabtei 251
Berghülen 46, 85, 263
Bermaringen 294
Besucherbergwerk 36
Beuren 18, 112, 113, 131, 138, 142, 145, 266, 297
Beuron 222, 236, 239, 280
Beutenlay 164, 269
Bichishausen 152
Bingen 221, 238
Binzwangen 222
Bisingen 208
Bismarckfelsen 84
Bissingen an der Teck 145
Blasiberg 146
Blaubeuren 79, 84, 97, 100, 101, 108, 262, 285
Blaustein 79, 83, 100, 108, 262, 298
Blautopf 80, 89, 262
Blautopfbähnle 101
Bleiche 145
Blochingen 221
Böbingen 17
Bodelshofen 116
Böhmenkirch 75, 260
Bol 232
Boot 161
Bootsverleih 216
Bopfingen 11, 23, 30, 33, 37, 38, 45, 46, 48, 250, 290, 293
Börtlingen 291
Bossler 268, 298
Böttental 182
Brenz 55
Brenz-Donau-Radweg 250
Brotkultur 98
Bruck 25
Brunnenhaus 33
Bubsheim 231
Buch 15, 24, 252
Bucher Stausee 15
Bühlenhausen 85, 86
Burg Achalm
 Helfenstein 57
 Hohenneuffen 135, 124, 266
 Hohenzollern 187, 196, 202, 275, 276, 300
 Lengenfels 235
 Rauber 126
 Reußenstein 268
 Ruck 84
 Teck 137, 300
 Wildenstein 296
Bürgerseen 119
Burgfelden 200
Burladingen 207, 210, 275, 289
Buttenhausen 152

C – D

Campingplatz 15, 301
Charlottenhöhle 61, 259
Dächinger Schulstube 104
Deftingen 120
Degenfeld 48
Degerfeld 197
Deggingen 268
Dehlingen 18
Deilingen 232
Denkingen 233
Dettingen an der Erms 173, 181, 270
Diepoldsburg 126
Dischingen 46, 47
Dolinen,- weg 122
Donau 81, 152, 222
Donau-Achter 220
Donau-Radwanderweg 82, 261, 264, 280
Donaulimes 243
Donnstetten 144, 286
Donzdorf 51, 63, 255
Dorfmerkingen 18
Dormettingen 289
Dottingen 182
Drei-Eingang-Höhle 28
Dürrwangen 288

E

Ebingen 189, 194, 199 - 201, 209, 212, 289
Edelhof 65
Egelfingen 221
Eger 21
Ehestetten 287
Ehingen (Donau) 81, 93, 104, 107, 108, 264, 285
Ehrenstein 100
Eigenzell 17, 293
Eisenbahn, -museum 32, 96, 206
Eishalle 75, 107, 184
Eislingen/Fils 51, 60, 255
Elchingen 18
Ellwangen 13, 16, 17, 29, 40, 41, 46, 252, 293, 295, 302

Engstingen 179, 273, 299
Engstlatt 200
Eningen unter Achalm 151, 180, 272, 294, 299
Ennetach 222, 242
Ennetacher Berg 244
Erbach 82, 102, 107, 263
Erbstetten 285
Erkenbrechtsweiler 125
Ernst-Jünger-Haus 221
Erpfingen 155, 156, 162, 168, 170, 178, 180, 183, 283, 288, 296
Erzabtei Beuron 239

Eselsburg 59
Essingen 20, 74, 249, 302

F

Fahrräder 17, 220
Feriendorf 226, 283
Finsterloch 28
Fledermäuse 89, 128
Flugplatz 97, 197
Fohlenweide 193
Fossilien 6, 35, 36, 40, 64, 73, 118, 129, 141, 209, 210, 250

Freilichtmuseum 119, 138, 142, 222, 240, 241
Freizeitpark 70, 80, 107, 167 - 169, 189, 201, 236, 258
Freizeitzentrum 66, 188 - 190
Freudenweiler 199
Frickenhausen 120
Fridingen a.d. Donau 246
Friedrichshöhle 160
Frommern 288
Fünf-Täler-Tour 155
Fürstenhöhe 228

Gaststätten

Adlerstube 45
Aquarena-Restaurant 54
Bistro Pinguin 80
Burggaststätte auf dem Hohenneuffen 125
Burgschenke 57, 203
Café am Markt 206
Café Domus 243
Café Schön 242
Deutsches Haus 127
Engstinger Hof 179
Flugplatz-Restaurant Il Delta 198
Forsthaus beim Schloss Lichtenstein 160
forum 22 Café 141
Freizeitpark Traumland 168
Gasthaus Bärenhöhle 163
Gasthaus Grottental 227
Gasthaus Krone 199
Gasthaus Sonne 232
Gasthof Krone 196
Gasthof Löwen 156
Gasthof Schlüssel 55
Gasthof Sternen 233
Gasthof Traube 230
Gaststätte Nebelhöhle 164
Gaststätte Ringelbach 167
Goldener Ochse 21
Haus auf dem Rossberg 201

Heiderose 20
Himmelreich 24, 297
Höhengaststätte Sandgrube 193
Höhengaststätte Waldheim 194
Hotel-Restaurant Krone 208
Kalte Herberge 100
Klosterschänke Im Echo 26
Klosterstüble 64
Konditorei Dietz 23
La Pergola 205
Landgasthof Adler 61
Landgasthof Albblick 31, 301
Landgasthof Ochsen 88
Landgaststätte Adler 179
Landhotel Wental 58
Lindenhof 129
Märchenpark Zwergental 169
Museumsgaststätte Steinbüble 138
Pizzeria 56
Pizzeria Calabria 175
Pizzeria Cilentana 230
Pizzeria Taormina 19
Rasthaus bei der Charlottenhöhle 62
Schertelshöhle 128
Sontheimer Höhle 89
Tiefenhöhle 91
Rasthaus Möck 170
Reiterstube Härtsfeldhof 30

Reiterstüble 93
Restaurant Brunnental 200
Restaurant Dionysos 104
Restaurant Gaumenschmaus 98
Restaurant Schalksburg 195
Restaurant Sonne 170
Ristorante Leopold 225
Schlossrestaurant Erbach 102
Schloss-Schenke Zum Marstall 34
Schwabenstüble 16
Stahlecker Hof 154
Stausee-Restaurant Waldschenke 234
Theatergaststätte 211
Waldheim 116, 201
Waldschenke 35
Wanderheim 137
Wanderheim Nägelehaus 197
Zoller-Hof 228
Zum Dimi 76
Zum Ochsen 86
Zum Schnitzel-Walle 197
Zum See 114
Zum süßen Grund 193
Zur Kanne 18
Zur Post 118
Zur Traube 120
Zur Unteren Röhrbachmühle 22

G

Gaißenweide 130
Gammertingen 277
Geislingen a.d. Steige 57, 69, 257
Geislinger Steige 257, 261
Geißenklösterle 85
Genkingen 163, 180, 183
Gerberhöhle 156, 157
Gerstetten 103
Gestütsmuseum 172
Giengen a.d. Brenz 61, 71, 74, 258, 298
Göggingen 302
Göllesberg 154
Gomadingen 149, 165 - 167, 172, 180, 269
Göppingen 65, 74, 255, 295, 297
Grillplatz 116, 118, 120, 121, 128, 130, 196, 198, 218, 227, 229, 284, 290, 295, 297, 302
Groggensee 264
Große Lauter 173
Große Scheuer 27, 253
Großengstingen 179, 273
Gruibingen 127, 268, 299
Grüner Pfad 16, 18
Guggenmusik 47
Gundelfingen 152
Günzburg 94
Gußmann, Karl 129
Gußmannshöhle 129
Gut Stetten 258
Gutenberg 128
Gutenberghöhle 128, 268
Gutenstein 224

H

Haag-Schlössle 208
Hahn, Phillip Matthäus 204
Hahnweide 115
Haid 299
Haigerloch 189, 191, 207, 276, 289
Halde 145
Hallstattzeit 103
Hammerschmiede 100

Hammerschmiedesee 15, 301, 302
Hängender Stein 196
Häringen 291
Härtsfeld-Museumsbahn 31
Härtsfeld-Radweg 18
Härtsfeldhof 30, 293
Härtsfeldmuseum 39, 251
Haselbachtal 19
Hasenmayer, Jochen 90
Hauff, Wilhelm 164, 177
Haupt- und Landgestüt Marbach 166, 173
Haus der Natur Obere Donau 280
Hausen im Tal 156, 183, 224, 280
Hayingen 156, 160, 179, 270, 283, 286, 287
Hechingen 188, 202, 211, 275
Heidelbeerhau-Doline 124
Heidenheim an der Brenz 54, 64, 70, 74, 75, 258, 296
Heiligkreuztal 221
Heilkräuter 37
Heimatmuseum 19, 39, 44, 71, 101, 136, 173, 174, 205, 206, 208, 242, 252
Hellenstein 258
Hengstparaden 166
Herbertingen 240
Herbrechtingen 71, 72, 259
Heroldstatt 88, 260
Herrenbachstausee 56
Hettingen 210, 277
Heubach 14, 20, 24, 27, 34, 253, 297
Heuberg 145
Heudorf 221, 222
Heufelden 93
Heuneburg, -museum 221, 240, 241
Heutal 182
Hirtenteich 47
Hist. Kräuterkammer 37
Hitzkofen 221
Hofgut Tachenhausen 115
Hofgut Tierberg 196
Hohenberg 30, 293

Hohenneuffen 125, 135, 267
Hohenstaufen 255, 257, 295
Hohenstein 172, 269
Hohenzollern 187, 196, 202
Hohenzollern-Schloss 225
Höhle 27, 61, 85, 88, 91, 92, 128, 158, 160
Höhlenbär 61, 92, 162
Höhlenkunde 102
Hohler Fels 92, 265
Holzelfingen 182, 183
Holzmaden 117, 140
Honau 151, 177
Hornstein 221, 238
Hossingen 195, 290
Hossinger Leiter 195
Hundersingen 222, 240, 241, 286
Hürben 61
Hütten 285
Hüttensee-Neckarwasen 116
Hüttlingen 39, 251, 300

I – J

Indelhausen 152, 287
Inzigkofen 219
Ipf 23, 250
Irndorf 244
Itzelberger See 20
Jebenhausen 297
Jesingen 117
Juden 38, 208
Jugendherberge 131, 225, 295
Jünger, Ernst 221

K

Kachelmann-Wetterstation 92
Kalkofenmuseum 105
Kalksteinbruch 105
Kanutour 152
Kapfenburg 34, 48, 252
Karlshöhle 162
Karstquelle 89
Kastell 25, 243
Kelten 37, 221, 231, 240
Kepler, Johannes 67
Kino 7, 141
Kirchheim am Ries 46

316

Kirchheim unter Teck 115, 117, 136, 139, 142, 143, 267
Kleine Scheuer 28
Kleines Lautertal 83, 263
Kloster Adelberg 63, 67
   Beuron 224
   Heiligkreuztal 221, 241
   Herbrechtingen 259
   Inzigkofen 219, 225
   Offenhausen 173
Klosterpark Adelberg 52, 256
Klotzenhof 30
Klötzle Blei 84
Kocher-Jagst-Radweg 251, 252
Königsbronn 20
Konzentrationslager 208, 209
Korallen 44, 45, 51, 104
Kösingen 12
Kräuterkasten 209
Kriegsburren 75
Kromer, Ralf 129
Kühbuchen 193

L
Laichingen 91, 102, 169, 262
Laiz 220, 225
Laubachstausee 15
Lauchheim 34, 48, 252
Laufen 200
Lauter 152
Lauterburg 302
Lautlingen 195
Legoland 94
Lehrpfad 29, 63, 130, 131, 164, 209, 233, 235
Leibertingen 244
Leinenweber 263
Lemberg 215, 278
Lengenfels, -höhle 235
Lenningen 114, 128, 131, 139, 145, 267
Lichtenstein 151, 171, 177, 182, 183, 272
Limes 24
Limes-Radweg 17
Limesmuseum 35, 250

Limeswanderweg 23, 25
Lindenhof 210, 276
List, Friedrich 175
Lochen, -gründle 218, 225
Lonsee 285
Lonsingen 287
Lorch 17, 19, 25, 30, 254, 291
Lorettohof 169

M
Machtolsheim 169
Mägerkingen 155, 273
Mägerkinger See 155
Malakoff-Turm 268
Malesfelsen 193
Marbach 166, 180, 270
Marienburg 301
Markwasen 150, 167
Mehrstetten 180, 182
Melchingen 207, 210, 289
Mengen 221, 242
Merklingen 92, 97, 264
Meßstetten 217, 226, 278, 283, 290
Meteoriteneinschlag 43
Meteorkrater-Museum 73, 260
Millionenloch 233
Mineralquellen 60
Miniaturen 210
Minigolf 30, 31, 116, 118, 133, 187, 201, 283
Modellbahn 33, 97
Mögglingen 17
Mönchberg 145
Montschenloch 232
Morgenweide 229
Mörike, Eduard 90, 279
Mössingen 187, 198, 274
Muckenweiher 17
Mühlbachtal 26
Mühlen, -museum 175, 285
Mühlheim 244, 246
Münsingen 149, 152, 153, 164, 181, 182, 269, 286, 293
Münzdorf 287
Museumsbahn 31
Mutlangen 19

N
Nabern 118
Nägelehaus 197
Nägelesfelsen 227, 228
Nattheim 14, 33, 44, 46, 48, 254
Naturfreundehaus 24, 297
Naturpark Obere Donau 278, 279
Naturpark-Express 236
Naturreservat Beutenlay 164, 269
Naturschutzgebiet 83, 132, 298
Naturschutzzentrum Schopflocher Alb 131, 268
Naturtheater 75, 156, 167, 179, 180, 270
Nebelhöhle 159, 163
Nebelhöhlenfest 164, 180
Neckartal 115
Neidlinger Tal 117
Neresheim 12, 18, 30, 31, 39, 45, 46, 48, 250
Neu-Ulm 80, 103, 106, 107
Neuffen 112, 119, 135, 141, 142, 266
Neuffener Tal 119, 133
Neufra 199
Niederalfingen 39, 252, 300
Niederstotzingen 53, 60, 68, 74, 258
Nördlingen 22, 32, 43, 44, 254
Nürtingen 74, 120, 133, 266
Nusplingen 291

O – P
Oberboihingen 115
Oberdigisheim 217, 226, 227, 278
Oberdischingen 265
Oberdorf 23, 38
Oberer Berg 196
Obere Donau 278, 279
Obere Mühle 226
Oberes Tor 252
Oberes Schlichemtal 217
Oberkochen 12, 20, 39, 250
Oberlenningen 114, 139
Obernheim 218

Oberschmeien 219, 229
Oberstadt 192
Ochsenwang 145
Ödenturm 57
Ödenwaldstetten 172, 269
Offenhausen 172
Ofnethöhlen 11
Ohmden 129
Ohmenheim 18
Öko-Regio-Tour 153
Onstmettingen 200, 212
Öpfinger Stausee 86
Optisches Museum 39
Ortenberg 232
Öschingen 187
Ostdorf 288
Ostereimuseum 156, 178
Ottenbach 291
Owen 119, 137, 300
Owingen 289
Paddeln 152
Palmbühlkopf 234, 244
Pfahlheim 302
Pfulb 145
Pfullingen 153, 159 - 177, 271
Planeten, -weg 165
Planwagenfahrten 7, 166, 167, 199
Pommertsweiler 15, 31, 301
Pomologie 167
Pony- und Märchenpark Zwergental 169
Prinzessin Kira von Preussen Stiftung 300
Puppen, -stuben 40, 210, 277

R
radorado 55, 250
Rainau-Buch 15, 23
Rainen 232
Ramenstein 48
Räter 35
Rechberg 255, 257
Reiten 30, 65, 93, 133, 166, 168, 170, 199, 201, 293/94
Renaissance-Schloss 276
Residenzschloss 134, 265, 268
Reußenstein 268

Reutlingen 150, 158, 167, 174, 175, 180, 184, 271
Ries 11, 21, 33, 250
Rieskratermuseum 43
Riff-Museum 103
Ringwall 156, 241
Ritterburg 126, 171
Rittergut Stetten 68
Röhlingen 293
Röhrbachtal 22
Römerbad 16, 25
Römerkastell 16
Römermuseum 222, 242
Römerstein 144, 286
Römerturm 191, 208, 276
Rosenstein 26, 253
Rossberg 201
Ruine Dietfurt 224
Ruine Hornstein 221, 238
Ruine Rosenstein 34
Ruine Schalksburg 195
Runder Berg 120
Runder Turm 242
Rusenschloss 84
Rutschenhof-Feld 121

S
Salach 183
Sandberg 48
Schafe 30, 87, 138, 154, 174
Schäferhauser See 116
Schalksburg 194
Schauhöhle 88
Scheer 221, 279
Schelklingen 92, 264, 285
Schertelshöhle 127, 128, 266
Scheufelen, Adolf 139
Schieferbruch 129
Schillergrotte 26
Schlichemquelle 225
Schloss 253, 272
  Baldern 33
  Ehrenfels 161
  Ellwangen 40
  Erbach 102, 263
  Haigerloch 192, 208
  Hellenstein 70, 258, 296
  Kapfenburg 34
  Kirchheim 136
  Lichtenstein 160, 171

  ob Ellwangen 295
  Sigmaringen 231, 237, 279
  Stauffenberg 195
  Urach 134
  Wäscherburg 68
Schlossberg 45, 212
Schlossfelsenturm 193
Schlössle 268
Schlösslemühle 235
Schlossmühle 142
Schmeiental 219
Schnittlingen 75
Schömberg 216, 225, 233, 244, 245, 277
Schönberg 159
Schöne Egert 200
Schönhaldenfelsen 197
Schöntal 146
Schopfloch 131, 145
Schwäbisch Gmünd 13, 17, 19, 42, 45 - 48, 249, 253
Schwabsberg 24
Seelhaus 37
Segelflieger 197
Sigmaringen 215, 219 - 222, 227 - 230, 236, 237, 242, 246, 278
Sigmaringendorf 278
Silberwarenfabrik 42
Sirchingen 265
Ski 47, 75, 144, 181, 212, 246
Sofazügle 133, 266
Solar-Testfeld 92
Sommerbobbahn 132, 133, 170, 266
Sonderbuch 97
Sonnenbühl 155, 162, 163, 168, 170, 178, 180, 183, 273, 283, 288, 296
Sontheim im Stubental 73
Sontheimer Höhle 88, 260
Spielschachtel 106
St. Johann 183, 287
Stadtbücherei 107, 141 - 143
Staufer 254
Stausee 15, 56, 86, 216 – 218, 226, 234, 252, 278
Steiff 71, 259
Steinerne Jungfrauen 259
Steinernes Haus 128

318

Steingebronn 167
Steinheim am Albuch 20, 64, 72, 73, 259
Steinheimer Becken 64, 260
Steinzeit, -dorf 100, 101
Sternwarte 28, 29, 63
Stetten 156, 244, 289
Stetten (Donau) 246
Stetten am kalten Markt 215, 279
Stetten ob Lonetal 68
Stockenhausen 288
Straßdorf 19, 290
Stuck, -aturen 34, 135
Stuifen 255, 257

T

Tailfingen 190, 200, 212, 289, 301
Teckberg 137
Teufelsloch 256
Theater Lindenhof 210, 276
Therme 112, 113, 124
Tiefenhöhle 91, 263
Tiefer Stollen 36, 250
Tieringen 218, 226, 283
Tierpark 65, 70, 94, 130, 133
Traifelberg 182
Traumland 168
Treffelhausen 75
Treffensbuch 263
Triumphstadt 29, 35
Trochtelfingen 11, 22, 38, 170, 181, 183, 273
Tropenhaus 94

Tropfstein 163
Truchtelfingen 212
Tuttlingen 249

U – V

Übersberg 153
Ulm 81, 82, 93, 94, 98, 99, 106, 108, 261, 262
Ulmer Münster 99, 261
Ulmer Schachteln 72
Ulmer Spatz 81, 99, 262
Undingen 183, 273
Unterböhringen 74
Unterboihingen 115
Unterer Berg 200
Unterhausen 151, 160
Unterlenningen 126
Untermarchtal 105
Unterriffingen 18
Unterschmeien 219
Upfingen 183
Upflamör 288
Uracher Wasserfall 120
Urgeschichtl. Museum 262
Urwelt-Museum Hauff 140
Urweltmuseum 29, 35, 250
Utzmemmingen 22
Vier-Felsen-Wanderung 124
Vogelbühl 235
Vogelherdhöhlen 60, 258
Volldampf 31, 133, 266

W

Waagen, -museum 206, 275
Wacholderheide 87, 127
Waldheim 201

Waldsportpfad Seltbach 131
Waldstetten 52, 53, 65, 257
Wandbühl 232
Wanderheim 297
Wäschenbeuren 19, 68, 257, 284
Wäscherhof 68
Wäscherschloss 257
Wasseralfingen 36, 297
Wasserstetten 166
Wehingen 280
Weidach 298
Weilheim a.d. Teck 118, 126, 142, 286, 291
Weilstetten 296
Wendlingen 116
Wental 260
Westerheim 127, 132, 145, 266
Westhausen 46, 252, 291
Wiesensteig 114, 142, 146, 268
Wilflingen 221
Wilhelm I. 171, 203
Wilhelm-Hauff-Museum 177
Wimsener Höhle 160, 270
Wittlingen 265
Wolfertturm 104
Württ. Eisenbahnges. 96

Z

Zainingen 144
Ziegenhof 169
Zollernschloss Balingen 204
Zwergental 169
Zwiefalten 169, 288

IMPRESSUM

© 3. Auflage 2006 Peter Meyer Verlag, Schopenhauerstraße 11, 60316 Frankfurt am Main, info@PeterMeyerVerlag.de, www.PeterMeyerVerlag.de | Unsere Inhalte werden ständig gepflegt, aktualisiert und erweitert. Für die Richtigkeit der Angaben kann der Verlag jedoch keine Haftung übernehmen. | Umschlag- und Reihenkonzept, insbesondere die Kombination von Griffmarken und Schlagwort-System auf dem Umschlag, sowie Text, Gliederung und Layout, Karten, Tabellen und Illustrationen sind urheberrechtlich geschützt. | **Bearbeitung:** Daniela Grosche, pmv | **Druck & Bindung:** Kösel, Kempten; www.KoeselBuch.de | **Umschlagdesign:** Agentur 42, Mainz | **Zeichnungen:** Silke Schmidt, Offenbach | **Fotos:** Verlagsarchiv sowie mit Dank von Dirk Winter 21, 135, 140, 144; Dt. Zentrale für Tourismus 70, 203, 223, 248; Legoland Günzburg 95; Mythos Schwäbische Alb 172, 282; pmv Sievers 126, 292; Kira von Preußen Stiftung, Stephanie Apelt 300; Sternwarte Aalen 28; Taschner 99, 110, 117, 125, 161, 234, 235; Tourist-Informationen von: Aalen 10; Bad Urach 143; Balingen 186, 195, 205; Giengen 62; Neresheim 18; Sonnenbühl 148, 162, 163, 168, 178 | **Karten:** Peter Meyer Verlag. Lizenzvergabe gegen Gebühr möglich. | **ISBN:** 3-89859-413-0 | **Bezug über:** ✆ 069/494449.

pmv PETER MEYER VERLAG

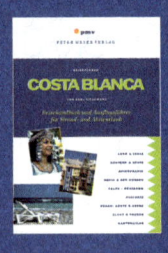

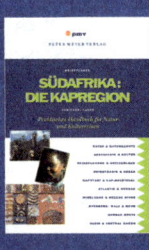

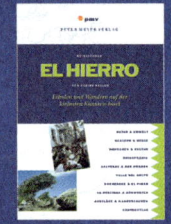

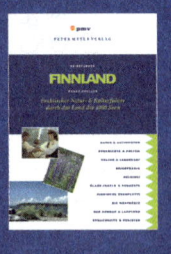

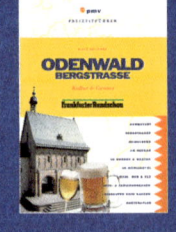

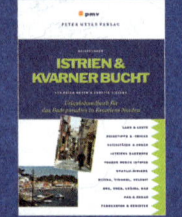

pmv Reise- & Freizeitführer gibt es in jeder Buchhandlung oder unter www.PeterMeyerVerlag.de